DELIUS KLASING

PRAXISWISSEN

BINNENSCHIFFFAHRTS-STRASSEN-ORDNUNG

Delius Klasing Verlag

Inhalt*

* An mehreren Stellen dieser Verordnung findet sich der Vermerk »ohne Inhalt« oder »keine besonderen Vorschriften«, da die Nummerierung der Paragrafen und Anlagen inm Hinblick auf die europäische Vereinheitlichung der Schifffahrtspolizeiverordnungen einer Entschließung der Wirtschaftskommission der Vereinten Nationen für Europa (Arbeitsgruppe Binnenschifffahrt Entschließung Nummer 24 vom 15. November 1985 in der vierten revidierten Fassung) folgt bzw. die Sonderkapitel eine einheitliche Gliederungsstruktur enthalten sollen.

Kapitel 9
Fahrgastschifffahrt 133

Zweiter Teil
Zusätzliche Bestimmungen für einzelne Binnenschifffahrtsstraßen 136

Kapitel 10
Neckar 136

Kapitel 12
Main-Donau-Kanal 153

Kapitel 13
Lahn 161

Kapitel 17
Elbe 211

Kapitel 18
Ilmenau 222

Kapitel 19
Elbe-Lübeck-Kanal und Kanaltrave 226

Kapitel 23
Havel-Oder-Wasserstraße 275

Kapitel 24
Obere Havel-Wasserstraße, Müritz-Havel-Wasserstraße und Müritz-Elde-Wasserstraße 288

Kapitel 25
Saale und Saale-Leipzig-Kanal 298

Erster Teil
Gemeinsame Bestimmungen für alle Binnenschifffahrtsstraßen

Kapitel 1
Allgemeine Bestimmungen

§ 1.01 Begriffsbestimmungen

In dieser Verordnung gelten als

1. »Fahrzeug«:
   ein Binnenschiff, einschließlich Kleinfahrzeug und Fähre sowie schwimmendes Gerät und ein Seeschiff;
2. »Fahrzeug mit Maschinenantrieb«:
   ein Fahrzeug mit eigener in Tätigkeit gesetzter Antriebsmaschine, ausgenommen ein solches Fahrzeug, dessen Motor nur zu kleinen Ortsveränderungen, insbesondere in einem Hafen oder an einer Umschlagstelle oder zur Erhöhung der Steuerfähigkeit des Fahrzeugs im Schlepp- oder Schubverband verwendet wird;
3. »Verband«:
   ein Schleppverband, ein Schubverband oder gekuppelte Fahrzeuge;
4. »Schleppverband«:
   eine Zusammenstellung von einem oder mehreren Fahrzeugen, schwimmenden Anlagen oder Schwimmkörpern, die von einem oder mehreren zum Verband gehörigen Fahrzeugen mit Maschinenantrieb geschleppt wird;
5. »Schubverband«:
   eine starre Verbindung von Fahrzeugen, von denen sich mindestens eines vor dem oder den Fahrzeugen mit Maschinenantrieb befindet, die den Verband fortbewegen und als »schiebendes Fahrzeug« oder »schiebende Fahrzeuge« bezeichnet werden; hierzu zählen auch Gelenkverbände, deren Kupplungen an nicht mehr als einer Stelle ein gesteuertes Knicken ermöglichen;
6. »Schubleichter«:
   ein zur Fortbewegung durch Schieben gebautes oder hierfür besonders eingerichtetes Fahrzeug;
7. »Trägerschiffsleichter«:
   ein Schubleichter, der für die Beförderung an Bord eines Seeschiffes und für die Fahrt auf Binnenwasserstraßen gebaut ist;
8. »gekuppelte Fahrzeuge«:
   eine Zusammenstellung von längsseits gekuppelten Fahrzeugen, von denen sich keines vor dem oder den Fahrzeugen mit Maschinenantrieb befindet, die die Zusammenstellung fortbewegen;

9. »Gelenkverband«:
eine Zusammenstellung von Fahrzeugen hintereinander, die mindestens an einer Stelle durch Gelenkkupplung verbunden sind, unabhängig davon, welches Fahrzeug die Hauptantriebskraft stellt;
10. »schwimmendes Gerät«:
eine schwimmende Konstruktion mit mechanischen Einrichtungen, die dazu bestimmt ist, auf Wasserstraßen oder in Häfen zur Arbeit eingesetzt zu werden, insbesondere ein Bagger, Elevator, Hebebock oder Kran;
11. »schwimmende Anlage«:
eine schwimmende Einrichtung, die in der Regel nicht zur Fortbewegung bestimmt ist, insbesondere eine Badeanstalt, ein Dock, eine Landebrücke oder ein Bootshaus;
12. »Schwimmkörper«:
ein Floß und andere einzeln oder in Verbindung fahrtauglich gemachte Gegenstände, soweit sie nicht ein Fahrzeug oder eine schwimmende Anlage sind;
13. »Fähre«:
ein Fahrzeug, das dem Übersetzverkehr von einem Ufer zum anderen auf der Wasserstraße dient und von der zuständigen Behörde als Fähre behandelt wird;
14. »Kleinfahrzeug«:
ein Fahrzeug, dessen Schiffskörper, ohne Ruder und Bugspriet, eine größte Länge von weniger als 20,00 m aufweist, einschließlich Segelsurfbrett, Amphibienfahrzeug, Luftkissenfahrzeug und Tragflügelboot, ausgenommen
    a) ein Fahrzeug, das nach seiner nach § 6 der Binnenschiffsuntersuchungsordnung erteilten Fahrtauglichkeitsbescheinigung (Fahrtauglichkeitsbescheinigung) zugelassen ist, andere Fahrzeuge, die nicht Kleinfahrzeuge sind, zu schleppen, zu schieben oder längsseits gekuppelt mitzuführen,
    b) ein Fahrzeug, das zur Beförderung von mehr als zwölf Fahrgästen zugelassen ist,
    c) eine Fähre,
    d) ein Schubleichter sowie
    e) ein schwimmendes Gerät;
15. »Fahrzeug unter Segel«:
ein Fahrzeug, das nur unter Segel fährt; ein Fahrzeug, das unter Segel fährt und gleichzeitig eine Antriebsmaschine benutzt, gilt als Fahrzeug mit Maschinenantrieb;
16. »Fahrgastschiff«:
ein Fahrzeug, das zur Beförderung von Fahrgästen gebaut oder eingerichtet ist; ein Fahrgastschiff im Sinne dieser Verordnung ist auch ein Fahrgastboot;
17. »Tagesausflugsschiff«:
ein Fahrgastschiff ohne Kabinen für die Übernachtung von Fahrgästen;
18. »Fahrgastboot«:
ein nach Anhang II Kapitel 7 der Binnenschiffsuntersuchungsordnung zugelassenes und eingerichtetes Fahrzeug zur Beförderung von Fahrgästen;

19. »Personenbarkasse«:
ein nach Anhang II Kapitel 5 der Binnenschiffsuntersuchungsordnung zugelassenes Fahrzeug zur Beförderung von Fahrgästen;
20. »Sportfahrzeug«:
ein Fahrzeug, das für Sport- oder Erholungszwecke verwendet wird und kein Fahrgastschiff ist;
21. »Vorspann«:
ein Fahrzeug mit Maschinenantrieb, das an der Spitze eines Fahrzeugs oder Verbandes Schleppunterstützung leistet;
22. »stillliegend«:
ein Fahrzeug, ein Schwimmkörper oder eine schwimmende Anlage, das, der oder die unmittelbar oder mittelbar vor Anker liegt oder am Ufer festgemacht ist;
23. »fahrend« oder »in Fahrt befindlich«:
ein Fahrzeug, ein Schwimmkörper oder eine schwimmende Anlage, das, der oder die weder unmittelbar noch mittelbar ankert, unmittelbar noch mittelbar am Ufer festgemacht ist oder festgefahren ist;
24. »Ankern«:
das Halten eines Fahrzeugs auf dem Wasser in Position mit Hilfe eines Gegenstandes, der an einem Seil oder einer Kette befestigt ist und durch sein Gewicht oder seine Form am Grund haftet;
25. »Länge/Breite eines Fahrzeugs, eines Verbandes«:
die Länge oder Breite über alles im Sinne des Anhangs II § 1.01 Nummer 56 und 59 der Binnenschiffsuntersuchungsordnung;
26. »Radarfahrt«:
eine Fahrt bei unsichtigem Wetter mit Radar;
27. »unsichtiges Wetter«:
ein Zustand, bei dem die Sicht durch Nebel, Schneefall, heftige Regengüsse oder andere ähnliche Ursachen eingeschränkt ist;
28. »Nacht«:
der Zeitraum zwischen Sonnenuntergang und Sonnenaufgang;
29. »Tag«:
der Zeitraum zwischen Sonnenaufgang und Sonnenuntergang;
30. »weißes Licht«, »rotes Licht«, »grünes Licht«, »gelbes Licht« und »blaues Licht«:
ein Licht, dessen Farbe den Anforderungen der Tabelle 2 der Norm DIN EN 14744:2006-01 entspricht[1];
31. »starkes Licht«, »helles Licht« und »gewöhnliches Licht«:
ein Licht, dessen Stärke den Anforderungen der Tabelle 1 der Norm DIN EN 14744:2006-01 entspricht*;

---

1 Die Norm ist bei der Beuth-Verlag GmbH erschienen und beim Deutschen Patent- und Markenamt in München archivmäßig gesichert.

32. »Funkellicht«:
ein Licht, dessen Anzahl regelmäßiger Lichterscheinungen der Anforderung der Zeile 1 der Tabelle 3 der Norm DIN EN 14744:2006-01 entspricht*;
33. »kurzer Ton«:
ein Ton von etwa einer Sekunde Dauer;
34. »langer Ton«:
ein Ton von etwa vier Sekunden Dauer, wobei die Pause zwischen zwei aufeinanderfolgenden Tönen etwa eine Sekunde beträgt;
35. »Folge sehr kurzer Töne«:
eine Folge von mindestens sechs Tönen von je etwa einer viertel Sekunde Dauer, wobei die Pausen zwischen den aufeinanderfolgenden Tönen ebenfalls etwa eine viertel Sekunde betragen;
36. »Fahrwasser«:
der Teil der Wasserstraße, der den örtlichen Umständen nach vom durchgehenden Schiffsverkehr benutzt wird;
37. »Fahrrinne«:
der Teil des Fahrwassers, in dem für den durchgehenden Schiffsverkehr bestimmte Breiten und Tiefen vorhanden sind, deren Erhaltung im Rahmen des Möglichen und Zumutbaren angestrebt wird;
38. »rechte Seite/linke Seite«:
die »rechte Seite« oder »linke Seite« des Fahrwassers / der Fahrrinne, bezogen auf die Richtung »Talfahrt«;
39. »zu Berg« oder »Bergfahrt«:
auf einem Fluss die Richtung zur Quelle, auf einem Schifffahrtskanal die Richtung, die im zweiten Teil dieser Verordnung für die einzelnen Binnenschifffahrtsstraßen als »Bergfahrt« bezeichnet ist, ferner die Fahrt von der Hafeneinfahrt in den Hafen;
40. »zu Tal« oder »Talfahrt«:
die der Richtung »zu Berg« oder der »Bergfahrt« entgegengesetzte Richtung;
41. »Stoffnummer«:
Nummer zur Kennzeichnung von Stoffen, denen noch keine UN-Nummer zugeordnet wurde oder die nicht einer Sammelbezeichnung mit UN-Nummer zugeordnet werden können, entsprechend ADN in der jeweils geltenden Fassung. Diese vierstellige Zahl beginnt mit der Ziffer 9;
42. »UN-Nummer«:
vierstellige Zahl als Nummer zur Kennzeichnung von Stoffen oder Gegenständen entsprechend ADN in der jeweils geltenden Fassung;
43. »Anlage«:
bundeseigene
   a) Schifffahrtsanlage, insbesondere eine Schleuse, ein Schleusenkanal, ein Wehr oder ein Schiffshebewerk,

b) wasserbauliche Anlage, insbesondere eine Grundschwelle, eine Buhne, ein Parallelwerk, ein Deckwerk, ein Leitdamm oder eine Brücke;

44. »Kilometerangabe (km-Angabe)«:
bei einer Streckenangabe schließt der Kilometerendpunkt die jeweilige Kilometerangabe ein und der Kilometeranfangspunkt die jeweilige Kilometerangabe aus;

45. »diensttuende Mindestbesatzung«:
die Besatzung nach Anhang XI der Binnenschiffsuntersuchungsordnung oder nach den §§ 3.15 bis 3.23 der Anlage 1 zu Artikel 1 Satz 2 der Rheinschiffspersonaleinführungsverordnung vom 16. Dezember 2011 (BGBl. 2011 II Seite 1300) in der jeweils geltenden und anzuwendenden Fassung, die sich nicht in der Ruhezeit befindet;

46. »Inland AIS-Gerät«:
ein Gerät, das auf einem Fahrzeug eingebaut ist und im Sinne des Standards »Schiffsverfolgung und Aufspürung in der Binnenschifffahrt (Beschluss 2006-I-21)« der Zentralkommission für die Rheinschifffahrt genutzt wird;

47. »Inland ECDIS-Gerät«:
ein Gerät zur Darstellung von elektronischen Binnenschifffahrtskarten, das in den zwei Betriebsarten Informationsmodus oder Navigations-modus betrieben werden kann;

48. »ADN«:
die dem Europäischen Übereinkommen über die internationale Beförderung von gefährlichen Gütern auf Binnenwasserstraßen (ADN) vom 26. Mai 2000 in der Anlage beigefügte Verordnung (BGBl. 2007 II Seite 1906, 1908 – Anlageband), die zuletzt durch Artikel 1 der Verordnung vom 17. Dezember 2010 (BGBl. 2010 II Seite 1550) geändert worden ist, in der jeweils geltenden Fassung;

49. »Binnenschiffsuntersuchungsordnung«:
Verordnung über die Schiffssicherheit in der Binnenschifffahrt vom 06. Dezember 2008 (BGBl. I Seite 2450), die zuletzt durch Artikel 38 Absatz 2 der Verordnung vom 16. Dezember 2011 (BGBl. 2012 I Seite 2) geändert worden ist, in der jeweils geltenden und anzuwendenden Fassung;

50. »Verordnung über die Erteilung von Radarpatenten auf den Bundeswasserstraßen außerhalb des Rheins«:
Verordnung über die Erteilung von Radarpatenten auf den Bundeswasserstraßen außerhalb des Rheins vom 26. Juni 2000 (BGBl. I Seite 1018), die zuletzt durch Artikel 14 der Verordnung vom 16. Dezember 2011 (BGBl. 2011 II Seite 1300) geändert worden ist, in der jeweils geltenden Fassung;

51. »Binnenschifferpatentverordnung«:
Verordnung über Befähigungszeugnisse in der Binnenschifffahrt vom 15. Dezember 1997 (BGBl. I Seite 3066), die zuletzt durch Artikel 38 Absatz 1 der Verordnung vom 16. Dezember 2011 (BGBl. 2012 I Seite 2) geändert worden ist, in der jeweils geltenden und anzuwendenden Fassung;

52. »Regionale Vereinbarung über den Binnenschifffahrtsfunk«:
Regionale Vereinbarung vom 06. April 2000 über den Binnenschifffahrtsfunk (BGBl. 2000 II Seite 1213, 1214) in der jeweils geltenden Fassung;
53. »Binnenschifffahrt-Sprechfunkverordnung«:
Verordnung über den Betrieb von Sprechfunkanlagen auf Ultrakurzwellen in der Binnenschifffahrt und den Erwerb des UKW-Sprechfunkzeugnisses für den Binnenschifffahrtsfunk vom 18. Dezember 2002 (BGBl. I S. 4569; 2003 I S. 130), die zuletzt durch § 38 Absatz 6 der Verordnung vom 16. Dezember 2011 (BGBl. 2012 I S. 2) geändert worden ist, in der jeweils geltenden Fassung;
54. »ES-TRIN«:
Europäischer Standard der technischen Vorschriften für Binnenschiffe in der Edition 2017/1, der vom Europäischen Ausschuss für die Ausarbeitung von Standards im Bereich der Binnenschifffahrt (CESNI) angenommen wurde (Bekanntmachung des Bundesministeriums für Verkehr und digitale Infrastruktur vom 7. März 2018 (BAnz AT 13.03.2018 B4) und der zuletzt durch das Korrigendum 2 vom 10. April 2018 berichtigt worden ist (Bekanntmachung des Bundesministeriums für Verkehr und digitale Infrastruktur vom 28. September 2018 (BAnz AT 08.10.2018 B4));«.
55. »LNG-System«:
sämtliche Teile des Fahrzeugs, die Flüssigerdgas (LNG) oder Erdgas enthalten können, insbesondere Motoren, Brennstofftanks und die Schlauch- und Rohrleitungen für das Bunkern;
56. »Bunkerbereich«:der Bereich in einem Radius von 20 Metern um den Bunkerverteiler;
57. »Flüssigerdgas (LNG)«:
Erdgas, das durch Abkühlung auf eine Temperatur von −161 °C verflüssigt wurde.«

§ 1.02 Schiffsführer

1. Ein Fahrzeug sowie einen Schwimmkörper darf nur führen (Schiffsführer), wer hierfür geeignet ist. Seine Eignung gilt als vorhanden, wenn er ein Befähigungszeugnis oder eine sonstige Erlaubnis zum Führen von Fahrzeugen für die Fahrzeugart und die zu befahrende Strecke besitzt sowie körperlich und geistig zur Führung des Fahrzeugs geeignet ist. Sind mehrere Personen an Bord eines Fahrzeugs, die die Anforderungen des Satzes 2 erfüllen, ist der Schiffsführer rechtzeitig zu bestimmen. Sind nach den einschlägigen Besatzungsvorschriften mehrere Schiffsführer für das Fahrzeug vorgeschrieben, benötigt nur der Schiffsführer, unter dessen Führung das Fahrzeug steht, ein Streckenzeugnis für den betreffenden Streckenabschnitt.
2. Einen Verband darf nur führen, wer hierfür geeignet ist. Stellt ein Fahrzeug mit Maschinenantrieb die Hauptantriebskraft, ist dessen Schiffsführer zugleich Führer des Verbandes. Stellen mehrere Fahrzeuge die Hauptantriebskraft, ist der Führer des Verbandes rechtzeitig zu bestimmen. Bei einem Schubverband, der durch

zwei schiebende Fahrzeuge nebeneinander fortbewegt wird, ist der Führer des Verbandes der Schiffsführer des schiebenden Fahrzeugs an der Steuerbordseite.

3. In einem Schubverband benötigen die geschobenen Fahrzeuge keinen eigenen Schiffsführer, sondern unterstehen der Führung des schiebenden Fahrzeugs. Befindet sich unter gekuppelten Fahrzeugen ein Schubleichter, kann der Führer der gekuppelten Fahrzeuge zugleich die Aufgaben des Schiffsführers des Schubleichters wahrnehmen.
4. Der Schiffsführer muss während der Fahrt an Bord sein, auf einem schwimmenden Gerät ferner auch während des Betriebes.
5. Der Schiffsführer ist, unbeschadet der Verantwortung anderer Personen, für die Befolgung dieser Verordnung verantwortlich. Der Führer eines Verbandes ist für die Befolgung der für diesen geltenden Bestimmungen verantwortlich; insoweit steht er dem Schiffsführer gleich. In einem Schleppverband hat der Schiffsführer eines geschleppten Fahrzeugs die Anweisungen des Führers des Schleppverbandes zu befolgen; er hat jedoch auch ohne solche Anweisungen alle Maßnahmen zu treffen, die für die sichere Führung seines Fahrzeugs durch die Umstände geboten sind. Das Gleiche gilt für die Schiffsführer gekuppelter Fahrzeuge, die nicht zugleich Führer des Verbandes sind.
6. Ist für ein stillliegendes Fahrzeug oder einen stillliegenden Schwimmkörper eine Person als Wache oder als Aufsicht nach § 7.08 bestellt, tritt diese Person an die Stelle des Schiffsführers.
7. Der Schiffsführer darf nicht durch Übermüdung, Einwirkung von Alkohol, Medikamenten, Drogen oder aus einem anderen Grund beeinträchtigt sein. Bei 0,25 mg/l oder mehr Alkohol in der Atemluft oder bei 0,5 Promille oder mehr Alkohol im Blut oder einer Alkoholmenge im Körper, die zu einer solchen Atem- oder Blutalkoholkonzentration führt, ist es dem Schiffsführer verboten, das Fahrzeug zu führen.
8. Der Schiffsführer hat vor Fahrtantritt die erforderlichen Reisevorbereitungen zu treffen. Insbesondere hat er sich über die Bedingungen und Verhältnisse der Wasserstraße, wie Wasserstände, Durchfahrtshöhen, die er befahren will, zu informieren und dafür zu sorgen, dass das Fahrzeug mit Fahrtbeginn fahrtüchtig und betriebssicher ist.
9. Der Eigentümer und der Ausrüster haben jeweils sicherzustellen, dass ein Fahrzeug oder ein Schwimmkörper unter der Führung einer hierfür geeigneten Person steht und der Führer eines Verbandes rechtzeitig bestimmt wird.

§ 1.03 Pflichten der Besatzung und sonstiger Personen an Bord

1. Jedes Mitglied der Besatzung hat den Anweisungen des Schiffsführers Folge zu leisten, die dieser im Rahmen seiner Verantwortlichkeit erteilt. Es hat zur Einhaltung dieser Verordnung ihrerseits beizutragen.
2. Alle übrigen an Bord befindlichen Personen haben die Anweisungen zu befolgen, die ihnen vom Schiffsführer oder in seiner Vertretung oder seinem Auftrag

von einem Mitglied der Besatzung im Interesse der Sicherheit und Leichtigkeit der Schifffahrt sowie der Ordnung und Sicherheit an Bord erteilt werden.

3. Mitglieder der Besatzung und sonstige Personen an Bord, die vorübergehend selbstständig den Kurs und die Geschwindigkeit eines Fahrzeugs bestimmen, sind insoweit auch für die Befolgung der Bestimmungen dieser Verordnung und der im Rahmen des § 1.22 erlassenen Verordnungen und Anordnungen vorübergehender Art verantwortlich.
4. Die Mitglieder der diensttuenden Mindestbesatzung nach der Binnenschiffsuntersuchungsordnung und sonstige Personen an Bord, die vorübergehend selbstständig den Kurs und die Geschwindigkeit des Fahrzeugs bestimmen, dürfen nicht durch Übermüdung, Einwirkung von Alkohol, Medikamenten, Drogen oder aus einem anderen Grund beeinträchtigt sein. Bei 0,25 mg/l oder mehr Alkohol in der Atemluft oder 0,5 Promille oder mehr Alkohol im Blut oder einer Alkoholmenge im Körper, die zu einer solchen Atem- oder Blutalkoholkonzentration führt, ist es den in Satz 1 genannten Personen verboten, den Kurs und die Geschwindigkeit des Fahrzeugs zu bestimmen. Die Sätze 1 und 2 gelten entsprechend auch für die Mitglieder der Besatzung, die andere, für die sichere Teilnahme des Fahrzeugs am Verkehr notwendige Tätigkeiten, ausüben.
5. Der Schiffsführer hat sicherzustellen, dass niemand selbstständig den Kurs und die Geschwindigkeit des Fahrzeugs bestimmt oder andere, für die sichere Teilnahme des Fahrzeugs am Verkehr notwendige Tätigkeiten ausübt, der 0,25 mg/l oder mehr Alkohol in der Atemluft oder 0,5 Promille oder mehr Alkohol im Blut oder eine Alkoholmenge im Körper hat, die zu einer solchen Atem- oder Blutalkoholkonzentration führt.

§ 1.04 Allgemeine Sorgfaltspflicht

Über die Anforderungen nach dieser Verordnung hinaus hat jeder Verkehrsteilnehmer auf Binnenschifffahrtsstraßen alle Vorsichtsmaßnahmen zu treffen, welche die allgemeine Sorgfaltspflicht und die Übung der Schifffahrt gebieten, um insbesondere

1. die Gefährdung von Menschenleben zu vermeiden,
2. die Beschädigung anderer Fahrzeuge oder Schwimmkörper, der Ufer, der Regelungsbauwerke sowie von Anlagen jeder Art in der Wasserstraße oder an ihren Ufern zu vermeiden,
3. die Behinderung der Schifffahrt zu vermeiden und
4. jede vermeidbare Beeinträchtigung der Umwelt zu verhindern.

§ 1.05 Verhalten unter besonderen Umständen

Bei unmittelbar drohender Gefahr muss der Schiffsführer alle Maßnahmen treffen, die die Umstände gebieten, auch wenn er dadurch gezwungen ist, von dieser Verordnung abzuweichen.

§ 1.06 Benutzung der Wasserstraße

1. Unbeschadet der für die einzelnen Binnenschifffahrtsstraßen geltenden Einschränkungen muss der Schiffsführer sicherstellen, dass Länge, Breite, Höhe, Tiefgang und Geschwindigkeit seines Fahrzeugs oder Verbandes den Gegebenheiten der Wasserstraße und der Anlagen unter Beachtung der für Fahrwassertiefen und Brückenhöhen geltenden Vorschriften angepasst sind. Satz 1 gilt hinsichtlich der Geschwindigkeit für die nach § 1.03 Nummer 3 für Kurs und Geschwindigkeit verantwortliche Person entsprechend. Der Eigentümer und der Ausrüster dürfen jeweils die Inbetriebnahme eines Fahrzeugs oder Verbandes nur anordnen oder zulassen, wenn die Länge, Breite, Höhe, Tiefgang und Geschwindigkeit seines Fahrzeugs oder Verbandes den Gegebenheiten der Wasserstraße und der Anlagen unter Beachtung der für Fahrwassertiefen und Brückenhöhen geltenden Vorschriften angepasst sind.
2. Die zuständige Behörde kann ein Fahrzeug oder einen Verband, das oder der die in den zusätzlichen Bestimmungen für die einzelnen Binnenschifffahrtsstraßen festgesetzten Abmessungen und Abladetiefen überschreitet, zulassen, wenn dadurch der Zustand oder die Benutzung der Wasserstraßen sowie der übrige Schiffsverkehr nicht über Gebühr beeinträchtigt werden. Die Zulassung kann zeitlich und örtlich beschränkt werden.

§ 1.07 Anforderungen an die Beladung und freie Sicht; Höchstzahl der Fahrgäste

1. Ein Fahrzeug darf nicht tiefer als bis zur Unterkante der Einsenkungsmarken abgeladen sein.
2. Die freie Sicht darf durch die Ladung oder die Trimmlage des Fahrzeugs nicht weiter als 250,00 m vor dem Bug eingeschränkt werden. Wird während der Fahrt die unmittelbare Sicht nach hinten eingeschränkt, kann dies durch ein optisches Hilfsmittel ausgeglichen werden, das in einem ausreichenden Blickfeld ein klares und unverzerrtes Bild liefert. Ist beim Durchfahren von Brücken oder Schleusen infolge der Ladung keine ausreichende unmittelbare Sicht nach vorne möglich, kann dies während der Durchfahrt durch den Einsatz von Flachspiegelperiskopen, Radargeräten, Videoanlagen oder eines Ausguckes, der in ständiger Verbindung mit dem Steuerhaus steht, ausgeglichen werden.
3. Die Ladung darf die Stabilität eines Fahrzeugs und die Festigkeit des Schiffskörpers nicht gefährden.
4. Die Stabilität eines Fahrzeugs, das Container befördert, muss jederzeit gewährleistet sein. Der Schiffsführer hat auf Verlangen nachzuweisen, dass eine Stabilitätsprüfung vor Beginn des Ladens und Löschens sowie vor Fahrtantritt durchgeführt wurde. Die Stabilitätsprüfung kann manuell oder mit Hilfe eines Ladungsrechners erfolgen. Das Ergebnis der Stabilitätsprüfung und der aktuelle Stauplan sind an Bord mitzuführen und müssen jederzeit lesbar gemacht werden können. Das Fahrzeug muss außerdem die Stabilitätsunterlagen nach

Anhang II § 22.01 der Binnenschiffsuntersuchungsordnung mitführen. Eine Stabilitätsprüfung ist bei einem Fahrzeug, das Container befördert, nicht erforderlich, wenn das Fahrzeug in seiner Breite

a) höchstens drei Reihen Container laden kann und es vom Laderaumboden aus nur mit einer Lage Containern beladen ist oder
b) vier und mehr Reihen Container laden kann und es ausschließlich mit Containern in höchstens zwei Lagen vom Laderaumboden aus beladen ist.

5. Ein Fahrzeug, das zur Beförderung von Fahrgästen bestimmt ist, darf nicht mehr als die in seiner Fahrtauglichkeitsbescheinigung eingetragene Anzahl der Fahrgäste an Bord haben.
6. Der Schiffsführer und die nach § 1.03 Nummer 3 für Kurs und Geschwindigkeit verantwortliche Person haben jeweils sicherzustellen, dass ein Fahrzeug nicht tiefer als bis zur Unterkante der Einsenkungsmarken abgeladen ist und ein Fahrzeug, das zur Beförderung von Fahrgästen bestimmt ist, nicht mehr als die in seiner Fahrtauglichkeitsbescheinigung eingetragene Anzahl der Fahrgäste an Bord hat.
7. Der Schiffsführer hat sicherzustellen, dass
   a) die freie Sicht durch die Ladung oder die Trimmlage des Fahrzeugs nicht weiter als 250,00 m vor dem Bug eingeschränkt ist,
   b) die Ladung die Stabilität des Fahrzeugs und die Festigkeit des Schiffskörpers nicht gefährdet,
   c) die Stabilität eines Fahrzeugs, das Container befördert, jederzeit gewährleistet ist.
8. Der Eigentümer und der Ausrüster dürfen jeweils die Inbetriebnahme eines Fahrzeugs nur anordnen oder zulassen, wenn
   a) das Fahrzeug nicht tiefer als bis zur Unterkante der Einsenkungsmarken abgeladen ist,
   b) ein Fahrzeug, das zur Beförderung von Fahrgästen bestimmt ist, nicht mehr als die in seiner Fahrtauglichkeitsbescheinigung eingetragene Anzahl der Fahrgäste an Bord hat,
   c) die Ladung die Stabilität des Fahrzeugs und die Festigkeit des Schiffskörpers nicht gefährdet und
   d) der Nachweis nach Nummer 4 Satz 2 in Verbindung mit Satz 3 auf Verlangen erbracht werden kann.

§ 1.08 Bau, Ausrüstung und Besatzung der Fahrzeuge

1. Ein Fahrzeug muss so gebaut und ausgerüstet sein, dass die Sicherheit der an Bord befindlichen Personen und der Schifffahrt gewährleistet ist und die Verpflichtungen aus dieser Verordnung erfüllt werden können.
2. Die Besatzung eines Fahrzeugs muss nach Zahl und Eignung ausreichen, um die Sicherheit aller an Bord befindlichen Personen und der Schifffahrt zu gewährleisten.

3. Die Voraussetzungen nach den Nummern 1 und 2 gelten als erfüllt, wenn das Fahrzeug mit einer Fahrtauglichkeitsbescheinigung versehen ist, Bau und Ausrüstung des Fahrzeugs den Angaben der Fahrtauglichkeitsbescheinigung entsprechen und Besatzung und Betrieb den Vorschriften der Binnenschiffsuntersuchungsordnung genügen.
4. Unbeschadet der Nummer 3 müssen die unter Nummer 44 der Fahrtauglichkeitsbescheinigung eingetragenen Einzelrettungsmittel für Fahrgäste in einer der Verteilung der Fahrgäste entsprechenden Anzahl für Erwachsene und für Kinder an Bord vorhanden sein. Für Kinder bis zu 30 kg Körpergewicht oder einem Alter bis zu sechs Jahren sind nur Feststoffwesten nach den in Artikel 13.08 Nummer 2 ES-TRIN genannten Normen zulässig.
5. Sind die nach Artikel 14.02 Nummer 4 ES-TRIN geforderten Geländer umlegbar oder wegnehmbar, dürfen sie nur bei einem stillliegenden Fahrzeug geöffnet oder teilweise entfernt werden und nur bei folgenden Betriebszuständen:
   a) beim An- und Vonbordgehen an einer hierfür vorgesehenen Stelle,
   b) beim Einsatz des Schwenkbaumes in seinem Schwenkbereich,
   c) beim Festmachen und Lösen eines Seils im Pollerbereich,
   d) bei einem Fahrzeug, das an einem senkrechten Ufer liegt, an der dem Ufer zugekehrten Seite, wenn keine Absturzgefahr besteht,
   e) bei Fahrzeugen, die Bord an Bord liegen, an den sich berührenden Stellen, wenn keine Absturzgefahr besteht, und
   f) wenn Beladearbeiten, Entladearbeiten oder der Baubetrieb unverhältnismäßig behindert würden.

   Sind die Betriebszustände nach Satz 1 nicht mehr vorhanden, sind die Geländer sofort wieder zu schließen oder zu setzen.
6. Die Mitglieder der Besatzung und die sonstigen Personen an Bord müssen in folgenden Fällen Rettungswesten nach Artikel 13.08 Nummer 2 ES-TRIN tragen:
   a) beim An- und Vonbordgehen, sofern Absturzgefahr ins Wasser besteht,
   b) bei Aufenthalt in einem Beiboot,
   c) bei einer Arbeit außenbords und
   d) bei einem Aufenthalt oder einer Arbeit an Deck oder im Gangbord, sofern Schanzkleider von mindestens 90 cm Höhe nicht vorhanden oder Geländer nach Nummer 5 nicht durchgehend gesetzt sind.

   Die Mitglieder der Besatzung dürfen Außenbordarbeiten nur bei einem stillliegenden Fahrzeug und nur dann durchführen, wenn durch den übrigen Schiffsverkehr keine Gefährdung zu erwarten ist.
7. Der Schiffsführer
   a) darf ein Fahrgastschiff nur führen, wenn die Einzelrettungsmittel nach Nummer 4 in ausreichender Anzahl und in der vorgeschriebenen Art an Bord vorhanden sind,
   b) hat sicherzustellen, dass
      aa) die Geländer nach Nummer 5 Satz 1 nur in den dort genannten Fällen und

nur bei Vorliegen eines der dort genannten Betriebszustände geöffnet oder teilweise entfernt werden,

bb) die Geländer nach Nummer 5 Satz 1 sofort wieder geschlossen oder gesetzt werden, wenn die dort genannten Betriebszustände nicht mehr vorhanden sind,

cc) die Mitglieder der Besatzung und die sonstigen Personen an Bord in den in Nummer 6 Satz 1 genannten Fällen die dort genannten Rettungswesten tragen,

dd) Außenbordarbeiten nur bei einem stillliegenden Fahrzeug und nur dann durchgeführt werden, wenn durch den übrigen Schiffsverkehr keine Gefährdung zu erwarten ist.

8. Der Eigentümer und der Ausrüster müssen jeweils sicherstellen, dass die Einzelrettungsmittel nach Nummer 4 in ausreichender Anzahl und in der vorgeschriebenen Art an Bord vorhanden sind.

§ 1.09 Besetzung des Ruders

1. Auf jedem in Fahrt befindlichen Fahrzeug hat der Schiffsführer sicherzustellen, dass das Ruder mit einer hierfür geeigneten Person im Alter von mindestens 16 Jahren besetzt ist.
2. Die Anforderung an das Mindestalter nach Nummer 1 gilt nicht für ein Kleinfahrzeug, sofern dieses mit keiner Antriebsmaschine ausgerüstet ist.
3. Zur sicheren Steuerung des Fahrzeugs muss der Rudergänger in der Lage sein, alle im Steuerstand ankommenden Informationen und Weisungen zu empfangen oder von dort Informationen zu geben. Insbesondere muss er alle Schallzeichen wahrnehmen können und nach allen Seiten genügend freie Sicht haben.
4. Soweit es besondere Umstände erfordern, hat der Schiffsführer dafür zu sorgen, dass zu seiner Unterrichtung und der des Rudergängers ein Ausguck aufgestellt ist.
5. Für die Fahrt auf den in der folgenden Tabelle genannten Binnenschifffahrtsstraßen

Bundeswasserstraße	**km**	**Beschränkungen**
Aller	0,25 - 49,65 (Schleuse Hademstorf) 49,65 - 117,00	nur bis zu einem Wasserstand von 200 cm am Pegel Celle nur bis zu einem Wasserstand von 210 cm am Pegel Rethem
Altenplathower Altkanal	0,00 - 2,10	
Beetzsee-Riewendsee-Wasserstraße	1,00 - 21,80	

Bundeswasserstraße	**km**	**Beschränkungen**
Dahme-Wasserstraße	10,30 - 14,75 (Krimnicksee, Krüpelsee)	
Ems	44,78 - 124,00	nur bis zu einem Wasserstand von 320 cm am Pegel Rheine
Ems-Seitenkanal	volle Länge	
Fulda	bis 108,78	
Hohennauener Wasserstraße	1,50 (Straßenbrücke B 102) - 10,40	
Lahn	11,08 - 135,96	
Main	Altarm Steinheimer Bogen 57,90 - 58,30	
Obere Havel-Wasserstraße	Großer Labussee 86,35 - 92,08, Wangnitzsee 0,00 - 0,40	
Peene	0,95 - 104,60	
Regnitz	7,43 - 6,41	
Roßdorfer Altkanal	0,90 - 6,86	
Ruhr	11,70 - 12,21	nur bis zu einem Wasserstand von 267 cm am Pegel Hattingen
Saale	36,65 - 93,60 95,80 - 120,00	
Sagter Ems	Leda-Einmündung bis Elisabethfehnkanal	
Stadttrave	0,09 - 2,65	
Stör-Wasserstraße	20,00 - 44,70	
Storkower Gewässer	0,00 - 2,70 (Langer See) 3,90 - 7,00 (Wolziger See)	nur in Begleitung einer geeigneten Person im Alter von mindestens 18 Jahren

Bundeswasserstraße	km	Beschränkungen
Teupitzer Gewässer	0,00 - 6,63 (Huschtesee, Schmöldesee, Hölzerner See)	nur in Begleitung einer geeigneten Person im Alter von mindestens 18 Jahren
Wasserstraße Kleiner Wendsee - Wusterwitzer See	1,50 (Großer Wusterwitzer See, Straßenbrücke Plaue - Wusterwitz) - km 3,93	
Werra	0,78 - 89,00	
Weser	0,00 - 204,30	
Zernsdorfer Lanke	0,00 - 3,00	
Ziegelsee	26,50 - 30,37	

genügt abweichend von Nummer 1 ein Mindestalter von 12 Jahren, wenn

a) der Rudergänger
   aa) den Ausweis eines einem Spitzenverband des deutschen Wassersports angeschlossenen Vereins mitführt, sofern der Spitzenverband ein grundlegendes Verkehrssicherheitskonzept gewährleistet, und
   bb) die Beschränkungen nach Spalte 3 der vorstehenden Tabelle einhält und
b) das Fahrzeug eine Länge von 5 m nicht überschreitet und mit einer Antriebsmaschine mit einer effektiven Nutzleistung von höchstens 3,68 kW ausgerüstet ist.

Das Bundesministerium für Verkehr und digitale Infrastruktur macht die Spitzenverbände nach Satz 1 Buchstabe a Doppelbuchstabe aa im Verkehrsblatt bekannt. Insofern ist der Rudergänger Schiffsführer.

5. Sind die nach Artikel 14.02 Nummer 4 ES-TRIN geforderten Geländer umlegbar oder wegnehmbar, dürfen sie nur bei einem stillliegenden Fahrzeug geöffnet oder teilweise entfernt werden und nur bei folgenden Betriebszuständen:
   a) beim An- und Vonbordgehen an einer hierfür vorgesehenen Stelle,
   b) beim Einsatz des Schwenkbaumes in seinem Schwenkbereich,
   c) beim Festmachen und Lösen eines Seils im Pollerbereich,
   d) bei einem Fahrzeug, das an einem senkrechten Ufer liegt, an der dem Ufer zugekehrten Seite, wenn keine Absturzgefahr besteht,
   e) bei Fahrzeugen, die Bord an Bord liegen, an den sich berührenden Stellen, wenn keine Absturzgefahr besteht, und
   f) wenn Beladearbeiten, Entladearbeiten oder der Baubetrieb unverhältnismäßig behindert würden.

Sind die Betriebszustände nach Satz 1 nicht mehr vorhanden, sind die Geländer sofort wieder zu schließen oder zu setzen.

6. Die Mitglieder der Besatzung und die sonstigen Personen an Bord müssen in folgenden Fällen Rettungswesten nach Artikel 13.08 Nummer 2 ES-TRIN tragen:
   a) beim An- und Vonbordgehen, sofern Absturzgefahr ins Wasser besteht,
   b) bei Aufenthalt in einem Beiboot,
   c) bei einer Arbeit außenbords und
   d) bei einem Aufenthalt oder einer Arbeit an Deck oder im Gangbord, sofern Schanzkleider von mindestens 90 cm Höhe nicht vorhanden oder Geländer nach Nummer 5 nicht durchgehend gesetzt sind.

Die Mitglieder der Besatzung dürfen Außenbordarbeiten nur bei einem stillliegenden Fahrzeug und nur dann durchführen, wenn durch den übrigen Schiffsverkehr keine Gefährdung zu erwarten ist.

7. Der Schiffsführer
   a) darf ein Fahrgastschiff nur führen, wenn die Einzelrettungsmittel nach Nummer 4 in ausreichender Anzahl und in der vorgeschriebenen Art an Bord vorhanden sind,
   b) hat sicherzustellen, dass
      aa) die Geländer nach Nummer 5 Satz 1 nur in den dort genannten Fällen und nur bei Vorliegen eines der dort genannten Betriebszustände geöffnet oder teilweise entfernt werden,
      bb) die Geländer nach Nummer 5 Satz 1 sofort wieder geschlossen oder gesetzt werden, wenn die dort genannten Betriebszustände nicht mehr vorhanden sind,
      cc) die Mitglieder der Besatzung und die sonstigen Personen an Bord in den in Nummer 6 Satz 1 genannten Fällen die dort genannten Rettungswesten tragen,
      dd) Außenbordarbeiten nur bei einem stillliegenden Fahrzeug und nur dann durchgeführt werden, wenn durch den übrigen Schiffsverkehr keine Gefährdung zu erwarten ist.
8. Der Eigentümer und der Ausrüster müssen jeweils sicherstellen, dass die Einzelrettungsmittel nach Nummer 4 in ausreichender Anzahl und in der vorgeschriebenen Art an Bord vorhanden sind.

§ 1.10 Mitführen von Urkunden und sonstigen Unterlagen

1. Folgende Urkunden und sonstige Unterlagen müssen sich an Bord befinden, soweit sie auf Grund besonderer Vorschriften vorgeschrieben sind:
   a) die Fahrtauglichkeitsbescheinigung oder die als Ersatz zugelassene Urkunde,
   b) das Befähigungszeugnis oder die sonstige Erlaubnis zum Führen von Fahrzeugen und das Streckenzeugnis des Schiffsführers sowie für die anderen Mitglieder der Besatzung der ordnungsgemäß ausgefüllte Qualifikations-

nachweis oder das Befähigungszeugnis oder die sonstige Erlaubnis zum Führen von Fahrzeugen und das Streckenzeugnis,
c) das ordnungsgemäß ausgefüllte Bordbuch oder Fahrtenbuch,
d) die Bescheinigung über die Ausgabe der Bordbücher,
e) das ordnungsgemäß ausgefüllte Ölkontrollbuch,
f) der Eichschein des Fahrzeugs,
g) die Bescheinigung über Einbau und Funktion des Fahrtenschreibers sowie die vorgeschriebenen Aufzeichnungen des Fahrtenschreibers,
h) die Bescheinigung über Einbau und Funktion von Radaranlagen und Wendeanzeiger,
i) das Radarpatent oder ein anderes nach der Verordnung über die Erteilung von Radarpatenten auf den Bundeswasserstraßen außerhalb des Rheins als gleichwertig anerkanntes Zeugnis; diese Dokumente sind an Bord nicht erforderlich, wenn die Schifferpatentkarte die Eintragung »Radar« oder ein anderes nach der Binnenschifferpatentverordnung zugelassenes Zeugnis des Schiffsführers die entsprechende Eintragung enthält,
j) die Urkunde »Frequenzzuteilung« oder die Urkunde »Zuteilungsurkunde«,
k) ein Sprechfunkzeugnis für den Binnenschifffahrtsfunk,
l) ein Abdruck des Handbuchs Binnenschifffahrtsfunk, Allgemeiner Teil und Regionaler Teil Deutschland für die befahrene Wasserstraße, in der jeweils geltenden Fassung; als Abdruck gilt auch eine elektronische Textfassung, wenn sie jederzeit lesbar gemacht werden kann,
m) die Urkunden für Schiffsdampfkessel und sonstige Druckbehälter,
n) die Bescheinigung für Flüssiggasanlagen,
o) die Unterlagen über elektrische Anlagen,
p) die Prüfbescheinigung über fest installierte Feuerlöschanlagen,
q) die Prüfbescheinigung über Krane,
r) die nach ADN Unterabschnitt 8.1.2.1, 8.1.2.2 und 8.1.2.3 erforderlichen Urkunden,
s) bei Containerbeförderung die von der Generaldirektion Wasserstraßen und Schifffahrt geprüften Stabilitätsunterlagen des Fahrzeugs, einschließlich des Ergebnisses der Stabilitätsprüfung und des aktuellen Stauplans; das Ergebnis der Stabilitätsprüfung und der aktuelle Stauplan können auch elektronisch mitgeführt werden, wenn sie jederzeit lesbar gemacht werden können,
t) die Bescheinigung über Dauer und örtliche Begrenzung der Baustelle, auf der das Baustellenfahrzeug eingesetzt werden darf,
u) die Urkunde über das Kennzeichen für Kleinfahrzeuge oder die für das als Ersatz anerkannte Kennzeichen ausgestellte Bescheinigung,
v) bei Fahrzeugen, die das Kennzeichen nach § 2.06 tragen, das in Anlage 8 Nummer 1.4.9 ES-TRIN vorgeschriebene Betriebshandbuch und die in Artikel 30.03 Nummer 1 ES-TRIN vorgeschriebene Sicherheitsrolle.

2. Die Schiffspapiere nach Nummer 1 Buchstabe a und f müssen jedoch nicht mitgeführt werden auf einem Schubleichter, auf dem eine Metalltafel nach folgendem Muster angebracht ist:

EINHEITLICHE EUROPÄISCHE SCHIFFSNUMMER:........................
SCHIFFSATTEST / SCHIFFSZEUGNIS ....
- NUMMER: ....
- SUK: ....
- GÜLTIG BIS: ....

Sofern der Schubleichter über eine amtliche Schiffsnummer verfügt, ist diese abweichend von dem vorstehenden Muster unter der Bezeichnung »amtliche Schiffsnummer« auf der Metalltafel anzugeben. Die geforderten Angaben müssen auf der Metalltafel in gut lesbaren Buchstaben von mindestens 6 mm Höhe eingeschlagen oder eingekörnt sein. Die Metalltafel muss mindestens 60 mm hoch und 120 mm lang sein. Sie muss gut sichtbar und dauerhaft auf der hinteren Steuerbordseite des Schubleichters befestigt sein. Die Übereinstimmung der Angaben auf der Metalltafel mit denen in der Fahrtauglichkeitsbescheinigung des Schubleichters muss von einer Schiffsuntersuchungskommission dadurch bestätigt sein, dass ihr Zeichen auf der Metalltafel eingeschlagen ist. Die Schiffspapiere nach Nummer 1 Buchstabe a und f muss der Eigentümer des Schubleichters aufbewahren.

3. Nummer 2 gilt auch für ein anderes Fahrzeug ohne Antriebsmaschine, das nicht über Wohnräume, Steuerhäuser oder Aufenthaltsräume verfügt, sofern die Fahrtauglichkeitsbescheinigung keine Auflagen enthält oder das Erkennen von Auflagen anderweitig sichergestellt werden kann. Außer den Angaben nach Nummer 2 ist die Mindestbesatzung anzugeben.
4. Auf einem schwimmenden Gerät brauchen die Schiffspapiere nach Nummer 1 Buchstabe a nicht mitgeführt zu werden, wenn an ihm eine Metalltafel nach Maßgabe der Nummer 2 angebracht ist.
5. Auf einem Baustellenfahrzeug nach Anhang II der Binnenschiffsuntersuchungsordnung, auf dem weder ein Steuerhaus noch eine Wohnung vorhanden ist, brauchen die Schiffspapiere nach Nummer 1 Buchstabe a und f nicht an Bord mitgeführt zu werden. Der Eigentümer und Ausrüster haben jeweils dafür zu sorgen, dass diese jedoch jederzeit im Bereich der Baustelle verfügbar sind.

6. Auf einem schwimmenden Gerät oder einem Baustellenfahrzeug nach Anhang II der Binnenschiffsuntersuchungsordnung brauchen die Schiffspapiere nach Nummer 1 Buchstabe a, b und f im Baustellenbereich nicht an Bord mitgeführt zu werden. Der Eigentümer und der Ausrüster haben jeweils dafür zu sorgen, dass diese jedoch jederzeit im Bereich der Baustelle verfügbar sind.
7. Der Schiffsführer hat sicherzustellen, dass die Urkunden, das Bordbuch, das Betriebshandbuch und die sonstigen Unterlagen nach Nummer 1 Buchstabe a bis c, f bis n, s, t und v an Bord mitgeführt und auf Verlangen den zur Kontrolle befugten Personen ausgehändigt werden.
8. Der Eigentümer und der Ausrüster haben jeweils dafür zu sorgen, dass die Urkunden und sonstigen Unterlagen nach Nummer 1 Buchstabe a, f bis h, j, l, m, n, s, t und v sowie das Bordbuch an Bord mitgeführt werden.

§ 1.11 Mitführen der Binnenschifffahrtsstraßen-Ordnung

Der Schiffsführer hat dafür zu sorgen, dass sich an Bord jedes Fahrzeugs ein Abdruck dieser Verordnung in ihrer jeweils geltenden Fassung einschließlich der sonstigen im Rahmen des § 1.22 Nummer 3 für die befahrene Strecke erlassenen Rechtsverordnungen befinden. Als Abdruck gilt auch eine elektronische Textfassung, wenn sie jederzeit lesbar gemacht werden kann. Die Sätze 1 und 2 gelten nicht für

1. Kleinfahrzeuge und
2. Schubleichter und andere Fahrzeuge ohne Antriebsmaschine, die nicht über Wohnräume, Steuerhäuser oder Aufenthaltsräume verfügen.

§ 1.12 Gefährdung durch Gegenstände an Bord; Verlust von Gegenständen; Schifffahrtshindernisse

1. Ein Gegenstand, der eine Gefährdung, eine Beschädigung, eine Behinderung oder eine Beeinträchtigung im Sinne des § 1.04 verursachen kann, darf nicht über die Bordwand eines Fahrzeugs, eines Schwimmkörpers oder einer schwimmenden Anlage hinausragen.
2. Ein aufgeholter Anker darf nicht unter den Boden oder den Kiel des Fahrzeugs reichen.
3. Hat ein Fahrzeug oder ein Schwimmkörper einen Gegenstand verloren und kann die Schifffahrt dadurch behindert oder gefährdet werden, muss der Schiffsführer dies unverzüglich der nächsten Dienststelle der Wasserstraßen- und Schifffahrtsverwaltung des Bundes oder der nächsten Dienststelle der Wasserschutzpolizei mitteilen und dabei die Stelle des Verlustes so genau wie möglich angeben. Ferner hat er die Stelle nach Möglichkeit zu kennzeichnen.
4. Trifft der Schiffsführer eines Fahrzeugs während der Fahrt in einer Wasserstraße ein störendes Hindernis an, muss er dies unverzüglich der nächsten Dienststelle der Wasserstraßen- und Schifffahrtsverwaltung des Bundes oder der nächsten Dienststelle der Wasserschutzpolizei mitteilen; er hat dabei die Stelle, wo das Hindernis angetroffen wurde, so genau wie möglich anzugeben.

5. Der Schiffsführer hat dafür zu sorgen, dass ein Gegenstand, der eine Gefährdung, eine Beschädigung, eine Behinderung oder eine Beeinträchtigung im Sinne des § 1.04 verursachen kann, nicht über die Bordwand eines Fahrzeugs, eines Schwimmkörpers oder einer schwimmenden Anlage hinausragt und ein aufgeholter Anker nicht unter den Boden oder den Kiel eines Fahrzeugs reicht.

§ 1.13 Schutz der Schifffahrtszeichen

1. Es ist verboten, ein Schifffahrtszeichen, insbesondere eine Tonne, eine Schwimmstange, eine Bake, oder ein Wahrschaufloß mit einem Schifffahrtszeichen zum Festmachen oder Verholen zu benutzen, es zu beschädigen oder unbrauchbar zu machen.
2. Hat ein Schiffsführer mit dem von ihm geführten Fahrzeug oder Schwimmkörper ein Schifffahrtszeichen von seinem Platz verschoben oder eine zur Bezeichnung der Wasserstraße dienende Einrichtung beschädigt, muss er dies unverzüglich der nächsten Dienststelle der Wasserstraßen- und Schifffahrtsverwaltung des Bundes oder der nächsten Dienststelle der Wasserschutzpolizei mitteilen.
3. Jeder Schiffsführer ist verpflichtet, die nächste Dienststelle der Wasserstraßen- und Schifffahrtsverwaltung des Bundes oder die nächste Dienststelle der Wasserschutzpolizei unverzüglich zu benachrichtigen, wenn er durch Unfälle verursachte oder sonstige Veränderungen an den Schifffahrtszeichen, insbesondere Erlöschen eines Lichtes, falsche Lage einer Tonne oder Zerstörung eines Zeichens, feststellt.

§ 1.14 Beschädigung der Wasserstraße oder von Anlagen

Hat ein Schiffsführer mit dem von ihm geführten Fahrzeug oder Schwimmkörper die Wasserstraße oder eine Anlage beschädigt, muss er dies unverzüglich der nächsten Dienststelle der Wasserstraßen- und Schifffahrtsverwaltung des Bundes oder der nächsten Dienststelle der Wasserschutzpolizei mitteilen.

§ 1.15 Verbot des Einbringens von Gegenständen und anderen Stoffen in die Wasserstraße

1. Es ist verboten, einen festen Gegenstand oder anderen Stoff, der geeignet ist, die Schifffahrt oder sonstige Benutzer der Wasserstraße zu behindern oder zu gefährden, in die Wasserstraße zu werfen, zu gießen oder auf andere Weise einzubringen oder einzuleiten.
2. Ist ein derartiger Gegenstand oder anderer Stoff frei geworden oder droht er frei zu werden, muss der Schiffsführer unverzüglich die nächste Dienststelle der Wasserstraßen- und Schifffahrtsverwaltung des Bundes oder die nächste Dienststelle der Wasserschutzpolizei unterrichten; er hat dabei die Stelle des Vorfalls und die Art des Gegenstandes oder der Flüssigkeit so genau wie möglich anzugeben.

§ 1.16 Rettung und Hilfeleistung

1. Der Schiffsführer muss bei einem Unfall, der die Besatzung oder Fahrgäste gefährdet, zu ihrer Rettung alle verfügbaren Mittel aufbieten.
2. Sind bei dem Unfall eines Fahrzeugs oder Schwimmkörpers Menschen in Gefahr oder droht infolge des Unfalls eine Sperrung des Fahrwassers oder einer Schleuse nach § 6.28 Nummer 1, ist der Schiffsführer jedes in der Nähe befindlichen Fahrzeugs verpflichtet, unverzüglich Hilfe zu leisten, soweit dies mit der Sicherheit seines eigenen Fahrzeugs vereinbar ist.
3. Nach einem Schiffsunfall hat jeder Beteiligte sich über die Unfallfolgen zu vergewissern und die Feststellung seiner Person, seines Fahrzeugs und der Art seiner Beteiligung an dem Unfall zugunsten der anderen Unfallbeteiligten und der Geschädigten zu ermöglichen. Beteiligt an einem Schiffsunfall ist jeder, dessen Verhalten nach den Umständen zum Unfall beigetragen haben kann.

§ 1.17 Festgefahrene oder gesunkene Fahrzeuge; Anzeige von Unfällen

1. Der Schiffsführer eines festgefahrenen oder gesunkenen Fahrzeugs oder eines festgefahrenen oder gesunkenen Schwimmkörpers muss so bald es ihm möglich ist für die Benachrichtigung der nächsten Dienststelle der Wasserstraßen- und Schifffahrtsverwaltung des Bundes oder der nächsten Dienststelle der Wasserschutzpolizei sorgen. Er oder das von ihm bestimmte Mitglied der Besatzung muss an Bord oder in der Nähe der Unfallstelle bleiben, bis Beschäftigte der Strom- und Schifffahrtspolizeibehörde, einer nachgeordneten Dienststelle oder der Wasserschutzpolizei ihm gestatten, sich zu entfernen.
2. Sofern es nicht offensichtlich unnötig ist, muss der Schiffsführer eines festgefahrenen oder gesunkenen Fahrzeugs oder Schwimmkörpers unbeschadet des § 3.25 unverzüglich für eine Wahrschau der herankommenden Fahrzeuge oder Schwimmkörper an geeigneten Stellen und in einer solchen Entfernung von der Unfallstelle sorgen, dass diese rechtzeitig die erforderlichen Maßnahmen treffen können.
3. Ereignet sich der Unfall im Sinne der Nummer 1 oder des § 1.16 in einer Schleuse nach § 6.28 Nummer 1, muss der Schiffsführer die Schleusenaufsicht unverzüglich benachrichtigen.
4. Ereignet sich der Unfall im Sinne der Nummer 1 oder des § 1.16 oder eine Störung des Verkehrs oder des Betriebes im Bereich einer selbstbedienten oder automatisierten Schleuse, muss der Schiffsführer unverzüglich die nächste Dienststelle der Wasserstraßen- und Schifffahrtsverwaltung des Bundes oder die nächste Dienststelle der Wasserschutzpolizei benachrichtigen.
5. Die Nummern 1 bis 4 gelten auch, wenn infolge eines Unfalls die Sicherheit und Leichtigkeit des Schiffsverkehrs beeinträchtigt wird.

§ 1.18 Freimachen des Fahrwassers

1. Wenn ein festgefahrenes oder gesunkenes Fahrzeug, ein festgefahrener oder gesunkener Schwimmkörper oder ein von einem Fahrzeug oder Schwimmkörper verlorener Gegenstand das Fahrwasser ganz oder teilweise sperrt oder zu sperren droht, hat der Schiffsführer die erforderlichen Maßnahmen zu treffen, um das Fahrwasser in kürzester Frist freizumachen.
2. Nummer 1 gilt entsprechend, wenn ein Fahrzeug oder Schwimmkörper zu sinken droht oder manövrierunfähig wird.

§ 1.19 Besondere Anweisungen

Der Schiffsführer hat eine Anweisung zu befolgen, die ihm von einem Beschäftigten der Strom- und Schifffahrtspolizeibehörde, einem Beschäftigten einer ihr nachgeordneten Dienststelle oder einem Beschäftigten der Wasserschutzpolizei für die Sicherheit und Leichtigkeit des Verkehrs oder zur Verhütung von der Schifffahrt ausgehender Gefahren erteilt wird.

§ 1.20 Überwachung

Der Schiffsführer hat einem Beschäftigten der Strom- und Schifffahrtspolizeibehörde, einem Beschäftigten einer ihr nachgeordneten Dienststelle oder einem Beschäftigten der Wasserschutzpolizei die erforderliche Unterstützung zu geben, insbesondere sein sofortiges Anbordkommen zu erleichtern, damit er die Einhaltung der Bestimmungen dieser Verordnung und der übrigen auf den Binnenschifffahrtsstraßen geltenden Regelwerke überwachen kann.

§ 1.21 Sondertransporte

1. Als Sondertransport gilt die Fortbewegung
   a) eines Fahrzeuges oder Verbandes, das oder der nicht den Anforderungen des § 1.06 Nummer 1 und des § 1.08 Nummer 1 entspricht,
   b) einer schwimmenden Anlage, eines Wasserflugzeuges oder Flugbootes außerhalb von genehmigten Flugplätzen nach § 6 des Luftverkehrsgesetzes oder von Außenstart- und Außenlandegeländen nach § 25 des Luftverkehrsgesetzes, eines Bodeneffektfahrzeugs, Luftkissenfahrzeugs, Tragflächenfahrzeugs oder eines Fahrzeugs, das geeignet ist, unter Wasser zu verkehren, soweit es sich nicht um ein Fahrzeug handelt, das nach der Binnenschiffsuntersuchungsordnung zulassungspflichtig ist,
   c) eines Schwimmkörpers, soweit dabei nicht offensichtlich eine Behinderung oder Gefährdung der Schifffahrt oder eine Beschädigung einer Anlage ausgeschlossen ist.
2. Ein Sondertransport darf nur mit Erlaubnis der Behörden, die für die jeweils zu durchfahrenden Strecken zuständig sind, durchgeführt werden. Die Erlaubnis ist mit den zur Gewährleistung der Sicherheit und Leichtigkeit des Schiffsverkehrs erforderlichen Auflagen zu versehen. § 1.06 Nummer 2 bleibt unberührt.

Für jeden Sondertransport hat der Eigentümer und der Ausrüster jeweils unter Berücksichtigung des § 1.02 einen Schiffsführer zu bestimmen.

§ 1.22 Anordnungen vorübergehender Art

1. Der Schiffsführer muss eine von der zuständigen Behörde erlassene Anordnung vorübergehender Art beachten, die aus besonderen Anlässen für die Sicherheit und Leichtigkeit des Verkehrs bekannt gemacht worden ist.

2. Eine Anordnung nach Nummer 1 kann insbesondere veranlasst sein durch Arbeiten in der Wasserstraße, militärische Übungen, öffentliche Veranstaltungen nach § 1.23 oder durch die Fahrwasserverhältnisse. Sie kann auf bestimmten Strecken, auf denen besondere Vorsicht geboten ist und die durch Tonnen, Baken oder andere Zeichen oder durch Aufstellen von Wahrschauen bezeichnet sind, das Fahren bei Nacht oder mit einem zu tiefgehenden Fahrzeug untersagen.

3. Nummer 1 gilt auch für eine Rechtsverordnung, die notwendig ist, um bis zu einer Änderung dieser Verordnung oder zu Versuchszwecken schifffahrtspolizeiliche Maßnahmen zu treffen. Die Rechtsverordnung gilt höchstens drei Jahre.

§ 1.23 Erlaubnis besonderer Veranstaltungen

Eine sportliche Veranstaltung, Wasserfestlichkeit oder sonstige Veranstaltung, die die Sicherheit und Leichtigkeit des Verkehrs beeinträchtigen kann, bedarf der Erlaubnis der zuständigen Behörde. Die Erlaubnis ist mit den zur Gewährleistung der Sicherheit und Leichtigkeit des Schiffsverkehrs erforderlichen Auflagen zu versehen.

§ 1.24 Sonderregelung für Fahrzeuge im öffentlichen Dienst und für Wasserrettungsfahrzeuge

1. Ein Fahrzeug der Wasserstraßen- und Schifffahrtsverwaltung des Bundes, der Wasserschutzpolizei, der Bereitschaftspolizei, der Bundespolizei, des Bundeskriminalamtes, der Streitkräfte, des Zolldienstes, der Feuerwehr, des Zivil- und Katastrophenschutzes, der Wasserwirtschaftsverwaltungen oder der Fischereiaufsicht der Länder sind von der Beachtung der Binnenschifffahrtsstraßen-Ordnung befreit, soweit dies zur Erfüllung hoheitlicher Aufgaben unter gebührender Berücksichtigung der öffentlichen Sicherheit und Ordnung dringend geboten ist.
2. Dies gilt auch für ein Wasserrettungsfahrzeug einer öffentlich-rechtlichen Anstalt oder Körperschaft oder einer als gemeinnützig anerkannten Körperschaft im Rettungseinsatz.

§ 1.25 Laden, Löschen und Leichtern

1. Der Schiffsführer hat dafür zu sorgen, dass ein Fahrzeug ohne Erlaubnis der zuständigen Behörde nicht an Stellen geladen, gelöscht oder geleichtert wird, an denen die Schifffahrt behindert oder gefährdet werden kann.
2. Der Schiffsführer hat dafür zu sorgen, dass ein Fahrzeug auf Schifffahrtskanälen und in Schleusenkanälen außerhalb der Häfen und Umschlagstellen nur mit Erlaubnis der zuständigen Behörde geladen, gelöscht oder geleichtert wird.
3. Der Eigentümer und der Ausrüster dürfen nicht anordnen oder zulassen, dass ein Fahrzeug entgegen Nummer 1 oder 2 geladen, gelöscht oder geleichtert wird.

§ 1.26 Fahrgeschwindigkeit

Die Geschwindigkeitsbeschränkungen nach § 10.04 Nummer 1 und 2, §§ 11.04, 12.04 Nummer 1, § 13.04 Nummer 1, §§ 14.04, 15.04 Nummer 1 bis 4, § 16.04 Nummer 1 bis 3, §§ 18.04, 19.04 Nummer 1 und 2, § 20.04 Nummer 1, § 21.04 Nummer 1 bis 3, 4 Satz 1, § 22.04 Nummer 1 bis 3, 4 Satz 1, § 23.04 Nummer 1 und 2 Satz 1, § 24.04 Nummer 1, 2 Satz 1 und Nummer 3, 4, 5 Satz 1, § 25.04 Nummer 1 und 2, § 26.04 Nummer 1 und § 27.04 Nummer 1 und 2 gelten nicht

1. für ein Kleinfahrzeug, das einen oder mehrere Wasserskiläufer auf den für das Wasserskilaufen durch das Zeichen E.17 freigegebenen Strecken zieht,
2. für ein Wassermotorrad auf den durch das Zeichen E.22 freigegebenen Strecken,
3. für ein Fahrzeug mit Sondererlaubnis von der zuständigen Behörde.

§ 1.27 Verbände

Die in dieser Verordnung enthaltenen Vorschriften für ein Fahrzeug gelten für einen Verband entsprechend, soweit diese Verordnung für einen Verband nicht ausdrücklich etwas anderes bestimmt.

Kapitel 2
Kennzeichen und Tiefgangsanzeiger der Fahrzeuge; Schiffseichung

§ 2.01 Kennzeichen der Fahrzeuge, ausgenommen Kleinfahrzeuge und Seeschiffe

1. An jedem Fahrzeug müssen nach außen sichtbar entweder auf dem Schiffskörper oder auf dauerhaft befestigten Platten oder Schildern folgende Kennzeichen angebracht sein:
   a) Sein Name, der auch eine Devise sein kann.
   Der Name ist auf beiden Seiten des Fahrzeugs und, mit Ausnahme von Schubleichtern, auch von hinten sichtbar anzubringen. Wird eine solche Aufschrift bei einem Fahrzeug, das gekuppelte Fahrzeuge oder einen Schubverband fortbewegt, verdeckt, ist der Name auf Tafeln in der Richtung, in der die Aufschrift verdeckt ist, gut sichtbar zu zeigen. In Ermangelung eines Namens für das Fahrzeug ist entweder der Name der Organisation, der das Fahrzeug gehört, oder deren gebräuchliche Abkürzung, im Falle mehrerer Fahrzeuge der Organisation gefolgt von einer Nummer, oder die Registernummer anzubringen, welcher der Buchstabe oder die Buchstabengruppe des Staates folgt, in dem der Heimat- oder Registerort liegt (Anlage 1).[1]
   b) Sein Heimat- oder Registerort.
   Der Name des Heimat- oder Registerortes ist entweder auf beiden Seiten oder am Heck des Fahrzeugs anzubringen; ihm folgt der Buchstabe oder die Buchstabengruppe des Staates, in dem der Heimat- oder Registerort liegt (Anlage 1).[1]
   c) Seine einheitliche europäische Schiffsnummer, die aus acht arabischen Ziffern besteht. Die drei ersten Ziffern dienen der Bezeichnung des Staates und der Ausgabestelle der einheitlichen europäischen Schiffsnummer. Diese Kennzeichnung ist nur für ein Fahrzeug verbindlich, dem eine einheitliche europäische Schiffsnummer erteilt worden ist, jedoch nicht für ein Fahrgastschiff, eine Fähre, ein Sportfahrzeug, ein schwimmendes Gerät, ein Fahrzeuge der Überwachungsbehörden oder ein Feuerlöschboot.
   d) Sofern eine einheitliche europäische Schiffsnummer nicht erteilt ist, seine amtliche Schiffsnummer, die aus sieben arabischen Ziffern besteht, denen ein Kleinbuchstabe folgen kann. Die beiden ersten Ziffern dienen der Bezeichnung des Staates und der Ausgabestelle der amtlichen Schiffsnummer. Diese Kennzeichnung ist nur für ein Fahrzeug verbindlich, dem eine amtliche Schiffsnummer erteilt worden ist, jedoch nicht für ein Fahrgastschiff, eine

1 Anlage 1 vgl. S. 320

Fähre, ein Sportfahrzeug, ein schwimmendes Gerät, ein Fahrzeuge der Überwachungsbehörden oder ein Feuerlöschboot.

Die einheitliche europäische Schiffsnummer und die amtliche Schiffsnummer sind nach Maßgabe der in Satz 1 Buchstabe a genannten Anforderungen anzubringen. Die Sätze 1 und 2 gelten nicht für ein Kleinfahrzeug oder ein Seeschiff.

2. Darüber hinaus muss an jedem Fahrzeug, das zur
   a) Güterbeförderung bestimmt ist, die Tragfähigkeit in Tonnen nach außen sichtbar auf beiden Seiten des Fahrzeugs entweder auf dem Schiffskörper oder auf dauerhaft befestigten Platten oder Schildern;
   b) Beförderung von Fahrgästen bestimmt ist, die höchstzulässige Anzahl der Fahrgäste an Bord nach außen an gut sichtbarer Stelle

   angegeben sein. Satz 1 gilt nicht für ein Kleinfahrzeug oder Seeschiff.
3. Die Kennzeichen nach den Nummern 1 und 2 sind – soweit sie Buchstaben enthalten – in gut lesbaren und dauerhaften lateinischen Schriftzeichen anzubringen. Die Höhe der Schriftzeichen muss beim Namen, der einheitlichen europäischen Schiffsnummer und der amtlichen Schiffsnummer mindestens 20 cm, bei den anderen Zeichen mindestens 15 cm betragen.

   Die Breite der Schriftzeichen und die Stärke der Striche müssen der Höhe entsprechen. Die Schriftzeichen müssen in heller Farbe auf dunklem Grund oder in dunkler Farbe auf hellem Grund angebracht sein.
4. Bei der Fahrt durch Schleusen müssen Länge und Breite des Fahrzeugs von beiden Seiten gut sichtbar angegeben sein. Satz 1 gilt nicht für ein Kleinfahrzeug oder ein Seeschiff.

§ 2.02 Kennzeichen der Kleinfahrzeuge

1. Sofern ein Kleinfahrzeug nicht auf Grund besonderer Bestimmungen ein amtliches oder amtlich anerkanntes Kennzeichen führen muss, ist es, mit Ausnahme eines Segelsurfbretts, wie folgt dauerhaft zu kennzeichnen:
   a) mit seinem Namen oder seiner Devise.

      Der Name ist auf beiden Außenseiten des Kleinfahrzeugs in gut lesbaren mindestens 10 cm hohen lateinischen Schriftzeichen anzubringen. In Ermangelung eines Namens für das Kleinfahrzeug ist entweder der Name der Organisation, der es angehört, oder deren gebräuchliche Abkürzung, im Falle mehrerer Fahrzeuge der Organisation gefolgt von einer Nummer in arabischen Ziffern, anzugeben. Die Schriftzeichen müssen in heller Farbe auf dunklem Grund oder in dunkler Farbe auf hellem Grund angebracht sein. Sofern in einem Fall des Satzes 3 ein Kleinfahrzeug mit einer Nummer in lateinischen Ziffern gekennzeichnet ist, darf diese Kennzeichnung weitergeführt werden.
   b) mit dem Namen und der Anschrift des Eigentümers.

      Der Name und die Anschrift des Eigentümers sind an der Innen- oder Außenseite des Kleinfahrzeugs anzubringen.

2. Ein Beiboot eines Fahrzeugs muss jedoch an der Innen- oder Außenseite nur ein Kennzeichen tragen, das die Feststellung des Eigentümers gestattet.

§ 2.03 Schiffseichung

Jedes Binnenschiff, das zur Güterbeförderung bestimmt ist, ausgenommen ein Kleinfahrzeug, muss geeicht sein.

§ 2.04 Einsenkungsmarken und Tiefgangsanzeiger

1. An jedem Fahrzeug - mit Ausnahme eines Kleinfahrzeugs - müssen Marken angebracht sein, welche die Ebene der größten Einsenkung anzeigen. Bei einem Seeschiff ersetzt die »Frischwassermarke im Sommer« die Einsenkungsmarken. Die Einzelheiten über die Festsetzung der größten Einsenkung und die Grundsätze für die Anbringung der Einsenkungsmarken richten sich nach der Binnenschiffsuntersuchungsordnung.
2. An jedem Fahrzeug - mit Ausnahme eines Kleinfahrzeugs -, dessen Tiefgang 1,00 m überschreiten kann, müssen Tiefgangsanzeiger angebracht sein. Die Grundsätze für ihre Anbringung richten sich nach der Binnenschiffsuntersuchungsordnung.

§ 2.05 Kennzeichen der Anker

1. Ein Schiffsanker muss ein dauerhaftes Kennzeichen tragen. Dieses muss entweder die Nummer der Fahrtauglichkeitsbescheinigung und die Unterscheidungsbuchstaben der Schiffsuntersuchungskommission oder den Namen und Wohnort des Eigentümers des Fahrzeugs enthalten. Wird der Anker auf einem anderen Fahrzeug desselben Eigentümers verwendet, kann es bei der erstmaligen Kennzeichnung verbleiben.
2. Nummer 1 gilt nicht für Anker eines Seeschiffes oder eines Kleinfahrzeugs. Bei einem Seeschiff reicht es aus, wenn die Anker mit dem Unterscheidungssignal des Schiffes gekennzeichnet sind.

§ 2.06 Kennzeichnung der Fahrzeuge, die Flüssigerdgas (LNG) als Brennstoff nutzen

(Anlage 3: Bild 65)

1. Ein Fahrzeug, das Flüssigerdgas (LNG) als Brennstoff nutzt, muss ein Kennzeichen tragen.
2. Das Kennzeichen ist rechteckig mit der Aufschrift »LNG« in weißen Buchstaben auf rotem Grund und einem weißen Rand von mindestens 5 cm Breite. Die Längsseite des Rechtecks muss mindestens 60 cm betragen. Die Höhe der Schriftzeichen muss mindestens 20 cm betragen. Die Breite der Schriftzeichen und die Stärke der Striche müssen der Höhe entsprechen.

65

3. Das Kennzeichen muss an einer geeigneten und gut sichtbaren Stelle angebracht sein.
4. Das Kennzeichen muss erforderlichenfalls beleuchtet werden, damit es bei Nacht deutlich sichtbar ist.

§ 2.07 Verhaltenspflichten

1. Der Eigentümer und der Ausrüster dürfen jeweils die Inbetriebnahme eines Fahrzeugs nur dann anordnen oder zulassen, wenn
   a) das Fahrzeug nach den §§ 2.01, 2.02 oder 2.06 in der dort vorgeschriebenen Weise gekennzeichnet ist,
   b) das Fahrzeug nach § 2.03 geeicht ist,
   c) an dem Fahrzeug Einsenkungsmarken nach § 2.04 Nummer 1 und im Falle eines Tiefgangs des Fahrzeugs von mehr als 1,00 m zusätzlich Tiefgangsanzeiger nach § 2.04 Nummer 2 angebracht sind und
   d) die Schiffsanker nach § 2.05 Nummer 1, auch in Verbindung mit Nummer 2 Satz 2, in der dort vorgeschriebenen Weise gekennzeichnet sind.
2. Der Schiffsführer darf ein Fahrzeug nur führen, wenn
   a) das Fahrzeug nach den §§ 2.01, 2.02 oder 2.06 in der dort vorgeschriebenen Weise gekennzeichnet ist,
   b) das Fahrzeug nach § 2.03 geeicht ist,
   c) an dem Fahrzeug Einsenkungsmarken nach § 2.04 Nummer 1 und im Falle eines Tiefgangs des Fahrzeugs von mehr als 1,00 m zusätzlich Tiefgangsanzeiger nach § 2.04 Nummer 2 angebracht sind und
   d) die Schiffsanker nach § 2.05 Nummer 1, auch in Verbindung mit Nummer 2 Satz 2, in der dort vorgeschriebenen Weise gekennzeichnet sind.

Kapitel 3
Bezeichnung der Fahrzeuge

Abschnitt I. Allgemeines

§ 3.01 Begriffsbestimmungen und Anwendungen

(Anlage 3: Bild 1)

1

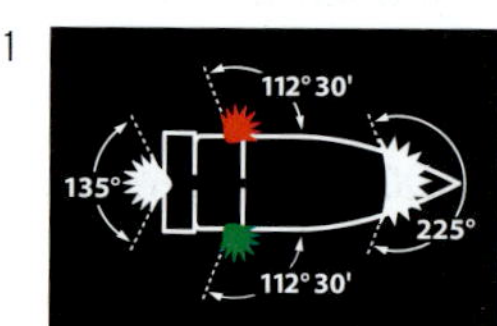

1. In diesem Kapitel gelten als
   a) »Topplicht«:
   ein weißes starkes Licht, das über einen Horizontbogen von 225°, und zwar von Voraus bis beiderseits 22°30' hinter die Querlinie, und das nur in diesem Bogen sichtbar ist;
   b) »Seitenlichter«:
   an Steuerbord ein grünes helles Licht und an Backbord ein rotes helles Licht, von denen jedes über einen Horizontbogen von 112°30', das heißt von Voraus bis 22°30' hinter die Querlinie auf der Seite, auf der das Licht angebracht ist, und nur in diesem Bogen sichtbar ist;
   c) »Hecklicht«:
   ein weißes gewöhnliches Licht oder ein weißes helles Licht, das über einen Horizontbogen von 135°, und zwar 67°30' von Achteraus nach jeder Seite und nur in diesem Bogen sichtbar ist;
   d) »von allen Seiten sichtbares Licht«:
   ein Licht, das über einen Horizontbogen von 360° sichtbar ist.
2. Wenn es die Sichtverhältnisse erfordern, müssen die für die Nacht vorgeschriebenen Lichter zusätzlich bei Tag gesetzt werden.
3. Bei Anwendung dieses Kapitels gilt ein Schubverband, dessen Länge 110,00 m und dessen Breite 12,00 m nicht überschreitet, als ein einzeln fahrendes Fahrzeug mit Maschinenantrieb von gleicher Länge und Breite und ein Verband gekuppelter Fahrzeuge, dessen Länge 140,00 m überschreitet, als ein Schubverband von gleicher Länge.
4. Ein auf Schleusung wartendes Fahrzeug, das stillliegt, kann die für die Fahrt vorgeschriebene Bezeichnung beibehalten.
5. Die in diesem Kapitel vorgeschriebenen Bezeichnungen sind in Anlage 3 abgebildet.

§ 3.02 Lichter und Signalleuchten

1. Soweit nichts anderes bestimmt ist, müssen die in dieser Verordnung vorgeschriebenen Lichter von allen Seiten sichtbar sein und ein gleichmäßiges, ununterbrochenes Licht werfen.

2. Es dürfen nur Signalleuchten verwendet werden, deren Lichter in horizontaler Ausstrahlung, Farbe und Stärke den Bestimmungen dieser Verordnung und den Anforderungen des Anhangs II § 7.05 der Binnenschiffsuntersuchungsordnung entsprechen. Signalleuchten, die den Anforderungen der am 30. Juni 2011 oder der am 31. Dezember 2012 geltenden Fassung der Binnenschifffahrtsstraßen-Ordnung entsprechen, dürfen weiterhin verwendet werden.
3. Die Nachtbezeichnung eines stillliegenden nicht motorisierten Fahrzeugs braucht nicht den Anforderungen der Nummer 2 zu entsprechen; sie muss jedoch bei klarer Sicht und dunklem Hintergrund eine Tragweite von mindestens 1000,00 m haben.

§ 3.03 Flaggen, Tafeln und Wimpel

1. Soweit nichts anderes bestimmt ist, muss eine in dieser Verordnung vorgeschriebene Flagge oder Tafel rechteckig sein.
2. Die Farben einer Flagge, einer Tafel oder eines Wimpels dürfen weder verblasst noch verschmutzt sein.
3. Die Abmessungen der Sichtzeichen nach Nummer 2 müssen so groß sein, dass sie gut gesehen werden können; diese Voraussetzung gilt in jedem Falle als erfüllt
   a) bei einer Flagge oder Tafel, wenn sie mindestens 1,00 m hoch und 1,00 m breit, bei Kleinfahrzeugen mindestens 0,60 m hoch und 0,60 m breit ist,
   b) bei einem Wimpel, wenn seine Länge mindestens 1,00 m und seine Breite an der Seite, an der der Wimpel befestigt ist, mindestens 0,50 m beträgt.

§ 3.04 Zylinder, Bälle und Kegel

1. Ein in dieser Verordnung vorgeschriebener Zylinder, Ball oder Kegel darf durch Einrichtungen ersetzt werden, die aus der Entfernung das gleiche Aussehen haben.
2. Die Farben der Sichtzeichen nach Nummer 1 dürfen weder verblasst noch verschmutzt sein.
3. Die Abmessungen der Sichtzeichen nach Nummer 1 müssen mindestens betragen:
   a) für einen Zylinder 0,80 m in der Höhe und 0,50 m im Durchmesser;
   b) für einen Ball 0,60 m im Durchmesser;
   c) für einen Kegel 0,60 m in der Höhe und 0,60 m im Durchmesser der Grundfläche;
   d) für einen Doppelkegel 0,80 m in der Höhe und 0,50 m im Durchmesser der Grundfläche.
4. Für ein Kleinfahrzeug dürfen entgegen Nummer 3 Sichtzeichen mit geringeren Abmessungen, die im Verhältnis zur Größe des Kleinfahrzeugs angemessen sind, verwendet werden. Sie müssen jedoch so groß sein, dass sie gut gesehen werden können.

§ 3.05 Verbotene oder ausnahmsweise zugelassene Lichter und Sichtzeichen

1. Es ist verboten, andere als die in dieser Verordnung vorgesehenen Lichter oder Sichtzeichen zu gebrauchen oder Lichter oder Sichtzeichen unter Umständen zu gebrauchen, für die sie nicht vorgeschrieben oder zugelassen sind.
2. Zur Verständigung von Fahrzeug zu Fahrzeug oder zwischen Fahrzeug und Land dürfen jedoch auch andere Lichter oder Sichtzeichen verwendet werden, sofern dies zu keiner Verwechslung mit den in dieser Verordnung vorgesehenen Lichtern oder Sichtzeichen führen kann.

§ 3.06 (ohne Inhalt)

§ 3.07 Verbotener Gebrauch von Lichtern, Scheinwerfern, Sichtzeichen und anderen Gegenständen

1. Es ist verboten, ein Licht, einen Scheinwerfer, ein Sichtzeichen oder einen anderen Gegenstand in einer Weise zu gebrauchen, dass es oder er mit den in dieser Verordnung vorgesehenen Bezeichnungen verwechselt werden kann, deren Sichtbarkeit beeinträchtigt oder deren Erkennbarkeit erschweren kann.
2. Es ist verboten, ein Licht oder einen Scheinwerfer in einer Weise zu gebrauchen, dass es oder er blendet und dadurch die Schifffahrt oder den Verkehr an Land gefährdet oder behindert.

Abschnitt II. Nacht- und Tagbezeichnung

Titel A. Bezeichnung während der Fahrt

§ 3.08 Bezeichnung einzeln fahrender Fahrzeuge mit Maschinenantrieb

(Anlage 3: Bild 2, 3)

1. Ein einzeln fahrendes Fahrzeug mit Maschinenantrieb muss bei Nacht führen:
   a) ein Topplicht, das auf dem vorderen Teil des Fahrzeugs gesetzt werden muss;
   b) die Seitenlichter, die in gleicher Höhe und in einer Ebene senkrecht zur Längsebene des Fahrzeugs gesetzt werden müssen. Bei Fahrten auf Flüssen müssen die Seitenlichter mindestens 1,00 m tiefer als das Topplicht gesetzt werden. Bei Fahrten auf Kanälen müssen die Seitenlichter nach Möglichkeit 1,00 m tiefer als das Topplicht, sie dürfen jedoch nicht höher als dieses gesetzt werden. Sie müssen mindestens 1,00 m hinter dem Topplicht gesetzt und binnenbords derart abgeblendet werden, dass das

2
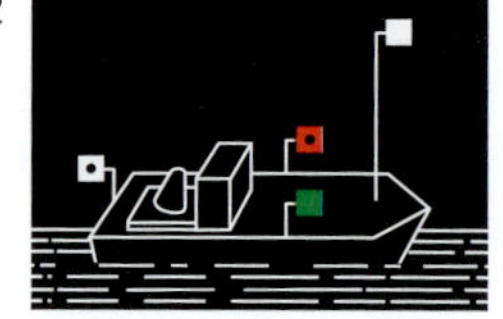

grüne Licht nicht von Backbord, das rote Licht nicht von Steuerbord gesehen werden kann;

c) ein Hecklicht auf dem Achterschiff.

2. Ein einzeln fahrendes Fahrzeug mit Maschinenantrieb mit mehr als 110,00 m Länge muss bei Nacht außerdem ein zweites Topplicht führen, und zwar auf dem Achterschiff und in größerer Höhe als das vordere Licht.

3 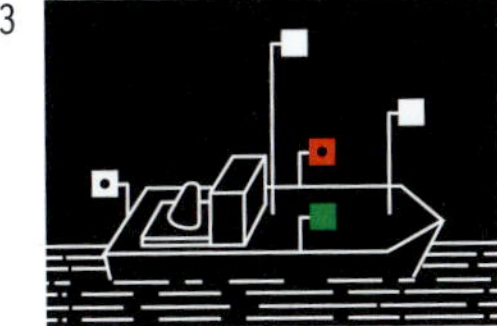

3. Die Nummern 1 und 2 gelten nicht für ein Kleinfahrzeug oder für eine Fähre; für ein Kleinfahrzeug gilt § 3.13, für eine Fähre § 3.16.

§ 3.09 Bezeichnung der Schleppverbände in Fahrt

(Anlage 3: Bild 4, 5, 6, 7, 8, 9, 10)

1. An der Spitze eines Schleppverbandes in Fahrt muss das Fahrzeug mit Maschinenantrieb führen:

   a) bei Nacht:

   aa) außer dem Topplicht und den Seitenlichtern nach § 3.08 Nummer 1 Buchstabe a und b ein zweites Topplicht; dieses muss etwa 1,00 m unter dem ersten Topplicht, jedoch nach Möglichkeit mindestens 1,00 m höher als die Seitenlichter gesetzt werden;

   bb) statt des Hecklichts nach § 3.08 Nummer 1 Buchstabe c ein gelbes Hecklicht an geeigneter Stelle und in ausreichender Höhe, damit es von dem nachfolgenden Anhang gesehen werden kann.

4 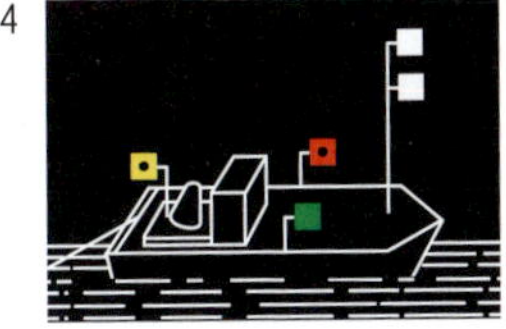

   Das Fahrzeug muss diese Lichter auch dann beibehalten, wenn ihm vorübergehend auf einer kurzen Strecke ein Vorspann voranfährt; der Vorspann muss die Lichter ebenfalls führen.

   b) bei Tag:

   einen gelben Zylinder, der oben und unten mit je einem schwarzen und je einem weißen Streifen – letztere an den äußeren Enden – eingefasst ist; der Zylinder muss auf dem Vorschiff senkrecht und so hoch gesetzt werden, dass er von allen Seiten sichtbar ist.

4 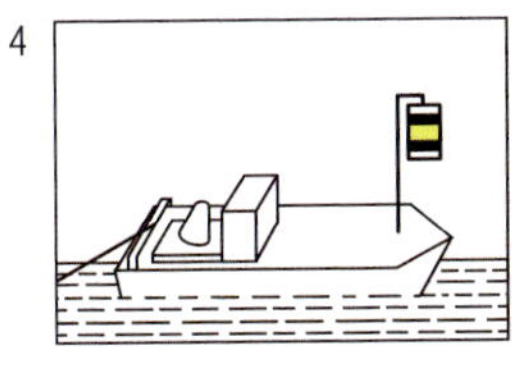

   Das Fahrzeug muss den Zylinder auch dann beibehalten, wenn ihm vorübergehend auf einer kurzen Strecke ein Vorspann voran fährt; der Vorspann muss den Zylinder ebenfalls führen.

2. Hat ein Schleppverband an der Spitze mehrere Fahrzeuge mit Maschinenantrieb, die nebeneinander fahren, sei es längsseits gekuppelt oder nicht, muss jedes dieser Fahrzeuge führen:

   a) bei Nacht:

5 

ein drittes Topplicht; dieses muss etwa 2,00 m unter dem ersten Topplicht, jedoch nach Möglichkeit mindestens 1,00 m höher als die Seitenlichter gesetzt werden;

b) bei Tag:

den Zylinder nach Nummer 1 Buchstabe b.

4

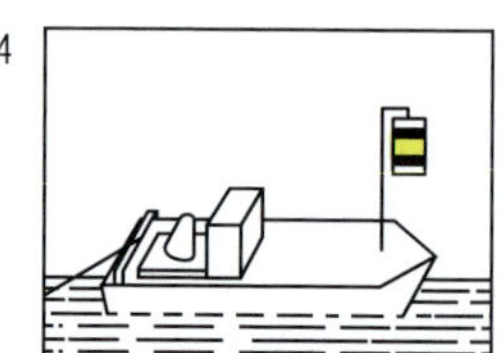

Das Gleiche gilt für alle Fahrzeuge mit Maschinenantrieb, die gemeinsam ein Fahrzeug, einen Schwimmkörper oder eine schwimmende Anlage bugsieren.

3. Die geschleppten Fahrzeuge eines Schleppverbandes in Fahrt müssen führen:
   a) bei Nacht:
   ein weißes helles, von allen Seiten sichtbares Licht; dieses muss nach hinten und kann nach den Seiten durch eine Mattglasscheibe abgeblendet werden;

6

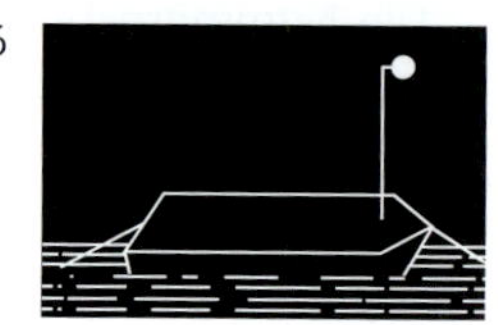

   b) bei Tag:
   einen gelben Ball an einer geeigneten Stelle und so hoch, dass er von allen Seiten sichtbar ist.

6

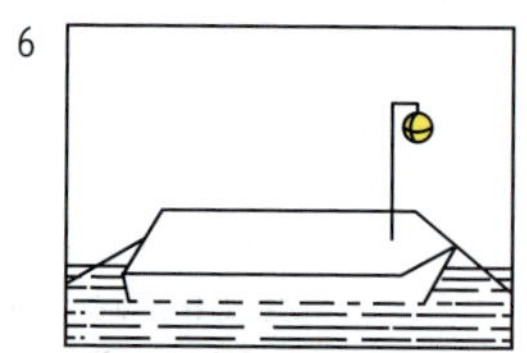

Das Gleiche gilt für geschleppte Schwimmkörper oder geschleppte schwimmende Anlagen. Wenn jedoch

   a) eine Anhanglänge des Verbandes 110,00 m überschreitet, muss sie bei Nacht zwei Lichter nach Satz 1 führen, und zwar eines auf der vorderen und eines auf der hinteren Hälfte des Fahrzeugs;

7

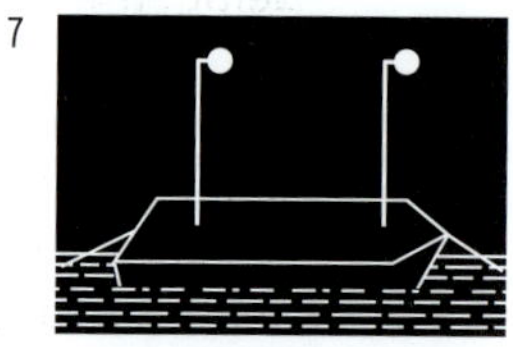

   b) eine Anhanglänge des Verbandes aus mehr als zwei längsseits verbundenen Fahrzeugen besteht, sind die Lichter oder die Bälle nach Satz 1 nur von den beiden äußeren Fahrzeugen zu führen.

8

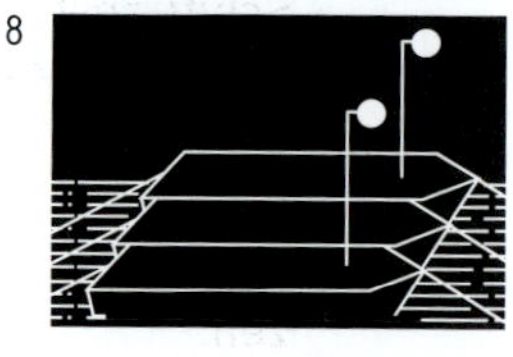

Die Lichter und Bälle aller geschleppten Fahrzeuge eines Verbandes sind so zu setzen, dass sie sich möglichst in gleicher Höhe über dem Wasserspiegel befinden.

8

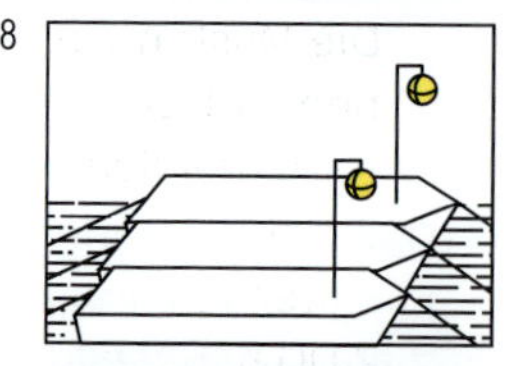

4. Das Fahrzeug oder die Fahrzeuge, die die letzte Anhanglänge eines Schleppverbandes in Fahrt bilden, müssen bei Nacht führen:
   a) das Licht nach Nummer 3 oder das Topplicht nach § 3.08 Nummer 1 Buchstabe a;
   b) das Hecklicht nach § 3.08 Nummer 1 Buchstabe c; bilden mehr als zwei längsseits verbundene Fahrzeuge den Schluss des Verbandes, brauchen nur die beiden äußeren Fahrzeuge dieses Licht zu führen.

9

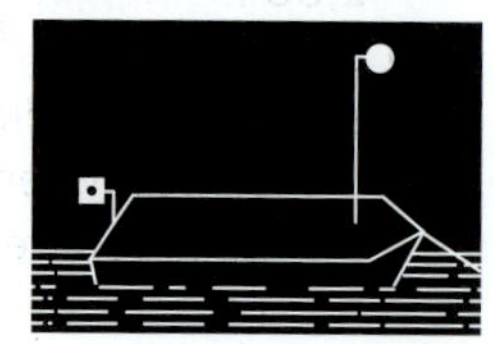

10

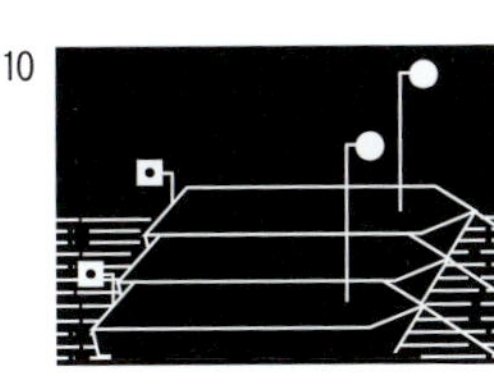

Bilden ein oder mehrere Kleinfahrzeuge den Schluss eines Verbandes, bleiben sie bei Anwendung der Vorschriften dieser Nummer unberücksichtigt.

5. Auf einer Reede braucht ein Schleppverband, der aus einem Fahrzeug mit Maschinenantrieb und einer einzigen Anhanglänge besteht, die Tagbezeichnung nach den Nummern 1 bis 4 nicht zu führen.
6. Die Nummern 1 bis 5 gelten nicht für ein Kleinfahrzeug, das ausschließlich Kleinfahrzeuge schleppt, und nicht für ein geschlepptes Kleinfahrzeug. Für derartige Kleinfahrzeuge gilt § 3.13 Nummer 2 und 3.

§ 3.10 Bezeichnung der Schubverbände in Fahrt

(Anlage 3: Bild 11, 12, 13, 14)

11

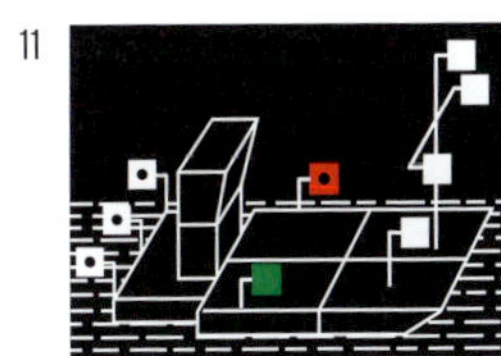

1. Ein Schubverband in Fahrt muss bei Nacht führen:
   a) als Topplichter
      aa) drei Topplichter auf dem Vorschiff des Fahrzeugs oder, bei mehreren Fahrzeugen, auf dem Vorschiff des linken der Fahrzeuge an der Spitze des Verbandes; diese Topplichter müssen in der Form eines gleichseitigen Dreiecks mit waagerechter Grundlinie in einer Ebene senkrecht zur Längsebene des Verbandes angeordnet sein; die beiden unteren Topplichter müssen in einem Abstand von etwa 1,25 m voneinander und 1,10 m unter dem obersten Topplicht gesetzt werden; sie müssen darüber hinaus auf einem Fluss mindestens 2,00 m über der Ebene der Einsenkungsmarken und mindestens 1,00 m über den Seitenlichtern, auf einem Schifffahrtskanal oder in einem Schleusenkanal so hoch wie möglich, jedoch mindestens in Höhe der Seitenlichter gesetzt werden;
      bb) ein Topplicht auf dem Vorschiff jedes anderen Fahrzeugs, dessen ganze Breite von vorn sichtbar ist; dieses Topplicht ist nach Möglichkeit 3,00 m tiefer als das oberste Topplicht nach Doppelbuchstabe aa hiervor zu setzen.

   Die Masten dieser Topplichter müssen in der Längsebene des Fahrzeugs stehen, auf dem sie geführt werden;
   b) als Seitenlichter
   auf dem breitesten Teil des Verbandes, höchstens 1,00 m von dessen Außenseiten entfernt, möglichst nahe beim schiebenden Fahrzeug und mindestens 2,00 m über dem Wasserspiegel;

12

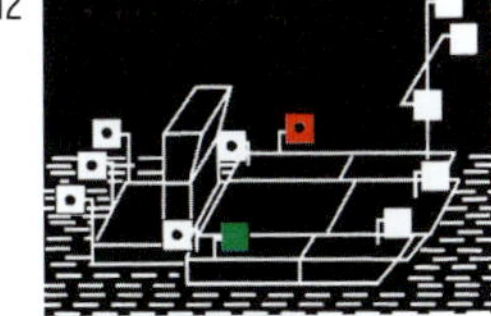

   c) als Hecklichter
      aa) drei Hecklichter auf dem Achterschiff des schiebenden Fahrzeugs in einer waagerechten Linie senkrecht zur Längsebene mit einem seitlichen Abstand von etwa 1,25 m und in ausrei-

chender Höhe, sodass sie nicht durch eines der anderen Fahrzeuge des Verbandes verdeckt werden können;

bb) ein Hecklicht auf dem Achterschiff eines jeden anderen Fahrzeugs, dessen ganze Breite von hinten sichtbar ist; befinden sich in dem Verband außer dem schiebenden Fahrzeug mehr als zwei von hinten sichtbare Fahrzeuge, ist dieses Hecklicht nur von den beiden äußeren Fahrzeugen zu führen.

13

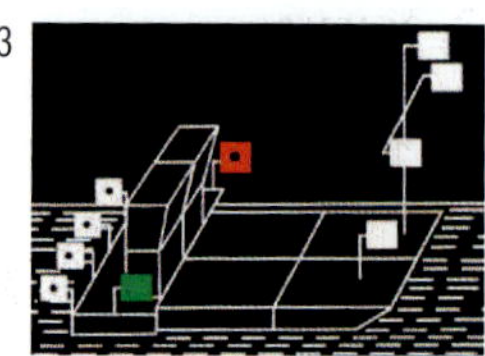

2. Ein Schubverband, der durch zwei schiebende Fahrzeuge nebeneinander fortbewegt wird, muss bei Nacht Hecklichter nach Nummer 1 Buchstabe c Doppelbuchstabe aa auf dem steuerbordseitigen schiebenden Fahrzeug führen, das andere schiebende Fahrzeug muss das Hecklicht nach Nummer 1 Buchstabe c Doppelbuchstabe bb führen.

14

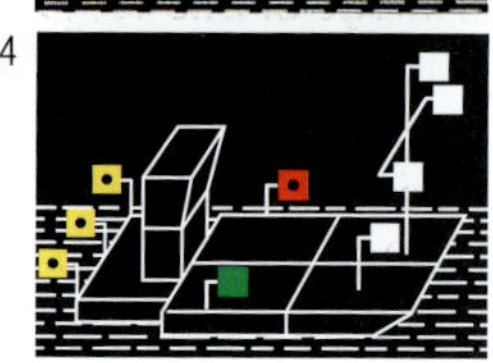

3. Nummer 1 gilt auch für einen Schubverband, wenn er bei Nacht geschleppt wird; jedoch müssen die drei Hecklichter nach Nummer 1 Buchstabe c Doppelbuchstabe aa gelb sein.

14

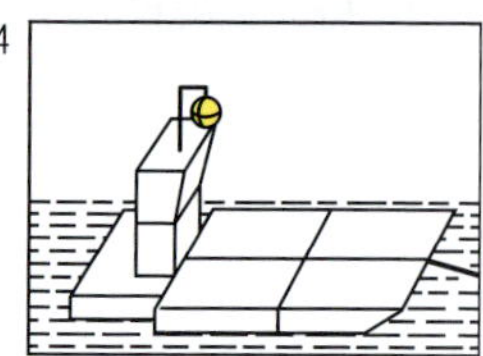

4. Wird ein Schubverband bei Tag geschleppt, muss das schiebende Fahrzeug führen:
einen gelben Ball an einer geeigneten Stelle und so hoch, dass er von allen Seiten sichtbar ist.

§ 3.11 Bezeichnung gekuppelter Fahrzeuge in Fahrt

(Anlage 3: Bild 15, 16)

15

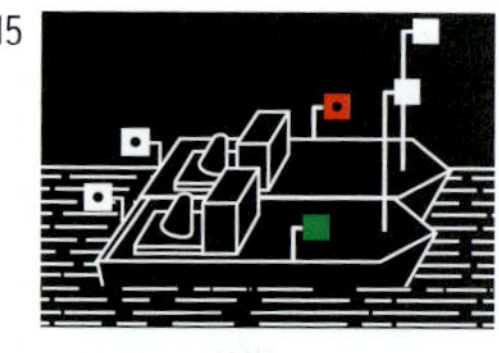

1. Gekuppelte Fahrzeuge in Fahrt müssen bei Nacht führen:
   a) auf jedem Fahrzeug das Topplicht nach § 3.08 Nummer 1 Buchstabe a; auf Fahrzeugen ohne Maschinenantrieb kann dieses Topplicht jedoch an einer geeigneten Stelle und nicht höher als das Topplicht des Fahrzeugs oder der Fahrzeuge mit Maschinenantrieb durch das Licht nach § 3.09 Nummer 3 ersetzt werden;

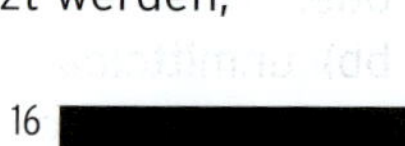

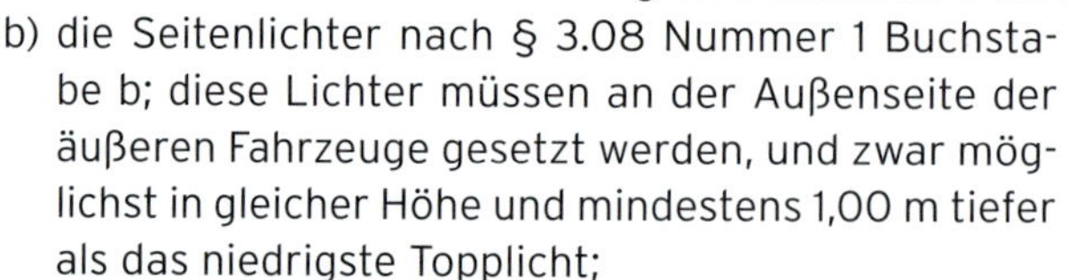

   b) die Seitenlichter nach § 3.08 Nummer 1 Buchstabe b; diese Lichter müssen an der Außenseite der äußeren Fahrzeuge gesetzt werden, und zwar möglichst in gleicher Höhe und mindestens 1,00 m tiefer als das niedrigste Topplicht;
   c) auf jedem Fahrzeug ein Hecklicht nach § 3.08 Nummer 1 Buchstabe c.

16

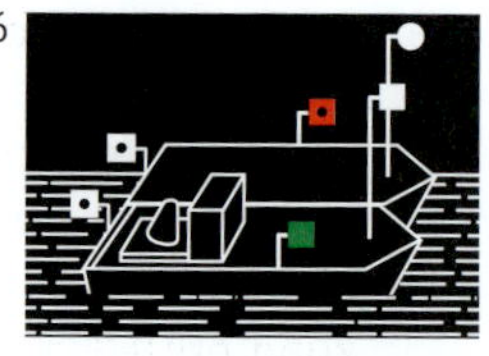

2. Nummer 1 gilt nicht für ein Kleinfahrzeug, das nur Kleinfahrzeuge längsseits gekuppelt führt, und nicht für ein längsseits gekuppeltes Kleinfahrzeug. Für derartige Kleinfahrzeuge gilt § 3.13 Nummer 2 und 3.

§ 3.12 Bezeichnung der Fahrzeuge unter Segel in Fahrt

(Anlage 3: Bild 17)

1. Ein Fahrzeug unter Segel in Fahrt muss bei Nacht führen:
   a) die Seitenlichter nach § 3.08 Nummer 1 Buchstabe b, jedoch können diese gewöhnliche Lichter sein;
   b) ein Hecklicht nach § 3.08 Nummer 1 Buchstabe c.
2. Nummer 1 gilt nicht für ein Kleinfahrzeug; für ein Kleinfahrzeug unter Segel in Fahrt gilt § 3.13 Nummer 4 und 6.

17

§ 3.13 Bezeichnung der Kleinfahrzeuge in Fahrt

(Anlage 3: Bild 18, 19, 20, 21, 22, 23, 24, 25, 26)

1. Ein einzeln fahrendes Kleinfahrzeug mit Maschinenantrieb muss bei Nacht führen:
   entweder
   a) ein Topplicht, jedoch hell statt stark, in gleicher Höhe wie die Seitenlichter und mindestens 1,00 m vor diesen;
   b) Seitenlichter, die gewöhnliche Lichter sein dürfen; sie müssen in gleicher Höhe und in einer Ebene senkrecht zur Längsachse des Fahrzeugs gesetzt sein und innenbords derart abgeblendet sein, dass das grüne Licht nicht von Backbord, das rote Licht nicht von Steuerbord gesehen werden kann;
   c) ein Hecklicht;

   oder
   d) ein Topplicht, jedoch hell statt stark, mindestens 1,00 m höher als die Seitenlichter;
   e) Seitenlichter, die gewöhnliche Lichter sein dürfen; diese können
      aa) in gleicher Höhe und in einer Ebene senkrecht zur Längsachse des Fahrzeugs

      oder
      bb) unmittelbar nebeneinander oder in einer einzigen Laterne am oder nahe am Bug in der Schiffsachse gesetzt sein; im Falle des Doppelbuchstaben aa müssen sie innenbords derart abgeblendet sein, dass das grüne Licht nicht von Backbord, das rote Licht nicht von Steuerbord gesehen werden kann;
   f) ein Hecklicht; dieses Licht darf unter der Voraussetzung entfallen, dass anstelle des Topplichtes nach Buchstabe d ein von allen Seiten sichtbares weißes helles Licht geführt wird.

18
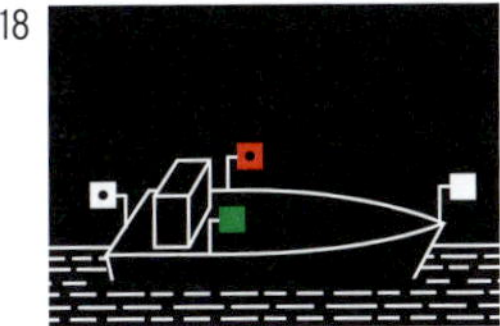

19
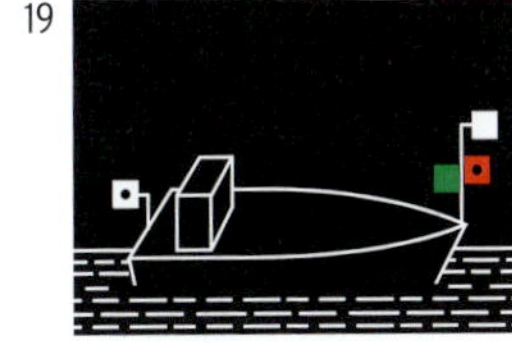

20
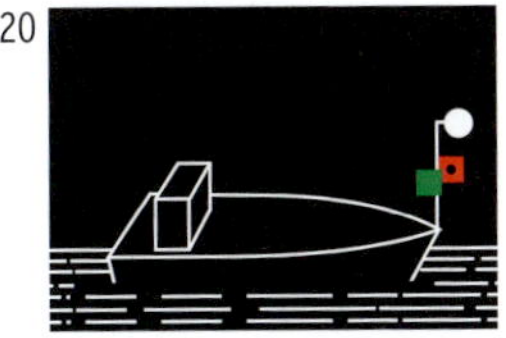

2. Schleppt ein Kleinfahrzeug ausschließlich Kleinfahrzeuge oder führt es nur solche längsseits gekuppelt, muss es bei Nacht die Lichter nach Nummer 1 führen.

21

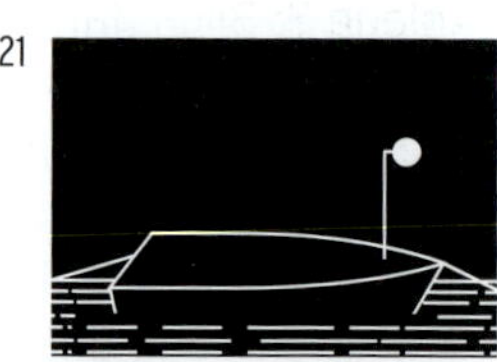

3. Ein geschlepptes oder längsseits gekuppeltes Kleinfahrzeug muss bei Nacht ein von allen Seiten sichtbares weißes gewöhnliches Licht führen. Dies gilt nicht für die Beiboote des Fahrzeugs.

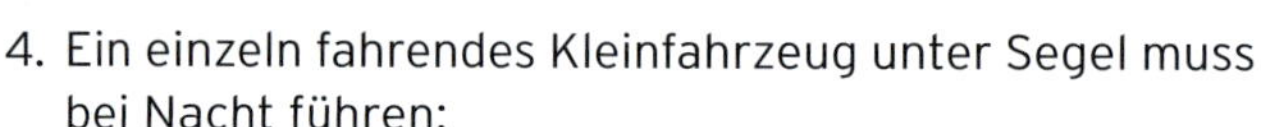

4. Ein einzeln fahrendes Kleinfahrzeug unter Segel muss bei Nacht führen:
   entweder
   a) die Seitenlichter nach Nummer 1 Buchstabe e und ein Hecklicht
   oder
   b) diese Seitenlichter und das Hecklicht in einer einzigen Laterne am Topp
   oder
   c) ein von allen Seiten sichtbares weißes gewöhnliches Licht und bei der Annäherung anderer Fahrzeuge außerdem ein zweites weißes gewöhnliches Licht zeigen.

22

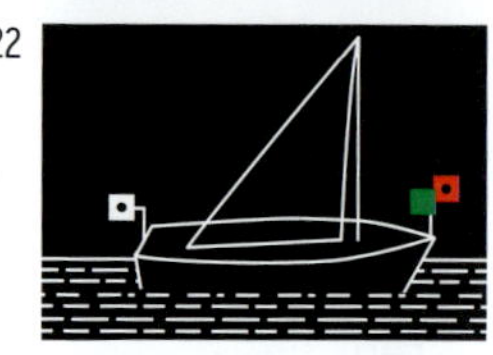

23

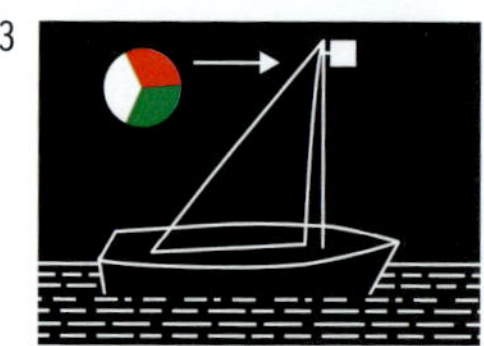

24

5. Ein einzeln weder mit Maschinenantrieb noch unter Segel fahrendes Kleinfahrzeug muss bei Nacht ein von allen Seiten sichtbares weißes gewöhnliches Licht führen. Ein Beiboot, auf das die gleichen Voraussetzungen zutreffen, braucht dieses Licht jedoch nur bei der Annäherung eines anderen Fahrzeugs zu zeigen.

25

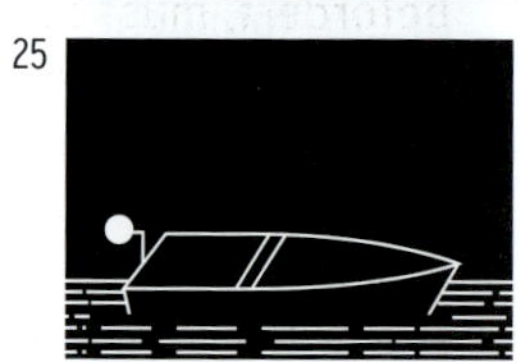

6. Ein Kleinfahrzeug unter Segel, das gleichzeitig mit Maschinenantrieb fährt, muss bei Tag einen schwarzen Kegel mit der Spitze nach unten, so hoch wie möglich an einer Stelle, an der er am besten sichtbar ist, führen.

26

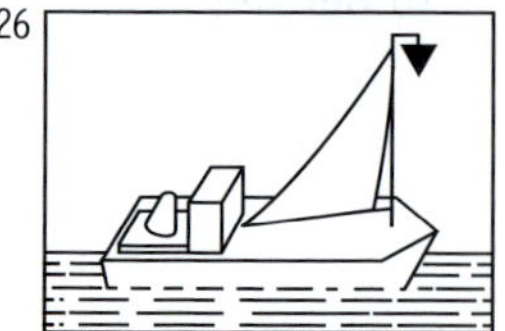

§ 3.14 Zusätzliche Bezeichnung der Fahrzeuge in Fahrt bei Beförderung bestimmter gefährlicher Güter

(Anlage 3: Bild 27a, 27b, 28a, 28b, 29, 30, 31, 32)

1. Ein Fahrzeug in Fahrt, das bestimmte entzündbare Stoffe nach Kapitel 3.2 Tabelle A ADN befördert, muss zusätzlich zu der anderen nach dieser Verordnung vorgeschriebenen Bezeichnung folgende Bezeichnung nach ADN Unterabschnitt 7.1.5.0 oder 7.2.5.0 führen:
   a) bei Nacht:
      ein blaues Licht;
   b) bei Tag:
      einen blauen Kegel mit der Spitze nach unten.

   Das Zeichen muss an einer geeigneten Stelle und so hoch geführt werden, dass es von allen Seiten sichtbar ist. Anstelle des blauen Kegels nach Satz 1 Buchstabe b kann auch je ein blauer Kegel auf dem Vorschiff und dem Achterschiff und so hoch geführt werden, dass der Kegel auf
   a) dem Vorschiff mindestens in einem Bereich von Backbord querab über Voraus bis Steuerbord querab,
   b) auf dem Achterschiff mindestens in einem Bereich von Backbord querab über Achteraus bis Steuerbord querab sichtbar ist.

27a

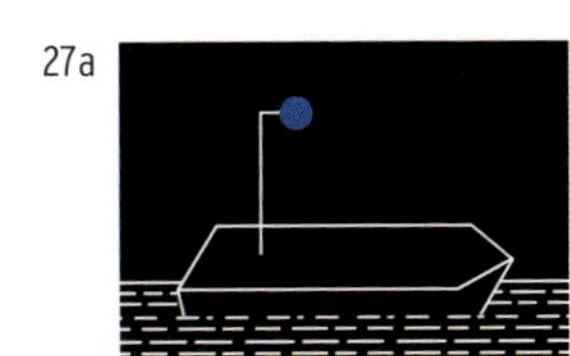

27a

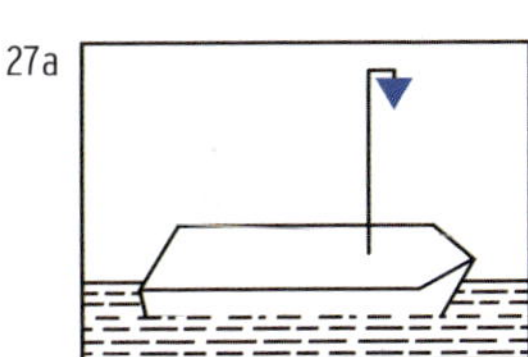

27b

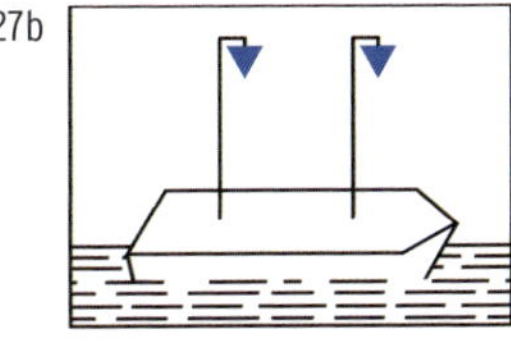

2. Ein Fahrzeug in Fahrt, das bestimmte gesundheitsschädliche Stoffe nach Kapitel 3.2 Tabelle A ADN befördert, muss zusätzlich zu der anderen nach dieser Verordnung vorgeschriebenen Bezeichnung folgende Bezeichnung nach ADN Unterabschnitt 7.1.5.0 oder 7.2.5.0 führen:
   a) bei Nacht:
      zwei blaue Lichter;
   b) bei Tag:
      zwei blaue Kegel mit der Spitze nach unten.

   Die Zeichen müssen übereinander in einem Abstand von 1,00 m an einer geeigneten Stelle und so hoch geführt werden, dass sie von allen Seiten sichtbar sind. Abweichend von Satz 2 kann der Abstand zwischen den Zeichen in Abhängigkeit von den Gegebenheiten geringer gewählt werden, wenn hierdurch ihre Erkennbarkeit nicht eingeschränkt wird. Anstelle der zwei blauen Kegel nach Satz 1 Buchstabe b in Verbindung mit den Sätzen 2 und 3 können auch je zwei

28a

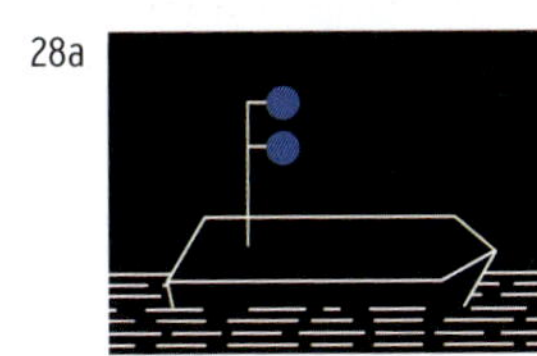

28a

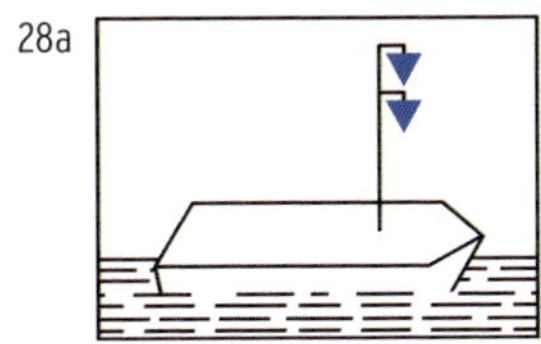

blaue Kegel auf dem Vorschiff und dem Achterschiff und so hoch geführt werden, dass die Kegel auf

28b

a) dem Vorschiff mindestens in einem Bereich von Backbord querab über Voraus bis Steuerbord querab,
b) dem Achterschiff mindestens in einem Bereich von Backbord querab über Achteraus bis Steuerbord querab

sichtbar sind.

3. Ein Fahrzeug in Fahrt, das bestimmte explosive Stoffe nach Kapitel 3.2 Tabelle A ADN befördert, muss zusätzlich zu der anderen nach dieser Verordnung vorgeschriebenen Bezeichnung folgende Bezeichnung nach ADN Unterabschnitt 7.1.5.0 oder 7.2.5.0 führen:

29a

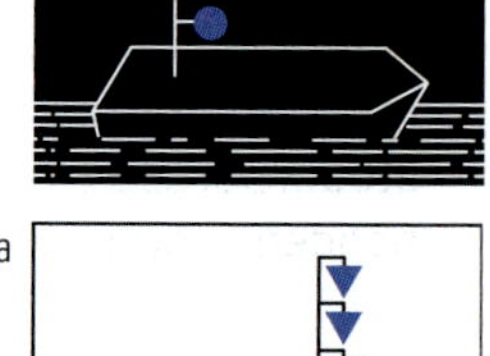

29a

a) bei Nacht:
drei blaue Lichter;
b) bei Tag:
drei blaue Kegel mit der Spitze nach unten.

Die Zeichen müssen übereinander in einem Abstand von 1,00 m an einer geeigneten Stelle und so hoch geführt werden, dass sie von allen Seiten sichtbar sind. Abweichend von Satz 2 kann der Abstand zwischen den Zeichen in Abhängigkeit von den Gegebenheiten geringer gewählt werden, wenn hierdurch ihre Erkennbarkeit nicht eingeschränkt wird. Anstelle der drei blauen Kegel nach Satz 1 Buchstabe b in Verbindung mit den Sätzen 2 und 3 können auch je drei blaue Kegel auf dem Vorschiff und dem Achterschiff und so hoch geführt werden, dass die Kegel auf

29a

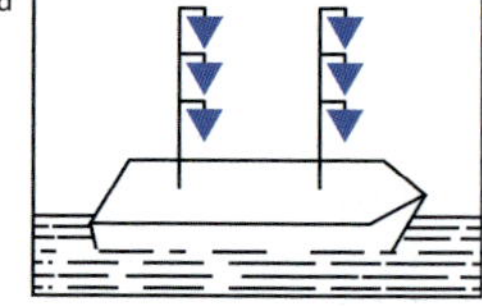

a) dem Vorschiff mindestens in einem Bereich von Backbord querab über Voraus bis Steuerbord querab,
b) dem Achterschiff mindestens in einem Bereich von Backbord querab über Achteraus bis Steuerbord querab

sichtbar sind.

4. Fährt oder fahren in einem Schubverband oder in einer Zusammenstellung gekuppelter Fahrzeuge ein Fahrzeug oder mehrere Fahrzeuge im Sinne der Nummer 1, 2 oder 3, muss die Bezeichnung nach der Nummer 1, 2 oder 3 auf dem Fahrzeug geführt werden, das den Verband oder die Zusammenstellung fortbewegt.
5. Ein Schubverband, der durch zwei schiebende Fahrzeuge nebeneinander fortbewegt wird, muss die Bezeichnung nach Nummer 4 auf dem steuerbordseitigen, schiebenden Fahrzeug führen.

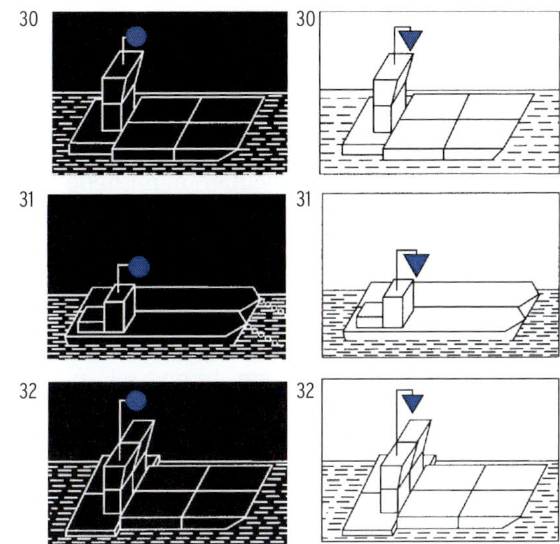

6. Ein Fahrzeug, ein Schubverband oder gekuppelte Fahrzeuge, das, der oder die verschiedene gefährliche Güter nach den Nummern 1, 2 oder 3 zusammen befördern, führen die Bezeichnung für das gefährliche Gut, das die größte Anzahl der blauen Lichter oder blauen Kegel erfordert.
7. Ein Fahrzeug, das keine Bezeichnung nach Nummer 1, 2 oder 3 führen muss, jedoch nach ADN Abschnitt 1.16.1 ein Zulassungszeugnis besitzt und die Sicherheitsbestimmungen einhält, die für ein Fahrzeug nach Nummer 1 gelten, hat bei der Annäherung an Schleusen die Bezeichnung nach Nummer 1 zu führen, wenn es zusammen mit einem Fahrzeug geschleust werden will, das die Bezeichnung nach Nummer 1 führen muss.
8. Die Lichtstärke der in den Nummern 1 bis 7 vorgeschriebenen blauen Lichter muss mindestens derjenigen der gewöhnlichen blauen Lichter entsprechen.

§ 3.15 Bezeichnung der Fahrzeuge in Fahrt, die zur Beförderung von mehr als zwölf Fahrgästen zugelassen sind und deren Schiffskörper eine größte Länge von weniger als 20,00 m aufweist

(Anlage 3: Bild 33)

Ein Fahrzeug, das zur Beförderung von mehr als zwölf Fahrgästen zugelassen ist und dessen Schiffskörper eine größte Länge von weniger als 20,00 m aufweist, muss in Fahrt bei Tag einen gelben Doppelkegel an einer geeigneten Stelle und so hoch, dass er von allen Seiten sichtbar ist, führen. Satz 1 gilt nicht für eine Fähre.

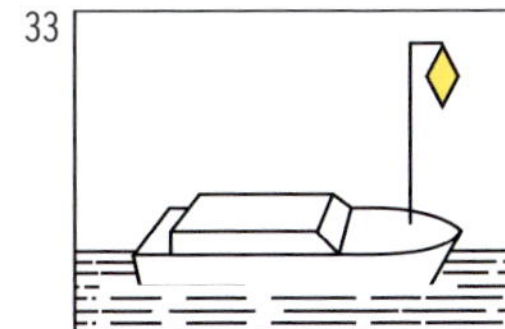

§ 3.16 Bezeichnung der Fähren in Fahrt

(Anlage 3: Bild 34, 35, 36)

1. Eine nicht frei fahrende Fähre in Fahrt muss bei Nacht führen:
   a) ein von allen Seiten sichtbares weißes helles Licht mindestens 5,00 m über der Ebene der Einsenkungsmarken; die Höhe darf jedoch verringert werden, wenn die Länge der Fähre 15,00 m nicht überschreitet;
   b) ein von allen Seiten sichtbares grünes helles Licht etwa 1,00 m über dem Licht nach Buchstabe a.
2. Bei einer Gierfähre am Längsseil in Fahrt muss bei Nacht der oberste Buchtnachen oder Döpper mit einem weißen hellen Licht mindestens 3,00 m über dem Wasser versehen sein.
3. Eine frei fahrende Fähre in Fahrt muss bei Nacht führen:
   a) die Lichter nach Nummer 1,
   b) die Lichter nach § 3.08 Nummer 1 Buchstabe b und c.

34

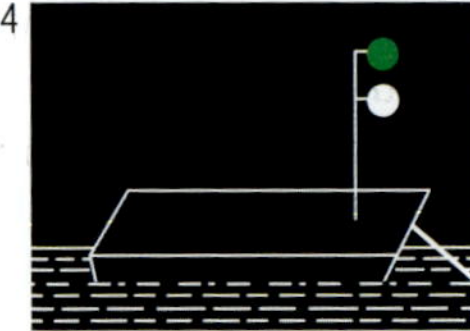

35

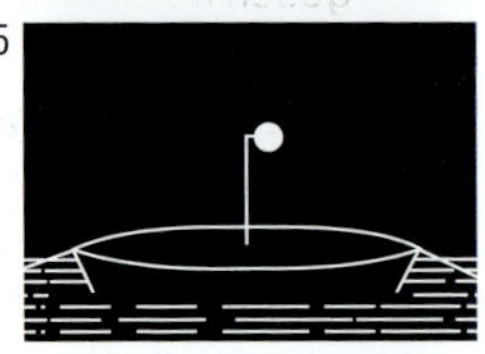

36

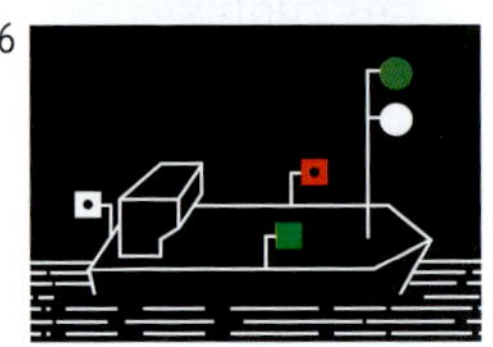

§ 3.17 Zusätzliche Bezeichnung der Fahrzeuge in Fahrt, die einen Vorrang besitzen

(Anlage 3: Bild 37)

Ein Fahrzeug, dem die zuständige Behörde zur Durchfahrt durch eine Stelle, an der eine bestimmte Reihenfolge gilt, einen Vorrang eingeräumt hat, muss in Fahrt außer der anderen nach dieser Verordnung vorgeschriebenen Bezeichnung bei Tag
einen roten Wimpel auf dem Vorschiff und so hoch, dass er gut sichtbar ist, führen.

37

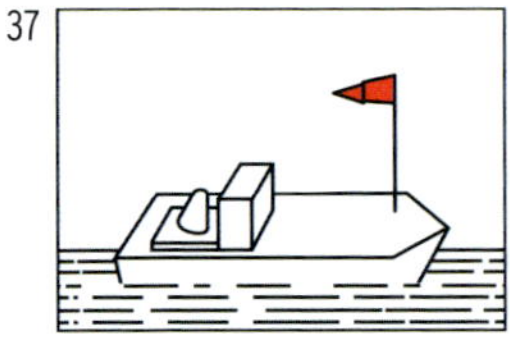

§ 3.18 Zusätzliche Bezeichnung manövrierunfähiger Fahrzeuge in Fahrt

(Anlage 3: Bild 38)

1. Ein manövrierunfähiges Fahrzeug in Fahrt muss zusätzlich zu der anderen nach dieser Verordnung vorgeschriebenen Bezeichnung
   a) bei Nacht:
      ein rotes Licht zeigen, das im unteren Halbkreis geschwenkt wird;
   b) bei Tag:
      eine rote Flagge zeigen, die im unteren Halbkreis geschwenkt wird.

   Anstelle der Bezeichnung nach Satz 1 kann das vorgeschriebene Schallzeichen gegeben werden oder beides zugleich.
2. Die Flagge nach Nummer 1 Buchstabe b kann durch eine Tafel gleicher Farbe ersetzt werden.

38
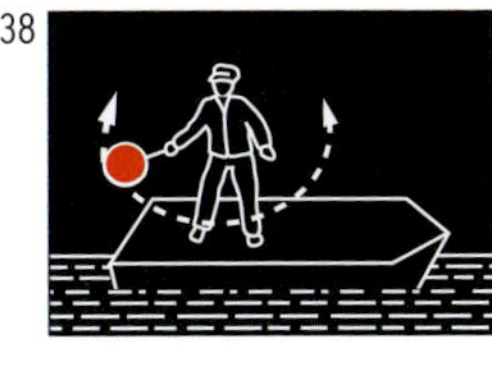

38

§ 3.19 Bezeichnung der Schwimmkörper und schwimmenden Anlagen in Fahrt

(Anlage 3: Bild 39)

Unbeschadet der besonderen Auflagen, die nach § 1.21 festgelegt werden können, muss ein Schwimmkörper oder eine schwimmende Anlage in Fahrt bei Nacht von allen Seiten sichtbare weiße helle Lichter in genügender Zahl, um ihre Umrisse kenntlich zu machen, führen.

39
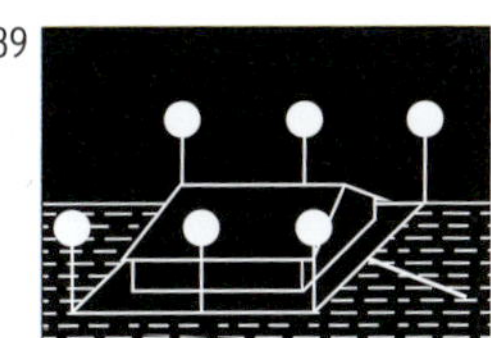

Titel B. Bezeichnung beim Stillliegen

§ 3.20 Bezeichnung der Fahrzeuge beim Stillliegen

(Anlage 3: Bild 40, 41)

40
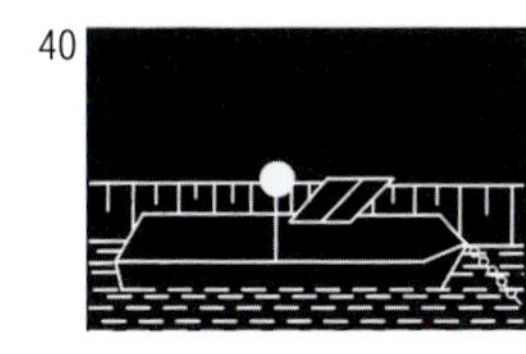

1. Mit Ausnahme eines Kleinfahrzeuges und der in den §§ 3.22 und 3.25 genannten Fahrzeuge muss ein Fahrzeug beim Stillliegen bei Nacht ein von allen Seiten sichtbares weißes gewöhnliches Licht auf der Fahrwasserseite mindestens 3,00 m über der Ebene der Einsenkungsmarken führen. Anstelle der Bezeichnung nach Satz 1 können auch zwei von allen Seiten sichtbare weiße gewöhnliche Lichter auf der Fahrwasserseite in gleicher Höhe auf dem Vor- und dem Achterschiff geführt werden.
2. Ein Kleinfahrzeug - mit Ausnahme eines Beibootes - muss beim Stillliegen bei Nacht ein von allen Seiten sichtbares weißes gewöhn-liches Licht auf der Fahrwasserseite führen.

3. Die in den Nummern 1 und 2 vorgeschriebene Bezeichnung braucht nicht geführt zu werden, wenn
   a) das Fahrzeug zu einer Zusammenstellung von Fahrzeugen gehört, die voraussichtlich nicht vor dem Ende der Nacht aufgelöst wird und die Fahrzeuge dieser Zusammenstellung auf der Fahrwasserseite das Licht nach Nummer 1 führen,
   b) sich das Fahrzeug völlig zwischen nicht überfluteten Buhnen befindet oder hinter einem aus dem Wasser ragenden Längswerk stillliegt oder
   c) das Fahrzeug am Ufer stillliegt und von diesem aus hinreichend beleuchtet ist.

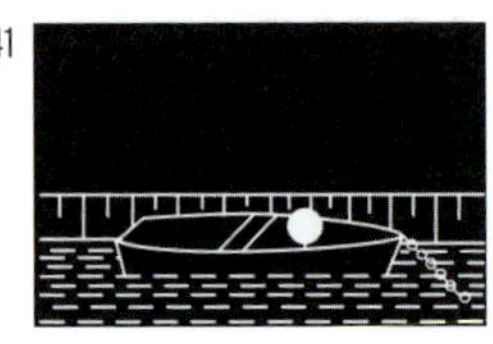

4. Sind Fahrzeuge an einer besonders dafür ausgewiesenen Stelle zusammengezogen, kann die zuständige Behörde in Sonderfällen einen Teil von ihnen von der Lichterführung nach den Nummern 1 oder 2 befreien.

§ 3.21 Zusätzliche Bezeichnung stillliegender Fahrzeuge bei Beförderung bestimmter gefährlicher Güter

(Anlage 3: Bild 42, 43, 44)

Die nach § 3.14 jeweils vorgeschriebene Bezeichnung ist von den dort genannten Fahrzeugen, Schubverbänden und gekuppelten Fahrzeugen auch beim Stillliegen zu führen.

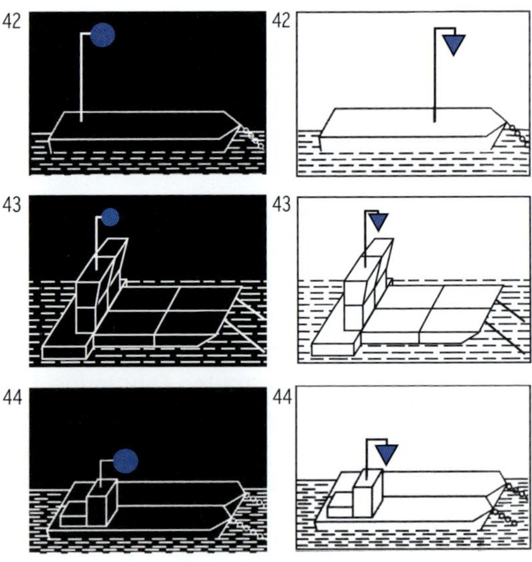

§ 3.22 Bezeichnung der Fähren, die an ihrer Anlegestelle stillliegen

(Anlage 3: Bild 45, 46)

45

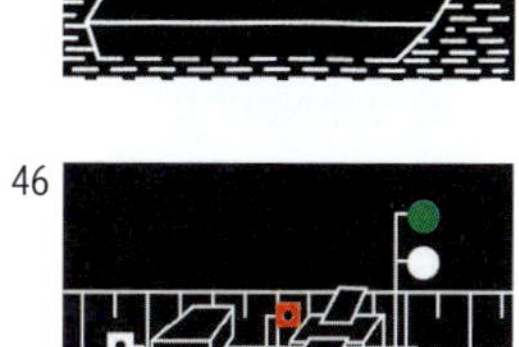

46

1. Eine nicht frei fahrende Fähre muss während des Betriebes bei Nacht beim Stillliegen an ihrer Anlegestelle die Lichter nach § 3.16 Nummer 1 führen.
   Außerdem muss bei einer Gierseilfähre am Längsseil bei Nacht der oberste Buchtnachen oder Döpper das Licht nach § 3.16 Nummer 2 führen.
2. Eine frei fahrende Fähre während des Betriebes bei Nacht muss beim Stillliegen an ihrer Anlegestelle die Lichter nach § 3.16 Nummer 1 führen; sie dürfen außerdem die Lichter nach § 3.08 Nummer 1 Buchstabe b und c beibehalten.
   Das grüne Licht nach § 3.16 Nummer 1 Buchstabe b und die Lichter nach § 3.08 Nummer 1 Buchstabe b und c müssen gelöscht werden, sobald die Fähren nicht mehr in Betrieb sind.

§ 3.23 Bezeichnung der Schwimmkörper und schwimmenden Anlagen beim Stillliegen

(Anlage 3: Bild 47)

Unbeschadet der besonderen Bedingungen, die nach § 1.21 festgelegt werden können, muss ein Schwimmkörper oder eine schwimmende Anlage beim Stillliegen bei Nacht

47

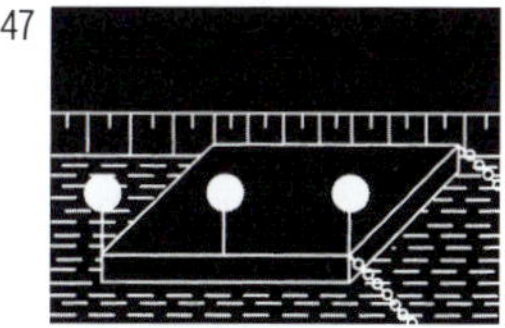

von allen Seiten sichtbare weiße gewöhnliche Lichter in genügender Zahl, um ihre fahrwasserseitigen Umrisse kenntlich zu machen, führen.

Die in Satz 1 vorgeschriebenen Lichter brauchen nicht geführt zu werden, wenn die Voraussetzungen des § 3.20 Nummer 3 Buchstabe b oder c oder Nummer 4 erfüllt sind. Wenn durch die Lage des Schwimmkörpers oder der schwimmenden Anlage eine Behinderung des Schiffsverkehrs ausgeschlossen und dieser oder diese nicht über Gebühr durch die Schifffahrt gefährdet ist, kann die zuständige Behörde für einzelne Schwimmkörper oder schwimmende Anlagen das Stillliegen ohne Beleuchtung zulassen.

§ 3.24 Bezeichnung bestimmter stillliegender Fischereifahrzeuge und der Netze oder Ausleger

(Anlage 3: Bild 48)

1. Ein Fischereifahrzeug, ein Kleinfahrzeug eingeschlossen, das seine Netze oder Ausleger im Fahrwasser oder in dessen Nähe ausgelegt hat, muss beim Stillliegen bei Nacht die Bezeichnung nach § 3.20 Nummer 1 führen.
2. Die Netze oder Ausleger des Fahrzeugs nach Nummer 1 müssen bezeichnet sein:
   a) bei Nacht:
   durch von allen Seiten sichtbare weiße gewöhnliche Lichter in ausreichender Zahl, um ihre Lage kenntlich zu machen;
   b) bei Tag:
   durch gelbe Döpper in ausreichender Zahl, um ihre Lage kenntlich zu machen.
3. Die zuständige Behörde kann eine von Nummer 2 Buchstabe b abweichende Bezeichnung vorschreiben oder zulassen.

48

48

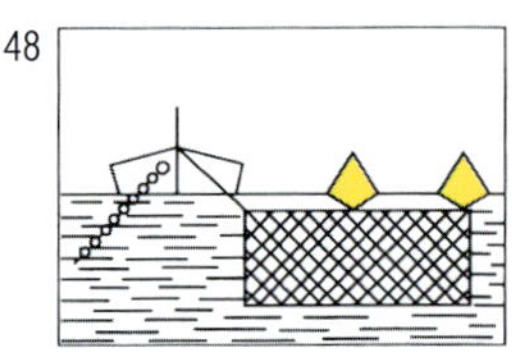

§ 3.25 Bezeichnung schwimmender Geräte bei der Arbeit sowie festgefahrener oder gesunkener Fahrzeuge

(Anlage 3: Bild 49a, 49b, 50a, 50b, 51, 52)

1. Ein schwimmendes Gerät bei der Arbeit oder ein Fahrzeug, das in der Wasserstraße Arbeiten, Peilungen oder andere Messungen ausführt und dabei stillliegt, muss führen:
   a) nach der Seite oder den Seiten, an der oder denen die Durchfahrt frei ist:
   aa) bei Nacht:
   übereinander zwei grüne gewöhnliche Lichter oder zwei grüne helle Lichter;
   bb) bei Tag:
   entweder
   aaa) das Tafelzeichen E.1 (Anlage 7)
   oder
   bbb) zwei grüne Doppelkegel übereinander in einem Abstand von 1,00 m

   und gegebenenfalls

49a

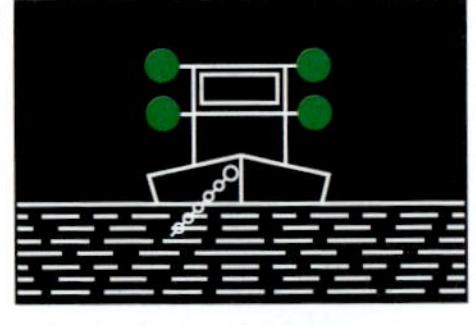

49a

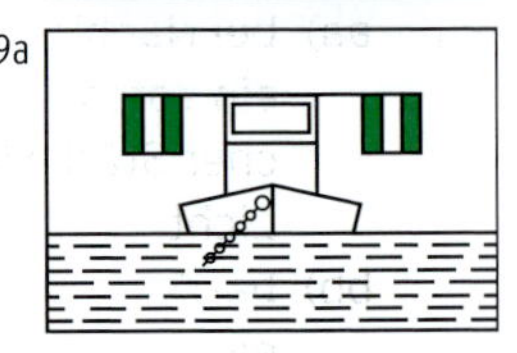

49b

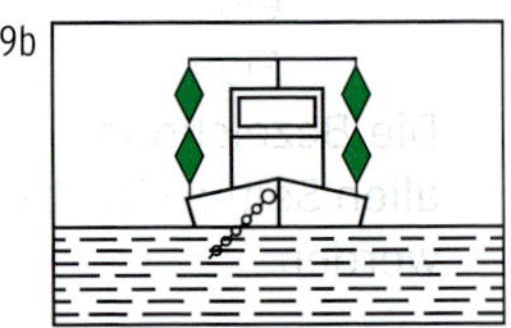

b) nach der Seite, an der die Durchfahrt nicht frei ist:

aa) bei Nacht:
ein rotes gewöhnliches Licht oder ein rotes helles Licht in gleicher Höhe und von gleicher Stärke wie das nach Buchstabe a Doppelbuchstabe aa gezeigte oberste grüne Licht;

bb) bei Tag:
entweder

aaa) das Tafelzeichen A.1 (Anlage 7) in gleicher Höhe wie das Tafelzeichen nach Buchstabe a Doppelbuchstabe bb Dreifachbuchstabe aaa

oder

bbb) einen roten Ball in gleicher Höhe wie der oberste Doppelkegel nach Buchstabe a Doppelbuchstabe bb Dreifachbuchstabe bbb.

50a
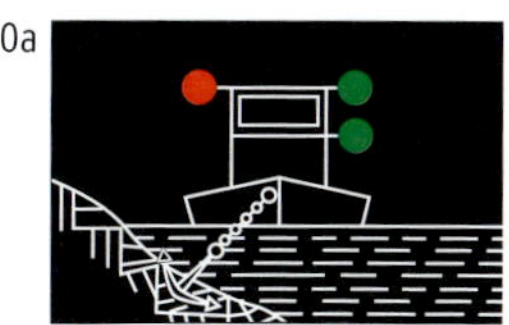

50a
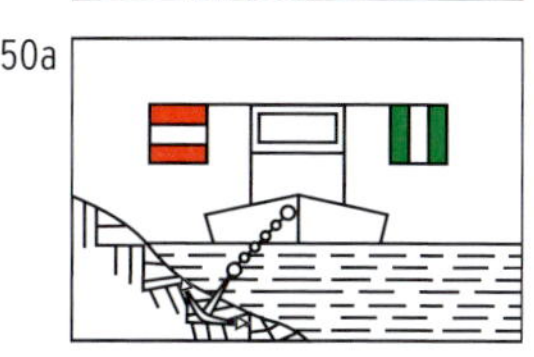

50b

Wenn das in Satz 1 genannte Fahrzeug gegen Sog oder Wellenschlag geschützt werden muss, muss es führen

a) nach der Seite oder den Seiten, wo die Durchfahrt frei ist:

aa) bei Nacht:
ein rotes gewöhnliches Licht und ein weißes gewöhnliches Licht oder ein rotes helles und ein weißes helles Licht, das rote Licht etwa 1,00 m über dem weißen;

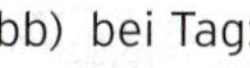

bb) bei Tag:
eine Flagge, deren obere Hälfte rot und deren untere Hälfte weiß ist, oder zwei Flaggen übereinander, die obere rot, die untere weiß,

51
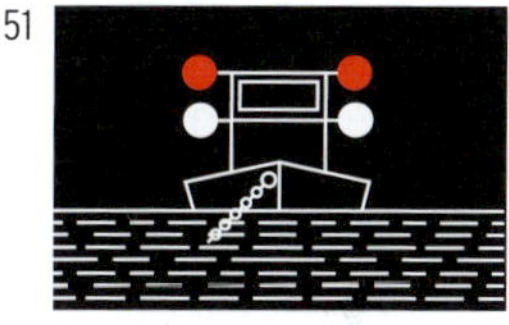

51

b) nach der Seite, an der die Durchfahrt nicht frei ist:

aa) bei Nacht:
ein rotes Licht in gleicher Höhe und von gleicher Stärke wie das nach Buchstabe a Doppelbuchstabe aa gezeigte rote Licht;

bb) bei Tag:
eine rote Flagge in gleicher Höhe wie die rot-weiße Flagge oder die rote Flagge auf der anderen Seite.

Die Bezeichnung nach den Sätzen 1 und 2 ist so hoch zu setzen, dass sie von allen Seiten sichtbar ist. Die Flaggen können durch Tafeln gleicher Farbe ersetzt werden.

2. Ein festgefahrenes oder gesunkenes Fahrzeug muss die Bezeichnung nach Nummer 1 Satz 2 Buchstabe a und b führen. Liegt ein gesunkenes Fahrzeug so, dass die Zeichen nicht auf ihm angebracht werden können, müssen sie auf Nachen, Tonnen oder in anderer geeigneter Weise gesetzt werden.

52
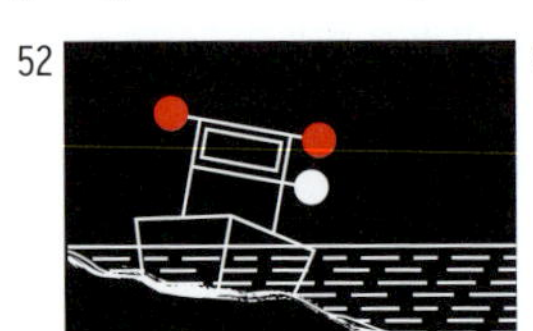

52

3. Die zuständige Behörde kann von der Führung der Bezeichnung nach Nummer 1 Satz 1 Buchstabe a und b befreien.

§ 3.26 Zusätzliche Bezeichnung der Fahrzeuge, Schwimmkörper und schwimmenden Anlagen, deren Anker die Schifffahrt gefährden können, und ihrer Anker

(Anlage 3: Bild 53, 54, 55)

1. Ein stillliegendes Fahrzeug, dessen Anker so ausgeworfen sind, dass ein Anker, ein Ankerkabel oder eine Ankerkette die Schifffahrt gefährden kann, muss zusätzlich zu der anderen nach dieser Verordnung vorgeschriebenen Bezeichnung bei Nacht führen:
ein von allen Seiten sichtbares zusätzliches weißes gewöhnliches Licht 1,00 m unter dem Licht nach § 3.20 Nummer 1 oder, wenn zwei Stillliegelichter gesetzt sind, unter dem Licht, das dem Anker am nächsten liegt.

53
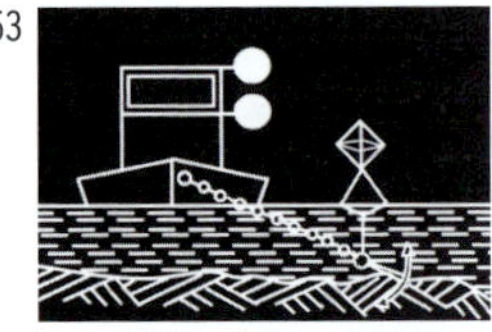

2. Wenn in den Fällen des § 3.23 ein Anker so ausgeworfen ist, dass die Schifffahrt gefährdet sein kann, muss das diesem Anker nächstgelegene Licht durch
zwei von allen Seiten sichtbare weiße gewöhnliche Lichter, die in einem Abstand von 1,00 m übereinander angebracht sind, ersetzt werden.

54
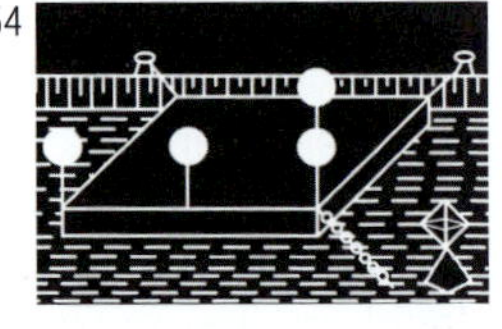

3. In den Fällen der Nummern 1 und 2 ist jeder dieser Anker mit einem gelben Döpper mit Radarreflektor zu bezeichnen.

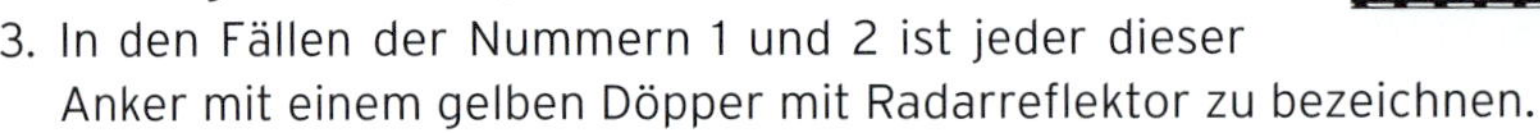

53 54

4. Wenn ein Anker, ein Ankerkabel oder eine Ankerkette eines schwimmenden Gerätes die Schifffahrt gefährden kann, ist er, es oder sie zu bezeichnen:
   a) bei Nacht:
      durch eine Tonne mit Radarreflektor und einem von allen Seiten sichtbaren weißen gewöhnlichen Licht;

55

55

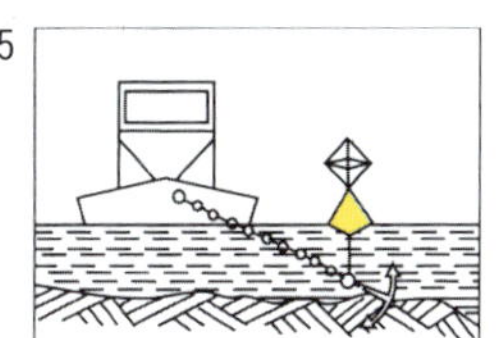

   b) bei Tag:
      durch einen gelben Döpper mit Radarreflektor.

Abschnitt III. Sonstige Bezeichnung

§ 3.27 Bezeichnung der Fahrzeuge der Überwachungsbehörden

(Anlage 3: Bild 56)

Ein Fahrzeug der Überwachungsbehörden nach § 1.20 kann bei Nacht und bei Tag ein blaues Funkellicht zeigen, um sich kenntlich zu machen. Dies gilt auch für ein Feuerlöschboot oder für ein Wasserrettungsfahrzeug nach § 1.24 Nummer 2 im Rettungseinsatz sowie für ein Zollboot, ein Fahrzeug der Bundespolizei oder ein Fahrzeug des Bundeskriminalamtes.

56

56

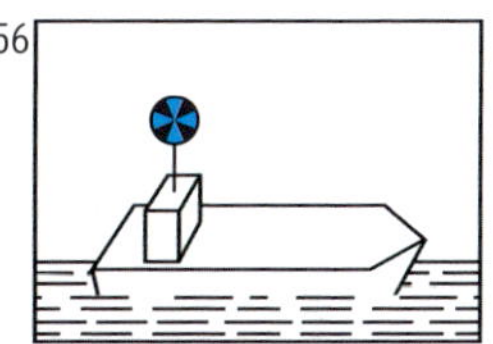

§ 3.28 Zusätzliche Bezeichnung der Fahrzeuge in Fahrt, die Arbeiten in der Wasserstraße ausführen

(Anlage 3: Bild 57)

Ein in Fahrt befindliches Fahrzeug, das in der Wasserstraße Arbeiten, Peilungen oder andere Messungen ausführt, kann mit Erlaubnis der zuständigen Behörde bei Nacht und bei Tag zusätzlich zu der anderen nach dieser Verordnung vorgeschriebenen Bezeichnung führen:

ein von allen Seiten sichtbares gelbes gewöhnliches Funkellicht oder ein von allen Seiten sichtbares gelbes helles Funkellicht.

57

57

§ 3.28a Bezeichnung und Fahrregeln für Mehrzweckfahrzeuge der Bundeswehr

1. Ein Mehrzweckfahrzeug der Bundeswehr führt während der Fahrt bei Nacht die Lichter nach § 3.08 Nummer 1 und 1,00 m oberhalb des Topplichtes zusätzlich ein von allen Seiten sichtbares gelbes gewöhnliches Funkellicht oder ein von allen Seiten sichtbares gelbes helles Funkellicht, das bei Nacht und bei Tag eingeschaltet sein muss.
2. Das Fahrzeug nach Nummer 1 verhält sich während der Fahrt grundsätzlich wie ein Kleinfahrzeug. Es gelten die §§ 6.02 und 6.02a Nummer 1 und 4.

§ 3.29 Schutz gegen Sog und Wellenschlag

(Anlage 3: Bild 58)

1. Ein in Fahrt befindliches oder stillliegendes Fahrzeug, ein in Fahrt befindlicher oder stillliegender Schwimmkörper oder eine in Fahrt befindliche oder stillliegende schwimmende Anlage, das, der oder die gegen Sog und Wellenschlag eines vorbeifahrenden Fahrzeugs oder Schwimmkörpers geschützt werden will, kann zusätzlich zu der anderen nach dieser Verordnung vorgeschriebenen Bezeichnung führen:
   a) bei Nacht:
   ein rotes gewöhnliches und ein weißes gewöhnliches Licht oder ein rotes helles und ein weißes helles Licht, das rote Licht 1,00 m über dem weißen, an einer Stelle, an der sie gut gesehen und nicht mit anderen Lichtern verwechselt werden können;

   58

   b) bei Tag:
   eine Flagge, deren obere Hälfte rot und deren untere Hälfte weiß ist, an einer geeigneten Stelle und so hoch, dass sie von allen Seiten sichtbar ist. Die Flagge kann durch zwei Flaggen übereinander, die obere rot, die untere weiß, ersetzt werden.

   58

   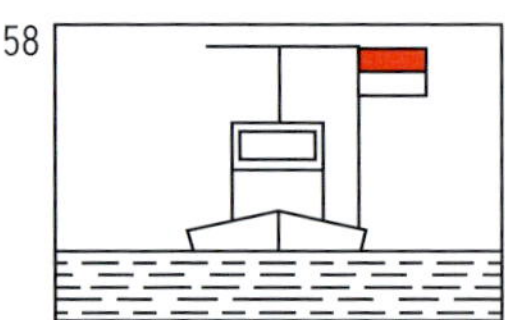

   Die Flaggen können durch Tafeln gleicher Farbe ersetzt werden.
2. Von der Bezeichnung nach Nummer 1 dürfen nur Gebrauch machen:
   a) ein Fahrzeug, ein Schwimmkörper oder eine schwimmende Anlage, das, der oder die schwer beschädigt ist oder das, der oder die sich an Rettungsarbeiten beteiligt, sowie ein manövrierunfähiges Fahrzeug;
   b) ein Fahrzeug, ein Schwimmkörper oder eine schwimmende Anlage mit schriftlicher Erlaubnis der zuständigen Behörde.

   § 3.25 bleibt unberührt.

§ 3.30 Notzeichen

(Anlage 3: Bild 59)

1. Ein in Not befindliches Fahrzeug, das Hilfe durch Sichtzeichen herbeirufen will, kann zeigen:
   a) bei Nacht:
   ein Licht, das im Kreis geschwenkt wird;

59
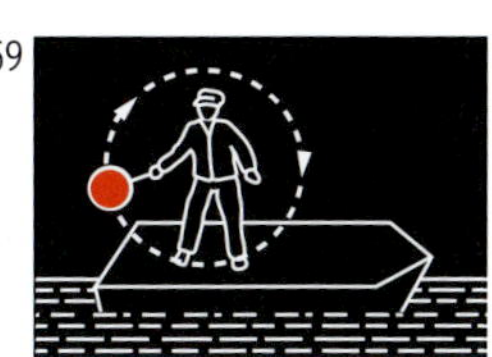

   b) bei Tag:
   eine rote Flagge, die im Kreis geschwenkt wird, oder einen sonstigen geeigneten Gegenstand, der im Kreis geschwenkt wird.

59

2. Die Sichtzeichen nach Nummer 1 ersetzen oder ergänzen die Schallzeichen nach § 4.04.

§ 3.31 Hinweis auf das Verbot, das Fahrzeug zu betreten

(Anlage 3: Bild 60)

1. Sofern es nicht an Bord beschäftigten Personen durch andere Vorschriften verboten ist, das Fahrzeug zu betreten, muss dieses Verbot durch runde weiße Tafeln mit rotem Rand, rotem Schrägstrich und
   a) einem schwarzen Sinnbild des Fußgängers oder

60

   b) einem schwarzen Sinnbild einer rufenden Person, die eine Hand abwehrend hochhält,

60a

   angezeigt werden. Die Tafeln sind je nach Bedarf an Bord oder am Laufsteg aufzustellen. Abweichend von § 3.03 Nummer 3 muss ihr Durchmesser mindestens 0,60 m betragen.
2. Die Tafeln müssen erforderlichenfalls beleuchtet werden, damit sie bei Nacht deutlich sichtbar sind.

§ 3.32 Hinweis auf das Verbot zu rauchen, ungeschütztes Licht oder Feuer zu verwenden

(Anlage 3: Bild 61)

1. Sofern es durch andere Vorschriften verboten ist, an Bord
   a) zu rauchen,
   b) ungeschütztes Licht oder Feuer zu verwenden,
   muss dieses Verbot durch runde weiße Tafeln mit rotem Rand und rotem Schrägstrich, auf denen

   a) eine brennende Zigarette in schwarzer Farbe oder
   b) ein entzündetes Streichholz in schwarzer Farbe
   abgebildet ist, angezeigt werden. Die Tafeln sind je nach Bedarf an Bord oder am Laufsteg aufzustellen. Abweichend von § 3.03 Nummer 3 muss ihr Durchmesser mindestens 0,60 m betragen.

2. Die Tafeln müssen erforderlichenfalls beleuchtet werden, damit sie bei Nacht deutlich sichtbar sind.

61

61a

§ 3.33 Hinweis auf das Verbot des Stillliegens nebeneinander

(Anlage 3: Bild 62)

1. Sofern das seitliche Stillliegen in der Nähe eines Fahrzeugs durch andere Vorschriften oder durch besondere Anforderungen der zuständigen Behörde verboten ist, muss dieses Fahrzeug an Deck in der Längsachse eine quadratische Tafel, darunter ein dreieckiges Zusatzschild führen.

   Die quadratische Tafel ist auf beiden Seiten weiß mit rotem Rand und trägt einen roten Schrägstrich von links oben nach rechts unten und ein schwarzes »P« im Mittelfeld. Das dreieckige Zusatzschild ist auf beiden Seiten weiß und zeigt in schwarzen Zahlen die Entfernung in Metern an, innerhalb derer das Stillliegen verboten ist.

62

2. Bei Nacht müssen die Tafeln so beleuchtet sein, dass sie an beiden Seiten des Fahrzeugs deutlich sichtbar sind.
3. Dieser Paragraf gilt nicht für die in § 3.21 genannten Fahrzeuge, Schubverbände oder gekuppelte Fahrzeuge.

Abschnitt IV. Pflichten

§ 3.34 Verhaltenspflichten

1. Der Schiffsführer und die nach § 1.03 Nummer 3 für Kurs und Geschwindigkeit verantwortliche Person haben jeweils sicherzustellen, dass in den Fällen des § 3.01 Nummer 2 die für die Nacht vorgeschriebenen Lichter zusätzlich auch bei Tag gesetzt werden.
2. Der Schiffsführer und die nach § 1.03 Nummer 3 für Kurs und Geschwindigkeit verantwortliche Person haben jeweils sicherzustellen, dass auf dem Fahrzeug, dem Verband, dem Schwimmkörper oder der schwimmenden Anlage die in § 3.08 Nummer 1, auch in Verbindung mit Nummer 2 und mit § 3.28a Nummer 1, § 3.11 Nummer 1, § 3.12 Nummer 1, § 3.15 Satz 1, § 3.17, § 3.18 Nummer 1 Satz 1 und § 3.19 jeweils vorgeschriebene Bezeichnung während der Fahrt geführt wird.
3. Der Schiffsführer und die nach § 1.03 Nummer 3 für Kurs und Geschwindigkeit verantwortliche Person haben jeweils sicherzustellen, dass auf dem Fahrzeug, dem Verband, dem Vorspann, dem Schwimmkörper oder der schwimmenden Anlage in den in § 3.09 Nummer 1 bis 4, § 3.10 Nummer 1 bis 4, § 3.13 Nummer 1 bis 6, § 3.14 Nummer 1 bis 7, jeweils auch in Verbindung mit Nummer 8, und § 3.16 Nummer 1 bis 3 genannten Fällen die dort jeweils vorgeschriebene Bezeichnung während der Fahrt geführt wird.
4. Der Schiffsführer darf das Fahrzeug nur führen, wenn
   a) dessen Lichter gemäß § 3.02 Nummer 1 von allen Seiten sichtbar sind und ein gleichmäßiges, ununterbrochenes Licht werfen,
   b) dessen Signalleuchten den in § 3.02 Nummer 2 Satz 1 genannten Vorschriften entsprechen,
   c) dessen Nachtbezeichnung die Tragweite nach § 3.02 Nummer 3 hat.
5. Der Schiffsführer hat sicherzustellen, dass die auf dem Fahrzeug verwendeten
   a) Flaggen, Tafeln und Wimpel den Anforderungen nach § 3.03 Nummer 1 bis 3 entsprechen und
   b) Zylinder, Bälle und Kegel den Anforderungen nach § 3.04 Nummer 2 und 3 entsprechen.
6. Der Schiffsführer hat sicherzustellen, dass auf dem Fahrzeug oder dem Verband in den in § 3.20 Nummer 1 und 2, § 3.21 in Verbindung mit § 3.14 Nummer 1 bis 7, § 3.22 Nummer 1 und 2 Satz 1, § 3.24 Nummer 1 und 2, § 3.25 Nummer 1 und 2 und § 3.26 Nummer 1 genannten Fällen die dort jeweils vorgeschriebene Bezeichnung während des Stillliegens geführt wird.
7. Der Schiffsführer hat sicherzustellen, dass ein ausgeworfener Anker des Fahrzeugs während des Stillliegens in dem in § 3.26 Nummer 1 genannten Fall nach § 3.26 Nummer 3 bezeichnet ist.
8. Der Schiffsführer hat sicherzustellen, dass in dem in § 3.22 Nummer 2 Satz 2 genannten Fall die dort genannte Bezeichnung gelöscht ist.

9. Der Schiffsführer hat sicherzustellen, dass auf dem Fahrzeug auf das Verbot
   a) des Betretens nach § 3.31 Nummer 1, auch in Verbindung mit Nummer 2,
   b) zu rauchen und ungeschütztes Licht oder Feuer zu verwenden nach § 3.32 Nummer 1, auch in Verbindung mit Nummer 2, und
   c) des Stillliegens seitlich nebeneinander nach § 3.33 Nummer 1, auch in Verbindung mit Nummer 2,

   hingewiesen wird.
10. Der Schiffsführer, Eigentümer und Ausrüster haben jeweils sicherzustellen, dass auf dem Schwimmkörper oder der schwimmenden Anlage bei Nacht beim Stillliegen die in § 3.23 Satz 1 vorgeschriebene Bezeichnung geführt wird.
11. Der Schiffsführer, Eigentümer und Ausrüster haben jeweils sicherzustellen, dass auf dem Schwimmkörper oder der schwimmenden Anlage bei Nacht beim Stillliegen in dem in § 3.26 Nummer 2 genannten Fall die dort vorgeschriebene Bezeichnung geführt wird.
12. Der Schiffsführer, Eigentümer und Ausrüster haben jeweils sicherzustellen, dass ein ausgeworfener Anker des oder der bei Nacht stillliegenden Schwimmkörpers oder schwimmenden Anlage in dem in § 3.26 Nummer 2 genannten Fall nach § 3.26 Nummer 3 bezeichnet ist.
13. Der Schiffsführer, Eigentümer und Ausrüster haben jeweils sicherzustellen, dass ein Anker, ein Ankerkabel oder eine Ankerkette des schwimmenden Gerätes, der, das oder die die Schifffahrt gefährden kann, nach § 3.26 Nummer 4 bezeichnet ist.
14. Der Eigentümer und der Ausrüster dürfen jeweils die Inbetriebnahme eines Fahrzeugs oder eines Verbandes nur anordnen oder zulassen, wenn
    a) dessen Lichter nach § 3.02 Nummer 1 von allen Seiten sichtbar sind und ein gleichmäßiges, ununterbrochenes Licht werfen,
    b) dessen Signalleuchten den in § 3.02 Nummer 2 genannten Vorschriften entsprechen,
    c) dessen Nachtbezeichnung die nach § 3.02 Nummer 3 Halbsatz 2 vorgeschriebene Tragweite hat.

Kapitel 4
Schallzeichen der Fahrzeuge; Sprechfunk; Informations- und Navigationsgeräte

Abschnitt I. Schallzeichen
(Anlage 6)

§ 4.01 Allgemeines
1. Soweit in dieser Verordnung das Geben eines Schallzeichens und nicht die Verwendung der Glocke vorgeschrieben ist, muss es wie folgt gegeben werden:
   a) auf einem Fahrzeug mit Maschinenantrieb, ausgenommen einem Kleinfahrzeug, mittels eines mechanisch betriebenen Schallgerätes, das genügend hoch angebracht ist, dass sich der Schall nach vorn und möglichst auch nach achtern frei ausbreiten kann;
   b) auf einem Fahrzeug ohne Maschinenantrieb und auf einem Kleinfahrzeug mittels eines Schallgerätes, einer geeigneten Hupe oder eines geeigneten Horns.
2. Auf einem Fahrzeug mit Maschinenantrieb muss gleichzeitig mit einem Schallzeichen ein gleich langes Lichtzeichen gegeben werden, das gelb, hell und von allen Seiten sichtbar sein muss. Dies gilt nicht für ein Kleinfahrzeug sowie für Glockenzeichen.
3. Fahren Fahrzeuge in einem Verband, ist ein vorgeschriebenes Schallzeichen nur von dem Fahrzeug zu geben, auf dem sich der Führer des Verbandes befindet, bei einem Schleppverband von dem motorisierten Fahrzeug an der Spitze des Verbandes.
4. Eine Gruppe von Glockenschlägen muss etwa vier Sekunden dauern. Sie kann durch Schläge von Metall auf Metall gleicher Dauer ersetzt werden.
5. Der Schiffsführer und die nach § 1.03 Nummer 3 für Kurs und Geschwindigkeit verantwortliche Person müssen jeweils sicherstellen, dass ein vorgeschriebenes Schallzeichen in der in den Nummern 1, 2 Satz 1 und Nummer 4, jeweils auch in Verbindung mit Nummer 3, vorgeschriebenen Art und Weise abgegeben wird.

§ 4.02 Gebrauch der Schallzeichen
1. Vorbehaltlich anderer Bestimmungen dieser Verordnung muss jedes Fahrzeug – mit Ausnahme eines Kleinfahrzeugs – in den in Anlage 6 genannten Fällen die dort jeweils genannten Schallzeichen geben.
2. Ein Kleinfahrzeug kann erforderlichenfalls die allgemeinen Schallzeichen nach Abschnitt A der Anlage 6 geben.
3. Der Schiffsführer und die nach § 1.03 Nummer 3 für Kurs und Geschwindigkeit verantwortliche Person müssen jeweils sicherstellen, dass nach Nummer 1 vorgeschriebene Schallzeichen gegeben werden.

§ 4.03 Verbotene Schallzeichen

1. Es darf kein anderes als die in dieser Verordnung vorgesehenen Schallzeichen gebraucht oder unter Umständen gebraucht werden, für die es durch diese Verordnung nicht vorgeschrieben oder zugelassen ist.
2. Zur Verständigung von Fahrzeug zu Fahrzeug und zwischen Fahrzeug und Land darf jedoch auch ein anderes Schallzeichen verwendet werden, sofern dies zu keiner Verwechslung mit den in dieser Verordnung vorgesehenen Schallzeichen führen kann.

§ 4.04 Notzeichen

1. Ein Fahrzeug, das Hilfe durch ein Schallzeichen herbeirufen will, insbesondere, wenn das Fahrzeug in Not oder ein Mensch über Bord gefallen ist, kann entweder mit der Glocke läuten oder lange Töne wiederholt abgeben.
2. Diese Schallzeichen ersetzen oder ergänzen die Sichtzeichen nach § 3.30.

Abschnitt II. Sprechfunk

§ 4.05 Sprechfunk

1. Jede Sprechfunkanlage an Bord eines Fahrzeugs oder einer schwimmenden Anlage muss der Regionalen Vereinbarung über den Binnenschifffahrtsfunk entsprechen. Die Funkanlage muss nach folgenden Vorschriften betrieben werden:
   a) nach der in Satz 1 genannten Vereinbarung, die im Handbuch Binnenschifffahrtsfunk (§ 1.10 Nummer 1 Buchstabe l) erläutert ist,
   b) nach dieser Verordnung und
   c) nach der Binnenschifffahrt-Sprechfunkverordnung.

   Funkmeldungen und Funkabsprachen sind in deutscher Sprache auszuführen. Das Bundesministerium für Verkehr und digitale Infrastruktur gibt den aktuellen Stand des Handbuchs Binnenschifffahrtsfunk im Verkehrsblatt oder im Bundesanzeiger bekannt.
2. Ein Fahrzeug mit Maschinenantrieb, ausgenommen ein Kleinfahrzeug, eine Fähre oder ein schwimmendes Gerät, darf nur fahren, wenn es mit zwei betriebssicheren Sprechfunkanlagen ausgerüstet ist. Während der Fahrt muss eine Sprechfunkanlage in dem Verkehrskreis Schiff – Schiff und die andere Sprechfunkanlage in dem Verkehrskreis Nautische Information ständig sende- und empfangsbereit sein. Der Verkehrskreis Nautische Information darf nur zur Übermittlung oder zum Empfang von Nachrichten auf anderen Kanälen kurzfristig verlassen werden.
3. Eine Fähre oder ein schwimmendes Gerät mit Maschinenantrieb darf nur fahren, wenn sie oder es mit einer betriebssicheren Sprechfunkanlage ausgerüstet ist. Während der Fahrt muss die Sprechfunkanlage im Verkehrskreis Schiff-Schiff ständig sende- und empfangsbereit sein. Dieser Verkehrskreis darf nur

zur Übermittlung oder zum Empfang von Nachrichten auf anderen Kanälen kurzfristig verlassen werden. Die Sätze 1 und 2 gelten auch während des weiteren Betriebes der Fähre außerhalb der Fahrt.

4. Jedes mit einer Sprechfunkanlage ausgerüstete Fahrzeug muss sich vor der Einfahrt in unübersichtliche Strecken, Fahrwasserengen oder Brückenöffnungen auf dem für den Verkehrskreis Schiff-Schiff zugewiesenen Kanal melden.
5. Zur Gewährleistung eines sicheren Funkverkehrs sind die Antennen der Sprechfunkanlagen in Engstellen senkrecht zu stellen und so hoch wie möglich auszufahren. Satz 1 gilt nicht, soweit die örtlichen Gegebenheiten es nicht zulassen, die Antennen der Sprechfunkanlagen senkrecht zu stellen.
6. Das Tafelzeichen B.11 (Anlage 7) weist auf eine von der zuständigen Behörde festgelegte Verpflichtung hin, Sprechfunk zu benutzen.
7. Der Schiffsführer und die nach § 1.03 Nummer 3 für Kurs und Geschwindigkeit verantwortliche Person haben jeweils sicherzustellen, dass die Sprechfunkanlagen des Fahrzeugs oder der schwimmenden Anlage nur in der in Nummer 1 Satz 2 und 3, Nummer 2 Satz 2 und 3, Nummer 3 Satz 2, auch in Verbindung mit Satz 4, und Nummer 3 Satz 3, Nummer 4 und 5 Satz 1 vorgeschriebenen Art und Weise betrieben werden.
8. Der Schiffsführer hat unbeschadet der Nummer 7 sicherzustellen, dass
   a) die Sprechfunkanlagen seines Fahrzeugs oder seiner schwimmenden Anlage der Vorschrift nach Nummer 1 Satz 1 entsprechen und
   b) sein Fahrzeug mit den nach Nummer 2 Satz 1 und Nummer 3 Satz 1 vorgeschriebenen Sprechfunkanlagen ausgerüstet ist.
9. Der Eigentümer und der Ausrüster dürfen jeweils die Inbetriebnahme eines Fahrzeugs, eines Verbandes oder einer schwimmenden Anlage nur anordnen oder zulassen, wenn
   a) das Fahrzeug oder der Verband mit den nach Nummer 2 Satz 1 und Nummer 3 Satz 1 vorgeschriebenen Sprechfunkanlagen ausgerüstet ist und
   b) die Sprechfunkanlagen des Fahrzeugs oder der schwimmenden Anlage der Vorschrift nach Nummer 1 Satz 1 entsprechen und gemäß den Vorschriften nach Nummer 1 Satz 2 betrieben werden.

Abschnitt III. Informations- und Navigationsgeräte

§ 4.06 Radar

1. Ein Fahrzeug darf nur dann Radar benutzen, wenn
   a) es mit einem Radargerät und einem Gerät zur Anzeige der Wendegeschwindigkeit des Fahrzeugs nach Anhang II § 7.06 der Binnenschiffsuntersuchungsordnung ausgerüstet ist; dabei müssen die Geräte in gutem Betriebszustand sein und einem von der vom Bundesministerium für Verkehr und digitale Infrastruktur im Verkehrsblatt oder Bundesanzeiger bekanntgemachten Stelle oder von den zuständigen Behörden eines anderen Rhein-

uferstaates oder Belgiens zugelassenen schiffs-sicherheitstechnischen Baumuster entsprechen; eine nicht frei fahrende Fähre braucht jedoch nicht mit einem Gerät zur Anzeige der Wendegeschwindigkeit ausgerüstet zu sein;

b) sich an Bord eine Person befindet, die ein Patent nach der Verordnung über die Erteilung von Radarpatenten auf den Bundeswasserstraßen außerhalb des Rheins oder ein vom Bundesministerium für Verkehr und digitale Infrastruktur als gleichwertig anerkanntes und im Verkehrsblatt bekannt gemachtes Radarzeugnis besitzt.

Ein Kleinfahrzeug muss außerdem mit einer in gutem Betriebszustand befindlichen Sprechfunkanlage für den Verkehrskreis Schiff-Schiff ausgerüstet sein. Unbeschadet des § 1.09 Nummer 3 kann jedoch am Tag bei guter Sicht abweichend von Satz 1 Buchstabe b Radar zu Ausbildungszwecken verwendet werden, auch wenn sich eine Person nach Satz 1 Buchstabe b nicht an Bord befindet.

2. Bei einem Schubverband oder gekuppelten Fahrzeugen gilt Nummer 1 nur für das Fahrzeug, auf dem sich der Führer des Verbandes befindet.
3. Der Schiffsführer und die nach § 1.03 Nummer 3 für Kurs und Geschwindigkeit verantwortliche Person haben jeweils sicherzustellen, dass auf dem Fahrzeug Radar nur nach den in Nummer 1 Satz 1, auch in Verbindung mit Satz 2, genannten Anforderungen benutzt wird.
4. Der Eigentümer und der Ausrüster dürfen jeweils die Radarfahrt eines Fahrzeugs oder Verbandes nur anordnen oder zulassen, wenn
   a) das Fahrzeug oder der Verband mit einem für die Binnenschifffahrt geeigneten Radargerät und einem Gerät zur Anzeige der Wendegeschwindigkeit des Fahrzeugs nach Nummer 1 Satz 1 Buchstabe a, im Falle eines Kleinfahrzeugs oder Verbandes, der nur aus Kleinfahrzeugen besteht, darüber hinaus mit einer Sprechfunkanlage nach Nummer 1 Satz 2, ausgerüstet und
   b) das Fahrzeug oder der Verband mit einer geeigneten Person nach Nummer 1 Satz 1 Buchstabe b besetzt

   ist.

§ 4.07 Inland AIS und Inland ECDIS

Auf den Wasserstraßen **Neckar, Main, Main-Donau-Kanal, Ruhr, Rhein-Herne-Kanal, Wesel-Datteln-Kanal, Datteln-Hamm-Kanal, Dortmund-Ems-Kanal, Küstenkanal, Mittellandkanal** einschließlich der Stichkanäle und des Rothenseer Verbindungskanals, **Elbe-Seitenkanal, Elbe-Havel-Kanal** einschließlich Großer Wendsee mit Niegripper Verbindungskanal und Pareyer Verbindungskanal, **Weser** von km 204,40 bis km 366,70 und UWe-km 0,00 bis UWe-km 1,375, **Elbe, Elbe-Lübeck-Kanal, Saar** von km 0,00 bis km 87,20, **Spree-Oder-Wasserstraße** von km 0,00 bis km 18,25 mit Ruhlebener Altarm, **Berlin-Spandauer-Schifffahrtskanal** mit Westhafen-Verbindungskanal, Westhafenkanal und Charlottenburger Verbindungskanal, **Teltowkanal** von km 0,00 bis km 37,00, **Untere Havel-Wasserstraße** von km 0,00 bis km 67,82 und von km 146,20 bis km 148,48 mit Großer

Wannsee und Potsdamer Havel, **Havelkanal** und **Havel-Oder-Wasserstraße** mit Verbindungskanal Hohensaaten Ost, Verbindungskanal Schwedter Querfahrt und Veltener Stichkanal gelten die folgenden Regelungen zu Inland AIS und Inland ECDIS:

1. Ein Fahrzeug muss mit einem Inland AIS Gerät nach Anhang II § 7.06 Nummer 3 der Binnenschiffsuntersuchungsordnung ausgestattet sein. Das Inland AIS Gerät muss in einem guten Betriebszustand sein. Die Sätze 1 und 2 gelten nicht für
   a) ein Fahrzeug von Schubverbänden und gekuppelten Fahrzeugen, ausgenommen das Fahrzeug, das die Hauptantriebskraft stellt,
   b) ein Kleinfahrzeug,
   c) einen Schubleichter ohne eigenen Antrieb,
   d) ein schwimmendes Gerät ohne eigenen Antrieb,
   e) eine Fähre, soweit diese von der Verpflichtung zur Ausrüstung mit einer Sprechfunkanlage nach § 4.05 Nummer 3 befreit ist.
2. Folgende Anforderungen müssen bei der Nutzung des Inland AIS Gerätes erfüllt sein:
   a) das Inland AIS Gerät muss ständig eingeschaltet sein,
   b) das Inland AIS Gerät muss mit maximaler Leistung senden; dies gilt nicht für ein Tankschiff mit dem Navigationsstatus »festgemacht«,
   c) es darf immer nur ein Inland AIS Gerät an Bord eines Fahrzeugs oder Verbandes im Sendebetrieb sein,
   d) die eingegebenen Daten des im Sendebetrieb befindlichen Inland AIS Gerätes müssen zu jedem Zeitpunkt den tatsächlichen Daten des Fahrzeugs oder Verbandes entsprechen.

   Satz 1 Buchstabe a gilt nicht
   a) für den Fall, dass die zuständige Behörde eine Ausnahme für Wasserflächen gewährt hat, die von der Fahrrinne baulich getrennt sind,
   b) für ein Fahrzeug der Polizei, wenn die Übermittlung von AIS-Daten die Erfüllung polizeilicher Aufgaben gefährden würde.
3. Ein Fahrzeug, das mit einem Inland AIS Gerät ausgerüstet sein muss, muss zusätzlich mit einem Inland ECDIS Gerät im Informationsmodus nach Maßgabe der Sätze 2 und 3, das mit dem Inland AIS Gerät verbunden sein muss, ausgestattet sein und dieses muss zusammen mit einer aktuellen elektronischen Binnenschifffahrtskarte genutzt werden. Das Inland ECDIS Gerät im Informationsmodus und die elektronische Binnenschifffahrtskarte müssen den Anforderungen der Durchführungsverordnung (EU) Nr. 909/2013 der Kommission vom 10. September 2013 zu den technischen Spezifikationen für das System zur elektronischen Darstellung von Binnenschifffahrtskarten und von damit verbundenen Informationen (Inland ECDIS) gemäß der Richtlinie 2005/44/EG des Europäischen Parlaments und des Rates (ABl. L 258 vom 28.9.2013 S. 1) entsprechen. Das Inland ECDIS Gerät im Informationsmodus muss in einem guten Betriebszustand sein. Die Sätze 1 bis 3 gelten nicht für eine Fähre.

4. Es müssen folgende Daten nach Kapitel 2 des Standards Schiffsverfolgung und -aufspürung in der Binnenschifffahrt unverzüglich nach Fahrtantritt übermittelt werden:
   a) User Identifier (Maritime Mobile Service Identity, MMSI);
   b) Schiffsname;
   c) Fahrzeug- oder Verbandstyp gemäß dem Standard Schiffsverfolgung und Aufspürung in der Binnenschifffahrt;
   d) einheitliche europäische Schiffsnummer (ENI), oder, für die Seeschiffe sofern keine ENI erteilt wurde, die IMO Nummer;
   e) Länge über alles des Fahrzeugs oder Verbandes mit einer Genauigkeit von 0,1 m;
   f) Breite über alles des Fahrzeugs oder Verbandes mit einer Genauigkeit von 0,1 m;
   g) Position im Kartenstandard WGS 84;
   h) Geschwindigkeit über Grund;
   i) Kurs über Grund;
   j) Zeitangabe der elektronischen Positionsermittlung;
   k) Navigationsstatus nach Anlage 9;
   l) Bezugspunkt der Positionsinformation auf dem Fahrzeug mit einer Genauigkeit von 1 m nach Anlage 9;
   m) Rufzeichen.
5. Der Schiffsführer muss folgende Daten unverzüglich nach Auftreten einer Änderung umgehend aktualisieren:
   a) Länge über alles mit einer Genauigkeit von 0,1 m nach Anlage 9;
   b) Breite über alles mit einer Genauigkeit von 0,1 m nach Anlage 9;
   c) Fahrzeug- oder Verbandstyp gemäß dem Standard Schiffsverfolgung und Aufspürung in der Binnenschifffahrt;
   d) Navigationsstatus nach Anlage 9;
   e) Bezugspunkt der Positionsinformation auf dem Fahrzeug mit einer Genauigkeit von 1 m nach Anlage 9.
6. Ein Kleinfahrzeug, das AIS nutzt, darf nur folgende AIS Geräte verwenden:
   a) Inland AIS Geräte nach Artikel 7.06 Nummer 3 ES-TRIN,
   b) nach den Vorschriften der IMO typzugelassene AIS Geräte der Klasse A,
   c) AIS Geräte der Klasse B, die den einschlägigen Anforderungen der Empfehlung ITU-R M.1371, der Richtlinie 2014/53/EU des Europäischen Parlaments und des Rates vom 16. April 2014 über die Harmonisierung der Rechtsvorschriften der Mitgliedstaaten über die Bereitstellung von Funkanlagen auf dem Markt und zur Aufhebung der Richtlinie 1999/5/EG und der internationalen Norm IEC 62287-1 oder 2[1] (einschließlich DSC Kanalmanagement) entsprechen; AIS Geräte der Klasse B, die den Anforderungen der am

1 amtlicher Hinweis: Die Normen entsprechen den Normen DIN EN 62287-1 und DIN EN 62287-2.

8. November 2019 geltenden Fassung der Binnenschifffahrtsstraßen-Ordnung entsprechen, dürfen weiterhin verwendet werden.

Das AIS Gerät muss in einem guten Betriebszustand sein. Die in das AIS Gerät eingegebenen Daten müssen zu jedem Zeitpunkt den tatsächlichen Daten des Fahrzeugs oder Verbandes entsprechen.

7. Ein Kleinfahrzeug, dem keine einheitliche europäische Schiffsnummer (ENI) erteilt wurde, braucht die Daten nach Nummer 4 Buchstabe d nicht zu übermitteln.
8. Ein Kleinfahrzeug, das AIS nutzt, muss zusätzlich mit einer in einem guten Betriebszustand befindlichen und auf Empfang geschalteten Sprechfunkanlage für den Verkehrskreis Schiff-Schiff ausgerüstet sein.
9. Der Schiffsführer und die nach § 1.03 Nummer 3 für Kurs und Geschwindigkeit verantwortliche Person haben jeweils sicherzustellen, dass
   a) das Inland AIS Gerät ständig eingeschaltet ist,
   b) das Inland AIS Gerät auf einem Fahrzeug mit der maximalen Leistung sendet; dies gilt nicht für ein Tankschiff mit dem Navigationsstatus »festgemacht«,
   c) immer nur ein Inland AIS Gerät an Bord eines Fahrzeugs oder Verbandes im Sendebetrieb ist,
   d) die in das im Sendebetrieb befindliche Inland AIS Gerät eingegebenen Daten zu jedem Zeitpunkt den tatsächlichen Daten des Fahrzeugs oder Verbandes entsprechen,
   e) in dem in Nummer 3 Satz 1 genannten Fall ein Inland ECDIS Gerät im Informationsmodus, das mit dem Inland AIS Gerät verbunden ist, zusammen mit einer elektronischen Binnenschifffahrtskarte genutzt wird.
10. Der Schiffsführer hat
    a) sicherzustellen, dass
       aa) das von ihm geführte Fahrzeug
          aaa) mit einem Inland AIS Gerät nach Nummer 1 Satz 1 ausgestattet ist,
          bbb) in dem in Nummer 3 Satz 1 genannten Fall mit einem Inland ECDIS Gerät im Informationsmodus, das mit dem Inland AIS Gerät verbunden ist, ausgestattet ist und
          ccc) in dem in Nummer 8 genannten Fall mit einer Sprechfunkanlage für den Verkehrskreis Schiff-Schiff ausgerüstet ist,
       bb) das Inland AIS Gerät den in Nummer 1 Satz 1 und Nummer 6 Satz 1 jeweils genannten Vorschriften entspricht und
       cc) die in Nummer 4 genannten Daten nach Fahrtantritt vollständig übermittelt und die in Nummer 5 genannten Daten nach Auftreten einer Änderung unverzüglich und vollständig aktualisiert werden und
    b) in dem in Nummer 8 genannten Fall die Sprechfunkanlage auf Empfang zu schalten.
11. Der Eigentümer und der Ausrüster dürfen jeweils die Inbetriebnahme eines Fahrzeugs nur anordnen oder zulassen, wenn

a) das Fahrzeug
   aa) mit einem Inland AIS Gerät nach Nummer 1 Satz 1 ausgestattet ist,
   bb) in dem in Nummer 3 Satz 1 genannten Fall mit einem Inland ECDIS Gerät im Informationsmodus, das mit dem Inland AIS Gerät verbunden ist, ausgestattet ist und
   cc) in dem in Nummer 8 genannten Fall mit einer Sprechfunkanlage für den Verkehrskreis Schiff-Schiff ausgerüstet ist und
b) das Inland AIS Gerät den in Nummer 1 Satz 1 und Nummer 6 Satz 1 jeweils genannten Vorschriften entspricht.

Kapitel 5
Schifffahrtszeichen und Bezeichnung der Wasserstraße

§ 5.01 Schifffahrtszeichen

1. Anlage 7 enthält die Schifffahrtszeichen für Verbote, Gebote, Beschränkungen, Empfehlungen und Hinweise, die von der zuständigen Behörde im Interesse der Sicherheit und Leichtigkeit des Verkehrs angeordnet werden. Gleichzeitig ist dort die Bedeutung dieser Zeichen angegeben.
2. Unbeschadet der übrigen Bestimmungen dieser Verordnung hat der Schiffsführer oder die nach § 1.03 Nummer 3 für Kurs und Geschwindigkeit verantwortliche Person die Anordnung zu befolgen sowie auf die Empfehlung und den Hinweis zu achten, die oder der ihnen durch ein auf der Wasserstraße oder an ihren Ufern angebrachtes Zeichen nach Nummer 1 erteilt oder gegeben wird.

§ 5.02 Bezeichnung der Wasserstraße

1. Anlage 8 enthält die Schifffahrtszeichen, die ausgelegt oder aufgestellt werden können, um die Schifffahrt zu erleichtern. Sie führt auf, unter welchen Voraussetzungen die verschiedenen Schifffahrtszeichen verwendet werden.
2. Anlage 8 bestimmt zudem die Schifffahrtszeichen für die Bezeichnung von vorübergehend bestehenden gefährlichen Stellen und Hindernissen.

Kapitel 6
Fahrregeln

Abschnitt I. Allgemeines

§ 6.01 (ohne Inhalt)

§ 6.02 Gegenseitiges Verhalten von Kleinfahrzeugen und anderen Fahrzeugen

1. Ein einzeln fahrendes Kleinfahrzeug oder ein Verband, der ausschließlich aus Kleinfahrzeugen besteht, muss
   a) einem Fahrzeug, das das blaue Funkellicht nach § 3.27 zeigt, beim Begegnen, Kreuzen und Überholen rechtzeitig nach Steuerbord ausweichen,
   b) allen übrigen Fahrzeugen den für deren Kurs und zum Manövrieren notwendigen Raum lassen.

   Ein Kleinfahrzeug oder ein Verband im Sinne des Satzes 1 kann nicht verlangen, dass ein Fahrzeug ihm ausweicht. Sofern aus nautischen Gründen die Fahrregel des Satzes 1 Buchstabe a nicht eingehalten werden kann, muss das ausweichpflichtige Kleinfahrzeug oder der ausweichpflichtige Verband rechtzeitig und unmissverständlich durch geeignete Manöver zeigen, wie es oder er ausweichen will.
2. Die §§ 6.03a, 6.04, 6.05, 6.07, 6.08 Nummer 1, §§ 6.10, 6.11 und 6.12, mit Ausnahme der Regelung durch das Tafelzeichen B.1 (Anlage 7), gelten weder für ein Kleinfahrzeug oder einen Verband im Sinne der Nummer 1 Satz 1 noch sind sie ihm gegenüber anzuwenden. Ein Fahrzeug, das nicht ein Kleinfahrzeug ist, braucht § 6.09 Nummer 2, die §§ 6.13, 6.14, 6.16, 6.20 Nummer 1 Buchstabe b und c und § 6.23 Nummer 1 nicht gegenüber einem Kleinfahrzeug oder einem Verband im Sinne der Nummer 1 Satz 1 anzuwenden.
3. Unbeschadet der §§ 1.04, 1.06 und 6.20 darf ein Kleinfahrzeug mit Maschinenantrieb oder ein Verband im Sinne der Nummer 1 Satz 1 vor einem Badeufer oder einem Zeltplatz sowie in der Nähe von einem erkennbar ausgelegten Angel- oder sonstigen Fischereifanggerät nur so schnell fahren, dass seine Steuerfähigkeit gewahrt bleibt. Jedes behindernde oder belästigende Umfahren eines anderen Fahrzeugs oder eines Kleinfahrzeugs oder das Umherfahren in der Nähe eines Fischereifanggerätes ist verboten. Beim Vorbeifahren an einer Person muss der Abstand so groß sein, dass sie durch Wellenschlag oder Sogwirkung nicht gefährdet oder mehr als nach den Umständen unvermeidbar belästigt wird.

§ 6.02a Besondere Fahrregeln für Kleinfahrzeuge untereinander

1. Ein Kleinfahrzeug mit Maschinenantrieb muss einem Kleinfahrzeug ohne Maschinenantrieb ausweichen.

2. Ein Kleinfahrzeug, das weder mit einer Antriebsmaschine noch unter Segel fährt, muss einem unter Segel fahrenden Kleinfahrzeug ausweichen.
3. Ein Kleinfahrzeug, das nach Nummer 1 oder 2 ausweichpflichtig ist, muss beim Begegnen seinen Kurs rechtzeitig nach Steuerbord richten. Sofern diese Regel aus nautischen Gründen nicht eingehalten werden kann, muss das ausweichpflichtige Kleinfahrzeug rechtzeitig und unmissverständlich durch geeignete Manöver zeigen, wie es ausweichen will. Außerdem kann das nach Satz 1 oder 2 beabsichtigte Ausweichen durch das Geben der in § 4.02 Nummer 2 vorgesehenen Schallzeichen angezeigt werden.
4. Zwei Kleinfahrzeuge mit Maschinenantrieb, deren Kurse sich derart kreuzen, dass die Gefahr eines Zusammenstoßes besteht, müssen einander wie folgt ausweichen:
   a) wenn sie sich auf entgegengesetzten oder fast entgegengesetzten Kursen nähern, muss jedes seinen Kurs nach Steuerbord so ändern, dass es an der Backbordseite des anderen vorbeifährt;
   b) wenn sich ihre Kurse kreuzen, muss dasjenige ausweichen, welches das andere an seiner Steuerbordseite hat; die §§ 6.13, 6.14 und 6.16 werden dadurch nicht berührt.

   Satz 1 gilt auch für zwei Kleinfahrzeuge ohne Maschinenantrieb, die nicht unter Segel fahren. Nummer 3 Satz 3 gilt entsprechend.
5. Zwei Kleinfahrzeuge unter Segel, deren Kurse sich derart kreuzen, dass die Gefahr eines Zusammenstoßes besteht, müssen einander wie folgt ausweichen:
   a) wenn sie den Wind nicht von derselben Seite haben, muss das Fahrzeug, das den Wind von Backbord hat, dem anderen ausweichen;
   b) wenn sie den Wind von derselben Seite haben, muss das luvseitige Fahrzeug dem leeseitigen Fahrzeug ausweichen;
   c) wenn ein Fahrzeug mit Wind von Backbord ein Fahrzeug in Luv sichtet und nicht mit Sicherheit feststellen kann, ob das andere Fahrzeug den Wind von Backbord oder von Steuerbord hat, muss es dem anderen ausweichen.

   Ein unter Segel fahrendes Kleinfahrzeug überholt ein anderes unter Segel fahrendes Kleinfahrzeug auf der Luvseite. Luvseite ist diejenige Seite, die dem gesetzten Großsegel gegenüber liegt. Nummer 3 Satz 3 gilt entsprechend.
6. Ein unter Segel fahrendes Kleinfahrzeug am Wind darf nicht derart kreuzen, dass es ein anderes Kleinfahrzeug, das das an seiner Steuerbordseite gelegene Ufer anhält, zum Ausweichen zwingt.
7. Die Nummern 1 bis 6 gelten hinsichtlich eines Verbandes im Sinne des § 6.02 Nummer 1 Satz 1 entsprechend.

Abschnitt II. Begegnen, Kreuzen und Überholen

§ 6.03 Allgemeine Grundsätze

1. Das Begegnen, Kreuzen oder Überholen ist nur gestattet, wenn das Fahrwasser

unter Berücksichtigung aller örtlichen Umstände und des übrigen Verkehrs hinreichenden Raum für die Vorbeifahrt gewährt.
2. Fahren Fahrzeuge in einem Verband, sind die nach den §§ 3.17, 6.04 und 6.10 vorgeschriebenen Zeichen nur von dem Fahrzeug zu geben, auf dem sich der Führer des Verbandes befindet, bei Schleppverbänden von dem motorisierten Fahrzeug an der Spitze des Verbandes.
3. Beim Begegnen, Kreuzen oder Überholen dürfen Fahrzeuge, deren Kurse jede Gefahr eines Zusammenstoßes ausschließen, ihren Kurs oder ihre Geschwindigkeit nicht in einer Weise ändern, die die Gefahr eines Zusammenstoßes herbeiführen könnte.

§ 6.03a[1] Kreuzen

1. Kreuzen sich die Kurse zweier Fahrzeuge so, dass die Gefahr eines Zusammenstoßes besteht, muss das Fahrzeug, das das andere Fahrzeug an Steuerbord hat, diesem ausweichen und, sofern es die Umstände erlauben, ein Kreuzen des Kurses vor dem Fahrzeug vermeiden.
2. Nummer 1 gilt nicht in den Fällen der §§ 6.02a, 6.13, 6.14 und 6.16.

§ 6.04[1] Allgemeine Bestimmungen für das Begegnen

(Anlage 3: Bild 63)

1. Beim Begegnen muss der Bergfahrer unter Berücksichtigung der örtlichen Umstände und des übrigen Verkehrs dem Talfahrer einen geeigneten Weg freilassen.
2. Ein Bergfahrer, der einen Talfahrer an Backbord vorbeifahren lässt, gibt kein Zeichen.
3. Ein Bergfahrer, der einen Talfahrer an Steuerbord vorbeifahren lässt, muss rechtzeitig nach Steuerbord zeigen:
   a) bei Nacht:
   ein weißes helles Funkellicht, das auch mit einer hellblauen Tafel gekoppelt sein darf;

63

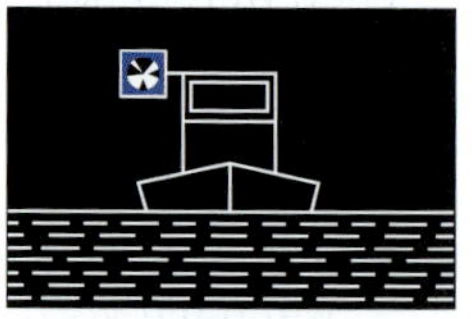

   b) bei Tag:
   eine hellblaue Tafel, die mit einem weißen hellen Funkellicht gekoppelt ist.

63

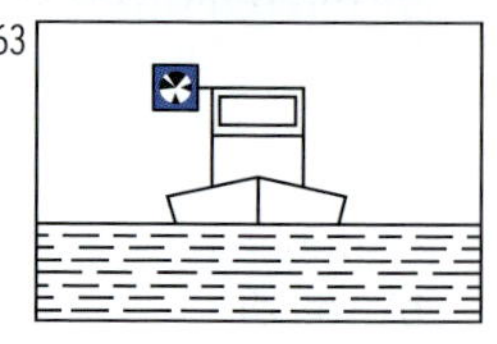

   Die hellblaue Tafel muss einen weißen Rand von mindestens 5,00 cm Breite haben, Rahmen und Gestänge sowie die Leuchte des Funkellichtes dürfen nur

1 amtlicher Hinweis: Vorschrift gilt weder für ein Kleinfahrzeug oder einen Verband im Sinne des § 6.02 Nummer 1 Satz 1 noch ist sie ihm gegenüber anzuwenden.

von dunkler Farbe sein. Diese Zeichen müssen von Voraus und von Achteraus sichtbar sein und bis zur Beendigung der Vorbeifahrt ge-zeigt werden. Sie dürfen nicht länger beibehalten werden, es sei denn, dass der Bergfahrer seine Absicht anzeigen will, auch weiterhin einen Talfahrer an Steuerbord vorbeifahren zu lassen.

4. Ist zu befürchten, dass die Absicht des Bergfahrers von dem Talfahrer nicht verstanden worden ist, muss der Bergfahrer folgende Zeichen geben:
   a) »einen kurzen Ton«, wenn die Vorbeifahrt an Backbord stattfinden soll,
   b) »zwei kurze Töne«, wenn die Vorbeifahrt an Steuerbord stattfinden soll.
5. Unbeschadet des § 6.05 muss der Talfahrer den Weg nehmen, den ihm der Bergfahrer nach den vorstehenden Bestimmungen weist; er muss die Sichtzeichen nach Nummer 3 und die Schallzeichen nach Nummer 4 erwidern, die der Bergfahrer an sie gerichtet hat.

§ 6.05[2] Ausnahmen von den allgemeinen Bestimmungen für das Begegnen

1. Abweichend von § 6.04 kann
   a) ein zu Tal fahrendes Fahrgastschiff, das einen regelmäßigen Dienst versieht und dessen höchstzulässige Fahrgastzahl mindestens 300 Personen beträgt, wenn es an einer Landebrücke anlegen will, die an dem von dem Bergfahrer gehaltenen Ufer liegt,
   b) ein zu Tal fahrender Schleppverband, der zum Zwecke des Aufdrehens ein bestimmtes Ufer halten will,

   von dem Bergfahrer verlangen, ihm einen anderen Weg freizulassen, wenn der nach § 6.04 gewiesene Weg für ihn nicht geeignet ist. Er darf dies jedoch nur, nachdem er sich vergewissert hat, dass seinem Verlangen ohne Gefahr entsprochen werden kann.
2. In den Fällen der Nummer 1 muss der Talfahrer rechtzeitig folgende Zeichen geben:
   a) »einen kurzen Ton«, wenn die Vorbeifahrt an Backbord stattfinden soll;
   b) »zwei kurze Töne« und außerdem die Sichtzeichen nach § 6.04 Nummer 3, wenn die Vorbeifahrt an Steuerbord stattfinden soll.
3. Der Bergfahrer muss dem Verlangen des Talfahrers entsprechen und dies wie folgt bestätigen:
   a) soll die Vorbeifahrt an Backbord stattfinden, müssen sie »einen kurzen Ton« geben und außerdem die Sichtzeichen nach § 6.04 Nummer 3 entfernen;
   b) soll die Vorbeifahrt an Steuerbord stattfinden,
      müssen sie »zwei kurze Töne« und außerdem die Sichtzeichen nach § 6.04 Nummer 3 geben.

---

2 amtlicher Hinweis: Vorschrift gilt weder für ein Kleinfahrzeug oder einen Verband im Sinne des § 6.02 Nummer 1 Satz 1 noch ist sie ihm gegenüber anzuwenden.

4. Ist zu befürchten, dass die Absicht des Talfahrers von dem Bergfahrer nicht verstanden worden ist, muss der Talfahrer die Schallzeichen nach Nummer 2 wiederholen.

§ 6.06 (ohne Inhalt)

§ 6.07 [3] Begegnen im engen Fahrwasser

1. Um nach Möglichkeit ein Begegnen auf einer Strecke oder an einer Stelle zu vermeiden, wo das Fahrwasser keinen hinreichenden Raum für die Vorbeifahrt gewährt (Fahrwasserenge), gilt Folgendes:
   a) ein Fahrzeug muss eine Fahrwasserenge in möglichst kurzer Zeit durchfahren; dabei ist das Überholen verboten;
   b) bei beschränkter Sicht muss ein Fahrzeug, bevor es in eine Fahrwasserenge hineinfährt, »einen langen Ton« geben; es muss das Schallzeichen während der Durchfahrt in Abständen von längstens einer Minute wiederholen;
   c) ein Bergfahrer muss, wenn er feststellt, dass ein Talfahrer im Begriff ist, in eine Fahrwasserenge hineinzufahren, unterhalb der Enge anhalten, bis der Talfahrer sie durchfahren hat;
   d) ein Talfahrer muss, wenn ein Fahrzeug oder ein Verband bereits zu Berg in eine Fahrwasserenge hineingefahren ist, sofern möglich, oberhalb der Enge verbleiben, bis der Bergfahrer sie durchfahren hat.
2. Ist das Begegnen in einer Fahrwasserenge unvermeidlich, müssen die Fahrzeuge alle möglichen Maßnahmen treffen, damit das Begegnen an einer Stelle und unter Bedingungen stattfindet, die eine möglichst geringe Gefahr in sich schließen.

§ 6.08 Durch Schifffahrtszeichen verbotenes Begegnen

1. [4] Auf einer Strecke, deren Beginn durch das Tafelzeichen A.4 oder A.4.1 (Anlage 7) gekennzeichnet ist, ist das Begegnen und Überholen verboten.
   Das Verbot nach Satz 1 kann auf Fahrzeuge und Verbände ab einer bestimmten Länge oder Breite beschränkt werden; in diesem Fall werden die Länge oder Breite auf einer rechteckigen weißen zusätzlichen Tafel angegeben, die unterhalb des Tafelzei-

A.4

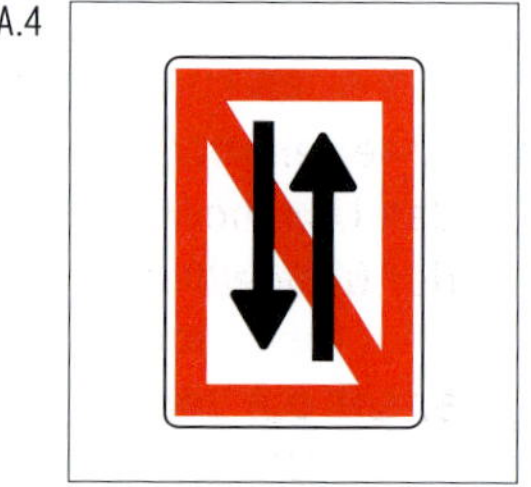

---

3 amtlicher Hinweis: Vorschrift gilt weder für ein Kleinfahrzeug oder einen Verband im Sinne des § 6.02 Nummer 1 Satz 1 noch ist sie ihm gegenüber anzuwenden.

4 amtlicher Hinweis: § 6.08 Nummer 1 gilt weder für ein Kleinfahrzeug oder einen Verband im Sinne des § 6.02 Nummer 1 Satz 1 noch ist er einem solchen Kleinfahrzeug oder Verband gegenüber anzuwenden.

chens A.4 oder A.4.1 angebracht ist. Für eine nach Satz 1 gekennzeichnete Strecke gelten im Übrigen die Regelungen des § 6.07 Nummer 1 entsprechend.

2. Wenn die zuständige Behörde auf einer bestimmten Strecke das Begegnen dadurch ausschließt, dass sie die Durchfahrt jeweils nur in einer Richtung gestattet, bedeutet:
   a) ein allgemeines Zeichen A.1 (Anlage 7): keine Durchfahrt;

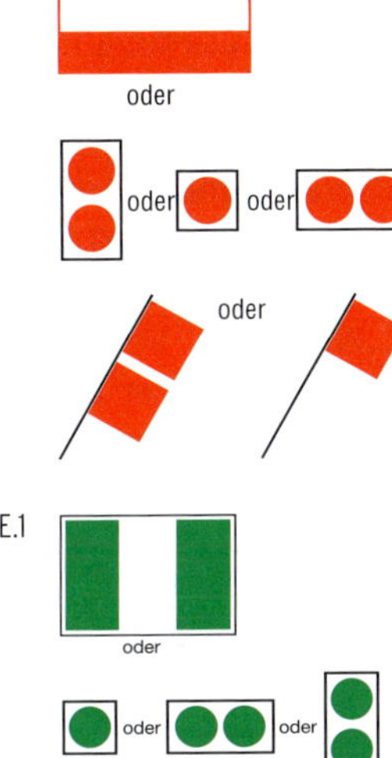

   b) ein allgemeines Zeichen E.1 (Anlage 7): Durchfahrt frei.

Je nach den örtlichen Umständen kann das Zeichen, das die Durchfahrt verbietet, durch das als Vorwarnzeichen verwendete Tafelzeichen B.8 (Anlage 7) angekündigt werden.

A.4

§ 6.09 Allgemeine Bestimmungen für das Überholen

1. Das Überholen ist nur gestattet, nachdem sich der Überholende vergewissert hat, dass dieses Manöver ohne Gefahr ausgeführt werden kann.
2. Der Vorausfahrende muss das Überholen, soweit dies notwendig und möglich ist, erleichtern. Er muss nötigenfalls seine Geschwindigkeit vermindern, damit das Überholmanöver gefahrlos und so schnell ausgeführt werden kann, dass der übrige Verkehr nicht behindert wird.

§ 6.10[5] Verhalten und Zeichengebung der Fahrzeuge beim Überholen

1. Der Überholende darf an Backbord oder an Steuerbord des Vorausfahrenden überholen. Ist das Überholen möglich, ohne dass der Vorausfahrende seinen Kurs zu ändern braucht, gibt der Überholende kein Schallzeichen.

5 amtlicher Hinweis: Vorschrift gilt weder für ein Kleinfahrzeug oder einen Verband im Sinne des § 6.02 Nummer 1 Satz 1 noch ist sie ihm gegenüber anzuwenden.

2. Wenn das Überholen nicht ausgeführt werden kann, ohne dass der Vorausfahrende seinen Kurs ändert, oder wenn zu befürchten ist, dass der Vorausfahrende die Absicht des Überholenden nicht erkannt hat und dadurch die Gefahr eines Zusammenstoßes entstehen kann, muss der Überholende folgende Schallzeichen geben:
   a) »zwei lange Töne, zwei kurze Töne«, wenn er an Backbord des Vorausfahrenden überholen will;
   b) »zwei lange Töne, einen kurzen Ton«, wenn er an Steuerbord des Vorausfahrenden überholen will.
3. Wenn der Vorausfahrende dem Verlangen des Überholenden nachkommen kann, muss er dem Überholenden an der gewünschten Seite genügend Raum lassen, indem er erforderlichenfalls nach der anderen Seite ausweicht.
4. Ist das Überholen nicht an der vom Überholenden gewünschten, jedoch an der anderen Seite möglich, muss der Vorausfahrende folgende Schallzeichen geben:
   a) »einen kurzen Ton«, wenn das Überholen an Backbord möglich ist;
   b) »zwei kurze Töne«, wenn das Überholen an Steuerbord möglich ist.

   Der Überholende muss, sofern er unter den nun gegebenen Verhältnissen noch überholen will, folgende Schallzeichen geben:
   a) »zwei kurze Töne« im Falle des Satzes 1 Buchstabe a;
   b) »einen kurzen Ton« im Falle des Satzes 1 Buchstabe b.

   Der Vorausfahrende muss alsdann dem Überholenden genügend Raum an derjenigen Seite lassen, an der das Überholen stattfinden soll, indem er erforderlichenfalls nach der anderen Seite ausweicht.
5. Ist ein gefahrloses Überholen unmöglich, muss der Vorausfahrende »fünf kurze Töne« geben.

§ 6.11[6] Überholverbot durch Schifffahrtszeichen

Unbeschadet des § 6.08 Nummer 1 besteht

1. auf einer Strecke, deren Beginn durch das Tafelzeichen A.2 (Anlage 7) gekennzeichnet ist, ein allgemeines Überholverbot;

A.2

6 amtlicher Hinweis: Vorschrift gilt weder für ein Kleinfahrzeug oder einen Verband im Sinne des § 6.02 Nummer 1 Satz 1 noch ist sie ihm gegenüber anzuwenden.

2. auf einer Strecke, deren Beginn durch das Tafelzeichen A.3 (Anlage 7) gekennzeichnet ist, ein Überholverbot für Verbände unterein-ander; dies gilt nicht, sofern einer der Verbände ein Schubverband ist, dessen Länge 110,00 m und dessen Breite 12,00 m nicht überschreiten.

Abschnitt III. Weitere Regeln für die Fahrt

§ 6.12 [7] Fahrt auf Strecken mit vorgeschriebenem Kurs

1. Auf einer Strecke, die mit einem der Tafelzeichen B.1, B.2a, B.2b, B.3a, B.3b, B.4a oder B.4b (Anlage 7) bezeichnet ist, muss ein Fahrzeug dem durch das Tafelzeichen vorgeschriebenen Kurs folgen.

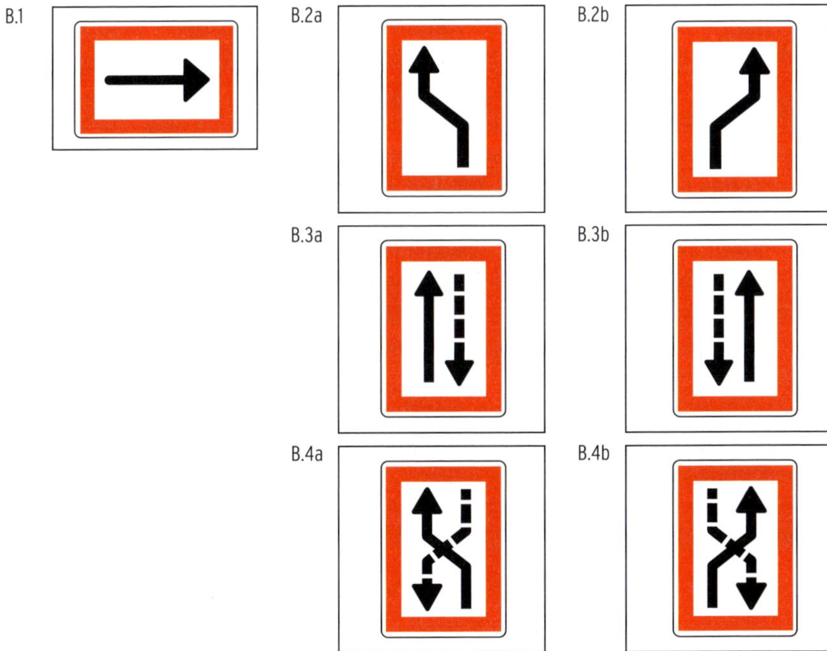

7 amtlicher Hinweis: Vorschrift, ausgenommen der Regelung durch das Tafelzeichen B.1 (Anlage 7), gilt weder für ein Kleinfahrzeug oder einen Verband im Sinne des § 6.02 Nummer 1 Satz 1 noch ist sie ihm gegenüber anzuwenden.

2. Auf einer nach Nummer 1 gekennzeichneten Strecke gilt Folgendes:
   a) ein Bergfahrer, der sich am Ufer auf seiner Backbordseite hält, muss ständig die Sichtzeichen nach § 6.04 Nummer 3 zeigen;
   b) überquert ein Bergfahrer in Verfolgung des von ihm durch die Tafelzeichen nach Nummer 1 vorgeschriebenen Kurses das Fahrwasser von Steuerbord nach Backbord, muss er rechtzeitig die in Buchstabe a bezeichneten Sichtzeichen setzen; überquert er das Fahrwasser in entgegengesetzter Richtung, muss er diese Sichtzeichen rechtzeitig entfernen;
   c) ein Bergfahrer darf in keinem Falle die Fahrt des Talfahrers behindern; insbesondere bei Annäherung an die Tafelzeichen B.4a oder B.4b muss er erforderlichenfalls seine Geschwindigkeit vermindern und sogar anhalten, damit der Talfahrer sein Manöver vollenden kann.

§ 6.13 Wenden

1. Ein Fahrzeug darf nur wenden,
   a) nachdem es sich vergewissert hat, dass der übrige Verkehr unter Berücksichtigung der nachstehenden Nummern 2 und 3 dies ohne Gefahr zulässt und
   b) ein anderes Fahrzeug nicht gezwungen wird, unvermittelt seinen Kurs oder seine Geschwindigkeit zu ändern.
2. Sofern das beabsichtigte Manöver ein anderes Fahrzeug dazu zwingt oder zwingen kann, von seinem Kurs abzuweichen oder seine Geschwindigkeit zu ändern, muss das Fahrzeug, das wenden will, seine Absicht rechtzeitig wie folgt ankündigen:
   a) durch »einen langen Ton, einen kurzen Ton«,
      wenn es über Steuerbord wenden will;
   b) durch »einen langen Ton, zwei kurze Töne«,
      wenn es über Backbord wenden will.
3. Das andere Fahrzeug muss daraufhin, sofern dies nötig und möglich ist, seine Geschwindigkeit und seinen Kurs ändern, damit das Wenden ohne Gefahr geschehen kann.
4. Auf einer durch das Tafelzeichen A.8 (Anlage 7) gekennzeichneten Strecke ist das Wenden verboten.

A.8

E.8

Ist eine Strecke durch das Tafelzeichen E.8 (Anlage 7) gekennzeichnet, wird dem Schiffsführer empfohlen, dort zu wenden, wobei die in den Nummern 1 bis 3 geregelten Anforderungen zu beachten sind.

Ist eine Strecke durch das Tafelzeichen E.8 (Anlage 7) mit einer unterhalb angebrachten zusätzlichen rechteckigen weißen Tafel gekennzeichnet, wird dem Schiffsführer empfohlen, mit einem Fahrzeug bis zu der auf der zusätzlichen Tafel angegebenen Länge und der auf der Wasserstraße zulässigen Abladetiefe, dort zu wenden, wobei die in den Nummern 1 bis 3 geregelten Anforderungen zu beachten sind.

E.8 mit zusätzlichem Tafelzeichen

§ 6.14 Verhalten vor der Abfahrt

1. § 6.13 Nummer 1 bis 3 gilt nach Maßgabe der nachstehenden Nummer 2 entsprechend für ein Fahrzeug, das seinen Liege- oder Ankerplatz verlässt, ohne zu wenden.
2. Ein Fahrzeug, das seinen Liege- oder Ankerplatz verlässt, hat statt der in § 6.13 Nummer 2 bezeichneten Schallzeichen die folgenden Zeichen zu geben:
   a) »einen kurzen Ton«,
   wenn es seinen Kurs nach Steuerbord richtet;
   b) »zwei kurze Töne«,
   wenn es seinen Kurs nach Backbord richtet.

§ 6.15 Verbot des Hineinfahrens in die Abstände zwischen Teilen eines Schleppverbandes

Es ist verboten, in die Abstände zwischen den Teilen eines Schleppverbandes hineinzufahren.

§ 6.16 Überqueren der Wasserstraße; Einfahrt in und Ausfahrt aus Häfen und Nebenwasserstraßen

1. Ein Fahrzeug darf
   a) aus einem Hafen oder einer Nebenwasserstraße nur ausfahren und in die Hauptwasserstraße einbiegen,
   b) die Hauptwasserstraße überqueren oder
   c) in einen Hafen oder eine Nebenwasserstraße nur einfahren,

   nachdem es sich vergewissert hat, dass das Manöver ausgeführt werden kann, ohne dass eine Gefahr entsteht und ohne dass ein anderes Fahrzeug unvermittelt seinen Kurs oder seine Geschwindigkeit ändern muss. Ein Talfahrer, der zur Einfahrt in einen Hafen oder in eine Nebenwasserstraße aufdrehen muss, hat einem Bergfahrer, der ebenfalls einfahren will, die Vorfahrt zu lassen.

   Eine Wasserstraße, die als Nebenwasserstraße zu betrachten ist, kann durch ein Tafelzeichen E.9 oder E.10 (Anlage 7) gekennzeichnet sein.

Die benutzte Hauptwasserstraße trifft auf eine von beiden Seiten einmündende Nebenwasserstraße.

E.9a

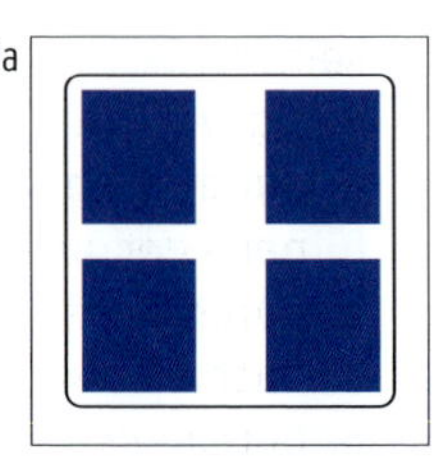

Die benutzte Hauptwasserstraße trifft auf eine von Steuerbord einmündende Nebenwasserstraße.

E.9b

Die benutzte Hauptwasserstraße trifft auf eine von Backbord einmündende Nebenwasserstraße.

E.9c

Die benutzte Nebenwasserstraße trifft auf eine von beiden Seiten einmündende Hauptwasserstraße.

E.10a

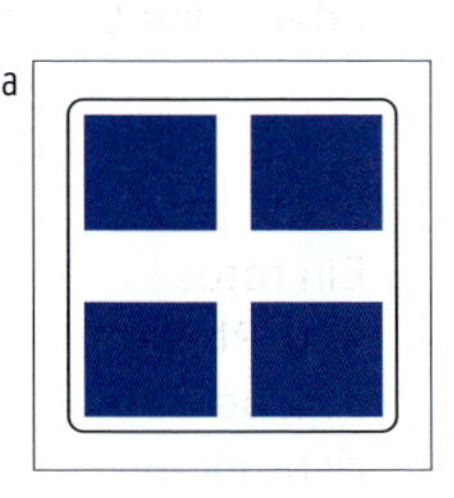

Die benutzte Nebenwasserstraße mündet in eine Hauptwasserstraße ein.

E.10b

2. Ein Fahrzeug – ausgenommen eine Fähre –, das ein Manöver im Sinne der Nummer 1 beabsichtigt, das ein anderes Fahrzeug dazu zwingt oder zwingen kann,

seinen Kurs oder seine Geschwindigkeit zu ändern, muss seine Absicht rechtzeitig wie folgt ankündigen:

a) durch »drei lange Töne, einen kurzen Ton«, wenn es vor der Einfahrt oder nach der Ausfahrt seinen Kurs nach Steuerbord richten will;
b) durch »drei lange Töne, zwei kurze Töne«, wenn es vor der Einfahrt oder nach der Ausfahrt seinen Kurs nach Backbord richten will;
c) durch »drei lange Töne«, wenn es nach der Ausfahrt die Wasserstraße überqueren will; will es vor Beendigung der Querfahrt seine Richtung ändern, muss es geben:
   aa) »einen langen Ton, einen kurzen Ton«, wenn es seinen Kurs nach Steuerbord richten will;
   bb) »einen langen Ton, zwei kurze Töne«, wenn es seinen Kurs nach Backbord richten will.

Das andere Fahrzeug muss daraufhin, soweit notwendig, seinen Kurs und seine Geschwindigkeit ändern.

3. Ist an der Ausfahrt eines Hafens oder an der Mündung einer Nebenwasserstraße ein Tafelzeichen B.9a oder B.9b (Anlage 7) angebracht, darf ein aus dem Hafen oder aus der Nebenwasserstraße kommendes Fahrzeug in die Hauptwasserstraße nur einbiegen oder sie überqueren, wenn dadurch ein Fahrzeug auf der Hauptwasserstraße nicht gezwungen wird, seinen Kurs oder seine Geschwindigkeit zu ändern.

B.9a

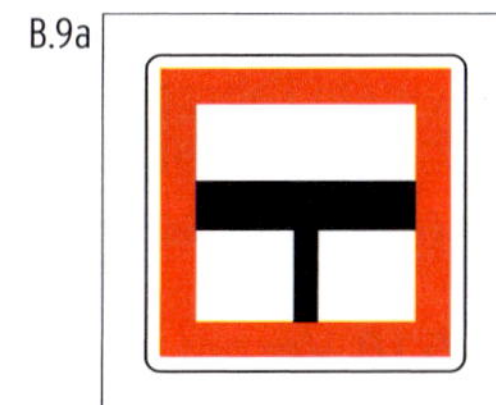

B.9b

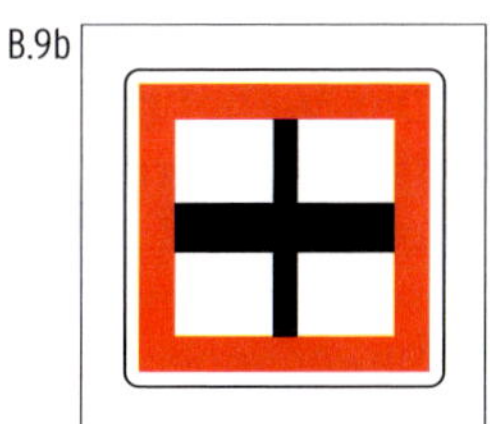

4. Ein rotes Licht, Zeichen A.1 (Anlage 7), mit einem weißen Pfeil (Abschnitt II Nummer 2 Buchstabe c der Anlage 7) zeigt an, dass die Einfahrt in den in Pfeilrichtung gelegenen Hafen oder in die in Pfeilrichtung gelegene Nebenwasserstraße verboten ist.

A.1

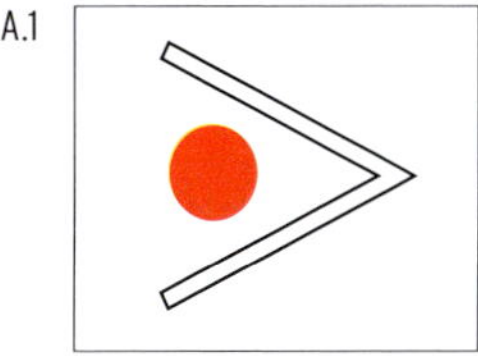

5. Ein gelbes Funkellicht (Zeichen E.12a der Anlage 7) an einer Hafenmündung oder der Mündung einer Nebenwasserstraße zeigt an, dass ein Fahrzeug ausfährt und die Einfahrt infolgedessen mit Vorsicht zu erfolgen hat. Ein Fahrzeug in der Hauptwasserstraße muss daraufhin, soweit notwendig, seinen Kurs und seine Geschwindigkeit ändern.

Abschnitt II
Nummer 2
Buchstabe c
E.12a

6. Werden die Zeichen nach den Nummern 4 und 5 nicht gegeben, darf in eine Nebenwasserstraße oder einen Hafen, deren oder dessen Mündung für eine gleichzeitige Einfahrt und Ausfahrt nicht ausreichend Platz bietet, erst eingefahren werden, wenn kein Fahrzeug ausfährt.

§ 6.17 Fahrt auf gleicher Höhe; Verbot der Annäherung an Fahrzeuge

1. Fahrzeuge dürfen nicht auf gleicher Höhe fahren. Kleinfahrzeuge dürfen auf gleicher Höhe fahren, wenn es der verfügbare Raum ohne Störung oder Gefährdung der Schifffahrt gestattet.
2. Außer beim Überholen, beim Begegnen oder Vorbeifahren ist es verboten, näher als 50 m an ein Fahrzeug oder einen Verband heranzufahren, das oder der eine Bezeichnung nach § 3.14 Nummer 2 oder 3 führt.
3. Das Anlegen oder Anhängen an ein Fahrzeug oder einen Schwimmkörper in Fahrt sowie das Mitfahren im Sogwasser sind ohne ausdrückliche Erlaubnis des Schiffsführers verboten. § 1.20 bleibt unberührt.
4. Personen, die Wassersport nicht mit einem Fahrzeug betreiben, müssen von einem Fahrzeug oder Schwimmkörper in Fahrt oder von einem schwimmenden Gerät während der Arbeit so weit Abstand halten, dass die Schifffahrt oder die Arbeit des schwimmenden Gerätes nicht gestört oder gefährdet wird.

§ 6.18 Verbot des Schleifenlassens von Ankern, Trossen oder Ketten

1. Es ist verboten, einen Anker, eine Trosse oder eine Kette schleifen zu lassen.
2. Das Verbot nach Nummer 1 gilt weder beim Treibenlassen, sofern dies gestattet ist, noch für kleine Bewegungen auf einer Liegestelle und Umschlagstelle sowie auf einer Reede. Es gilt jedoch für derartige Bewegungen auf einer Strecke, für die ein allgemeines Ankerverbot besteht, und auf einer Strecke, die nach § 7.03 Nummer 1 Buchstabe b durch das Tafelzeichen A.6 (Anlage 7) gekennzeichnet ist.

A.6

§ 6.19 Schifffahrt durch Treibenlassen

1. Schifffahrt durch Treibenlassen ist ohne Erlaubnis der zuständigen Behörde verboten.
2. Das Verbot nach Nummer 1 gilt nicht für ein Kleinfahrzeug sowie für kleine Bewegungen auf einer Liegestelle, Umschlagstelle, Reede sowie im Schleusenbereich.
3. Ein Fahrzeug, das sich Bug zu Berg mit im Vorwärtsgang laufender Antriebsmaschine zu Tal bewegt, gilt nicht als treibendes Fahrzeug, sondern als Bergfahrer.

§ 6.20 Vermeidung von Wellenschlag

1. Ein Fahrzeug muss seine Geschwindigkeit so einrichten, dass Wellenschlag oder Sogwirkungen, die Schäden an einem stillliegenden oder einem in Fahrt befindlichen Fahrzeug oder Schwimmkörper oder an einer Anlage verursachen können, vermieden werden. Es muss seine Geschwindigkeit rechtzeitig vermindern, jedoch nicht unter das Maß, das zu seiner sicheren Steuerung notwendig ist:
   a) vor einer Hafeneinmündung;
   b) in der Nähe eines Fahrzeugs, das am Ufer oder an einer Landebrücke festgemacht ist oder das lädt oder löscht;
   c) in der Nähe eines Fahrzeugs, das auf einer üblichen Liegestelle stillliegt;
   d) in der Nähe einer nicht frei fahrenden Fähre;
   e) auf einer Strecke, die durch das Zeichen A.9 (Anlage 7) gekennzeichnet ist.

A9

2. Gegenüber einem Kleinfahrzeug besteht die Verpflichtung nach Nummer 1 Satz 2 Buchstabe b und c nicht; § 1.04 bleibt unberührt.
3. Beim Vorbeifahren
   a) an einem Fahrzeug, das die Bezeichnung nach § 3.25 Nummer 1 Satz 2 Buchstabe a führt,
   b) an einem Fahrzeug, einem Schwimmkörper oder einer schwimmenden Anlage, das oder die die Bezeichnung nach § 3.29 Nummer 1 führt, oder
   c) an einer Stelle und einem Fahrzeug, die oder das die Bezeichnung nach § 8.12 führt,

   muss ein anderes Fahrzeug seine Geschwindigkeit, wie in Nummer 1 vorgeschrieben, vermindern. Es hat außerdem möglichst weiten Abstand zu halten.

§ 6.21 Zusammenstellung der Verbände

1. Ein Fahrzeug mit Maschinenantrieb, das einen Verband fortbewegt, muss über eine ausreichende Maschinenleistung verfügen, um die gute Manövrierfähigkeit des Verbandes zu gewährleisten.
2. Ein Fahrzeug mit Maschinenantrieb darf außer im Falle der Rettung oder Hilfeleistung in Notfällen nur dann zum Schleppen, zum Schieben oder zur Fortbewegung gekuppelter Fahrzeuge verwendet werden, soweit dies in seiner Fahrtauglichkeitsbescheinigung zugelassen ist. Hierbei muss sich das Fahrzeug mit Maschinenantrieb, das bei gekuppelten Fahrzeugen die Hauptantriebskraft stellt, an der Steuerbordseite befinden. Wenn jedoch ein oder mehrere Fahrzeuge ohne Maschinenantrieb mitgeführt werden, darf eines an der Steuerbordseite gekuppelt werden.
3. Ein Fahrgastschiff und eine Personenbarkasse, das oder die Fahrgäste an Bord haben, dürfen nicht längsseits gekuppelt fahren; es oder sie darf weder schleppen noch geschleppt werden, es sei denn, dass dies zum Abschleppen eines beschädigten Fahrzeugs erforderlich ist.

4. Nummer 2 Satz 1 gilt nicht
   a) für das Schleppen eines Kleinfahrzeugs durch ein anderes Fahrzeug und
   b) für das Schleppen und gekuppelte Fortbewegen eines Sportfahrzeugs, das ein Kleinfahrzeug ist, durch ein anderes Sportfahrzeug, das ein Kleinfahrzeug ist, sofern der Schiffsführer ein sicheres Schleppen oder gekuppeltes Fortbewegen sicherstellt.

§ 6.22 Sperrung der Schifffahrt und gesperrte Wasserflächen

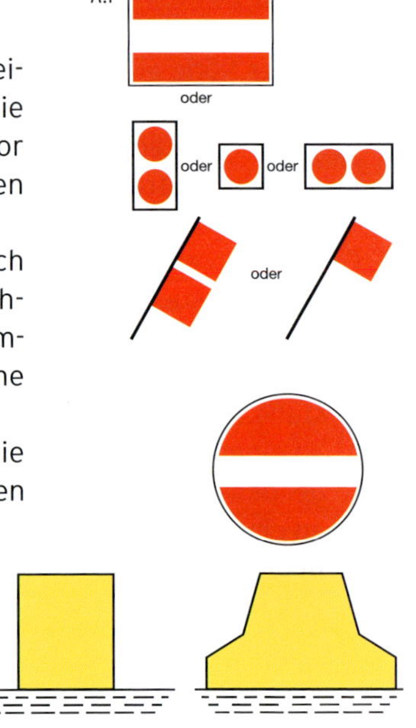

1. Wenn die zuständige Behörde durch ein allgemeines Zeichen A.1 (Anlage 7) bekannt gibt, dass die Schifffahrt gesperrt ist, muss ein Fahrzeug vor dem Zeichen anhalten. Bestimmte Fahrzeugarten können ausgenommen werden.
2. Das Befahren von einer Wasserfläche, die durch das Tafelzeichen A.1a (An-lage 7) gekennzeichnet ist, ist einem Fahrzeug oder einem Schwimmkörper – mit Ausnahme eines Kleinfahrzeugs ohne Antriebsmaschine – verboten.
3. Das Befahren einer Wasserfläche, die durch die gerade Linie zwischen zwei oder mehreren Zeichen nach Nummer 1 oder durch eine Reihe von gelben Tonnen (Anlage 8, Abschnitt VIII Bild 33/34) begrenzt wird, ist allen Fahrzeugen und Schwimmkörpern verboten.

§ 6.22a Vorbeifahrt an schwimmenden Geräten bei der Arbeit sowie an festgefahrenen oder gesunkenen Fahrzeugen

(Anlage 3:
Bild 50a, 50b, 52)

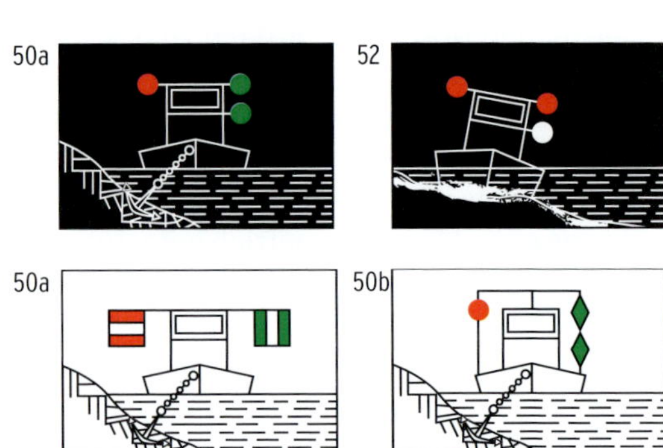

Es ist verboten, an einem der in § 3.25 genannten Fahrzeuge an der Seite vorbeizufahren, an dem es

1. das rote Licht nach § 3.25 Nummer 1 Satz 1 Buchstabe b Doppelbuchstabe aa,
2. das Tafelzeichen A.1 (Anlage 7) oder den roten Ball nach § 3.25 Satz 1 Nummer 1 Buchstabe b Doppelbuchstabe bb
   oder
3. die rote Flagge nach § 3.25 Nummer 1 Satz 2 Buchstabe b Doppelbuchstabe bb, Nummer 2 Satz 1 zeigt.

Abschnitt IV. Fähren

§ 6.23 Verhalten der Fähren

1. Eine Fähre darf eine Wasserstraße nur überqueren, wenn sie sich vergewissert hat, dass der übrige Verkehr eine gefahrlose Überfahrt zulässt und ein anderes Fahrzeug nicht gezwungen wird, unvermittelt seinen Kurs oder seine Geschwindigkeit zu ändern.
2. Für eine nicht frei fahrende Fähre gilt außerdem Folgendes:
   a) solange eine Fähre nicht in Betrieb ist, muss sie den Liegeplatz einnehmen, den ihr die zuständige Behörde zugewiesen hat; ist ihr ein Liegeplatz nicht zugewiesen, muss sie so liegen, dass das Fahrwasser frei bleibt;
   b) eine Fähre mit Längsseil, die so verankert ist, dass sie das Fahrwasser sperren kann, darf auf der Fahrwasserseite, die der Verankerung des Seils gegenüber liegt, nur so lange liegen, wie dies zum Ein- und Ausladen unbedingt erforderlich ist; während dieser Zeit kann ein näher- kommendes Fahrzeug, ausgenommen ein Kleinfahrzeug oder ein Verband, der ausschließlich aus Kleinfahrzeugen besteht, von der Fähre das Freimachen des Fahrwassers verlangen, indem es oder er rechtzeitig »einen langen Ton« gibt;
   c) die Fähre darf sich nicht länger im Fahrwasser aufhalten, als der Betrieb es erfordert.

Abschnitt V. Durchfahren von Brücken, Wehren und Schleusen

§ 6.24 Allgemeine Regelungen zum Durchfahren von Brücken und Wehren

1. In einer Brückenöffnung oder Wehröffnung gilt § 6.07, es sei denn, das Fahrwasser gewährt hinreichenden Raum für die gleichzeitige Durchfahrt.
2. Ist eine Brückenöffnung oder Wehröffnung gekennzeichnet
   a) durch das Tafelzeichen A.10 (Anlage 7), ist die Schifffahrt in dieser Öffnung außerhalb des durch die beiden Tafeln dieses Zeichens begrenzten Raumes verboten;

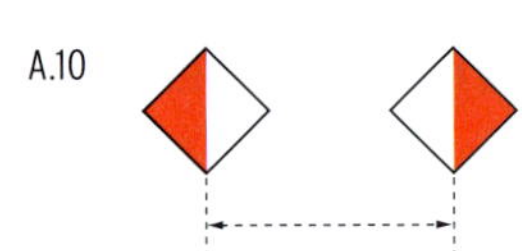

   b) durch das Tafelzeichen D.2 (Anlage 7), wird der Schifffahrt empfohlen, sich in dieser Öffnung in dem durch die beiden Tafeln dieses Zeichens begrenzten Raum zu halten.

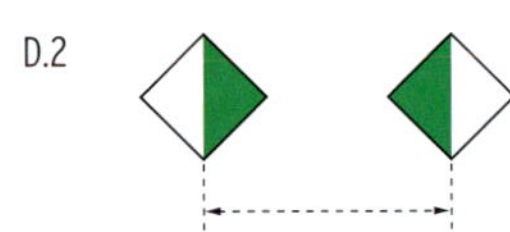

§ 6.25 Durchfahrt unter festen Brücken

1. Ist eine bestimmte Öffnung fester Brücken durch ein allgemeines Zeichen A.1 (Anlage 7) gekennzeichnet, ist das Durchfahren dieser Öffnung verboten.

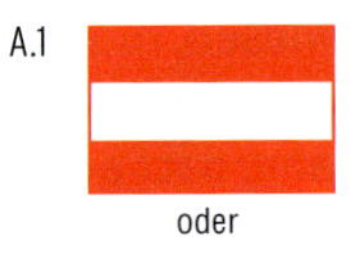

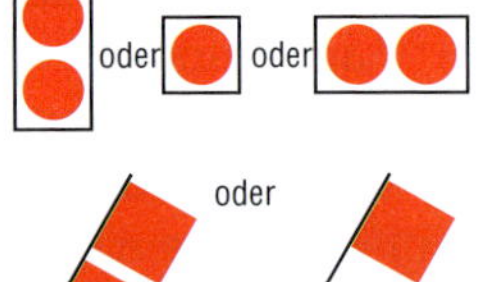

2. Ist eine bestimmte Öffnung fester Brücken gekennzeichnet
   a) durch das Zeichen D.1a (Anlage 7)
   oder
   b) durch das Zeichen D.1b (Anlage 7) – angebracht über der Brückenöffnung –,

   wird empfohlen, vorzugsweise diese Öffnung zu benutzen. Ist die Öffnung nach Satz 1 Buchstabe a gekennzeichnet, ist die Durchfahrt in beiden Richtungen erlaubt; ist sie nach Satz 1 Buchstabe b gekennzeichnet, ist die Durchfahrt in Gegenrichtung verboten.

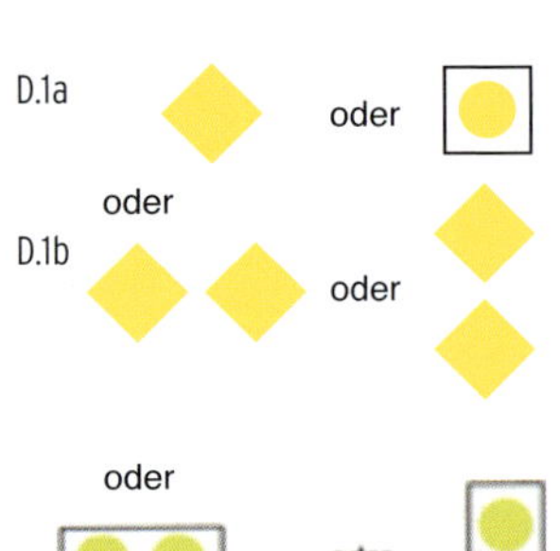

3. Ist eine bestimmte Öffnung fester Brücken nach Nummer 2 gekennzeichnet, kann die Schifffahrt die nicht gekennzeichneten Öffnungen auf eigene Gefahr benutzen.

§ 6.26 Durchfahren beweglicher Brücken

1. Unbeschadet der §§ 6.07, 6.08 und 6.24 hat der Schiffsführer oder die nach § 1.03 Nummer 3 für Kurs und Geschwindigkeit verantwortliche Person bei der Annäherung an eine bewegliche Brücke und bei der Durchfahrt die Anweisungen zu befolgen, die ihm oder ihr von der Brückenaufsicht für die Sicherheit und Leichtigkeit des Verkehrs und zur Beschleunigung der Durchfahrt erteilt werden.
2. Bei der Annäherung an eine bewegliche Brücke muss ein Fahrzeug seine Fahrt verlangsamen. Es muss, wenn es das Öffnen der Brücke verlangt, »zwei lange Töne« geben. Bis zur Freigabe der Durchfahrt muss es sich mindestens 50,00 m von der Brücke entfernt halten, sofern nicht das Tafelzeichen B.5 (Anlage 7) einen anderen Ab-stand angibt. Kann oder will ein Fahrzeug die Brücke nicht durchfahren, muss es, wenn am Ufer das Tafelzeichen B.5 (Anlage 7) angebracht ist, vor diesem anhalten.

B.5

3. Bei der Annäherung an eine bewegliche Brücke ist das Überholen ohne besondere Erlaubnis der Brückenaufsicht verboten.
4. Wird die Durchfahrt bei Tag und bei Nacht durch Signallichter geregelt, haben diese Lichtsignale folgende Bedeutungen:
   a) zwei rote Lichter übereinander:
   keine Durchfahrt (Brücke gesperrt);
   b) drei rote Lichter nebeneinander:
   keine Durchfahrt (Brücke geschlossen, sie kann vorübergehend nicht geöffnet werden);
   c) zwei rote Lichter nebeneinander:
   keine Durchfahrt (Brücke geschlossen oder Gegenverkehr);
   d) ein rotes Licht:
   keine Durchfahrt (Brücke in Bewegung);
   e) zwei grüne Lichter nebeneinander:
   Durchfahrt frei (Brücke geöffnet).

   Die Lichter sind nur in Richtung der Durchfahrt sichtbar.
5. Wird ein zusätzliches weißes Licht über den Signallichtern nach Nummer 4 Buchstabe b oder c gezeigt, darf ein Fahrzeug die geschlossene Brücke durchfahren, wenn die Höhe der Durchfahrt oder der Gegenverkehr dies mit Sicherheit zulässt.

§ 6.27 Durchfahren der Wehre

1. Das Durchfahren einer Wehröffnung ist verboten. Das Verbot, eine Wehröffnung zu durchfahren, kann durch das Zeichen A.1 (Anlage 7) angezeigt werden.

A.1

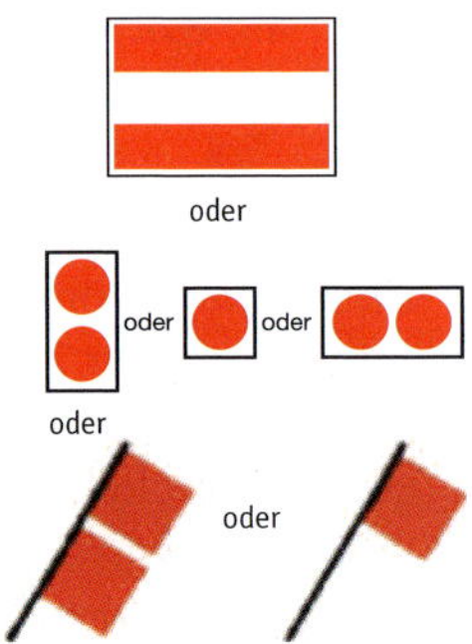

2. Das Durchfahren einer Wehröffnung ist nur gestattet, wenn diese links und rechts durch ein allgemeines Zeichen E.1 (Anlage 7) gekennzeichnet ist.

E.1

oder

oder oder

Abweichend von Satz 1 kann bei einem Wehr mit Wehrsteg das Durchfahren einer Wehröffnung auch durch das an dem Wehrsteg über der Öffnung angebrachte Zeichen D.1 (Anlage 7) gestattet werden.

D.1a

D.1b

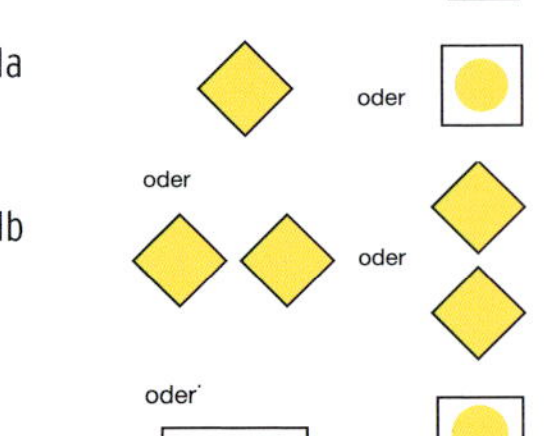

3. Ein einzeln fahrendes Fahrzeug oder ein Verband darf durch eine Wehröffnung nicht mit größerer Geschwindigkeit fahren, als zu seiner Steuerung erforderlich ist. Im Bereich eines Wehres muss die Maschine so bereitgehalten werden, dass das Fahrzeug oder der Verband jederzeit manövrierfähig ist.
4. An ein geschlossenes Sicherheitstor und Hochwassersperrtor darf nur bis zu einem Abstand von 100 m herangefahren werden.

§ 6.28 Durchfahren der Schleusen

1. Zum Schleusenbereich gehören
   a) die Schleusen und
   b) die Wasserflächen oberhalb und unterhalb der Schleusen, die dem Festmachen, Einordnen und Warten von Fahrzeugen sowie zum Zusammenstellen und Auflösen von Verbänden dienen (Schleusenvorhafen).

   Die zuständige Behörde kann abweichend von Satz 1 den Schleusenbereich festlegen; in diesem Fall ist seine Abgrenzung durch weiße Tafeln mit schwarzer Umrandung und der schwarzen Aufschrift »Schleusenbereich« gekennzeichnet.

2. Bei Annäherung an den Schleusenbereich muss ein Fahrzeug seine Fahrt verlangsamen. Kann oder will es nicht sogleich in die Schleuse einfahren, hat es, wenn am Ufer das Tafelzeichen B.5 (Anlage 7) aufgestellt ist, vor diesem anzuhalten.

B.5

3. Im Schleusenbereich ist das Überholen verboten. Ein Fahrzeug darf nur dann an einem anderen auf die Schleusung wartenden Fahrzeug vorbeifahren, wenn es vorgeschleust werden soll oder um sich in eine vorhandene Lücke zu legen. Im Schleusenbereich dürfen Antriebs- und Hilfsmaschinen nur in dem für den Schiffs- und Bordbetrieb erforderlichen Umfang betrieben werden. Dabei sind die Türen des Maschinenraums geschlossen zu halten. Sonstige Öffnungen des Maschinenraums müssen so weit geschlossen werden, wie es der Betrieb zulässt. Die Anlegestelle einer Fähre oder eines Fahrgastschiffes ist freizuhalten.
4. Im Schleusenbereich muss ein Fahrzeug, das mit einer Sprechfunkanlage für den Verkehrskreis Nautische Information ausgerüstet ist, den Kanal der Schleuse auf Empfang geschaltet haben.
5. Im Schleusenbereich müssen die Anker vollständig hochgenommen sein. Satz 1 gilt nicht, wenn sie außerhalb der Schleuse benutzt werden sollen.
6. Sind mehrere Schleusen vorhanden, muss ein Fahrzeug die ihm zugewiesene Schleuse ansteuern. Die Weisung hierzu kann bei Tag und bei Nacht durch die in § 6.28a beschriebenen Richtungsweiser gegeben werden. Ein Fahrzeug, dessen Abmessungen kleiner als diejenigen einer vorhandenen Bootsschleuse sind, hat diese zu benutzen, sofern die Schleusenaufsicht keine andere Weisung erteilt.
7. Vor Einfahrt in die Schleuse müssen die Schlepptrossen kurzgeholt sowie Ausrüstungsteile – ausgenommen solche Ausrüstungsteile, die zum Abfendern benötigt werden – binnenbords genommen werden. Der Führer eines beschädigten Fahrzeugs muss die Schleusenaufsicht vor der Einfahrt auf die Beschädigung aufmerksam machen, sofern die Beschädigung den Schleusenbereich oder ein anderes Fahrzeug gefährden kann.
8. Bei der Fahrt in den Schleusenvorhäfen und bei der Einfahrt in die Schleusen muss ein Fahrzeug seine Geschwindigkeit so verringern, dass ein sicheres Abstoppen mittels Drahtseilen, Tauen oder anderen geeigneten Maßnahmen unter allen Umständen möglich ist und ein Anprall an ein Schleusentor oder an die Schutzvorrichtungen sowie an ein anderes Fahrzeug oder an einen Schwimmkörper ausgeschlossen ist. In den mit Schwimmpollern ausgerüsteten Schleusen dürfen zum Anhalten nur die Kanten- und Nischenpoller ver-

wendet werden. Ein Schwimmpoller darf erst belegt werden, nachdem das Fahrzeug oder der Verband zum Stillstand gekommen ist. Der Schiffsführer hat dafür zu sorgen, dass das Fahrzeug durch Belegen der Poller oder Haltekreuze der Schleusenkammer mit Drahtseilen oder Tauen im Notfall auch ohne Maschinenkraft rechtzeitig anhält. Er hat ferner dafür zu sorgen, dass die Decksmannschaft, die für die sichere Schleusendurchfahrt erforderlich ist, vom Beginn der Fahrt in die Schleuse bis zur Beendigung der Ausfahrt aus der Schleuse an Deck ist. Ein Fahrzeug oder ein Schwimmkörper muss so weit in die Schleusenkammer einfahren und sich so hinlegen, dass die nachfolgenden Fahrzeuge oder Schwimmkörper bei der Einfahrt und in der Ausnutzung der Schleusenkammer nicht behindert werden. Insbesondere muss das oder der letzte vom Oberwasser her einfahrende Fahrzeug oder Schwimmkörper so weit vorfahren, dass es oder er beim Leeren der Schleusenkammer nicht auf den Drempel aufsetzen kann.

9. In den Schleusenkammern
   a) hat sich ein Fahrzeug, sofern an den Schleusenwänden Grenzen markiert sind, innerhalb dieser Grenzen zu halten;
   b) muss ein Fahrzeug während des Füllens und Leerens der Schleusenkammer und bis zur Freigabe der Ausfahrt festgemacht sein und die Befestigungsmittel müssen derart bedient werden, dass Stöße gegen die Schleusenwände, die Schleusentore oder die Schutzvorrichtungen sowie gegen ein anderes Fahrzeug oder einen Schwimmkörper vermieden werden;
   c) sind Fender zu verwenden, die schwimmfähig sein müssen, wenn sie nicht fest mit dem Fahrzeug verbunden sind;
   d) ist es verboten,
      aa) ein Fahrzeug oder einen Schwimmkörper abzuwaschen oder abzukehren,
      bb) von einem Fahrzeug oder einem Schwimmkörper Wasser auf eine Schleusenplattform, auf ein anderes Fahrzeug oder einen Schwimmkörper zu schütten oder ausfließen zu lassen;
      cc) ohne Erlaubnis der Schleusenaufsicht Fahrgäste ein- und aussteigen zu lassen;
   e) ist es verboten, nach dem Festmachen des Fahrzeugs bis zur Freigabe der Ausfahrt den Maschinenantrieb sowie die Bugstrahlanlage zu benutzen, es sei denn, dass dies aus Sicherheitsgründen kurzfristig erforderlich ist;
   f) muss ein Kleinfahrzeug oder ein Verband, der ausschließlich aus Kleinfahrzeugen besteht, ausreichend Abstand zu anderen Fahrzeugen halten.
10. Im Schleusenbereich muss zu einem Fahrzeug oder einem Verband, das oder der die Bezeichnung nach § 3.14 Nummer 1, 2 oder 3 führt, ein seitlicher Abstand von mindestens 10,00 m eingehalten werden. Dies gilt jedoch nicht für ein Fahrzeug oder einen Verband, das oder der die gleiche Bezeichnung führt, und für das in § 3.14 Nummer 7 genannte Fahrzeug.

11. Ein Fahrzeug oder ein Verband, das oder der die Bezeichnung nach § 3.14 Nummer 2 oder 3 führt, muss jeweils allein geschleust werden. Abweichend von Satz 1 kann ein Trockengüterschiff nach ADN, das Container, Großpackmittel (IBC), Großverpackungen, Gascontainer mit mehreren Elementen (MEGC), Tankcontainer und ortsbewegliche Tanks nach ADN Unterabschnitt 7.1.1.18 befördert und die Bezeichnung nach § 3.14 Nummer 2 führt, gemeinsam
   a) mit einem gleichartigen Fahrzeug,
   b) mit einem Trockengüterschiff, das Container, Großpackmittel (IBC), Großverpackungen, Gascontainer mit mehreren Elementen (MEGC), Tankcontainer und ortsbewegliche Tanks nach ADN Unterabschnitt 7.1.1.18 befördert und die Bezeichnung nach § 3.14 Nummer 1 führt, oder
   c) mit dem in § 3.14 Nummer 7 genannten Fahrzeug geschleust werden.

   Zwischen Bug und Heck der gemeinsam geschleusten Fahrzeuge nach Satz 2 muss ein Mindestabstand von 10,00 m eingehalten werden.
12. Ein Fahrzeug oder ein Verband, das oder der das Kennzeichen nach § 2.06 trägt, darf nicht in eine Schleuse einfahren, wenn
   a) es außerhalb des LNG-Systems zu Freisetzungen von Flüssigerdgas (LNG) kommt oder
   b) eine Freisetzung von Flüssigerdgas (LNG) außerhalb des LNG-Systems während der Schleusendurchfahrt zu erwarten ist.
13. Ein Fahrzeug oder ein Verband, das oder der die Bezeichnung nach § 3.14 Nummer 1 führt, darf nicht zusammen mit einem Fahrgastschiff, das Fahrgäste an Bord hat, geschleust werden.
14. Eine Schleuse, die zur Bedienung durch das Schiffspersonal nicht besonders eingerichtet ist, darf nur mit Erlaubnis der Schleusenaufsicht bedient werden.
15. Die an einer fernbedienten oder selbstbedienten Schleuse auf Schildern, Tafeln mit elektronischer Schrift oder in ähnlicher Weise bekannt gegebenen amtlichen Hinweise und Anweisungen sind bei der Benutzung und, sofern eine Selbstbedienung vorgesehen ist, bei der Bedienung der Schleuse zu beachten.
16. Ein Fahrzeug oder ein Schwimmkörper, das oder der nicht zur Schleusung ansteht, darf im Schleusenbereich nur stillliegen, wenn es von der zuständigen Behörde allgemein zugelassen oder im Einzelfall von der Schleusenaufsicht erlaubt ist.
17. Der Schiffsführer eines Fahrzeugs, das auf der Strecke zur nächsten Schleuse laden oder löschen will, und der Führer eines Verbandes, der bis zur nächsten Schleuse weitere Fahrzeuge aufnehmen oder ablegen will, müssen dies der Schleusenaufsicht anzeigen.
18. Die Schleusenaufsicht kann aus Gründen der Sicherheit und Leichtigkeit des Verkehrs, zur Beschleunigung der Durchfahrt oder zur vollen Ausnutzung der Schleusen Anordnungen erteilen, die diese Vorschrift ergänzen oder von ihr abweichen. Der Schiffsführer hat diese Anordnungen im Schleusenbereich zu befolgen.

§ 6.28a Schleuseneinfahrt und -ausfahrt

1. Sind mehrere Schleusen vorhanden, wird die Weisung zur Benutzung durch Richtungsweiser gegeben, die aus zwei weißen Signallichtern nebeneinander bestehen, die folgende Bedeutung haben:
   a) linkes festes Licht, rechtes Gleichtaktlicht:
   rechte Schleuse benutzen;
   b) rechtes festes Licht, linkes Gleichtaktlicht:
   linke Schleuse benutzen;
   c) beide feste Lichter:
   bis zur Einweisung warten;
   d) beide Gleichtaktlichter:
   beide Schleusen benutzbar.

   Ein Fahrzeug, das wegen seiner Abmessungen nur eine bestimmte Schleuse benutzen kann, muss warten, bis ihm diese zugewiesen wird.
2. Die Einfahrt in die Schleuse wird bei Tag und bei Nacht durch Signallichter geregelt, die auf einer Seite oder auf beiden Seiten der Schleuse gezeigt werden. Diese Signallichter haben folgende Bedeutung:
   a) zwei feste rote Lichter übereinander:
   Einfahrt verboten, Schleuse außer Betrieb;
   b) ein festes rotes Licht oder zwei feste rote Lichter nebeneinander:
   Einfahrt verboten, Schleuse geschlossen;
   c) das Erlöschen eines der beiden nebeneinander gezeigten roten Lichter oder ein festes rotes und ein festes grünes Licht nebeneinander oder ein festes rotes und ein festes grünes Licht übereinander:
   Einfahrt verboten, Öffnung der Schleuse wird vorbereitet;
   d) ein festes grünes Licht oder zwei feste grüne Lichter nebeneinander:
   Einfahrt erlaubt.

   Zusätzlich zu Satz 1 kann die Einfahrt in die Schleuse bei Tag und bei Nacht für ein Klein- und Sportfahrzeug durch zusätzliche Signallichter besonders geregelt werden. Die Signallichter nach Satz 3 bestehen aus je einem roten und einem grünen Gleichtaktlicht nebeneinander und sind mit einem zusätzlichen Schild nach Anlage 7 Abschnitt II Nummer 3 mit dem Hinweis »Klein- und Sportfahrzeug« gekennzeichnet; sie werden gemeinsam mit den Signallichtern nach Satz 1 oder an den für Klein- und Sportfahrzeuge besonders ausgewiesenen Wartestellen gezeigt. Sind Signallichter nach Satz 3 vorhanden, sind ausschließlich diese für ein Klein- und Sportfahrzeug für die Einfahrt maßgeblich. Die Signallichter nach Satz 3 in Verbindung mit Satz 4 haben folgende Bedeutung:
   a) ein rotes Gleichtaktlicht (Wiederholungsfrequenz 12 Sekunden):
   Einfahrt für Klein- und Sportfahrzeuge verboten;
   b) ein grünes Gleichtaktlicht (Wiederholungsfrequenz 12 Sekunden):
   Einfahrt für Klein- und Sportfahrzeuge erlaubt.

   Das Verbot der Einfahrt nach Satz 1 in Verbindung mit Satz 2 Buchstabe a bis c, auch in Verbindung mit Nummer 4 Satz 1, oder nach Satz 3 in Verbindung mit Satz 5 und 6 Buchstabe a, auch in Verbindung mit Nummer 4 Satz 1, ist zu beachten.

3. Die Ausfahrt aus der Schleuse wird bei Tag und bei Nacht durch folgende Signallichter geregelt:
   a) ein festes rotes Licht oder zwei feste rote Lichter:
      Ausfahrt verboten;
   b) ein festes grünes Licht oder zwei feste grüne Lichter:
      Ausfahrt erlaubt.

   Das Verbot der Ausfahrt nach Satz 1 Buchstabe a ist zu beachten.
   Sind mehrere Schleusen vorhanden und ist für alle die Ausfahrt freigegeben, hat das von Steuerbord kommende Fahrzeug die Vorfahrt.
4. Anstelle des roten Lichtes oder der roten Lichter nach Nummer 2 Satz 1 in Verbindung mit Satz 2 und Nummer 3 kann das Tafelzeichen A.1 (Anlage 7), anstelle des grünen Lichtes oder der grünen Lichter nach Nummer 2 Satz 1 in Verbindung mit Satz 2 und Nummer 3 kann das Tafelzeichen E.1 (Anlage 7) gesetzt werden.

A.1

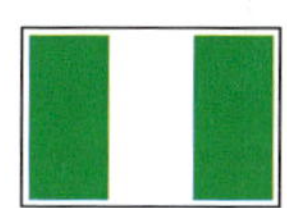

5. Werden keine Signallichter oder keine Tafelzeichen gezeigt, ist die Einfahrt in die Schleuse oder die Ausfahrt aus der Schleuse ohne besondere Anordnung der Schleusenaufsicht verboten.

§ 6.29 Reihenfolge der Schleusungen

1. Es wird, soweit nachstehend nichts anderes bestimmt ist, in der Reihenfolge des Eintreffens vor der Schleuse, bei mehreren Schleusen vor der gewählten oder durch Richtungsweiser nach § 6.28a zugewiesenen Schleuse geschleust. Die Wahl der Schleuse darf ohne besondere Erlaubnis der Schleusenaufsicht nicht geändert werden.
2. Ist im Schleusenbereich ein Startplatz eingerichtet, wird er gegen die übrigen Liegeplätze durch das Tafelzeichen B.5 (Anlage 7), das mit einem weißen Zusatzschild mit der Aufschrift »Startplatz« versehen ist, abgegrenzt. Der Startplatz ist als Liegeplatz für ein im Schleusenrang zur nächsten Schleusung anstehendes Fahrzeug bestimmt und darf nur von diesem belegt werden. Abweichend von Nummer 3 Satz 1 und 2 kann ein auf Schleusung wartendes Fahrzeug bis zur Fahrt an den Startplatz an seinem Liegeplatz verbleiben. Liegen mehrere Fahrzeuge nebeneinander, haben die außen liegenden Fahrzeuge den innen liegenden die rechtzeitige Fahrt an den Startplatz zu ermöglichen. Jedes neu in den Schleusenbereich eintreffende Fahrzeug muss bei der Schleusenaufsicht zur Feststellung des Schleusenranges angemeldet werden. Warten im Schleusenbereich oberhalb oder unterhalb einer Schleuse, die nicht zur Bedienung durch das Schiffspersonal besonders eingerichtet ist, bereits mehr als fünf Fahrzeuge (Schiffsansammlung), richtet sich der Schleusenrang abweichend von Nummer 1 nach der Reihenfolge

der Anmeldungen. Bei Schiffsansammlungen darf der Startplatz nur nach vorheriger Aufforderung durch die Schleusenaufsicht belegt werden.

3. Ein zur Schleusung anstehendes Fahrzeug muss vorbehaltlich der Regelung nach Nummer 2 so weit aufschließen, dass es unverzüglich nach dem Zeichen zur Einfahrt in die Schleuse einfahren kann. Versäumt ein Fahrzeug das Aufrücken, verliert es für die anstehende Schleusung seinen Rang. Ein Fahrzeug, das auf das Zeichen zur Einfahrt nicht schleusungsbereit ist, wird so lange zurückgestellt, bis es seine Vorbereitungen beendet hat.
4. Ein Fahrzeug der Wasserstraßen- und Schifffahrtsverwaltung des Bundes, ein Fahrzeug, das zur Ausübung von Hoheitsaufgaben unterwegs ist, oder ein schwer beschädigtes Fahrzeug haben vor allen übrigen Fahrzeugen das Recht auf Schleusung außer der Reihe (Schleusenvorrang); das Gleiche gilt für ein Rettungs- oder Feuerlöschfahrzeug auf der Fahrt zur Unfallstelle.
5. Auf Verlangen werden mit Vorrang in nachstehender Reihenfolge vor anderen als den in Nummer 4 genannten Fahrzeugen geschleust:
   a) ein Tagesausflugschiff, das nach einem festen Fahrplan nach § 9.01 fährt,
   b) ein Fahrzeug mit Erlaubnis der zuständigen Behörde.

   Diese Fahrzeuge müssen den roten Wimpel nach § 3.17 zeigen. Nach jeder Berg- oder Talschleusung eines Fahrzeugs, das sein Vorrecht geltend gemacht hat, sind jeweils einmal die zurückgestellten Fahrzeuge ohne Vorrecht in derselben Richtung zu schleusen. In keinem Fall berechtigt das Vorrecht auf Schleusung das Fahrzeug, zu einer vorher festgesetzten Uhrzeit geschleust zu werden.
6. Die Schleusenaufsicht kann aus Sicherheitsgründen für die Schleusung eines Fahrzeugs mit gefährlichen Gütern abweichende Anordnungen erteilen.
7. Klein- oder Sportfahrzeuge werden, sofern sie nicht eine Bootsschleuse, Bootsgasse oder Bootsumsetzanlage benutzen können, nur in Gruppen oder zusammen mit anderen Fahrzeugen geschleust. Ausnahmsweise kann ein Klein- oder Sportfahrzeug auch einzeln geschleust werden, sofern die Dauer der Wartezeit unzumutbar ist. Ein Klein- oder Sportfahrzeug, das mit Sprechfunk ausgerüstet ist, kann nach rechtzeitiger Anmeldung an der Schleuse auch ohne Wartezeiten einzeln geschleust werden, sofern es mit dem übrigen Verkehrsaufkommen, der Verkehrslage und Maßnahmen zur Stauhaltung der Wasserstraße vereinbar ist. Bei gemeinsamer Schleusung eines Klein- oder Sportfahrzeugs mit anderen Fahrzeugen darf ein Klein- oder Sportfahrzeug erst nach den anderen Fahrzeugen und nach Aufforderung durch die Schleusenaufsicht in die Schleuse einfahren. Ist die Einfahrt in die Schleuse für ein Klein- oder Sportfahrzeug durch besondere Signallichter nach § 6.28a Nummer 2 Satz 3 in Verbindung mit Satz 4 geregelt, darf ein Klein- oder Sportfahrzeug erst nach Freigabe der Einfahrt durch die besonderen Signallichter in die Schleuse einfahren.
8. Von den durch Verordnung festgesetzten Schleusenbetriebszeiten kann aus Gründen des Verkehrsbedarfs oder wegen betrieblicher Erfordernisse vorübergehend abgewichen werden.

§ 6.29a Durchfahren der Schiffshebewerke

Die §§ 6.28, 6.28a und 6.29 sind auch auf ein Schiffshebewerk anzuwenden. In diesem Fall tritt an die Stelle des Schleusenbereiches der Bereich des Schiffshebewerkes und an die Stelle der Schleusenaufsicht die Aufsicht des Schiffshebewerkes.

Abschnitt VI. Unsichtiges Wetter; Benutzung von Radar

§ 6.30 Allgemeine Regeln für die Fahrt bei unsichtigem Wetter

1. Bei unsichtigem Wetter muss ein Fahrzeug, vorbehaltlich der Nummer 5, Radar benutzen.
2. Bei unsichtigem Wetter muss ein Fahrzeug seine Geschwindigkeit der verminderten Sicht, dem übrigen Verkehr und den örtlichen Umständen entsprechend anpassen. Es muss einem anderen Fahrzeug die für die Sicherheit notwendigen Nachrichten geben.
3. Beim Anhalten bei unsichtigem Wetter ist die Fahrrinne so weit wie möglich frei zu machen.
4. Bei unsichtigem Wetter darf ein Kleinfahrzeug nur dann fahren, wenn es über Nummer 1 hinaus mit einer Sprechfunkanlage für den Binnenschifffahrtsfunk ausgerüstet ist und diese auf Kanal 10 oder dem von der zuständigen Behörde zugewiesenen anderen Kanal auf Empfang geschaltet hat.
5. Ein Fahrzeug oder ein Verband, das oder der kein Radar benutzen kann, muss bei unsichtigem Wetter unverzüglich einen Liegeplatz aufsuchen.

§ 6.31 Stillliegende Fahrzeuge

1. Ein Fahrzeug, das in der Fahrrinne oder deren Nähe oder – im Falle des § 6.34 – im Fahrwasser oder dessen Nähe stillliegt, muss bei unsichtigem Wetter während des Stillliegens seine Sprechfunkanlage auf Empfang geschaltet haben. Sobald es über Sprechfunk vernimmt, dass sich ein anderes Fahrzeug nähert oder sobald und solange es das in § 6.32 Nummer 2 Buchstabe d Doppelbuchstabe aa, § 6.33 Nummer 2 Satz 1 oder in § 6.34 Nummer 3 vorgeschriebene Schallzeichen eines herankommenden Fahrzeugs vernimmt, muss es über Sprechfunk seine Position mitteilen.
2. Ein Fahrzeug im Sinne der Nummer 1, das Sprechfunk nicht benutzen kann, muss, sobald und solange es das in § 6.32 Nummer 2 Buchstabe d Satz 1 Doppelbuchstabe aa, § 6.33 Nummer 2 Satz 1 oder in § 6.34 Nummer 3 vorgeschriebene Schallzeichen eines herankommenden Fahrzeugs vernimmt, eine Gruppe von Glockenschlägen geben. Diese Schallzeichen sind in Abständen von längstens einer Minute zu wiederholen.
3. Die Nummern 1 und 2 gelten nicht für geschobene Fahrzeuge in einem Schubverband. Bei gekuppelten Fahrzeugen gelten die Nummern 1 und 2 nur für eines der Fahrzeuge der Zusammenstellung.

§ 6.32 Mit Radar fahrende Fahrzeuge

1. Ein Fahrzeug darf nur mit Radar fahren, wenn sich eine Person, die neben dem für die Fahrzeugart und die zu befahrende Strecke erforderlichen Befähigungszeugnis ein Patent nach der Verordnung über die Erteilung von Radarpatenten auf den Bundeswasserstraßen außerhalb des Rheins oder ein vom Bundesministerium für Verkehr und digitale Infrastruktur als gleichwertig anerkanntes und im Verkehrsblatt bekannt gemachtes Radarzeugnis besitzt, und eine zweite Person, die mit der Verwendung von Radar in der Schifffahrt hinreichend vertraut ist, ständig im Steuerhaus aufhalten. Wenn in der Fahrtauglichkeitsbescheinigung vermerkt ist, dass das Fahrzeug über einen Radareinmannsteuerstand verfügt, muss sich die zweite Person nicht ständig im Steuerhaus aufhalten.
2. Bei der Begegnung und der Vorbeifahrt ist Folgendes zu beachten:
   a) Bemerkt ein Fahrzeug in der Radarfahrt zu Berg auf dem Radarbildschirm ein entgegenkommendes Fahrzeug oder nähert es sich einer Strecke, in der sich ein Fahrzeug befinden kann, das das Radarbild noch nicht erfasst, muss es dem entgegenkommenden Fahrzeug über Sprechfunk seine Fahrzeugart, seinen Namen, seine Fahrtrichtung und seinen Standort mitteilen und die Vorbeifahrt absprechen.
   b) Bemerkt jedoch ein Fahrzeug in der Radarfahrt zu Tal auf dem Radarbildschirm ein Fahrzeug, dessen Standort oder Kurs eine Gefahrenlage verursachen kann und das sich über Funk nicht gemeldet hat, muss es über Sprechfunk dieses Fahrzeug auf die gefährliche Situation hinweisen und die Vorbeifahrt absprechen.
   c) Ein Fahrzeug in der Radarfahrt, das über Sprechfunk angerufen wird, muss über Sprechfunk antworten, indem es seine Fahrzeugart, seinen Namen, seine Fahrtrichtung und seinen Standort mitteilt. Es muss dann mit einem entgegenkommenden Fahrzeug die Vorbeifahrt absprechen; ein Kleinfahrzeug darf jedoch lediglich ansagen, nach welcher Seite es ausweicht.
   d) Wenn mit einem entgegenkommenden Fahrzeug kein Sprechfunkkontakt zustande kommt, muss das Fahrzeug in der Radarfahrt
      aa) einen »langen Ton« geben, der so oft wie notwendig zu wiederholen ist, sowie
      bb) seine Geschwindigkeit vermindern und, sofern nötig, anhalten.
      Dies gilt auch für ein Fahrzeug, das mit Radar fährt, gegenüber einem Fahrzeug, das in der Nähe der Fahrrinne stillliegt und mit dem kein Sprechfunkkontakt zustande kommt.
3. Bei einem Schubverband und gekuppelten Fahrzeugen gelten die Nummern 1 und 2 nur für das Fahrzeug, auf dem sich der Schiffsführer des Verbandes oder der gekuppelten Fahrzeuge befindet.

§ 6.33 Nicht mit Radar fahrende Fahrzeuge

Ein Fahrzeug oder ein Verband, das oder der kein Radar benutzen kann und einen

Liegeplatz aufsuchen muss, muss während der Fahrt zu dieser Stelle Folgendes beachten:

1. Es oder er muss so weit wie möglich am Rand der Fahrrinne fahren.
2. Ein einzeln fahrendes Fahrzeug sowie ein Fahrzeug, auf dem sich der Führer eines Verbandes befindet, muss als Schallzeichen »einen langen Ton« (Nebelzeichen) geben; dieses Schallzeichen ist in Abständen von längstens einer Minute zu wiederholen. Auf diesem Fahrzeug ist ein Ausguck auf dem Vorschiff aufzustellen, bei einem Verband jedoch nur auf dem in Fahrtrichtung ersten Fahrzeug. Der Ausguck muss sich entweder in Sicht- oder in Hörweite des Schiffs- oder Verbandsführers befinden oder durch eine Sprechverbindung mit ihm verbunden sein.
3. Sobald ein Fahrzeug über Sprechfunk von einem anderen Fahrzeug angerufen wird, muss es über Sprechfunk antworten, indem es seine Fahrzeugart, seinen Namen, seine Fahrtrichtung und seinen Standort mitteilt und angibt, dass es keine Radarfahrt durchführt und einen Liegeplatz sucht. Es muss dann mit dem entgegenkommenden Fahrzeug die Vorbeifahrt absprechen.
4. Sobald ein Fahrzeug den langen Ton eines anderen Fahrzeugs hört, mit dem kein Sprechfunkkontakt zustande kommt, muss es,
   a) wenn es sich in der Nähe eines Ufers befindet, an diesem Ufer bleiben und dort, falls erforderlich, bis zur Beendigung der Vorbeifahrt anhalten;
   b) wenn es gerade von einem Ufer zum anderen wechselt, die Fahrrinne so weit und so schnell wie möglich freimachen.

§ 6.34 Abweichende Regeln für die Fahrt bei unsichtigem Wetter

In den Anwendungsbereichen der Kapitel 16 (ohne die Weser von km 204,47 bis Fuldahafen Bremen, ohne die Weser von Fuldahafen Bremen bis UWe-km 1,38 mit Kleiner Weser, ohne die Aller, ohne die Leine, ohne den Schnellen Graben und ohne die Ihme), 18, 19 (ohne die Trave), 20 (ohne den Wasserstraßenabschnitt von Saar-km 0,00 bis Saar-km 87,20), 21, 22 (ohne die Untere-Havel-Wasserstraße von km 4,00 bis km 66,70), 23 bis 25 (ohne die Saale von km 0,00 bis km 88,50), 26 und 27 gelten abweichend von den §§ 6.30, 6.32 Nummer 2 und 3 und § 6.33 für die Fahrt bei unsichtigem Wetter folgende Regeln:

1. Bei unsichtigem Wetter muss ein Fahrzeug seine Geschwindigkeit der verminderten Sicht, dem übrigen Verkehr und den örtlichen Umständen entsprechend herabsetzen. Es ist ein Ausguck auf dem Vorschiff aufzustellen, bei einem Verband jedoch nur auf dem in Fahrtrichtung ersten Fahrzeug. Der Ausguck muss sich entweder in Sicht- oder Hörweite des Schiffs- oder Verbandsführers befinden oder durch eine Sprechverbindung mit ihm verbunden sein.
2. Bei unsichtigem Wetter darf ein Fahrzeug nur fahren, wenn es mit einer Sprechfunkanlage für den Verkehrskreis Schiff-Schiff ausgerüstet ist und auf Kanal 10 oder dem von der zuständigen Behörde zugewiesenen anderen Kanal auf Emp-

fang geschaltet hat. Es muss einem anderen Fahrzeug die für die Sicherheit der Schifffahrt notwendigen Nachrichten geben.

3. Ein einzeln fahrendes Fahrzeug sowie ein Fahrzeug, auf dem sich der Führer eines Verbandes befindet, muss als Schallzeichen »einen langen Ton« (Nebelzeichen) geben. Dieses Schallzeichen ist in Abständen von längstens einer Minute zu wiederholen.
4. Sobald ein Fahrzeug über Sprechfunk von einem anderen Fahrzeug angerufen wird, muss es über Sprechfunk antworten, indem es seine Fahrzeugart, seinen Namen, seine Fahrtrichtung und seinen Standort mitteilt. Es muss dann mit dem entgegenkommenden Fahrzeug die Vorbeifahrt absprechen.
5. Sobald ein Fahrzeug den langen Ton eines anderen Fahrzeugs hört, mit dem kein Sprechfunkkontakt zustande kommt, muss es,
   a) wenn es sich in der Nähe eines Ufers befindet, an diesem Ufer bleiben und dort, falls erforderlich, bis zur Beendigung der Vorbeifahrt anhalten;
   b) wenn es gerade von einem Ufer zum anderen wechselt, das Fahrwasser so weit und so schnell wie möglich freimachen.
6. Ein Fahrzeug muss anhalten, sobald es mit Rücksicht auf die verminderte Sicht, den übrigen Verkehr und die örtlichen Umstände die Fahrt nicht mehr ohne Gefahr fortsetzen kann. Darüber hinaus muss ein Schleppverband an der nächsten geeigneten Stelle anhalten, wenn zwischen den geschleppten Fahrzeugen und dem Fahrzeug mit Maschinenantrieb an der Spitze des Verbandes eine Verständigung durch Sichtzeichen nicht mehr möglich ist.
7. Beim Anhalten bei unsichtigem Wetter ist das Fahrwasser so weit wie möglich freizumachen.
8. Die Nummern 1 bis 7 gelten auch für ein Fahrzeug in der Radarfahrt. Bei der Entscheidung, die Fahrt einzustellen oder fortzusetzen, und bei der Bemessung der Fahrgeschwindigkeit darf ein Fahrzeug in der Radarfahrt die Radarortung berücksichtigen. Es muss jedoch der verminderten Sicht eines anderen Fahrzeugs Rechnung tragen.
9. Nummer 8 Satz 2 und 3 gilt nicht für einen Schleppverband in der Talfahrt.

Abschnitt VII. Pflichten

§ 6.35 Verhaltenspflichten

1. Der Schiffsführer und die nach § 1.03 Nummer 3 für Kurs und Geschwindigkeit verantwortliche Person haben jeweils die in § 6.02 Nummer 1 Satz 1 Buchstabe a, auch in Verbindung mit Satz 3, Buchstabe b und Nummer 3, § 6.02a Nummer 1, 2, 3 Satz 1 und 2, Nummer 4 Satz 1, auch in Verbindung mit Satz 2, Nummer 5 Satz 1 und 2 und Nummer 6, jeweils auch in Verbindung mit Nummer 7, § 6.03 Nummer 1 und 3, jeweils auch in Verbindung mit Nummer 2, § 6.03a Nummer 1, § 6.04 Nummer 1, 2, 3 Satz 1, 3 und 4, Nummer 4 und 5, § 6.05 Num-

mer 1 Satz 2 und Nummer 2 bis 4, §§ 6.07, 6.08 Nummer 1 Satz 1 und 3, §§ 6.09, 6.10, 6.11 Nummer 1 und 2 Halbsatz 1, §§ 6.12, 6.13 Nummer 1 bis 3, 4 Satz 1, §§ 6.14, 6.15, 6.16 Nummer 1 Satz 1 und 2, Nummer 2, 3, 5 Satz 2 und Nummer 6, § 6.17 Nummer 1 und 2, § 6.18 Nummer 1 und 2 Satz 2, § 6.19 Nummer 1, § 6.20 Nummer 1 und 3, § 6.22 Nummer 1 Satz 1 und Nummer 2 und 3, §§ 6.22a, 6.23, 6.24 Nummer 1 und 2 Buchstabe a, § 6.25 Nummer 1 und 2 Satz 2 Halbsatz 2, § 6.26 Nummer 1 bis 3 und Nummer 5, § 6.27 Nummer 1 Satz 1, Nummer 2 Satz 1, auch in Verbindung mit Satz 2, Nummer 3 und 4, § 6.28 Nummer 2 bis 7, Nummer 8 Satz 1 bis 3, 6 und 7, Nummer 9 bis 15, jeweils auch in Verbindung mit § 6.29a, 6.28a Nummer 1, auch in Verbindung mit § 6.29a, 6.28a Nummer 2 Satz 7, Nummer 3 Satz 2 und 3 und Nummer 5, jeweils auch in Verbindung mit Nummer 4 und § 6.29a, § 6.29 Nummer 1 Satz 2, Nummer 2 Satz 2, 4 und 7, Nummer 3 Satz 1, Nummer 5 Satz 2 und Nummer 7 Satz 5, jeweils auch in Verbindung mit § 6.29a, § 6.30 Nummer 1 bis 5, § 6.31 Nummer 1 und 2, jeweils auch in Verbindung mit Nummer 3 Satz 2, §§ 6.33 und 6.34 Nummer 1 bis 7 vorgesehenen oder auf Grund dieser Vorschriften angeordneten Gebote oder Verbote über das Verhalten im Verkehr einzuhalten oder sicherzustellen, dass diese eingehalten werden.

2. Der Schiffsführer und die nach § 1.03 Nummer 3 für Kurs und Geschwindigkeit verantwortliche Person haben jeweils sicherzustellen, dass die Tafel und die Leuchte des Funkellichts nach § 6.04 Nummer 3 Satz 1 Buchstabe a und b jeweils den Anforderungen nach § 6.04 Nummer 3 Satz 2 entsprechen.
3. Der Schiffsführer hat die in § 6.21 Nummer 1 bis 3 vorgesehenen oder auf Grund dieser Vorschriften angeordneten Gebote oder Verbote über die Zusammenstellung der Verbände einzuhalten oder sicherzustellen, dass diese eingehalten werden.
4. Der Schiffsführer hat die in § 6.28 Nummer 16, 17 und 18 Satz 2, jeweils auch in Verbindung mit § 6.29a, § 6.29 Nummer 2 Satz 5 und Nummer 7 Satz 4, jeweils auch in Verbindung mit § 6.29a, § 6.32 Nummer 1 Satz 1 und Nummer 2 und 3 vorgesehenen oder auf Grund dieser Vorschriften angeordneten Gebote oder Verbote über das Verhalten im Verkehr einzuhalten oder sicherzustellen, dass diese eingehalten werden.
5. Der Eigentümer und der Ausrüster dürfen jeweils die Inbetriebnahme eines Fahrzeugs oder Verbandes nur anordnen oder zulassen, wenn die in § 6.21 Nummer 1 bis 3 vorgesehenen Gebote oder Verbote über die Zusammenstellung der Verbände eingehalten werden können.
6. Der Eigentümer und der Ausrüster dürfen jeweils die Radarfahrt eines Fahrzeugs oder Verbandes nur anordnen oder zulassen, wenn es oder er nach § 6.32 Nummer 1 Satz 1 vorschriftsmäßig besetzt ist.

Kapitel 7
Regeln für das Stillliegen, das Ankern und das Festmachen

§ 7.01 Allgemeine Grundsätze für das Stillliegen

1. Unbeschadet anderer Bestimmungen dieser Verordnung muss ein Fahrzeug oder ein Schwimmkörper seinen Liegeplatz so nahe am Ufer wählen, wie es sein Tiefgang und die örtlichen Verhältnisse gestatten. Ein Fahrzeug oder ein Schwimmkörper darf keinesfalls die Schifffahrt behindern. An eine Böschung ist vorsichtig heranzufahren.
2. Unbeschadet der im Einzelfall von der zuständigen Behörde erteilten Auflagen im Rahmen der für das Stillliegen ergangenen Genehmigung muss der Liegeplatz für eine schwimmende Anlage so gewählt werden, dass die Fahrrinne für die Schifffahrt frei bleibt.
3. Ein stillliegendes Fahrzeug, ein stillliegender Schwimmkörper oder eine stillliegende schwimmende Anlage muss so verankert oder festgemacht werden, dass seine oder ihre Lage nicht in einer Weise verändert werden kann, die ein anderes Fahrzeug, oder einen anderen Schwimmkörper gefährdet oder behindert. Dabei sind insbesondere Wind- und Wasserstandsschwankungen sowie Sog und Wellenschlag zu berücksichtigen.
4. Sofern auf Schifffahrtskanälen und in Schleusenkanälen das Stillliegen erlaubt ist, muss ein Fahrzeug oder ein Schwimmkörper festgemacht werden.
5. Ein Fahrzeug darf nur über einen sicheren Zugang betreten oder verlassen werden. Ist eine geeignete Landanlage vorhanden, darf keine andere Einrichtung benutzt werden. Ist ein Abstand zwischen Fahrzeug und Land vorhanden, muss bei einem Fahrzeug, das über ein Binnenschiffszeugnis verfügt, ein Landsteg nach Artikel 13.02 Nummer 3 Buchstabe d ES-TRIN ausgelegt und sicher befestigt sein; die Geländer des Landstegs müssen gesetzt sein. Wird ein Beiboot als Zugang benutzt und ist ein Höhenunterschied zwischen Beiboot und Deck zu überwinden, ist ein geeigneter, sicherer Aufstieg zu benutzen.

§ 7.02 Liegeverbot

1. Ein Fahrzeug, ein Schwimmkörper oder eine schwimmende Anlage darf nicht stillliegen:
   a) auf einem Schifffahrtskanal, in einem Schleusenkanal oder auf einem Abschnitt der Wasserstraße, für den ein allgemeines Stillliegeverbot besteht;
   b) auf einer von der zuständigen Behörde bekannt gegebenen Strecke;
   c) auf einer durch das Tafelzeichen A.5 (Anlage 7)

gekennzeichneten Strecke, auf der Seite der Wasserstraße, auf der das Tafelzeichen steht;
d) unter einer Brücke oder Hochspannungsleitung;
e) in einer Fahrwasserenge im Sinne des § 6.07 und in ihrer Nähe sowie auf einer Strecke, die durch das Stillliegen zu einer Fahrwasserenge werden würde, und in der Nähe einer solchen Strecke;
f) an einer Einfahrt in und einer Ausfahrt aus einem Hafen oder einer Nebenwasserstraße;
g) in der Fahrlinie einer Fähre;
h) im Kurs, den ein Fahrzeug beim Anlegen an eine Landebrücke oder beim Abfahren benutzen kann;
i) auf einer Wendestelle, die durch das Tafelzeichen E.8 (Anlage 7) gekennzeichnet ist;

E.8

62

j) seitlich neben einem Fahrzeug, das das Tafelzeichen nach § 3.33 führt, innerhalb des Abstandes, der auf dem dreieckigen weißen Zusatzschild in Metern angegeben ist;

A.5.1

k) auf einer durch das Tafelzeichen A.5.1 (Anlage 7) gekennzeichneten Wasserfläche, deren Breite auf dem Tafelzeichen in Metern angegeben ist; die Breite bemisst sich vom Aufstellungsort des Tafelzeichens;

l) auf den durch das Tafelzeichen E.17, E.22 oder E.24 (Anlage 7) gekennzeichneten Wasserflächen.

E.17

E.22

E.24
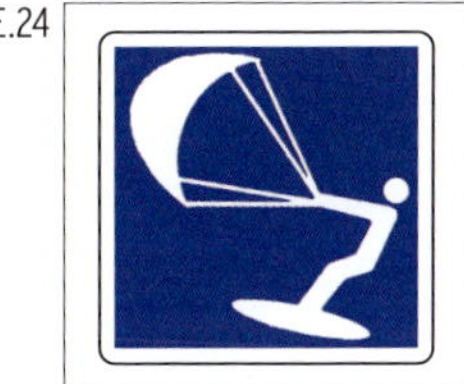

2. Auf den Abschnitten einer Wasserstraße, auf denen das Stillliegen nach Nummer 1 Buchstabe a bis d verboten ist, darf ein Fahrzeug, ein Schwimmkörper oder eine schwimmende Anlage nur auf den Liegestellen stillliegen, die durch eines der Tafelzeichen E.5 bis E.7 (Anlage 7) gekennzeichnet sind. Dabei sind die §§ 7.03, 7.04, 7.05 und 7.06 zu beachten.

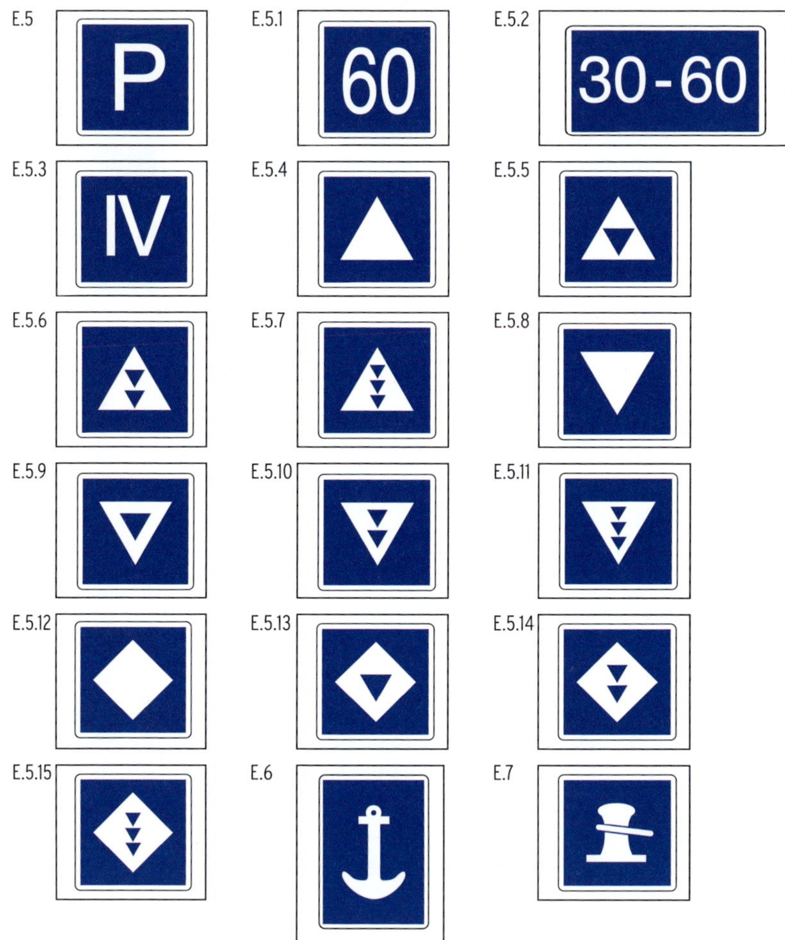

3. Auf einer Liegestelle, die durch eines der Tafelzeichen E.5 bis E.7 (Anlage 7) gekennzeichnet ist, ist das Stillliegen eines Fahrzeugs oder eines Schwimmkörpers nur bis zu der für das jeweilige Fahrzeug oder den jeweiligen Schwimmkörper nach dem Zweiten Teil dieser Verordnung auf der jeweiligen Strecke zulässigen Breite erlaubt, wenn nicht die Tafelzeichen E.5.1, E.5.2 oder E.5.3 oder Zusatztafeln zu den Tafeln E.6 oder E.7 etwas anderes zulassen.

§ 7.03 Ankern und Verwendung von Pfählen

1. Ein Fahrzeug, ein Schwimmkörper oder eine schwimmende Anlage darf nicht ankern:
   a) auf einem Schifffahrtskanal, in einem Schleusenkanal oder auf dem Abschnitt einer Wasserstraße, für den ein allgemeines Ankerverbot besteht;
   b) auf einer durch das Tafelzeichen A.6 (Anlage 7) gekennzeichneten Strecke, auf der Seite der Wasserstraße, auf der das Tafelzeichen steht; das Ankerverbot gilt von 50,00 m oberhalb bis 50,00 m unterhalb des Tafelzeichens.

A.6

   Auf den Strecken nach Satz 1 ist es verboten, einen Pfahl in oder auf den Grund zu drücken. Abweichend von Satz 2 kann die zuständige Behörde für Fahrzeuge zur Durchführung von Bauarbeiten die Verwendung eines Pfahles zulassen.

E.6

2. Auf einem Abschnitt, auf dem das Ankern nach Nummer 1 Buchstabe a verboten ist, darf ein Fahrzeug, ein Schwimmkörper oder eine schwimmende Anlage nur auf einer Strecke ankern, die durch das Tafelzeichen E.6 (Anlage 7) gekennzeichnet ist, und nur auf der Seite der Wasserstraße, auf der das Tafelzeichen steht.

§ 7.04 Festmachen

1. Ein Fahrzeug, ein Schwimmkörper oder eine schwimmende Anlage darf am Ufer nicht festmachen:
   a) auf einem Schifffahrtskanal, in einem Schleusenkanal oder auf dem Abschnitt einer Wasserstraße, für den ein allgemeines Festmacheverbot besteht;
   b) auf einer durch das Tafelzeichen A.7 (Anlage 7) gekennzeichneten Strecke auf der Seite der Wasserstraße, auf der das Tafelzeichen steht.

A.7

2. Auf einem Abschnitt, auf dem das Festmachen nach Nummer 1 Buchstabe a verboten ist, darf ein Fahrzeug, ein Schwimmkörper oder eine schwimmende Anlage nur auf einer Strecke festmachen, die durch eines der Tafelzeichen E.7 oder E.7.1 (Anlage 7) gekennzeichnet ist, und nur auf der Seite der Wasserstraße, auf der das Tafelzeichen steht. (E.7.1 siehe nächste Seite)

E.7

3. Ein Baum, ein Geländer, ein Pfahl, ein Grenzstein, eine Säule, eine Eisenleiter, ein Handlauf oder ähnliche Gegenstände dürfen weder zum Festmachen noch zum Verholen benutzt werden.

E.7.1

§ 7.05 Liegestellen

1. Auf einer Liegestelle, bei der das Tafelzeichen E.5 (Anlage 7) aufgestellt ist, darf ein Fahrzeug oder ein Schwimmkörper nur auf der Seite der Wasserstraße stillliegen, auf der das Tafelzeichen steht.

E.5

2. Auf einer Liegestelle, bei der das Tafelzeichen E.5.1 (Anlage 7) aufgestellt ist, darf ein Fahrzeug oder ein Schwimmkörper nur auf einer Wasserfläche stillliegen, deren Breite auf dem Tafelzeichen in Metern angegeben ist. Die Breite bemisst sich vom Aufstellungsort des Tafelzeichens.

E.5.1

3. Auf einer Liegestelle, bei der das Tafelzeichen E.5.2 (Anlage 7) aufgestellt ist, darf ein Fahrzeug oder ein Schwimmkörper nur auf der Wasserfläche zwischen den zwei Entfernungen stillliegen, die auf dem Tafelzeichen in Metern angegeben sind. Beide Entfernungen bemessen sich vom Aufstellungsort des Tafelzeichens.

E.5.2

4. Auf einer Liegestelle, bei der das Tafelzeichen E.5.3 (Anlage 7) aufgestellt ist, dürfen auf der Seite der Wasserstraße, auf der das Tafelzeichen steht, nicht mehr Fahrzeuge und Schwimmkörper nebeneinander stillliegen, als auf dem Tafelzeichen in römischen Zahlen angegeben ist.

E.5.3

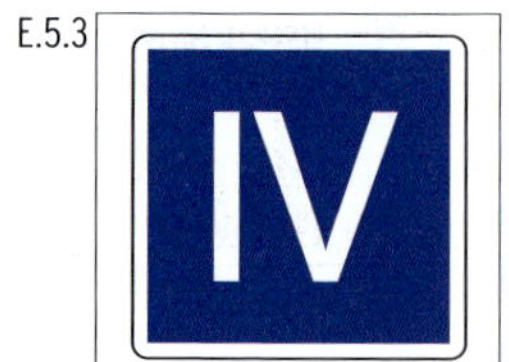

§ 7.06 Besondere Liegestellen

1. Auf einer Liegestelle, bei der eines der Tafelzeichen E.5.4 bis E.5.15 (Anlage 7) aufgestellt ist, darf nur die Fahrzeugart stillliegen, für die das Tafelzeichen gilt. (Tafelzeichen siehe nächste Seite.)
2. Ist für ein Fahrzeug, das nach § 3.14 Nummer 1 bis 3 zu bezeichnen ist, keine besondere Liegestelle vorgesehen und will es eine Liegestelle benutzen, bei der das Tafelzeichen E.5, E.5.4, E.5.8, E.5.12, E.6 oder E.7 (Anlage 7) aufgestellt ist, ist ihm dies nur gestattet, wenn ihm von der zuständigen Behörde ein besonderer Liegeplatz zugewiesen wird. (Tafelzeichen siehe nächste Seite.)

E.5.4	E.5.5	E.5.6
E.5.7	E.5.8	E.5.9
E.5.10	E.5.11	E.5.12
E.5.13	E.5.14	E.5.15
E.5	E.5.4	E.5.8
E.5.12	E.6	E.7

3. Eine Liegestelle ist, soweit nichts anderes bestimmt ist, auf der Seite der Wasserstraße, auf der das Tafelzeichen steht, vom Ufer aus und ein Fahrzeug neben dem anderen zu belegen.
4. An einer Liegestelle, bei der das Tafelzeichen B.12 (Anlage 7) aufgestellt ist, ist ein Fahrzeug verpflichtet, sich an einen betriebsbereiten Landstromanschluss anzuschließen und seinen gesamten Bedarf an elektrischer Energie während des Stillliegens daraus zu decken. Ausnahmen vom Gebot nach Satz 1 können auf einem rechteckigen weißen zusätzlichen Schild angegeben werden, das unterhalb des Tafelzeichens B.12 angebracht ist.

B.12

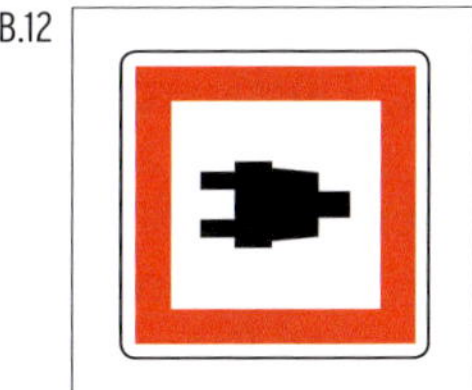

5. Nummer 4 ist nicht anzuwenden auf ein Fahrzeug, das während des Stillliegens ausschließlich eine Energieversorgung nutzt, die keine Geräusche sowie keine gasförmigen Schadstoffe und luftverunreinigenden Partikel verursacht.

§ 7.07 Mindestabstände bei der Beförderung bestimmter gefährlicher Güter beim Stillliegen

1. Zu einem Fahrzeug, zu einem Schubverband oder zu gekuppelten Fahrzeugen müssen beim Stillliegen ein Fahrzeug, ein Schubverband oder gekuppelte Fahrzeuge folgende Mindestabstände einhalten:
   a) 10 m, wenn eines oder einer von ihnen die Bezeichnung nach § 3.14 Nummer 1 führt;
   b) 50 m, wenn eines oder einer von ihnen die Bezeichnung nach § 3.14 Nummer 2 führt;
   c) 100 m, wenn eines oder einer von ihnen die Bezeichnung nach § 3.14 Nummer 3 führt.
2. Die Verpflichtung nach Nummer 1 Buchstabe a gilt nicht
   a) für ein Fahrzeug, einen Schubverband oder gekuppelte Fahrzeuge, die die gleiche Bezeichnung führen;
   b) für ein Fahrzeug, das diese Bezeichnung nicht führt, jedoch nach ADN Abschnitt 1.16.1 ein Zulassungszeugnis besitzt und die Sicherheitsbestimmungen einhält, die für ein Fahrzeug nach § 3.14 Nummer 1 gelten.
3. In besonderen Fällen kann die zuständige Behörde Ausnahmen zulassen.

§ 7.08 Wache und Aufsicht

1. Eine einsatzfähige Wache muss sich ständig an Bord aufhalten
   a) von einem stillliegenden Fahrzeug, das das Kennzeichen nach § 2.06 trägt,
   b) von einem stillliegenden Fahrzeug, das mit gefährlichen Gütern nach Kapitel 3.2 Tabelle A ADN beladen ist und eine Bezeichnung nach § 3.14 führt,
   c) von einem stillliegenden Fahrzeug, das nach dem Entladen gefährlicher Güter nach Kapitel 3.2 Tabelle A ADN noch nicht frei von gefährlichen Gasen ist, und
   d) von einem stillliegenden Fahrgastschiff, auf dem sich Fahrgäste befinden.
2. An Bord eines stillliegenden Fahrzeugs, das das Kennzeichen nach § 2.06 trägt, ist eine einsatzfähige Wache nicht erforderlich, wenn
   a) Flüssigerdgas (LNG) an Bord des Fahrzeugs nicht als Brennstoff verbraucht wird,
   b) die technischen Daten des LNG-Systems des Fahrzeugs aus der Ferne abgelesen werden und
   c) das Fahrzeug von einer Person beaufsichtigt wird, die in der Lage ist, im Bedarfsfall rasch einzugreifen.
3. An Bord eines stillliegenden Fahrzeugs, das mit gefährlichen Gütern nach Kapitel 3.2 Tabelle A ADN beladen ist und eine Bezeichnung nach § 3.14 führt oder

das nach dem Entladen solcher Güter noch nicht frei von gefährlichen Gasen ist, ist eine einsatzfähige Wache nicht erforderlich, wenn

a) das Fahrzeug in einem Hafenbecken stillliegt und
b) die zuständige Behörde das Fahrzeug von der Verpflichtung nach Nummer 1 befreit.

4. Alle übrigen Fahrzeuge, Schwimmkörper und schwimmenden Anlagen müssen beim Stillliegen von einer Person beaufsichtigt werden, die in der Lage ist, im Bedarfsfall rasch einzugreifen. Satz 1 gilt nicht, wenn die Aufsicht wegen der örtlichen Verhältnisse nicht erforderlich ist oder die zuständige Behörde eine Ausnahme zulässt.

§ 7.09 Verhaltenspflichten

1. Der Schiffsführer hat die in § 7.01 Nummer 1 bis 4 und Nummer 5 Satz 3, § 7.02 Nummer 1, auch in Verbindung mit Nummer 2, und Nummer 3, § 7.03 Nummer 1 Satz 1, auch in Verbindung mit Nummer 2, § 7.04 Nummer 1, auch in Verbindung mit Nummer 2, und Nummer 3, §§ 7.05, 7.06 Nummer 1 bis 3 und 4 Satz 1, auch in Verbindung mit Satz 2, und § 7.07 Nummer 1 vorgesehenen oder auf Grund dieser Vorschriften angeordneten Gebote oder Verbote über das Verhalten beim Stillliegen, Ankern oder Festmachen einzuhalten oder sicherzustellen, dass diese eingehalten werden.
2. Der Schiffsführer, der Eigentümer und der Ausrüster haben jeweils die in § 7.08 Nummer 1 und 4 Satz 1 vorgesehenen oder auf Grund dieser Vorschriften angeordneten Gebote über das Verhalten beim Stillliegen einzuhalten oder sicherzustellen, dass diese eingehalten werden.

Kapitel 8
Zusatzbestimmungen

§ 8.01 Höchstabmessungen der Fahrzeuge

Die zugelassenen Höchstabmessungen eines Fahrzeugs auf der jeweiligen Wasserstraße bestimmen sich nach den Kapiteln 10 bis 27.

§ 8.02 Geschleppte und schleppende Schubverbände

1. Ein Schubverband darf nicht geschleppt werden. Soweit außergewöhnliche, insbesondere örtliche Verhältnisse es bedingen und die Schifffahrt dadurch nicht behindert wird, darf ein Schubverband geschleppt werden.
2. Ein Schubverband darf nicht schleppen. Dies gilt nicht, wenn seine Länge und seine Breite auf der jeweiligen Wasserstraße die in den Kapiteln 10 bis 27 für Fahrzeuge genannten Höchstabmessungen nicht überschreiten und ein entsprechender Vermerk in der Fahrtauglichkeitsbescheinigung des schiebenden Fahrzeugs eingetragen ist. Ein Schubverband mit einem oder mehreren Fahrzeugen im Anhang bildet einen Schleppverband nach § 1.01 Nummer 4. Der Schubverband gilt hierbei als Fahrzeug mit Maschinenantrieb an der Spitze eines Schleppverbandes.

§ 8.03 Schubverbände, die andere Fahrzeuge als Schubleichter mitführen

Ein Schubverband darf andere Fahrzeuge als Schubleichter nur mitführen, wenn dies in der Fahrtauglichkeitsbescheinigung des schiebenden und des geschobenen Fahrzeugs zugelassen ist.

§ 8.04 Schubverbände, die Trägerschiffsleichter mitführen

1. Ein Schubverband darf an seiner Spitze nur dann einen Trägerschiffsleichter mitführen, wenn
   a) es sich um einen Trägerschiffsleichter mit Kopfstück handelt,
   b) der Trägerschiffsleichter ein ausgebildetes Vorschiff hat oder
   c) der Trägerschiffsleichter neben einem Schubleichter gekoppelt ist und zwischen seiner größten Einsenkung und dem tiefsten Punkt, der nicht mehr als wasserdicht angesehen werden kann, einen Abstand von mindestens 1,00 m hat.
2. Die Spitze des Schubverbandes nach Nummer 1 muss mit Ankern entsprechend der Binnenschiffsuntersuchungsordnung versehen sein; dies gilt nicht auf einem Schifffahrtskanal.
3. Die zuständige Behörde kann auf kurzen Strecken für einen Schubverband mit höchstens zwei Trägerschiffsleichtern mit einer Verbandslänge bis 86,00 m Ausnahmen von Nummer 1 zulassen.

§ 8.05 Fortbewegung von Schubleichtern außerhalb eines Schubverbandes

Außerhalb eines Schubverbandes darf ein Schubleichter nur fortbewegt werden:

1. längsseits gekuppelt oder geschleppt, sofern in der Fahrtauglichkeitsbescheinigung des Schubleichters und des fortbewegenden Fahrzeugs ein entsprechender Vermerk eingetragen ist;
2. auf kurzen Strecken beim Zusammenstellen oder Auflösen eines Schubverbandes unter Beachtung der von der zuständigen Behörde erlassenen Vorschriften oder mit ihrer Erlaubnis.

§ 8.06 Kupplungen der Schubverbände

1. Die Kupplungen eines Schubverbandes müssen die starre Verbindung aller Fahrzeuge gewährleisten.
2. Die Verbindungen mittels der Kupplungen müssen sich schnell und leicht herstellen und lösen lassen.
3. Die Kupplungen müssen durch geeignete Einrichtungen, vorzugsweise Spezialwinden, gleichmäßig gespannt gehalten werden.
4. Bei einem Schubverband bis zu 12 m Breite, der aus einem schiebenden und einem geschobenen Fahrzeug besteht, gilt als starre Verbindung beider Fahrzeuge auch ein Kupplungssystem, das ein gesteuertes Knicken des Verbandes ermöglicht, sofern in der Fahrtauglichkeitsbescheinigung dieser Fahrzeuge ein entsprechender Vermerk eingetragen ist. Das Herstellen von geknickten Verbindungen darf nur durch die in der Fahrtauglichkeitsbescheinigung genannten Einrichtungen und nicht durch Hilfsmittel erfolgen.

§ 8.07 Sprechverbindung auf Verbänden

1. Ist ein Schubverband länger als 110,00 m, muss eine Sprechverbindung zwischen dem Steuerstand des schiebenden Fahrzeugs und der Spitze des Verbandes vorhanden sein.
2. Bei einem Schubverband, der durch zwei schiebende Fahrzeuge nebeneinander fortbewegt wird, muss zwischen den Steuerständen beider schiebender Fahrzeuge eine Sprechverbindung in beiden Richtungen bestehen.
3. Bei gekuppelten Fahrzeugen muss zwischen den Steuerständen beider Fahrzeuge eine Sprechverbindung in beiden Richtungen bestehen.
4. Bei einem Schleppverband muss zwischen den Steuerständen aller Fahrzeuge eine Sprechverbindung bestehen. Satz 1 gilt nicht, soweit ein Kleinfahrzeug geschleppt wird.
5. Als Sprechverbindung darf nicht der Verkehrskreis Schiff-Schiff benutzt werden.

§ 8.08 Begehbarkeit der Schubverbände

Ein Schubverband muss leicht und gefahrlos begehbar sein. Zwischenräume zwischen den Fahrzeugen müssen durch geeignete Schutzvorrichtungen gesichert sein.

§ 8.09 Bleib-weg-Signal

1. Bei einem Zwischenfall oder Unfall, der ein Freiwerden der beförderten gefährlichen Güter verursachen kann, muss das Bleib-weg-Signal ausgelöst werden auf
   a) einem Tankschiff, das die Bezeichnung nach § 3.14 Nummer 1 oder 2 führen muss,
   und
   b) einem Fahrzeug, das die Bezeichnung nach § 3.14 Nummer 3 führen muss,

   wenn die Besatzung nicht in der Lage ist, die durch das Freiwerden dieser Güter für Personen oder die Schifffahrt entstehenden Gefahren abzuwenden. Dies gilt nicht für einen Schubleichter oder ein sonstiges Fahrzeug ohne Maschinenantrieb. Wenn diese jedoch zu einem Verband gehören, muss das Bleib-weg-Signal von dem Fahrzeug gegeben werden, auf dem sich der Führer des Verbandes befindet.
2. Das Bleib-weg-Signal besteht aus einem Schall- und einem Lichtzeichen. Das Schallzeichen besteht aus der mindestens 15 Minuten lang ununterbrochenen Wiederholung abwechselnd eines kurzen und eines langen Tones. Gleichzeitig mit dem Schallzeichen muss das Lichtzeichen nach § 4.01 Nummer 2 gegeben werden. Nach dem Auslösen muss das Bleib-weg-Signal selbsttätig ablaufen; der Auslöser muss so beschaffen sein, dass er nicht unbeabsichtigt betätigt werden kann.
3. Ein Fahrzeug, das das Bleib-weg-Signal wahrnimmt, muss alle Maßnahmen zur Abwendung der drohenden Gefahr ergreifen. Insbesondere muss es:
   a) wenn es das Bleib-weg-Signal nur akustisch wahrnimmt und nicht erkennen kann, wo sich die Gefahrenzone befindet, über Sprechfunk nachfragen, wo sich das Fahrzeug befindet, das das Signal ausgelöst hat;
   b) wenn es in Richtung auf die Gefahrenzone fährt, sich in möglichst weiter Entfernung von dieser halten und erforderlichenfalls wenden;
   c) wenn es an der Gefahrenzone bereits vorbeigefahren ist, so schnell wie möglich weiterfahren.
4. Auf den in Nummer 3 genannten Fahrzeugen sind sofort folgende Maßnahmen zu treffen:
   a) alle Fenster und nach außen führenden Öffnungen sind zu schließen;
   b) alle nicht geschützten Feuer und Lichter sind zu löschen;
   c) das Rauchen ist einzustellen;
   d) die für den Betrieb nicht erforderlichen Hilfsmaschinen sind abzustellen;
   e) allgemein ist jede Funkenbildung zu vermeiden.

Ist das Fahrzeug zum Halten gebracht, sind alle noch in Betrieb befindlichen Motoren und Hilfsmaschinen stillzusetzen oder stromlos zu machen.

5. Sobald ein in der Nähe der Gefahrenzone stillliegendes Fahrzeug das Bleib-weg-Signal wahrnimmt, muss es ebenfalls die Maßnahmen nach Nummer 4 treffen. Sofern es gefahrlos möglich ist, ist das Fahrzeug gegebenenfalls zu verlassen.
6. Bei der Ausführung der Maßnahmen nach den Nummern 3 bis 5 sind Strömung und Windrichtung zu berücksichtigen.
7. Die Maßnahmen nach den Nummern 3 bis 5, jeweils in Verbindung mit Nummer 6, sind auf einem Fahrzeug auch dann zu ergreifen, wenn das Bleib-weg-Signal am Ufer ausgelöst wird.
8. Der Schiffsführer, der das Bleib-weg-Signal wahrnimmt, muss hiervon nach den gegebenen Möglichkeiten die nächste Dienststelle der Wasserstraßen- und Schifffahrtsverwaltung des Bundes oder die nächste Dienststelle der Wasserschutzpolizei sofort unterrichten.

§ 8.10 Bade- und Schwimmverbot

1. Das Baden und Schwimmen ist verboten
   a) im Bereich bis zu 100,00 m ober- und unterhalb einer Brücke, eines Wehres, einer Hafeneinfahrt, einer Liegestelle oder einer Anlegestelle der Fahrgastschifffahrt,
   b) im Schleusenbereich,
   c) im Arbeitsbereich von schwimmenden Geräten,
   d) an einer durch das Tafelzeichen A.20 bezeichneten Stelle.
2. Ein Badender und ein Schwimmer müssen sich so verhalten, dass ein in Fahrt befindliches Fahrzeug oder ein in Fahrt befindlicher Verband nicht behindert wird.
3. Vorschriften, die das Baden oder Schwimmen in Flüssen und Kanälen an anderen als den in Nummer 1 genannten Stellen einschränken oder verbieten, bleiben unberührt.
4. Das Bade- und Schwimmverbot nach Nummer 1 Buchstabe a und b und ein durch eine Vorschrift nach Nummer 3 ausgesprochenes Bade- oder Schwimmverbot kann durch das Tafelzeichen E.26 (Anlage 7) kenntlich gemacht werden.

A.20

E.26

§ 8.11 Bezeichnung von Fanggeräten der Fischerei

1. Ein Großfanggerät der Fischerei ist nach § 3.25 Nummer 1 zu bezeichnen, soweit die dort genannten Lichter oder Sichtzeichen an dem Gerät angebracht werden können. Ist dies nicht der Fall, ist das Großfanggerät nach § 3.24 zu bezeichnen.
2. Ein sonstiges Fanggerät ist nach § 3.24 zu bezeichnen, wenn es die Schifffahrt gefährden kann.

3. Abweichend von Nummer 1 Satz 2 kann ein Fanggerät der Fischerei, insbesondere eine Reuse, durch Steckstangen bezeichnet werden. Wenn die Schifffahrt gefährdet werden kann, sind die äußeren Steckstangen zur Fahrwasserseite bei Nacht nach § 3.20 Nummer 1 mit von allen Seiten sichtbaren weißen gewöhnlichen Lichtern zu bezeichnen.
4. Die zuständige Behörde kann abweichend von Nummer 2 Satz 1 eine andere Bezeichnung vorschreiben oder zulassen.

§ 8.12 Bezeichnung beim Einsatz von Tauchern

(Anlage 3: Bild 64)

Eine Stelle oder ein Fahrzeug, von der oder dem aus Taucherarbeiten durchgeführt werden, muss bei Tag und bei Nacht außer der nach dieser Verordnung vorgeschriebenen Bezeichnung führen:

eine weiß-blaue Flagge (Flagge »Alfa« des Internationalen Signalbuchs).

64

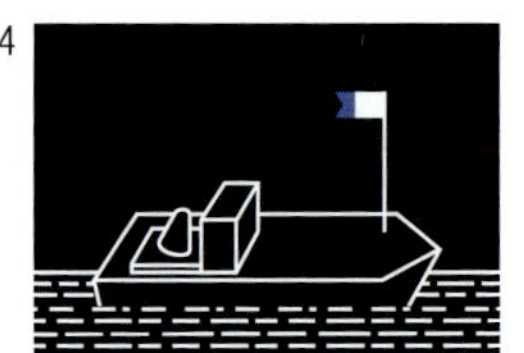

64

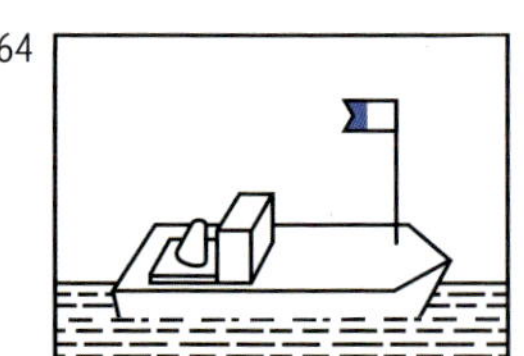

Diese Flagge muss an einer geeigneten Stelle und so hoch geführt werden, dass sie von allen Seiten sichtbar ist. Bei Nacht ist sie anzustrahlen. Die Flagge kann durch eine Tafel oder einen Ball gleicher Farbe ersetzt werden.

§ 8.13 Verbot des Kitesurfens

1. Jede Betätigung, bei der eine Person, von einem Drachen oder Fallschirm gezogen, auf einem Surfboard, auf Wasserskiern oder auf sonstigen Gegenständen über das Wasser gleitet (Kitesurfen), ist verboten.
2. Auf Wasserstraßen im Anwendungsbereich der Kapitel 21, 22 und 24 kann die Generaldirektion Wasserstraßen und Schifffahrt das Kitesurfen ganz oder teilweise erlau-ben, soweit die übrige Schifffahrt nicht beeinträchtigt wird. Die für das Kitesurfen freigegebenen Strecken werden durch das nebenstehende Tafelzeichen E.24 gekennzeichnet:

E.24

§ 8.14 Sicherheit an Bord von Fahrzeugen, die Flüssigerdgas (LNG) als Brennstoff nutzen

1. Vor Beginn des Bunkerns von Flüssigerdgas (LNG) muss sich der Schiffsführer des zu bebunkernden Fahrzeugs vergewissern, dass
   a) die vorgeschriebenen Mittel zur Brandbekämpfung jederzeit betriebsbereit sind und

b) die vorgeschriebenen Mittel zur Evakuierung der an Bord des zu bebunkernden Fahrzeugs befindlichen Personen zwischen dem Fahrzeug und dem Kai angebracht sind.

2. Während des Bunkerns von Flüssigerdgas (LNG) müssen alle Zugänge von Deck aus und alle Öffnungen von Räumen ins Freie geschlossen sein.
   Dies gilt nicht für:
   a) Ansaugöffnungen von Motoren in Betrieb;
   b) Lüftungsöffnungen von Maschinenräumen, wenn die Motoren in Betrieb sind;
   c) Lüftungsöffnungen von Räumen mit einer Überdruckanlage und
   d) Lüftungsöffnungen einer Klimaanlage, wenn diese Öffnungen mit einer Gasspüranlage versehen sind.

   Zugänge und Öffnungen dürfen nur soweit notwendig für kurze Zeit mit der Genehmigung des Schiffsführers geöffnet werden.
3. Während des Bunkerns von Flüssigerdgas (LNG) ist es verboten, an Bord und im Bunkerbereich zu rauchen. Dieses Rauchverbot gilt auch für elektronische Zigaretten und ähnliche Geräte. Das Rauchverbot gilt nicht in den Wohnungen und im Steuerhaus, sofern deren Fenster, Türen, Oberlichter und Luken geschlossen sind. Der Schiffsführer hat sich ununterbrochen zu vergewissern, dass das Rauchverbot nach Satz 1 in Verbindung mit Satz 2 eingehalten wird.
4. Nach der Bebunkerung mit Flüssigerdgas (LNG) ist eine Lüftung aller von Deck aus zugänglichen Räume erforderlich.

§ 8.15 Verhaltenspflichten

1. Der Schiffsführer, die nach § 1.03 Nummer 3 für Kurs und Geschwindigkeit verantwortliche Person und die die Fischerei ausübende Person haben jeweils sicherzustellen, dass ein Großfanggerät der Fischerei mit der Bezeichnung nach § 8.11 Nummer 1 bezeichnet ist.
2. Der Schiffsführer und die nach § 1.03 Nummer 3 für Kurs und Geschwindigkeit verantwortliche Person haben die in § 8.07 vorgesehenen oder auf Grund dieser Vorschriften angeordneten Gebote oder Verbote über die Sprechverbindung auf einem Verband einzuhalten oder sicherzustellen, dass diese eingehalten werden.
3. Der Schiffsführer hat die in § 8.02 Nummer 1 Satz 1 und Nummer 2 Satz 1, § 8.04 Nummer 1 und 2 Halbsatz 1 und § 8.06 Nummer 1, auch in Verbindung mit Nummer 4, Nummer 2 und 3 vorgesehenen Gebote oder Verbote über die Fortbewegung eines Verbandes einzuhalten oder sicherzustellen, dass diese eingehalten werden.
4. Der Schiffsführer hat die in § 8.05 vorgesehenen Gebote über die Fortbewegung eines Schubleichters außerhalb eines Schubverbandes einzuhalten oder sicherzustellen, dass diese eingehalten werden.
5. Der Schiffsführer hat die in § 8.09 Nummer 1 Satz 1, auch in Verbindung mit Satz 3, § 8.09 Nummer 2 und Nummer 3 bis 5, jeweils auch in Verbindung mit

Nummer 6, und § 8.09 Nummer 7 und 8 vorgesehenen oder auf Grund dieser Vorschriften angeordneten Gebote über das Geben oder das Verhalten bei Auslösung des Bleib-weg-Signals einzuhalten oder sicherzustellen, dass diese eingehalten werden.

6. Der Schiffsführer hat sicherzustellen, dass auf dem Fahrzeug, von dem aus Taucherarbeiten ausgeführt werden, die Bezeichnung nach § 8.12 geführt wird.
7. Der Schiffsführer hat die in § 8.14 Nummer 1, 2 Satz 1 und 3, Nummer 3 Satz 1, auch in Verbindung mit Satz 2, und Nummer 4 vorgesehenen oder auf Grund dieser Vorschriften angeordneten Gebote oder Verbote über die Sicherheit an Bord von Fahrzeugen, die Flüssigerdgas (LNG) als Brennstoff nutzen, einzuhalten oder sicherzustellen, dass diese eingehalten werden.
8. Die die Fischerei ausübende Person hat sicherzustellen, dass ein Fanggerät der Fischerei in dem in § 8.11 Nummer 2 genannten Fall mit der Bezeichnung nach § 8.11 Nummer 2, auch in Verbindung mit Nummer 3 Satz 2, bezeichnet ist.
9. Die für die Durchführung von Taucherarbeiten verantwortliche Person hat sicherzustellen, dass die Stelle, von der aus Taucherarbeiten durchgeführt werden, die Bezeichnung nach § 8.12 führt.
10. Der Eigentümer und der Ausrüster dürfen jeweils die Fortbewegung eines Verbandes nur anordnen oder zulassen, wenn die in § 8.02 Nummer 1 Satz 1 und Nummer 2 Satz 1, § 8.04 Nummer 1 und 2 Halbsatz 1 und § 8.06 Nummer 1, auch in Verbindung mit Nummer 4, Nummer 2 und 3 vorgesehenen Gebote oder Verbote über das Verhalten bei der Fortbewegung eines Verbandes eingehalten werden.
11. Der Eigentümer und der Ausrüster dürfen jeweils die Fortbewegung eines Schubleichters außerhalb eines Schubverbandes nur anordnen oder zulassen, wenn die in § 8.05 vorgesehenen Gebote über die Fortbewegung eines Schubleichters außerhalb eines Schubverbandes eingehalten werden.
12. Der Eigentümer und der Ausrüster dürfen jeweils die Inbetriebnahme eines Fahrzeugs nach § 8.09 Nummer 1 Buchstabe a oder b nur anordnen oder zulassen, wenn es entsprechend ausgerüstet ist, um das Bleib-weg-Signal nach § 8.09 Nummer 2 geben zu können.

Kapitel 9
Fahrgastschifffahrt

§ 9.01 Fahrpläne

1. Wer regelmäßig Fahrten mit einem Fahrgastschiff unternimmt (Unternehmer), muss den Fahrplan mit Abfahrts- und Ankunftszeiten und Anlegestellen spätestens vier Wochen vor Beginn der Fahrten der zuständigen Behörde, von deren Bezirk aus die Fahrgastschifffahrt betrieben wird, anzeigen. Satz 1 gilt für Fahrplanänderungen entsprechend.
2. Der Unternehmer muss auf Verlangen der zuständigen Behörde den Fahrplan so ändern, dass Verkehrsstörungen vermieden werden

§ 9.02 Anlegestellen

Der Schiffsführer eines Fahrgastschiffes darf dieses zum Ein- und Aussteigen der Fahrgäste nur an einer Anlegestelle, die von der zuständigen Behörde hierfür zugelassen ist, festmachen oder festmachen lassen.

§ 9.03 Schiffsverkehr an den Anlegestellen

Der Schiffsführer eines anderen Fahrzeugs als ein Fahrgastschiff darf das Fahrzeug an einer Anlegestelle der Fahrgastschiffe nur mit Erlaubnis des Berechtigten festmachen oder festmachen lassen und es dort nur stillliegen lassen, solange der Verkehr der Fahrgastschiffe nicht behindert wird.

§ 9.04 Ein- und Aussteigen der Fahrgäste

1. Der Schiffsführer oder die von ihm beauftragten Mitglieder der Besatzung dürfen jeweils das Ein- und Aussteigen erst zulassen, nachdem das Fahrgastschiff ordnungsgemäß festgemacht ist und nachdem sie sich davon überzeugt haben, dass
   a) der Zu- und Abgang der Fahrgäste an der Anlegestelle ohne Gefahr möglich ist,
   b) die Anlegestelle sich in einem ordnungsgemäßen Zustand befindet,
   c) die Anlegestelle bei Dunkelheit ausreichend beleuchtet ist.
2. Einsteigende Fahrgäste dürfen die Landebrücke oder den Landesteg erst betreten, nachdem die Aussteigenden die Landebrücke oder den Lande-steg verlassen haben, es sei denn, dass ein getrennter Zu- und Abgang vorhanden ist.
3. Die Fahrgäste dürfen zum Ein- und Aussteigen nur die dazu bestimmten Ein- und Ausgänge, Landungsbrücken und Landestege, Zugänge und Treppen benutzen. Die Fahrgäste dürfen nur so lange ein- oder aussteigen, wie der Schiffsführer oder das von ihm beauftragte Mitglied der Besatzung die Erlaubnis hierzu ausdrücklich erteilt.

§ 9.05 Zurückweisung von Fahrgästen

Der Schiffsführer oder die von ihm beauftragten Mitglieder der Besatzung haben jeweils Personen, von denen eine Gefährdung des Schiffsbetriebes oder eine erhebliche Belästigung der Fahrgäste zu befürchten ist, von der Beförderung auszuschließen.

§ 9.06 Sicherheit an Bord und an den Anlegestellen

1. Die Fahrgäste und die Benutzer einer Anlegestelle müssen sich so verhalten, dass sie den Verkehr nicht gefährden und andere Personen nicht behindern oder belästigen. Sie müssen die Anordnungen des Schiffsführers, der von ihm beauftragten Mitglieder der Besatzung oder der Aufsichtsperson an den Anlegestellen befolgen.
2. Der Schiffsführer hat dafür zu sorgen, dass die Fahrgäste im Interesse der Sicherheit auf dem Fahrzeug richtig verteilt sind und der Zugang zu den Aussteigestellen nicht behindert wird.
3. Bei Dunkelheit müssen die für Fahrgäste bestimmten Räume ausreichend beleuchtet sein.

§ 9.07 Sicherheit an Bord von Fahrzeugen, die für die Beförderung und Übernachtung von mehr als zwölf Fahrgästen zugelassen sind

Für ein Fahrzeug, das für die Beförderung und Übernachtung von mehr als zwölf Fahrgästen zugelassen ist, gelten die folgenden zusätzlichen Anforderungen:

1. An Bord muss sich eine Sicherheitsrolle befinden, die die Aufgaben der Besatzung und des Bordpersonals bei einem Notfall enthält. Weiterhin müssen Verhaltensmaßregeln für die Fahrgäste im Falle eines Lecks, eines Feuers oder bei der Räumung des Fahrzeugs vorliegen. Die Sicherheitsrolle nach Satz 1 muss an mehreren Stellen, die geeignet sind, dass sich die Besatzung und das Bordpersonal jederzeit über deren Inhalt informieren können, ausgehängt sein. Die Verhaltensmaßregeln nach Satz 2 müssen an mehreren Stellen, die geeignet sind, dass sich die Fahrgäste jederzeit über deren Inhalt informieren können, ausgehängt sein.
2. Die Besatzung und das Bordpersonal müssen die in Nummer 1 Satz 1 genannte Sicherheitsrolle kennen und regelmäßig durch den Schiffsführer in ihren Aufgaben unterwiesen werden.
3. Während des Aufenthalts von Fahrgästen an Bord müssen die Fluchtwege vollständig frei von Hindernissen sein. Die Türen und Notausstiege der Fluchtwege müssen von beiden Seiten leicht zu öffnen sein.
4. Bei Antritt jeder Fahrt, die länger als einen Tag dauert, sind den Fahrgästen Sicherheitsanweisungen zu erteilen.
5. Solange Fahrgäste an Bord sind, muss nachts jede Stunde ein Kontrollgang durch ein Mitglied der Besatzung durchgeführt werden. Die Durchführung muss auf geeignete Weise nachgewiesen werden.

6. Der Schiffsführer hat sicherzustellen, dass die Vorschriften über die Sicherheit der Fahrgäste nach Nummer 1 bis 5 eingehalten werden.
7. Der Eigentümer und der Ausrüster dürfen jeweils die Inbetriebnahme eines Fahrzeugs nur dann anordnen oder zulassen, wenn die Besatzung und das Personal regelmäßig in ihren Aufgaben nach der Sicherheitsrolle nach Nummer 1 unterwiesen worden sind.

§ 9.08 Personenbarkassen
Die §§ 9.01, 9.02, 9.04, 9.05 und 9.06 sind auf eine Personenbarkasse entsprechend anzuwenden.

Zweiter Teil
Zusätzliche Bestimmungen für einzelne Binnenschifffahrtsstraßen

Kapitel 10
Neckar

§ 10.01 Anwendungsbereich
Die Vorschriften dieses Kapitel gelten auf dem Neckar (Ne) von der Mündung in den Rhein (Rh) bei Rh-km 428,16 bis zur Gemeindegrenze Wernau-Plochingen (Ne-km 203,01).

§ 10.02 Abmessungen der Fahrzeuge und Verbände, Fahrrinnentiefe
1. Ein Fahrzeug oder ein Verband darf folgende Abmessungen nicht überschreiten:

Binnenschifffahrtsstraße		Länge m	Breite m
1.1	km 0,00 (Neckarmündung) bis km 201,49 (Hafen Plochingen)		
	Fahrzeug/Verband soweit nachfolgend nicht etwas anderes festgelegt ist	90,00	11,45
1.2	km 0,00 (Neckarmündung) bis km 3,00 (Mannheim-Neckarstadt)		
	a) Fahrzeug	135,00	22,80
	b) Verband	186,50	22,90
1.3	km 3,00 bis km 4,60		
	Fahrzeug/Verband	105,50	11,45
1.4	km 4,60 bis km 201,49 (Hafen Plochingen)		
	Fahrzeug/Verband	105,50	11,45

- ein Fahrzeug oder ein Verband mit jeweils einer Länge von mehr als 90,00 m darf nur fahren, wenn es oder er mit einer aktiven Bugsteuereinrichtung, einem Zweischraubenantrieb oder einem in alle Richtungen von 0° bis 360° wirkenden Hauptantrieb und einer Sprechverbindung zwischen Steuerstand und Spitze des Fahrzeugs oder Verbandes ausgerüstet ist -

2. Als Verband im Sinne der Nummer 1 gelten nur ein Schubverband und gekuppelte Fahrzeuge.

3. Die Fahrrinnentiefe
   a) entspricht von der Neckarmündung bis zur Schleusengruppe Feudenheim der Fahrrinnentiefe der angrenzenden Rheinstrecke,
   b) beträgt von der Schleusengruppe Feudenheim bis zum Ende des Hafens Plochingen (km 201,49) 2,80 m.

   Die für die Schleusen wegen vorhandener Eckaussteifungen (Vouten) geltenden Einschränkungen werden von der zuständigen Behörde bekanntgegeben.

§ 10.03 Zusammenstellung der Verbände

In einen Schleppverband dürfen nur so viele Fahrzeuge eingestellt werden, dass er nicht mehr als eine Schleusung benötigt. In der Talfahrt muss ein leerer Leichter ohne aktive Bugsteuereinrichtung »Heck zu Tal« gekuppelt sein.

§ 10.04 Fahrgeschwindigkeit

1. Die zulässige Höchstgeschwindigkeit gegenüber dem Ufer beträgt oberhalb km 4,60
   a) für ein Fahrzeug oder einen Verband, ausgenommen Fahrgastschiffe oder Kleinfahrzeuge, 16 km/h,
   b) für ein Fahrgastschiff oder ein Kleinfahrzeug 18 km/h.
2. Abweichend von Nummer 1 beträgt die zulässige Höchstgeschwindigkeit gegenüber dem Ufer in einem Schleusenkanal
   a) für ein Fahrzeug oder einen Verband, ausgenommen Fahrgastschiffe oder Kleinfahrzeuge, 12 km/h,
   b) für ein Fahrgastschiff oder ein Kleinfahrzeug 14 km/h.
3. Die zuständige Behörde kann für einzelne Strecken oder aus einem besonderen Anlass abweichend von Nummer 1 Buchstabe b und Nummer 2 Buchstabe b für ein Kleinfahrzeug höhere Geschwindigkeiten zulassen, wenn dadurch der Zustand und die Benutzung der Wasserstraße sowie der übrige Schiffsverkehr nicht über Gebühr beeinträchtigt werden.

§ 10.05 Bergfahrt

(Keine besonderen Vorschriften)

§ 10.06 Begegnen

1. In der Stauhaltung Hofen (km 176,20 bis km 182,70)
   a) muss ein Bergfahrer seine Fahrt so einrichten, dass er beim Durchfahren der Fahrwasserenge bei der Aubrücke (km 178,42) einem Talfahrer nicht begegnet. Er muss, wenn eine Begegnung anders nicht vermieden werden kann, unterhalb der Fahrwasserenge anhalten, bis der Talfahrer diese durchfahren hat;
   b) muss ein Bergfahrer oberhalb der Staustufe Hofen (bei km 176,80) und danach mehrmals bis zur Fahrwasserenge die Talfahrer anrufen und

auffordern, ihm Art, Name, Standort und Fahrtrichtung des Fahrzeugs mitzuteilen. Meldet sich kein Talfahrer, darf er in die Fahrwasserenge einfahren;

c) muss ein Talfahrer beim Bauhafen (km 180,20) und danach mehrmals bis zur Fahrwasserenge Art, Name, Standort und Fahrtrichtung seines Fahrzeugs ansagen. Dieselben Angaben muss er ansagen, wenn er von einem Bergfahrer angesprochen wird.

Abweichend von Satz 1 Buchstabe a muss ein Kleinfahrzeug die Aubrücke am rechten Ufer außerhalb der durch Tafelzeichen nach § 6.24 Nummer 2 Buchstabe a gekennzeichneten Durchfahrtsöffnung durchfahren.

2. Im Seitenkanal Pleidelsheim (km 150,50 bis km 153,25)
   a) muss ein Bergfahrer seine Fahrt so einrichten, dass er beim Durchfahren der Fahrwasserengen zwischen km 150,50 bis km 153,25 (Seitenkanal Pleidelsheim) einem Talfahrer nicht begegnet. Er muss, wenn eine Begegnung anders nicht vermieden werden kann, unterhalb der Fahrwasserenge anhalten, bis der Talfahrer diese durchfahren hat;
   b) muss ein Bergfahrer oberhalb der Schleuse Pleidelsheim (bei km 150,50) sowie bei der Ausweichstelle (km 151,90) mehrmals bis zur Fahrwasserenge die Talfahrer anrufen und auffordern, ihm Art, Name, Standort und Fahrtrichtung des Fahrzeugs mitzuteilen. Meldet sich kein Talfahrer, darf er in die Fahrwasserenge einfahren;
   c) muss ein Talfahrer bei km 154,50 und danach sowie im Seitenkanal selbst mehrmals bis zur jeweiligen Fahrwasserenge Art, Name, Standort und Fahrtrichtung seines Fahrzeugs ansagen. Dieselben Anga-ben muss er ansagen, wenn er von einem Bergfahrer angesprochen wird.
3. In der Stauhaltung Hessigheim (km 143,10 bis km 150,00)
   a) muss ein Bergfahrer seine Fahrt so einrichten, dass er beim Durchfahren der Fahrwasserenge zwischen km 146,60 bis km 148,00 (Steinbruch Kleiningersheim) einem Talfahrer nicht begegnet. Er muss, wenn eine Begegnung anders nicht vermieden werden kann, unterhalb der Fahrwasserenge anhalten, bis der Talfahrer diese durchfahren hat;
   b) muss ein Bergfahrer oberhalb der Schleuse Hessigheim (bei km 146,00) mehrmals bis zur Fahrwasserenge die Talfahrer anrufen und auffordern, ihm Art, Name, Standort und Fahrtrichtung des Fahrzeugs mitzuteilen. Meldet sich kein Talfahrer, darf er in die Fahrwasserenge einfahren;
   c) muss ein Talfahrer bei km 148,50 und danach mehrmals bis zur Fahrwasserenge Art, Name, Standort und Fahrtrichtung seines Fahrzeugs ansagen. Dieselben Angaben muss er ansagen, wenn er von einem Bergfahrer angesprochen wird.
4. Im Seitenkanal Kochendorf (km 105,40 bis km 106,30)
   a) muss ein Bergfahrer seine Fahrt so einrichten, dass er beim Durchfahren der Fahrwasserenge zwischen km 105,40 bis km 106,30 (Seitenkanal Kochen-

dorf) einem Talfahrer nicht begegnet. Er muss, wenn eine Begegnung anders nicht vermieden werden kann, unterhalb der Fahrwasserenge anhalten, bis der Talfahrer diese durchfahren hat;

b) muss ein Bergfahrer oberhalb der Schleuse Kochendorf (bei km 104,00) mehrmals bis zur Fahrwasserenge die Talfahrer anrufen und auffordern, ihm Art, Name, Standort und Fahrtrichtung des Fahrzeugs mitzuteilen. Meldet sich kein Talfahrer, darf er in die Fahrwasserenge einfahren;

c) muss ein Talfahrer bei km 108,00 und danach sowie im Seitenkanal selbst mehrmals bis zur Fahrwasserenge Art, Name, Standort und Fahrtrichtung seines Fahrzeugs ansagen. Dieselben Angaben muss er ansagen, wenn er von einem Bergfahrer angesprochen wird.

5. In allen Bereichen nach den Nummern 1 bis 4 hat der Berg- und Talfahrer zur Gewährleistung eines sicheren Funkverkehrs die Antennen seiner Funkanlagen senkrecht zu stellen und so hoch wie möglich auszufahren.

§ 10.07 Überholen

(Keine besonderen Vorschriften)

§ 10.08 Wenden

(Keine besonderen Vorschriften)

§ 10.09 Ankern

(Keine besonderen Vorschriften)

§ 10.10 Stillliegen

1. Außerhalb der durch die Tafelzeichen E.5, E.6 oder E.7 (Anlage 7) bezeichneten Liegestellen dürfen nicht mehr als zwei Fahrzeuge nebeneinander stillliegen. Satz 1 gilt auch auf den Wasserflächen, die Teile eines Hafens oder einer Umschlagstelle sind.
2. Ein Fahrzeug darf im Schleusenbereich nur stillliegen und übernachten
   a) vor der Schleusung, wenn es wegen Beendigung des Schleusenbetriebes nicht mehr geschleust wird,
   b) nach der Schleusung, wenn es die nächste zu durchfahrende Schleuse nicht mehr vor Beendigung der Schleusenbetriebszeit erreichen kann,
   c) wenn es zur Einhaltung der vorgeschriebenen Ruhepausen oder auf Grund anderer Vorschriften seine Fahrt nicht fortsetzen kann,
   d) mit Erlaubnis der Schleusenaufsicht.
3. Ein Trägerschiffsleichter darf außerhalb eines Verbandes nur an einem von der zuständigen Behörde zugewiesenen Platz stillliegen. Die Vorschriften der §§ 7.01 und 7.08 bleiben unberührt.
4. Zwischen der Neckarmündung bis zum Unterwasser der Schleusengruppe Feudenheim (km 5,80) gelten für das Stillliegen folgende Regelungen:

a) für ein Fahrzeug, das keine Bezeichnung nach § 3.14 führen muss, ist das Stillliegen
   aa) am rechten Ufer von km 0,25 bis km 0,45 nur erlaubt, wenn das Fahrzeug in die Schleuse zum Industriehafen einfahren will,
   bb) am rechten Ufer im Schleusenbereich Feudenheim von km 5,34 bis km 5,50 nur für Talfahrer und von km 5,50 bis km 5,80 nur für Bergfahrer erlaubt;
b) für ein Fahrzeug, das die Bezeichnung nach § 3.14 Nummer 1 führen muss, ist das Stillliegen nur
   aa) am linken Ufer von km 0,10 bis km 0,55 erlaubt,
   bb) am rechten Ufer im Schleusenbereich Feudenheim von km 5,07 bis km 5,34 erlaubt;
c) für ein Fahrzeug, das die Bezeichnung nach § 3.14 Nummer 2 oder 3 führen muss, ist das Stillliegen nur erlaubt, wenn ihm von der zuständigen Behörde eine Liegestelle zugewiesen wird.

5. Eine Liegestelle darf nur vom Ufer aus, ein Fahrzeug längsseits des anderen, belegt werden. Umschlaganlagen am Ufer müssen für den Verkehr der dort ladenden oder löschenden Fahrzeuge freigehalten werden.
6. Für das Stillliegen im Stadtgebiet Heidelberg gilt Folgendes:
   a) in die Wasserfläche am linken Ufer von etwa 300,00 m oberhalb der Theodor-Heuss-Brücke (km 24,50) bis oberhalb der Karl-Theodor-Brücke (km 25,48) zwischen der Fahrrinne und dem linken Ufer darf nur ein Fahrgastschiff oder ein Kleinfahrzeug hineinfahren und dort stillliegen; das Gleiche gilt für die Wasserfläche am rechten Ufer von unterhalb der Theodor-Heuss-Brücke (km 24,00) bis km 24,60 zwischen der Fahrrinne und dem rechten Ufer;
   b) die Genehmigung zum Stillliegen erteilt die Stadt Heidelberg;
   c) bei einer besonderen Veranstaltung im Sinne des § 1.23 kann die zuständige Behörde anordnen, dass die in Buchstabe a umschriebene Wasserfläche oder Teile davon von Fahrzeugen, die an den Veranstaltungen nicht teilnehmen, für die Dauer der Veranstaltung geräumt werden.

§ 10.11 Schifffahrt bei Hochwasser

1. Zwischen der Neckarmündung und der Schleusengruppe Feudenheim ist die Schifffahrt verboten, wenn der Wasserstand des Rheins am Pegel Mannheim 760 cm erreicht oder überschritten hat.
2. Erreicht oder überschreitet der Wasserstand die im Unterwasser einer Schleuse angebrachte Hochwassermarke, wird der Betrieb dieser Schleuse eingestellt und die Schifffahrt ist in der in Nummer 4 genannten Stauhaltung mit Ausnahme des Übersetzverkehrs verboten.
3. Die zuständige Behörde kann abweichend von Nummer 1 und 2 Ausnahmen zulassen.

4. Die in der Nummer 2 genannte Hochwassermarke wird für die zugeordneten Stauhaltungen durch folgende Pegel und Wasserstände bestimmt:

Stauhaltung	am Pegel im Unterwasser der Schleuse	Hochwassermarke
Ladenburg/Feudenheim - Schwabenheim	Schwabenheim	370 cm
Strecke: Staustufe Wieblingen/ Schwabenheim - Alte Brücke Heidelberg	Schwabenheim	370 cm
Strecke: Alte Brücke Heidelberg - Staustufe Heidelberg	Heidelberg	260 cm
Heidelberg - Neckargemünd	Neckargemünd	320 cm
Neckargemünd - Neckarsteinach	Neckarsteinach	375 cm
Neckarsteinach - Hirschhorn	Hirschhorn	320 cm
Hirschhorn - Rockenau	Rockenau	395 cm
Rockenau - Guttenbach	Guttenbach	350 cm
Guttenbach - Neckarzimmern	Neckarzimmern	420 cm
Neckarzimmern - Gundelsheim	Gundelsheim	380 cm
Gundelsheim - Neckarsulm/Kochendorf	Kochendorf	400 cm
Neckarsulm/Kochendorf - Heilbronn	Heilbronn	260 cm
Heilbronn - Horkheim	Horkheim	320 cm
Horkheim - Lauffen	Lauffen	270 cm
Lauffen - Besigheim	Besigheim	330 cm
Besigheim - Hessigheim	Hessigheim	330 cm
Hessigheim - Pleidelsheim	Pleidelsheim	300 cm
Pleidelsheim - Marbach	Marbach	285 cm
Marbach - Poppenweiler	Poppenweiler	300 cm
Poppenweiler - Aldingen	Aldingen	280 cm
Aldingen - Hofen	Hofen	290 cm
Hofen - Cannstatt	Cannstatt	260 cm
Cannstatt - Untertürkheim	Untertürkheim	240 cm
Untertürkheim - Obertürkheim	Obertürkheim	240 cm
Obertürkheim - Esslingen	Esslingen	266 cm
Strecke: Wehr Oberesslingen - Deizisau	Deizisau	244 cm
Strecke: Staustufe - Deizisau	Deizisau	244 cm
Strecke: km 201,49 - km 203,10	Plochingen	180 cm

§ 10.12 Schifffahrt bei Eis

(Keine besonderen Vorschriften)

§ 10.13 Nachtschifffahrt

(Keine besonderen Vorschriften)

§ 10.14 Einsatz von Trägerschiffsleichtern

Ein Trägerschiffsleichter darf nicht an die Spitze eines Schubverbandes gesetzt werden. Die zuständige Behörde kann Ausnahmen hiervon zulassen.

§ 10.15 Meldepflicht

(Keine besonderen Vorschriften)

§ 10.16 Höhe der Brücken, sonstigen festen Überbauten und Freileitungen

(Keine besonderen Vorschriften)

§ 10.17 Kennzeichnung der Brücken- und Wehrdurchfahrten

(Keine besonderen Vorschriften)

§ 10.18 Durchfahren der Brücken, Sperrwerke, Wehre, Schleusen und einzelner Stromstrecken

(Keine besonderen Vorschriften)

§ 10.19 Benutzung der Schleusen, Bootsschleusen und Bootsumsetzanlagen

Bei gemeinsamer Schleusung eines Fahrgastschiffs und eines Fahrzeugs, das für die Beförderung von Gütern bestimmt ist, darf das Fahrgastschiff erst nach diesem in die Schleuse einfahren.

§ 10.20 Segeln

(Keine besonderen Vorschriften)

§ 10.21 Bezeichnung der Fahrzeuge

(Keine besonderen Vorschriften)

§ 10.22 Regelungen über den Verkehr

(Keine besonderen Vorschriften)

§ 10.23 Regelungen zum Sprechfunk

(Keine besonderen Vorschriften)

§ 10.24 Sonderbestimmungen für Kleinfahrzeuge

(Keine besonderen Vorschriften)

§ 10.25 Befahren der Altwässer, Kanäle und einzelner Wasserstraßen

(Keine besonderen Vorschriften)

§ 10.26 Schutz der Kanäle und Anlagen

(Keine besonderen Vorschriften)

§ 10.27 Verkehrsbeschränkungen der Schifffahrt

Das Befahren der Binnenschifffahrtsstraße oberhalb km 201,49 ist verboten. Satz 1 gilt nicht für ein Kleinfahrzeug.

§ 10.28 Benutzung der Wasserstraßen

(Keine besonderen Vorschriften)

§ 10.29 Verhaltenspflichten des Schiffsführers, der Besatzung an Bord, des Eigentümers und des Ausrüsters

1. Der Schiffsführer und die nach § 1.03 Nummer 3 für Kurs und Geschwindigkeit verantwortliche Person haben jeweils
   a) sicherzustellen, dass das Fahrzeug oder der Verband die zugelassene Höchstgeschwindigkeit nach § 10.04 Nummer 1 und 2, jeweils auch in Verbindung mit Nummer 3, nicht überschreitet und
   b) die Vorschriften über
      aa) das Verhalten beim Begegnen nach § 10.06,
      bb) die Schifffahrt bei Hochwasser nach § 10.11 Nummer 1 und 2 und
      cc) das Verhalten bei der Benutzung der Schleusen nach § 10.19
   einzuhalten oder sicherzustellen, dass diese eingehalten werden.
2. Der Schiffsführer hat
   a) sicherzustellen, dass
      aa) das von ihm geführte Fahrzeug oder der von ihm geführte Verband die zugelassenen Höchstabmessungen nach § 10.02 Nummer 1 nicht überschreitet und
      bb) auf dem von ihm geführten Fahrzeug oder Verband in dem in § 10.02 Nummer 1.4 genannten Fall die dort angegebene Ausrüstung vorhanden ist,
   b) die Vorschriften über
      aa) die Zusammenstellung der Verbände nach § 10.03,
      bb) das Stillliegen nach § 10.10 Nummer 1 bis 3 Satz 1, Nummer 4, 5 und 6 Buchstabe a und
      cc) den Einsatz eines Trägerschiffsleichters nach § 10.14 Satz 1
   einzuhalten oder sicherzustellen, dass diese eingehalten werden, und
   c) das in § 10.27 Satz 1 vorgesehene Verbot, die dort angegebene Binnenschifffahrtsstraße zu befahren, zu beachten oder sicherzustellen, dass dieses beachtet wird.
3. Der Eigentümer und der Ausrüster dürfen jeweils die Inbetriebnahme eines Fahrzeugs oder Verbandes nur anordnen oder zulassen, wenn
   a) das Fahrzeug oder der Verband die zugelassenen Höchstabmessungen nach § 10.02 Nummer 1 nicht überschreitet und
   b) auf dem Fahrzeug oder Verband in dem in § 10.02 Nummer 1.4 genannten Fall die dort angegebene Ausrüstung vorhanden ist.

Kapitel 11
Main

§ 11.01 Anwendungsbereich

Die Vorschriften dieses Kapitels gelten auf dem Main (Ma) von der Mündung in den Rhein (Rh-km 496,63) bis oberhalb der Eisenbahnbrücke bei Hallstadt (Ma-km 387,69).

§ 11.02 Abmessungen der Fahrzeuge und Verbände, Fahrrinnentiefe und -breite

1. Ein Fahrzeug oder ein Verband darf folgende Abmessungen nicht überschreiten:

Binnenschifffahrtsstraße	Länge m	Breite m
1.1 km 0,00 (Mainmündung) bis km 387,40 (unterhalb Eisenbahnbrücke bei Hallstadt)		
Fahrzeug/Verband soweit nachfolgend nicht etwas anderes festgelegt ist	67,00	8,20
1.2 km 0,00 bis km 37,20 (Osthafen Frankfurt)		
a) Fahrzeug	135,00	14,00
b) Verband	190,00	14,00
1.3 km 37,20 bis km 52,00 (Unterwasser Schleuse Mühlheim)		
a) Fahrzeug	135,00	12,20
b) Verband	190,00	12,20
1.4 km 52,00 bis km 84,00 (Hafen Aschaffenburg)		
a) Fahrzeug	135,00	11,45
b) Verband	190,00	11,45
1.5 km 84,00 bis km 174,20 (Unterwasser Schleuse Lengfurt)		
Fahrzeug/Verband	90,00	11,45
- die zulässige Länge darf bei einem Fahrzeug auf bis zu 110,00 m und bei einem Verband auf bis zu 190,00 m erhöht werden, wenn das Fahrzeug und der Verband mit einer aktiven Bugsteuereinrichtung - bei einem Verband an der Spitze des Verbandes - und einer Sprechverbindung zwischen Steuerstand und Spitze des Fahrzeugs oder Verbandes ausgerüstet ist -		

Binnenschifffahrtsstraße	Länge m	Breite m
1.6 km 174,20 bis km 384,07 (Abzweigung Main-Donau-Kanal)		
Fahrzeug/Verband	90,00	11,45
- die zulässige Länge darf auf bis zu 110,00 m erhöht werden, wenn das Fahrzeug und der Verband mit einer aktiven Bugsteuereinrichtung - bei einem Verband an der Spitze des Verbandes - und einer Sprechverbindung zwischen Steuerstand und Spitze des Fahrzeugs oder Verbandes ausgerüstet ist -		

2. Als Verband im Sinne der Nummer 1 gelten nur ein Schubverband und gekuppelte Fahrzeuge.
3. Die Fahrrinnentiefe
   a) entspricht von der Mainmündung bis zur Schleusengruppe Kostheim der Fahrrinnentiefe der angrenzenden Rheinstrecke;
   b) beträgt
      aa) von der Schleusengruppe Kostheim bis zur Schleuse Lengfurt mindestens 2,90 m,
      bb) von der Schleuse Lengfurt bis zur Abzweigung des Main-Donau-Kanals 2,50 m.
4. Die Fahrrinnenbreite beträgt
   a) von der Mainmündung bis Hafen Aschaffenburg 50,00 m,
   b) vom Hafen Aschaffenburg bis zur Schleuse Lengfurt 40,00 m,
   c) von der Schleuse Lengfurt bis zur Abzweigung des Main-Donau-Kanals 36,00 m.

§ 11.03 Zusammenstellung der Verbände

1. Das Fahren mit einem Schleppverband ist verboten. Satz 1 gilt nicht für das Schleppen von Kleinfahrzeugen.
2. Die zuständige Behörde kann Ausnahmen von Nummer 1 Satz 1 zulassen.

§ 11.04 Fahrgeschwindigkeit

Die zulässige Höchstgeschwindigkeit gegenüber dem Ufer beträgt

1. im Schleusenkanal Gerlachshausen 7 km/h,
2. auf der Strecke von der Abzweigung des Main-Donau-Kanals bis oberhalb der Eisenbahnbrücke bei Hallstadt 15 km/h,
3. im Wehrarm Volkach (Mainschleife) 10 km/h.

§ 11.05 Bergfahrt

(Keine besonderen Vorschriften)

§ 11.06 Begegnen

1. Beim Begegnen müssen Fahrzeuge und Verbände abweichend von den §§ 6.04 und 6.05 auf der Strecke von der Mainmündung bis zum Hafen Aschaffenburg Backbord an Backbord vorbeifahren. Dies gilt nicht in den Schleusenbereichen nach § 6.28 Nummer 1. Die Vorschriften des § 6.07 über das Begegnen im engen Fahrwasser bleiben unberührt.
2. Abweichend von Nummer 1 kann aus wichtigem Grund die Vorbeifahrt Steuerbord an Steuerbord verlangt werden, wenn dies ohne Gefahr möglich ist. In diesem Fall hat, unbeschadet des § 6.04 Nummer 3, die vorherige gegenseitige Verständigung mittels Sprechfunk zu erfolgen.
3. Der Schiffsführer hat die in den Amtlichen Schifffahrtsnachrichten für das Rheinstromgebiet bekannt gegebenen Strecken oder Stellen, die in Abhängigkeit von Schiffslänge, Tiefgang und Wasserstand Fahrwasserengen im Sinne des § 6.07 darstellen können, zu berücksichtigen.

§ 11.07 Überholen

(Keine besonderen Vorschriften)

§ 11.08 Wenden

(Keine besonderen Vorschriften)

§ 11.09 Ankern

(Keine besonderen Vorschriften)

§ 11.10 Stillliegen

1. Für ein Kleinfahrzeug kann die zuständige Behörde für bestimmte örtliche Bereiche das Stillliegen ohne die Nachtbezeichnung nach § 3.20 Nummer 2 zulassen.
2. Die zuständige Behörde kann abweichend von § 7.02 Nummer 1 Buchstabe l Ausnahmen vom Liegeverbot zulassen.

§ 11.11 Schifffahrt bei Hochwasser

1. Erreicht oder überschreitet der Wasserstand die Hochwassermarke I an dem Richtpegel für den unter Nummer 4 jeweils aufgeführten Streckenabschnitt,
   a) muss ein Fahrzeug oder ein Verband bei der Fahrt möglichst weit vom Ufer entfernt bleiben,
   b) darf der Transport einer schwimmenden Anlage oder eines Schwimmkörpers nicht ausgeführt werden,
   c) darf die Geschwindigkeit eines Talfahrers nicht größer sein, als zur sicheren Steuerung notwendig ist,
   d) darf ein Verband mit einer Länge von mehr als 110,00 m oberhalb des Hafens Aschaffenburg nicht fahren.

2. Erreicht oder überschreitet der Wasserstand den Höchsten Schifffahrtswasserstand (HSW) – Hochwassermarke II – an dem Richtpegel für den unter Nummer 4 jeweils aufgeführten Streckenabschnitt, ist die Schifffahrt mit Ausnahme des Übersetzverkehrs innerhalb des jeweiligen Streckenabschnitts verboten.
3. Die zuständige Behörde kann abweichend von den Nummern 1 und 2 Ausnahmen zulassen.
4. Die in den Nummern 1 und 2 genannten Hochwassermarken werden durch folgende Wasserstände bestimmt, und die Richtpegel gelten für den nachstehend aufgeführten Streckenabschnitt:

Strecke	Richtpegel	Hochwassermarke	
		I	II
Mainmündung – Schleusengruppe Griesheim	Raunheim	300 cm	400 cm
Schleusengruppe Griesheim – Hafen Aschaffenburg	Frankfurt-Osthafen	300 cm	370 cm
Hafen Aschaffenburg – Schleuse Klingenberg	Obernau	300 cm	380 cm
Schleuse Klingenberg – Schleuse Eichel	Kleinheubach	300 cm	370 cm
Schleuse Eichel – Schleuse Harrbach	Steinbach	300 cm	370 cm
Schleuse Harrbach – Schleuse Marktbreit	Würzburg	270 cm	340 cm
Schleuse Marktbreit – Schleuse Knetzgau	Schweinfurt – Neuer Hafen	300 cm	370 cm
Schleuse Knetzgau – oberhalb Eisenbahnbrücke bei Hallstadt (km 387,69)	Trunstadt	280 cm	340 cm

§ 11.12 Schifffahrt bei Eis

Droht infolge zunehmender Eisbildung die Einstellung der Schifffahrt, muss ein Fahrzeug oder ein Verband nach Weisung der zuständigen Behörde rechtzeitig einen Schutzhafen oder eine geeignete Liegestelle aufsuchen.

§ 11.13 Nachtschifffahrt

(Keine besonderen Vorschriften)

§ 11.14 Einsatz von Trägerschiffsleichtern

(Keine besonderen Vorschriften)

§ 11.15 Meldepflicht

1. Der Schiffsführer eines Fahrzeugs oder Verbandes, das oder der dem ADN unterliegt, sowie der Schiffsführer eines Tankschiffs, eines Kabinenschiffs, eines Seeschiffs, eines Verbandes mit einer Länge von mehr als 140,00 m oder eines Sondertransportes nach § 1.21 muss sich vor Einfahrt in die **Mainstrecke von Hanau (km 57,00) bis zur Mündung in den Rhein** auf dem im Handbuch Binnenschifffahrtsfunk (§ 1.10 Nummer 1 Buchstabe l) bekannt gegebenen Kanal des Verkehrskreises Nautische Information bei der Funkstelle »Oberwesel Revierzentrale« melden und folgende Angaben machen:
   a) Schiffsgattung;
   b) Schiffsname;
   c) Standort, Fahrtrichtung;
   d) Einheitliche europäische Schiffsnummer oder amtliche Schiffsnummer, bei Seeschiffen IMO-Schiffsidentifikationsnummer und Unterscheidungssignal;
   e) Tragfähigkeit;
   f) Länge und Breite des Fahrzeugs;
   g) Art, Länge und Breite des Verbandes;
   h) Fahrtroute;
   i) Beladehafen;
   j) Entladehafen;
   k) bei gefährlichen Gütern nach ADN:
      aa) die UN-Nummer oder Stoffnummer,
      bb) die offizielle Benennung für die Beförderung, sofern zutreffend ergänzt durch die technische Bezeichnung,
      cc) die Klasse, den Klassifizierungscode und gegebenenfalls die Verpackungsgruppe,
      dd) die Gesamtmenge der gefährlichen Güter, für die diese Angaben gelten;
   k[1]) bei anderen Gütern als Gefahrgütern: die Art der Ladung (Stoffname, Stoffmenge);
   l) Anzahl der geführten blauen Lichter/blauen Kegel;
   m) Anzahl der an Bord befindlichen Personen.

Auf besondere Anforderung der Funkstelle »Oberwesel Revierzentrale« hat der Schiffsführer Angaben zum Tiefgang des von ihm geführten Fahrzeugs, Verbandes oder Sondertransportes nach § 1.21 zu machen. Die Begrenzung der meldepflichtigen Strecke wird durch die Tafelzeichen B.11 (Anlage 7) mit einem Zusatzschild »Meldepflicht« kenntlich gemacht.

2. Die unter Nummer 1 Satz 1, ausgenommen Buchstabe c und m, genannten Angaben können auch von einer anderen Stelle oder Person rechtzeitig vor der Einfahrt des Fahrzeugs, Verbandes oder Sondertransportes nach § 1.21 in die meldepflichtige Strecke schriftlich, telefonisch oder auf elektronischem Wege der Funkstelle »Oberwesel Revierzentrale« mitgeteilt werden. Für einen Transport mit einer Ladung von mehr als zwei Gefahrgütern muss die Meldung schriftlich oder elektronisch abgegeben werden. In jedem Fall muss der Schiffsführer der Funkstelle »Oberwesel Revierzentrale« melden, wenn er mit dem von ihm geführten Fahrzeug, Verband oder Sondertransport nach § 1.21 in die meldepflichtige Strecke einfährt und diese wieder verlässt.
3. Unterbricht ein Fahrzeug, Verband oder Sondertransport nach § 1.21 die Fahrt innerhalb der meldepflichtigen Strecke für mehr als zwei Stunden, muss der Schiffsführer Beginn und Ende der Unterbrechung der Funkstelle »Oberwesel Revierzentrale« melden.
4. Ändern sich die Angaben nach Nummer 1 während der Fahrt in der meldepflichtigen Strecke, muss der Schiffsführer dies der Funkstelle »Oberwesel Revierzentrale« unverzüglich mitteilen.
5. Ein Fahrzeug, ein Verband oder ein Sondertransport nach § 1.21, das oder der auf dem Rhein bereits eine Meldung nach § 12.01 Nummer 1 Rheinschifffahrtspolizeiverordnung abgegeben hat und in die Mainstrecke bei km 0,00 einfährt, muss der Funkstelle »Oberwesel Revierzentrale« beim Vorbeifahren an den mit Tafelzeichen B.11 (Anlage 7) gekennzeichneten Meldepunkten nur noch die unter Nummer 1 Satz 1 Buchstabe a bis d genannten Angaben mitteilen.

§ 11.16 Höhe der Brücken, sonstigen festen Überbauten und Freileitungen

(Keine besonderen Vorschriften)

§ 11.17 Kennzeichnung der Brücken- und Wehrdurchfahrten

(Keine besonderen Vorschriften)

§ 11.18 Durchfahren der Brücken, Sperrwerke, Wehre, Schleusen und einzelner Stromstrecken

1. An der Friedensbrücke in Würzburg (km 251,65) hat ein zu Tal fahrendes Fahrzeug oder ein zu Tal fahrender Verband seine Absicht, die linke Brückenöffnung zu benutzen, zuvor der Schleusenaufsicht Würzburg mitzuteilen und die Fahrfreigabe abzuwarten. Werden an der Signallichtanlage für Bergfahrer an der Friedensbrücke zwei rote Lichter nebeneinander gezeigt, ist die Bergfahrt

gesperrt. Ein Bergfahrer hat vor dem bei km 251,45 stehenden Tafelzeichen B.5 (Anlage 7) am rechten Fahrrinnenrand anzuhalten und die Fahrtfreigabe durch Erlöschen der zwei roten Lichter abzuwarten. Dies gilt nicht für ein Kleinfahrzeug, das am rechten Ufer durch die Brücke fahren will.

2. Das Durchfahren der Eisenbahnbrücke bei Hallstadt (km 387,45) ist nur einem Kleinfahrzeug gestattet.

§ 11.19 Benutzung der Schleusen, Bootsschleusen und Bootsumsetzanlagen

1. Ein Kleinfahrzeug darf die Bootsschleusen und Bootsumsetzanlagen nicht bei Nacht benutzen.
2. Ein Kleinfahrzeug darf die Bootsschleusen von Kostheim bis unterhalb von Kleinostheim nur bei einem Wasserstand von weniger als 230 cm am Richtpegel Frankfurt-Osthafen, von Kleinostheim bis unterhalb von Steinbach nur bei einem Wasserstand von weniger als 230 cm am Richtpegel Steinbach, von Steinbach bis Limbach nur bei einem Wasserstand von weniger als 230 cm am Richtpegel Trunstadt benutzen.
3. An einer Schleuse, die durch ein Mittelhaupt in eine größere und eine nach oberstrom liegende kleinere Kammer unterteilt ist, wird durch folgende Signallichter angezeigt, welche Teilkammer für die Schleusung vorgesehen ist:
   a) zwei grüne Lichter nebeneinander und zwei weiße Lichter nebeneinander über den grünen Lichtern:
   Einfahrt frei für die nach unterstrom liegende große Teilkammer;
   b) zwei grüne Lichter nebeneinander und ein weißes Licht über dem linken grünen Licht:
   Einfahrt frei für die nach oberstrom liegende kleine Teilkammer.

   Wird die ganze Schleusenkammer für die Schleusung freigegeben, werden zwei grüne Lichter nebeneinander gezeigt.

§ 11.20 Segeln

(Keine besonderen Vorschriften)

§ 11.21 Bezeichnung der Fahrzeuge

Eine frei fahrende Fähre mit Maschinenantrieb, die im Übersetzverkehr keine Längsfahrt durchführt, braucht die Seitenlichter und das Hecklicht nach § 3.16 Nummer 3 Buchstabe b nicht zu führen, wenn sie durch Tiefstrahler von Bord aus so angestrahlt wird, dass die übrige Schifffahrt die Umrisse der Fähre ausreichend erkennen kann.

§ 11.22 Regelungen über den Verkehr

(Keine besonderen Vorschriften)

§ 11.23 Regelungen zum Sprechfunk
(Keine besonderen Vorschriften)

§ 11.24 Sonderbestimmungen für Kleinfahrzeuge
(Keine besonderen Vorschriften)

§ 11.25 Befahren der Altwässer, Kanäle und einzelner Wasserstraßen
(Keine besonderen Vorschriften)

§ 11.26 Schutz der Kanäle und Anlagen
(Keine besonderen Vorschriften)

§ 11.27 Verkehrsbeschränkungen der Schifffahrt
1. Bei einem Wasserstand am Richtpegel Würzburg von 200 cm und mehr darf die Talfahrt ab Schleuse Randersacker und auf der Strecke zwischen Randersacker und der Ludwigsbrücke (Löwenbrücke) in Würzburg nur mit Erlaubnis der Schleusenaufsicht Randersacker angetreten werden. Satz 1 gilt nicht für ein Kleinfahrzeug.
2. Das Befahren der Binnenschifffahrtsstraße unterhalb km 387,40 bis oberhalb der Eisenbahnbrücke bei Hallstadt (km 387,69) ist verboten. Satz 1 gilt nicht für ein Kleinfahrzeug.

§ 11.28 Benutzung der Wasserstraßen
(Keine besonderen Vorschriften)

§ 11.29 Verhaltenspflichten des Schiffsführers, der Besatzung an Bord, des Eigentümers und des Ausrüsters
1. Der Schiffsführer und die nach § 1.03 Nummer 3 für Kurs und Geschwindigkeit verantwortliche Person haben jeweils
   a) sicherzustellen, dass das Fahrzeug oder der Verband die zugelassene Höchstgeschwindigkeit nach § 11.04 nicht überschreitet,
   b) die Vorschriften über
      aa) das Verhalten beim Begegnen nach § 11.06 Nummer 1 Satz 1 und Nummer 2, jeweils auch in Verbindung mit Nummer 3,
      bb) die Schifffahrt bei Hochwasser nach § 11.11 Nummer 1 und 2,
      cc) die Durchfahrt oder das Verhalten beim Durchfahren
         aaa) der Friedensbrücke in Würzburg nach § 11.18 Nummer 1 Satz 1 bis 3 und
         bbb) der Eisenbahnbrücke bei Hallstadt nach § 11.18 Nummer 2 und
      dd) die Benutzung der Bootsschleusen und Bootsumsetzanlagen nach § 11.19 Nummer 1 und 2

   einzuhalten oder sicherzustellen, dass diese eingehalten werden, und

c) eine nach § 11.12 erteilte Weisung, rechtzeitig einen Schutzhafen oder eine geeignete Liegestelle aufzusuchen, einzuhalten oder sicherzustellen, dass diese eingehalten wird.

2. Der Schiffsführer hat
   a) sicherzustellen, dass
      aa) das von ihm geführte Fahrzeug oder der von ihm geführte Verband die zugelassenen Höchstabmessungen nach § 11.02 Nummer 1 nicht überschreitet und
      bb) auf dem von ihm geführten Fahrzeug oder Verband in dem in § 11.02 Nummer 1.5 und 1.6 jeweils genannten Fall die dort jeweils angegebene Ausrüstung vorhanden ist,
   b) die Vorschriften über
      aa) die Zusammenstellung der Verbände nach § 11.03 Nummer 1 Satz 1 und
      bb) die Meldepflicht nach § 11.15 Nummer 1 Satz 1, 2, Nummer 2 Satz 2, 3 und Nummer 3 bis 5

      einzuhalten oder sicherzustellen, dass diese eingehalten werden,
   c) die Verkehrsbeschränkung nach § 11.27 Nummer 1 Satz 1 zu beachten oder sicherzustellen, dass diese beachtet wird, und
   d) das in § 11.27 Nummer 2 Satz 1 vorgesehene Verbot, die dort angegebene Binnenschifffahrtsstraße zu befahren, zu beachten oder sicherzustellen, dass dieses beachtet wird.
3. Der Eigentümer und der Ausrüster dürfen jeweils die Inbetriebnahme eines Fahrzeugs oder Verbandes nur anordnen oder zulassen, wenn
   a) das Fahrzeug oder der Verband die zugelassenen Höchstabmessungen nach § 11.02 Nummer 1 nicht überschreitet und
   b) auf dem Fahrzeug oder Verband in dem in § 11.02 Nummer 1.5 und 1.6 jeweils genannten Fall die dort jeweils angegebene Ausrüstung vorhanden ist.

Kapitel 12
Main-Donau-Kanal

§ 12.01 Anwendungsbereich

Die Vorschriften dieses Kapitels gelten auf folgenden Wasserstraßen:

1. dem **Main-Donau-Kanal** (MDK) von der Abzweigung aus dem Main (Ma-km 384,07) bis zur Einmündung in die Donau (Do) bei Kelheim (MDK-km 170,78/Do-km 2411,54) einschließlich Regnitz vom Main bis unterhalb der Schleuse Bamberg und von oberhalb des Hochwassersperrtores Neuses bis unterhalb der Schleuse Hausen sowie Altmühl von unterhalb der Schleuse Dietfurt bis zur Donau;
2. der **Regnitz** (Re)
   a) von der Einmündung in den Main-Donau-Kanal (Re-km 6,44/MDK-km 6,43) bis 170 m oberhalb der Brückenachse des Wehres Bamberg (Re-km 7,71),
   b) von 150 m unterhalb des Wehres Neuses (Re-km 21,79) bis zur Abzweigung aus dem Main-Donau-Kanal (Re-km 22,11/MDK-km 22,14),
   c) von der Einmündung in den Main-Donau-Kanal (Re-km 31,99/MDK-km 31,99) bis 270 m oberhalb der Brückenachse des Wehres Hausen (Re-km 32,62) und
3. der **Altmühl** von 90 m oberhalb der Brückenachse des Wehres Dietfurt (MDK-km 136,08) bis zur Einmündung in den Main-Donau-Kanal (MDK-km 136,67).

§ 12.02 Abmessungen der Fahrzeuge und Verbände, Fahrrinnentiefe und Abladetiefe

1. Ein Fahrzeug oder ein Verband darf auf dem Main-Donau-Kanal jeweils eine Länge von 90,00 m und eine Breite von 11,45 m nicht überschreiten. Die Länge darf bei einem Fahrzeug auf bis zu 110,00 m und bei einem Verband auf bis zu 190,00 m erhöht werden, wenn das Fahrzeug oder der Verband mit einer aktiven Bugsteuereinrichtung - bei einem Verband an der Spitze des Verbandes - und einer Sprechverbindung zwischen Steuerstand und Spitze des Fahrzeugs oder Verbandes ausgerüstet ist.
2. Die Fahrrinnentiefe beträgt von der Abzweigung aus dem Main (km 0,07) bis zur Schleuse Bamberg 2,70 m.
3. Die zulässige Abladetiefe beträgt von der Schleuse Bamberg bis zur Einmündung in die Donau (km 170,78) 2,70 m.

§ 12.03 Zusammenstellung der Verbände

1. Das Fahren mit einem Schleppverband ist verboten. Satz 1 gilt nicht für das Schleppen von Kleinfahrzeugen.

2. Die zuständige Behörde kann Ausnahmen von Nummer 1 Satz 1 zulassen.

§ 12.04 Fahrgeschwindigkeit

1. Die zulässige Höchstgeschwindigkeit gegenüber dem Ufer beträgt
   a) vom Hafen Bamberg (km 2,80) bis zur Einmündung in die Donau für ein Fahrzeug oder einen Verband mit jeweils
      aa) einer Abladetiefe von nicht mehr als 1,30 m 13 km/h,
      bb) einer Abladetiefe von mehr als 1,30 m 11 km/h,
   b) abweichend von Buchstabe a Doppelbuchstabe bb auf den Kanalbrücken über
      aa) die Zenn (km 53,70),
      bb) die Rednitz (km 61,90) und
      cc) die Schwarzach (km 79,07)
      für ein Fahrzeug oder einen Verband mit jeweils einer Abladetiefe von mehr als 2,20 m 6 km/h.
2. Die zuständige Behörde kann für einzelne Strecken oder aus einem besonderen Anlass abweichend von Nummer 1 für ein Kleinfahrzeug höhere Geschwindigkeiten zulassen, wenn dadurch der Zustand und die Benutzung der Wasserstraße sowie der übrige Schiffsverkehr nicht über Gebühr beeinträchtigt werden.

§ 12.05 Bergfahrt

Als Bergfahrt gilt die Fahrt in Richtung Bachhausen.

§ 12.06 Begegnen

1. Beim Begegnen müssen Fahrzeuge und Verbände abweichend von den §§ 6.04 und 6.05 Backbord an Backbord vorbeifahren. Die Vorschriften des § 6.07 über das Begegnen im engen Fahrwasser bleiben unberührt.
2. Abweichend von Nummer 1 kann aus wichtigem Grund die Vorbeifahrt Steuerbord an Steuerbord verlangt werden, wenn dies ohne Gefahr möglich ist. In diesem Falle hat, unbeschadet des § 6.04 Nummer 3, die vorherige gegenseitige Verständigung mittels Sprechfunk zu erfolgen.
3. Der Schiffsführer hat die in den Amtlichen Schifffahrtsnachrichten für das Rheinstromgebiet bekannt gegebenen Strecken oder Stellen, die in Abhängigkeit von Schiffslänge, Tiefgang und Wasserstand Fahrwasserengen im Sinne des § 6.07 darstellen können, zu berücksichtigen.

§ 12.07 Überholen

Das Überholen eines Fahrzeugs oder Verbandes ist verboten:

1. auf den von der zuständigen Behörde in den Amtlichen Schifffahrtsnachrichten für das Rheinstromgebiet bekannt gegebenen Strecken oder Stellen,
2. auf den in § 12.04 Nummer 1 Buchstabe b genannten Kanalbrücken.

Ein Kleinfahrzeug darf abweichend von Satz 1 überholen und überholt werden.

§ 12.08 Wenden

1. Ein Fahrzeug mit einer Länge von mehr als 20,00 m darf nur an den durch das Tafelzeichen E.8 (Anlage 7) bezeichneten Wendestellen wenden.
2. Abweichend von Nummer 1 dürfen
   a) ein Fahrzeug mit einer Länge von nicht mehr als 40,00 m in den Schleusenvorhäfen mit einseitigen Uferwänden mit Heck zur Uferwand und
   b) ein Fahrgastschiff mit einer Länge von nicht mehr als 50,00 m im unmittelbaren Bereich seiner Anlegestelle

   wenden.
3. Im Bereich der in § 12.04 Nummer 1 Buchstabe b genannten Kanalbrücken ist das Wenden verboten.

§ 12.09 Ankern

1. Das Ankern ist verboten.
2. Abweichend von Nummer 1 darf auf folgenden Strecken geankert werden:
   a) von der Abzweigung aus dem Main (Ma-km 384,07) bis zum Trenndamm des Schleusenbereichs Bamberg (MDK-km 6,45);
   b) vom Hochwassersperrtor Neuses (MDK-km 21,81) bis zur Einmündung der Regnitz unterhalb der Schleuse Hausen (Re-km 31,99/MDK-km 31,99);
   c) von der Einmündung der Altmühl (MDK-km 136,67) bis zur Umschlagstelle Riedenburg (MDK-km 149,80);
   d) vom Unterwasser der Schleuse Riedenburg (MDK-km 151,30) bis Essing (MDK-km 161,50);
   e) vom Unterwasser der Schleuse Kelheim (MDK-km 166,50) bis zur Einmündung in die Donau (MDK-km 170,78).

§ 12.10 Stillliegen

1. Das Stillliegen eines unbemannten Kleinfahrzeugs ist verboten.
2. Für den Bereich der Wehrarme und Wehrstrecken kann die zuständige Behörde
   a) Ausnahmen von Nummer 1 und
   b) das Stillliegen ohne die Nachtbezeichnung nach § 3.20 Nummer 2

   zulassen.
3. Die zuständige Behörde kann abweichend von § 7.02 Nummer 1 Buchstabe l Ausnahmen vom Liegeverbot zulassen.

§ 12.11 Schifffahrt bei Hochwasser

1. Erreicht oder überschreitet der Wasserstand die Hochwassermarke I an dem Richtpegel für den unter Nummer 5 jeweils aufgeführten Streckenabschnitt,
   a) muss ein Fahrzeug oder ein Verband bei der Fahrt möglichst weit vom Ufer entfernt bleiben,
   b) darf ein Transport einer schwimmenden Anlage oder eines Schwimmkörpers nicht ausgeführt werden,

c) darf die Geschwindigkeit eines Talfahrers nicht größer sein, als zur sicheren Steuerung notwendig ist.

2. Erreicht oder überschreitet der Wasserstand den Höchsten Schifffahrtswasserstand (HSW) – Hochwassermarke II – an dem Richtpegel für den unter Nummer 5 jeweils aufgeführten Streckenabschnitt, ist die Schifffahrt mit Ausnahme des Übersetzverkehrs innerhalb des jeweiligen Streckenabschnitts verboten.
3. Die zuständige Behörde kann abweichend von den Nummern 1 und 2 Ausnahmen zulassen.
4. Hat der Wasserstand die Hochwassermarke II am Richtpegel Bamberg erreicht, so ist das Stillliegen zwischen dem Hafen Bamberg (km 2,80) und der Wendestelle Hausen (km 31,95) nur
   a) im oberen Schleusenvorhafen Bamberg und
   b) im unteren und oberen Schleusenvorhafen Strullendorf gestattet.
5. Die in den Nummern 1, 2 und 4 genannten Hochwassermarken werden durch folgende Wasserstände bestimmt, und die Richtpegel gelten für den nachstehend aufgeführten Streckenabschnitt:

Strecke	Richtpegel	Hochwassermarke	
		I	II
Main-Hafen Bamberg	Trunstadt	280 cm	340 cm
Hafen Bamberg-Schleuse Bamberg, Schleuse Strullendorf-Schleuse Hausen	Bamberg	330 cm	370 cm
Schleuse Dietfurt-Schleuse Kelheim	Riedenburg	-	520 cm
Schleuse Kelheim-Donau	Oberndorf/Donau	-	480 cm

§ 12.12 Schifffahrt bei Eis

Droht infolge zunehmender Eisbildung die Einstellung der Schifffahrt, muss ein Fahrzeug oder ein Verband nach Weisung der zuständigen Behörde rechtzeitig einen Schutzhafen oder eine geeignete Liegestelle aufsuchen.

§ 12.13 Nachtschifffahrt

(Keine besonderen Vorschriften)

§ 12.14 Einsatz von Trägerschiffsleichtern

(Keine besonderen Vorschriften)

§ 12.15 Meldepflicht

(Keine besonderen Vorschriften)

§ 12.16 Höhe der Brücken, sonstigen festen Überbauten und Freileitungen

(Keine besonderen Vorschriften)

§ 12.17 Kennzeichnung der Brücken- und Wehrdurchfahrten

(Keine besonderen Vorschriften)

§ 12.18 Durchfahren der Brücken, Sperrwerke, Wehre, Schleusen und einzelner Stromstrecken

(Keine besonderen Vorschriften)

§ 12.19 Benutzung der Schleusen, Bootsschleusen und Bootsumsetzanlagen

1. In einer Schleuse - ausgenommen Schleuse Forchheim - muss ein einzeln geschleustes Fahrzeug oder ein einzeln geschleuster Verband, dessen jeweilige Länge 110,00 m nicht überschreitet, nur festgemacht werden, wenn es die Schleusenaufsicht anordnet. Sie müssen im Bereich der Schleusenkammermitte, mindestens aber 30 m von jedem Schleusentor entfernt, liegenbleiben.
2. Während des Schleusens muss auch an Schwimmpollern gefiert werden.
3. Ein Kleinfahrzeug, das von Hand ins Wasser gesetzt und herausgehoben werden kann, darf die Schiffsschleuse nicht benutzen. Ein solches Kleinfahrzeug muss an den Bootsumsetzanlagen umgetragen werden. Die zuständige Behörde kann Ausnahmen zulassen.
4. Die Bootsumsetzanlagen an den Wehren Bamberg, Neuses, Forchheim und Hausen dürfen nur benutzt werden, wenn der Wasserstand am Richtpegel Bamberg weniger als 260 cm beträgt. Die Bootsumsetzanlage am Wehr Dietfurt darf nur benutzt werden, wenn der Wasserstand am Richtpegel Riedenburg weniger als 450 cm beträgt.
5. Der Führer eines Kleinfahrzeugs hat seine Absicht zu schleusen der Schleusenaufsicht vor Einfahrt in die Schiffsschleuse rechtzeitig mitzuteilen.

§ 12.20 Segeln

Das Segeln ist verboten. Die zuständige Behörde kann im Einzelfall Ausnahmen zulassen, wenn die Sicherheit und Leichtigkeit des Verkehrs dadurch nicht beeinträchtigt wird.

§ 12.21 Bezeichnung der Fahrzeuge

(Keine besonderen Vorschriften)

§ 12.22 Regelungen über den Verkehr

(Keine besonderen Vorschriften)

§ 12.23 Regelungen zum Sprechfunk

(Keine besonderen Vorschriften)

§ 12.24 Sonderbestimmungen für Kleinfahrzeuge

(Keine besonderen Vorschriften)

§ 12.25 Befahren der Altwässer, Kanäle und einzelner Wasserstraßen

1. Das Befahren der außerhalb des Fahrwassers des Main-Donau-Kanals, der Regnitz und der Altmühl gelegenen Altwässer und Flachwasserzonen ist verboten.
2. Das Befahren
   a) der Regnitz
      aa) von 170 m oberhalb der Brückenachse des Wehres Bamberg bis zum Wehr Bamberg,
      bb) vom Wehr Neuses bis 150 m unterhalb des Wehres (km 21,79),
      cc) von 270 m oberhalb der Brückenachse des Wehres Hausen bis zum Wehr und
   b) der Altmühl von 90 m oberhalb der Brückenachse des Wehres Dietfurt bis zur Einmündung in den Main-Donau-Kanal

   ist verboten. Satz 1 gilt nicht für ein Fahrzeug ohne Maschinenantrieb.
3. Das Befahren der Regnitz
   a) vom Wehr Bamberg bis zur Einmündung in den Main-Donau-Kanal,
   b) von der Abzweigung aus dem Main-Donau-Kanal bis zum Wehr Neuses,
   c) vom Wehr Hausen bis zur Einmündung in den Main-Donau-Kanal

   ist verboten. Satz 1 gilt nicht für ein Kleinfahrzeug und ein Fahrzeug mit Erlaubnis der zuständigen Behörde.

§ 12.26 Schutz der Kanäle und Anlagen

Ein Schubleichter darf an der Spitze eines Verbandes nur eingesetzt werden, wenn seine Bugform im Grundriss auf beiden Seiten abgerundet und so verjüngt ist, dass die Breite der Bugwand die Gesamtbreite des Schubleichters auf mindestens 1,50 m unterschreitet; die Länge der Verjüngung muss mindestens das Dreifache der halben Breitenverminderung der Bugwand betragen. Das Gleiche gilt für den Bug eines einzeln fahrenden Fahrzeugs mit Pontonform.

§ 12.27 Verkehrsbeschränkungen der Schifffahrt

(Keine besonderen Vorschriften)

§ 12.28 Benutzung der Wasserstraßen

(Keine besonderen Vorschriften)

§ 12.29 Verhaltenspflichten des Schiffsführers, der Besatzung an Bord, des Eigentümers und des Ausrüsters

1. Der Schiffsführer und die nach § 1.03 Nummer 3 für Kurs und Geschwindigkeit verantwortliche Person haben jeweils
   a) sicherzustellen, dass das Fahrzeug oder der Verband die zugelassene Höchstgeschwindigkeit nach § 12.04 Nummer 1, auch in Verbindung mit Nummer 2, nicht überschreitet,
   b) die Vorschriften über
      aa) das Verhalten beim Begegnen nach § 12.06 Nummer 1 Satz 1 und Nummer 2, jeweils auch in Verbindung mit Nummer 3,
      bb) das Verbot zu überholen nach § 12.07 Satz 1,
      cc) das Wenden nach § 12.08,
      dd) die Schifffahrt bei Hochwasser nach § 12.11 Nummer 1, 2 und 4 und
      ee) die Benutzung der Schleusen und Bootsumsetzanlagen nach § 12.19 Nummer 1 Satz 2, Nummer 2, 3 Satz 1 und 2 und Nummer 4

      einzuhalten oder sicherzustellen, dass diese eingehalten werden, und
   c) eine nach § 12.12 erteilte Weisung, rechtzeitig einen Schutzhafen oder eine geeignete Liegestelle aufzusuchen, einzuhalten oder sicherzustellen, dass diese eingehalten wird.
2. Der Schiffsführer hat
   a) sicherzustellen, dass
      aa) das von ihm geführte Fahrzeug oder der von ihm geführte Verband die zugelassenen Höchstabmessungen nach § 12.02 Nummer 1 und die zugelassene Abladetiefe nach § 12.02 Nummer 3 nicht überschreitet,
      bb) auf dem von ihm geführten Fahrzeug oder Verband in dem in § 12.02 Nummer 1 Satz 2 genannten Fall die dort angegebene Ausrüstung vorhanden ist und
      cc) der Bug eines von ihm geführten einzeln fahrenden Fahrzeugs mit Pontonform der Form nach § 12.26 Satz 1 entspricht,
   b) die Vorschriften über
      aa) die Zusammenstellung der Verbände nach § 12.03 Nummer 1 Satz 1,
      bb) das Ankern nach § 12.09 Nummer 1,
      cc) das Stillliegen nach § 12.10 Nummer 1,
      dd) das Verhalten bei der Benutzung der Schleusen nach § 12.19 Nummer 5 und
      ee) das Führen eines Schubleichters nach § 12.26 Satz 1

      einzuhalten oder sicherzustellen, dass diese eingehalten werden,
   c) das in § 12.20 Satz 1 vorgesehene Verbot zu segeln zu beachten oder sicherzustellen, dass dieses beachtet wird, und
   d) das in § 12.25 Nummer 1, 2 Satz 1 und Nummer 3 Satz 1 jeweils vorgesehene Verbot, die dort jeweils angegebene Binnenschifffahrtsstraße zu befahren, zu beachten oder sicherzustellen, dass dieses jeweils beachtet wird.

3. Der Eigentümer und der Ausrüster dürfen jeweils
   a) die Inbetriebnahme eines Fahrzeugs oder Verbandes nur anordnen oder zulassen, wenn das Fahrzeug oder der Verband die zugelassenen Höchstabmessungen nach § 12.02 Nummer 1 und die zugelassene Abladetiefe nach § 12.02 Nummer 3 nicht überschreitet, und
   b) die Inbetriebnahme eines Fahrzeugs oder Verbandes nur anordnen oder zulassen, wenn auf dem Fahrzeug oder Verband in dem in § 12.02 Nummer 1 Satz 2 genannten Fall die dort angegebene Ausrüstung vorhanden ist.

Kapitel 13
Lahn

§ 13.01 Anwendungsbereich

Die Vorschriften dieses Kapitels gelten auf der Lahn von der Mündung in den Rhein (Lahn-km 137,30/Rh-km 585,72) bis zum Unterwasser des ehemaligen Badenburger Wehres oberhalb Gießen (Lahn-km -11,08).

§ 13.02 Abmessungen der Fahrzeuge und Verbände, Fahrrinnentiefe

1. Ein Fahrzeug oder ein Verband darf folgende Abmessungen nicht überschreiten:

Binnenschifffahrtsstraße		Länge m	Breite m
1.1	km 137,30 (Lahnmündung) bis km -11,08 (Unterwasser des ehemaligen Badenburger Wehres oberhalb Gießen)		
	Fahrzeug	34,00	4,69
	soweit nachfolgend nicht etwas anderes festgelegt ist		
1.2	km 137,30 (Lahnmündung) bis km 136,83 (Eisenbahnbrücke Lahnstein)		
	Fahrzeug/Verband	110,00	11,45
1.3	km 136,83 bis km 134,10 (Unterwasser Schleuse Ahl)		
	Fahrzeug	42,00	5,80
1.4	km 134,10 bis km 70,00 (Steeden)		
	Fahrzeug	34,00	5,26

Oberhalb km 70,00 ist die Wasserstraße nur von km 70,00 bis km 12,00, von km 11,50 bis km -4,70 und von km -5,30 bis km -11,08 befahrbar. Die bei km 12,00 und km -4,70 vorhandenen Wehre verfügen über keine Schleuse.

2. Als Verband im Sinne der Nummer 1 gelten nur ein Schubverband und gekuppelte Fahrzeuge.
3. Die Fahrrinnentiefe
   a) entspricht von der Lahnmündung bis zur Einfahrt Hafen Lahnstein (km 137,07) der Fahrrinnentiefe der angrenzenden Rheinstrecke,
   b) beträgt von der Einfahrt Hafen Lahnstein bis zur Schleuse Lahnstein 1,60 m auf GlW-Rhein (gleichwertiger Wasserstand-Rhein) bezogen,
   c) beträgt von der Schleuse Lahnstein bis Steeden (km 70,00) 1,60 m.

§ 13.03 Zusammenstellung der Verbände

1. In einen Schleppverband darf nur ein Anhang eingestellt werden. Satz 1 gilt nicht für das Schleppen von Kleinfahrzeugen.
2. Die zuständige Behörde kann abweichend von Nummer 1 Satz 1 Ausnahmen zulassen.

§ 13.04 Fahrgeschwindigkeit

1. Die zulässige Höchstgeschwindigkeit gegenüber dem Ufer beträgt für ein Fahrzeug oder einen Verband, ausgenommen Kleinfahrzeuge,
   a) bei einem Wasserstand am Pegel Kalkofen unter 230 cm 10 km/h,
   b) bei einem Wasserstand am Pegel Kalkofen ab 230 cm 12 km/h.
   Die zulässige Höchstgeschwindigkeit gegenüber dem Ufer beträgt für ein Kleinfahrzeug 12 km/h.
2. Die zuständige Behörde kann für einzelne Strecken oder aus einem besonderen Anlass abweichend von Nummer 1 für ein Kleinfahrzeug oder ein Fahrgastschiff höhere Geschwindigkeiten zulassen, wenn dadurch der Zustand und die Benutzung der Wasserstraße sowie der übrige Schiffsverkehr nicht über Gebühr beeinträchtigt werden.

§ 13.05 Bergfahrt

(Keine besonderen Vorschriften)

§ 13.06 Begegnen

(Keine besonderen Vorschriften)

§ 13.07 Überholen

(Keine besonderen Vorschriften)

§ 13.08 Wenden

(Keine besonderen Vorschriften)

§ 13.09 Ankern

(Keine besonderen Vorschriften)

§ 13.10 Stillliegen

(Keine besonderen Vorschriften)

§ 13.11 Schifffahrt bei Hochwasser

1. Erreicht oder überschreitet der Wasserstand den Höchsten Schifffahrtswasserstand (HSW) - Hochwassermarke II - an dem Richtpegel für den unter Nummer 2 jeweils aufgeführten Streckenabschnitt, ist die Schifffahrt mit Ausnahme des Übersetzverkehrs innerhalb des jeweiligen Streckenabschnitts verboten. Die zuständige Behörde kann Ausnahmen zulassen.
2. Die in Nummer 1 genannte Hochwassermarke wird durch folgende Wasserstände bestimmt, und die Richtpegel gelten für den nachstehend aufgeführten Streckenabschnitt:

Strecke	Richtpegel	Hochwassermarke
Lahnmündung - Schleuse Lahnstein	Rheinpegel Koblenz	650 cm
Schleuse Lahnstein - Steeden	Kalkofen	360 cm
oberhalb Steeden (km 70,00)	Leun	360 cm

§ 13.12 Schifffahrt bei Eis

(Keine besonderen Vorschriften)

§ 13.13 Nachtschifffahrt

1. Bei Nacht darf nur ein solches Fahrzeug fahren, das das Fahrwasser und die Ufer durch Scheinwerfer ausreichend beleuchten kann.
2. Die Benutzung einer Schleuse bei Nacht ist verboten.
3. Die zuständige Behörde kann abweichend von Nummer 2 Ausnahmen zulassen.

§ 13.14 Einsatz von Trägerschiffsleichtern

(Keine besonderen Vorschriften)

§ 13.15 Meldepflicht

(Keine besonderen Vorschriften)

§ 13.16 Höhe der Brücken, sonstigen festen Überbauten und Freileitungen

(Keine besonderen Vorschriften)

§ 13.17 Kennzeichnung der Brücken- und Wehrdurchfahrten

(Keine besonderen Vorschriften)

§ 13.18 Durchfahren der Brücken, Sperrwerke, Wehre, Schleusen und einzelner Stromstrecken

(Keine besonderen Vorschriften)

§ 13.19 Benutzung der Schleusen, Bootsschleusen und Bootsumsetzanlagen

(Keine besonderen Vorschriften)

§ 13.20 Segeln

(Keine besonderen Vorschriften)

§ 13.21 Bezeichnung der Fahrzeuge

(Keine besonderen Vorschriften)

§ 13.22 Regelungen über den Verkehr

(Keine besonderen Vorschriften)

§ 13.23 Regelungen zum Sprechfunk

§ 4.05 Nummer 2 ist von km -11,08 bis km 65,00 für ein Fahrzeug mit Maschinenantrieb nicht anzuwenden.

§ 13.24 Sonderbestimmungen für Kleinfahrzeuge

(Keine besonderen Vorschriften)

§ 13.25 Befahren der Altwässer, Kanäle und einzelner Wasserstraßen

(Keine besonderen Vorschriften)

§ 13.26 Schutz der Kanäle und Anlagen

(Keine besonderen Vorschriften)

§ 13.27 Verkehrsbeschränkungen der Schifffahrt

(Keine besonderen Vorschriften)

§ 13.28 Benutzung der Wasserstraßen

(Keine besonderen Vorschriften)

§ 13.29 Verhaltenspflichten des Schiffsführers, der Besatzung an Bord, des Eigentümers und des Ausrüsters

1. Der Schiffsführer und die nach § 1.03 Nummer 3 für Kurs und Geschwindigkeit verantwortliche Person haben jeweils
   a) sicherzustellen, dass das Fahrzeug oder der Verband die zugelassene Höchstgeschwindigkeit nach § 13.04 Nummer 1, auch in Verbindung mit Nummer 2, nicht überschreitet, und
   b) die Vorschriften über
      aa) die Schifffahrt bei Hochwasser nach § 13.11 Nummer 1 Satz 1 und

bb) die Nachtschifffahrt nach § 13.13 Nummer 1 und 2

einzuhalten oder sicherzustellen, dass diese eingehalten werden.

2. Der Schiffsführer hat
   a) sicherzustellen, dass das von ihm geführte Fahrzeug oder der von ihm geführte Verband die zugelassenen Höchstabmessungen nach § 13.02 Nummer 1 Satz 1 nicht überschreitet, und
   b) die Vorschrift über die Zusammenstellung der Verbände nach § 13.03 Nummer 1 Satz 1 einzuhalten oder sicherzustellen, dass diese eingehalten werden.
3. Der Eigentümer und der Ausrüster dürfen jeweils die Inbetriebnahme eines Fahrzeugs oder Verbandes nur anordnen oder zulassen, wenn das Fahrzeug oder der Verband die zugelassenen Höchstabmessungen nach § 13.02 Nummer 1 Satz 1 nicht überschreitet.

Kapitel 14
Schifffahrtsweg Rhein-Kleve

§ 14.01 Anwendungsbereich

Die Vorschriften dieses Kapitels gelten auf dem **Schifffahrtsweg Rhein-Kleve** (SRK), bestehend aus

1. dem **Griethauser Altrhein** (GAR) von Griethausen (GAR-km 0,00) bis zur Einmündung in den Rhein (GAR-km 10,24/Rh-km 863,93) und
2. dem **Spoykanal** (SyK) vom Unterwasser der Schleuse Brienen (SyK-km 4,57) bis zum Hafen Kleve (SRK-km 1,78).

§ 14.02 Abmessungen der Fahrzeuge und Verbände, Fahrrinnentiefe

1. Ein Fahrzeug oder ein Schubverband darf jeweils eine Länge von 67,00 m und eine Breite von 8,20 m nicht überschreiten.
2. Die Fahrrinnentiefe
   a) entspricht auf dem **Griethauser Altrhein** bis zum Unterwasser der Schleuse Brienen dem jeweiligen Wasserstand des Rheins am Pegel Emmerich zuzüglich 0,30 m,
   b) beträgt auf dem **Spoykanal** 2,50 m.

§ 14.03 Zusammenstellung der Verbände

1. In einen Schleppverband dürfen höchstens drei Anhänge eingestellt werden. Die Gesamttragfähigkeit der Anhänge darf 2000 Tonnen nicht überschreiten. Ein Fahrzeug mit Maschinenantrieb, das seiner Bauart nach zur Beförderung von Gütern bestimmt und zum Schleppen zugelassen ist, darf nur einen Anhang schleppen.
2. Fahrzeuge, ausgenommen Kleinfahrzeuge, dürfen nur zum Abschleppen eines beschädigten Fahrzeugs, zu einem kurzen Verholen oder mit Erlaubnis der zuständigen Behörde gekuppelt fahren.

§ 14.04 Fahrgeschwindigkeit

Die zulässige Höchstgeschwindigkeit gegenüber dem Ufer beträgt 8 km/h.

§ 14.05 Bergfahrt

(Keine besonderen Vorschriften)

§ 14.06 Begegnen

(Keine besonderen Vorschriften)

§ 14.07 Überholen
(Keine besonderen Vorschriften)

§ 14.08 Wenden
(Keine besonderen Vorschriften)

§ 14.09 Ankern
(Keine besonderen Vorschriften)

§ 14.10 Stillliegen
(Keine besonderen Vorschriften)

§ 14.11 Schifffahrt bei Hochwasser
Auf dem Griethauser Altrhein ist die Schifffahrt mit Ausnahme des Übersetzverkehrs verboten, wenn der Wasserstand des Rheins am Pegel Emmerich 810 cm erreicht oder überschritten hat.

§ 14.12 Schifffahrt bei Eis
(Keine besonderen Vorschriften)

§ 14.13 Nachtschifffahrt
(Keine besonderen Vorschriften)

§ 14.14 Einsatz von Trägerschiffsleichtern
(Keine besonderen Vorschriften)

§ 14.15 Meldepflicht
1. Der Schiffsführer eines Fahrzeugs oder Verbandes, das oder der dem ADN unterliegt, sowie der Schiffsführer eines Tankschiffs, eines Kabinenschiffs, eines Seeschiffs oder eines Sondertransportes nach § 1.21 müssen sich vor Einfahrt in den **Schifffahrtsweg Rhein-Kleve** auf dem im Handbuch Binnenschifffahrtsfunk (§ 1.10 Nummer 1 Buchstabe l) bekannt gegebenen Kanal des Verkehrskreises Nautische Information bei der Funkstelle »Duisburg Revierzentrale« melden und folgende Angaben machen:
   a) Schiffsgattung;
   b) Schiffsname;
   c) Standort, Fahrtrichtung;
   d) Einheitliche europäische Schiffsnummer oder amtliche Schiffsnummer, bei Seeschiffen IMO-Schiffsidentifikationsnummer und Unterscheidungssignal;
   e) Tragfähigkeit;
   f) Länge und Breite des Fahrzeugs;
   g) Art, Länge und Breite des Verbandes;

h) Fahrtroute;
i) Beladehafen;
j) Entladehafen;
k) bei gefährlichen Gütern nach ADN:
   aa) die UN-Nummer oder Stoffnummer,
   bb) die offizielle Benennung für die Beförderung, sofern zutreffend ergänzt durch die technische Bezeichnung,
   cc) die Klasse, den Klassifizierungscode und gegebenenfalls die Verpackungsgruppe,
   dd) die Gesamtmenge der gefährlichen Güter, für die diese Angaben gelten;
k[1]) bei anderen Gütern als Gefahrgütern: die Art der Ladung (Stoffname, Stoffmenge);
l) Anzahl der geführten blauen Lichter/blauen Kegel;
m) Anzahl der an Bord befindlichen Personen.

Auf besondere Anforderung der Funkstelle »Duisburg Revierzentrale« hat der Schiffsführer Angaben zum Tiefgang des von ihm geführten Fahrzeugs, Verbandes oder Sondertransportes nach § 1.21 zu machen. Die Begrenzung der meldepflichtigen Strecke wird durch die Tafelzeichen B.11 (Anlage 7) mit einem Zusatzschild »Meldepflicht« kenntlich gemacht.

2. Die unter Nummer 1 Satz 1, ausgenommen Buchstabe c und m, genannten Angaben können auch von einer anderen Stelle oder Person rechtzeitig vor der Einfahrt des Fahrzeugs, Verbandes oder Sondertransportes nach § 1.21 in die meldepflichtige Strecke schriftlich, telefonisch oder auf elektronischem Wege der Funkstelle »Duisburg Revierzentrale« mitgeteilt werden. Für einen Transport mit einer Ladung von mehr als zwei Gefahrgütern muss die Meldung schriftlich oder elektronisch abgegeben werden. In jedem Fall muss der Schiffsführer der Funkstelle »Duisburg Revierzentrale« melden, wenn er mit dem von ihm geführten Fahrzeug, Verband oder Sondertransport nach § 1.21 in die meldepflichtige Strecke einfährt und diese wieder verlässt.
3. Unterbricht ein Fahrzeug, Verband oder Sondertransport nach § 1.21 die Fahrt innerhalb der meldepflichtigen Strecke für mehr als zwei Stunden, muss der Schiffsführer Beginn und Ende der Unterbrechung der Funkstelle »Duisburg Revierzentrale« melden.
4. Ändern sich die Angaben nach Nummer 1 während der Fahrt in der meldepflichtigen Strecke, muss der Schiffsführer dies der Funkstelle »Duisburg Revierzentrale« unverzüglich mitteilen.
5. Ein Fahrzeug, ein Verband oder ein Sondertransport nach § 1.21, das oder der auf dem Rhein bereits eine Meldung nach § 12.01 Nummer 1 Rheinschifffahrtspolizeiverordnung abgegeben hat und in die meldepflichtige Strecke einfährt, muss der Funkstelle »Duisburg Revierzentrale« beim Vorbeifahren an den mit den Tafelzeichen B.11 (Anlage 7) gekennzeichneten Meldepunkten nur noch die unter Nummer 1 Satz 1 Buchstabe a bis d genannten Angaben mitteilen.

§ 14.16 Höhe der Brücken, sonstigen festen Überbauten und Freileitungen

(Keine besonderen Vorschriften)

§ 14.17 Kennzeichnung der Brücken- und Wehrdurchfahrten

(Keine besonderen Vorschriften)

§ 14.18 Durchfahren der Brücken, Sperrwerke, Wehre, Schleusen und einzelner Stromstrecken

(Keine besonderen Vorschriften)

§ 14.19 Benutzung der Schleusen, Bootsschleusen und Bootsumsetzanlagen

(Keine besonderen Vorschriften)

§ 14.20 Segeln

(Keine besonderen Vorschriften)

§ 14.21 Bezeichnung der Fahrzeuge

Eine frei fahrende Fähre mit Maschinenantrieb, die im Übersetzverkehr keine Längsfahrt durchführt, braucht die Seitenlichter und das Hecklicht nach § 3.16 Nummer 3 Buchstabe b nicht zu führen, wenn sie durch Tiefstrahler von Bord aus so angestrahlt wird, dass die übrige Schifffahrt die Umrisse der Fähre ausreichend erkennen kann.

§ 14.22 Regelungen über den Verkehr

(Keine besonderen Vorschriften)

§ 14.23 Regelungen zum Sprechfunk

(Keine besonderen Vorschriften)

§ 14.24 Sonderbestimmungen für Kleinfahrzeuge

(Keine besonderen Vorschriften)

§ 14.25 Befahren der Altwässer, Kanäle und einzelner Wasserstraßen

(Keine besonderen Vorschriften)

§ 14.26 Schutz der Kanäle und Anlagen

(Keine besonderen Vorschriften)

§ 14.27 Verkehrsbeschränkungen der Schifffahrt

(Keine besonderen Vorschriften)

§ 14.28 Benutzung der Wasserstraßen

(Keine besonderen Vorschriften)

§ 14.29 Verhaltenspflichten des Schiffsführers, der Besatzung an Bord, des Eigentümers und des Ausrüsters

1. Der Schiffsführer und die nach § 1.03 Nummer 3 für Kurs und Geschwindigkeit verantwortliche Person haben jeweils
   a) sicherzustellen, dass das Fahrzeug oder der Verband die zugelassene Höchstgeschwindigkeit nach § 14.04 nicht überschreitet, und
   b) die Vorschrift über die Schifffahrt bei Hochwasser nach § 14.11 einzuhalten oder sicherzustellen, dass diese eingehalten wird.
2. Der Schiffsführer hat
   a) sicherzustellen, dass das von ihm geführte Fahrzeug oder der von ihm geführte Verband die zugelassenen Höchstabmessungen nach § 14.02 Nummer 1 nicht überschreitet, und
   b) die Vorschriften über
      aa) die Zusammenstellung der Verbände nach § 14.03 und
      bb) die Meldepflicht nach § 14.15 Nummer 1 Satz 1, 2, Nummer 2 Satz 2, 3 und Nummer 3 bis 5

   einzuhalten oder sicherzustellen, dass diese eingehalten werden.
3. Der Eigentümer und der Ausrüster dürfen jeweils die Inbetriebnahme eines Fahrzeugs oder Verbandes nur anordnen oder zulassen, wenn das Fahrzeug oder der Verband die zugelassenen Höchstabmessungen nach § 14.02 Nummer 1 nicht überschreitet.

Kapitel 15
Norddeutsche Kanäle

§ 15.01 Anwendungsbereich

Die Vorschriften dieses Kapitels gelten auf den **Norddeutschen Kanälen**. Hierzu gehören im Sinne dieses Kapitels

1. die **Ruhr** (Ru) von der Mündung in den Rhein (Ru-km 0,00/Rh-km 780,14) bis oberhalb der Schlossbrücke in Mülheim (Ru-km 12,21), die vom Rhein bis zum Verbindungskanal als zweite Einmündung des Rhein-Herne-Kanals gilt;
2. der **Rhein-Herne-Kanal** (RHK) von der Abzweigung aus dem Ruhrorter Hafen, Einmündung des Beckens C (RHK-km 0,16), bis zur Einmündung in den Dortmund-Ems-Kanal (DEK) bei dem unteren Vorhafen des alten Hebewerkes Henrichenburg (RHK-km 45,60/DEK-km 15,45) mit Verbindungskanal zur Ruhr;
3. der **Wesel-Datteln-Kanal** (WDK) von der Abzweigung aus dem Rhein (WDK-km 0,24/Rh-km 813,24) bis zur Einmündung in den Dortmund-Ems-Kanal bei Datteln (WDK-km 60,23/DEK-km 21,33);
4. der **Datteln-Hamm-Kanal** (DHK) von der Abzweigung aus dem Dortmund-Ems-Kanal bei Datteln (DHK-km 0,06/DEK-km 19,51) bis Schmehausen (DHK-km 47,20);
5. der **Dortmund-Ems-Kanal** (DEK) mit Ersten Fahrten vom Hafen Dortmund (DEK-km 1,44) und von der Einmündung des Rhein-Herne-Kanals bei Henrichenburg (DEK-km 15,45/RHK-km 45,60) bis zur Mündung in die Ems (Verbindungslinie bei Papenburg zwischen dem ehemaligen Diemer Schöpfwerk und dem Deichdurchlass bei Halte – DEK-km 225,82) einschließlich **Ems** von Gleesen (DEK-km 138,26) bis Hanekenfähr (DEK-km 139,99), **Hase** von der Einmündung in den Dortmund-Ems-Kanal (DEK-km 165,93) bis zur Mündung in die Ems (DEK-km 166,59) und Ems von Meppen (DEK-km 166,59) bis Papenburg (DEK-km 225,82) mit den Altkanälen Ems-Hase-Kanal Hanekenfähr und Ems-Hase-Kanal Meppen;
6. die **Ems** (Em) von oberhalb der Eisenbahnbrücke südlich Rheine (Em-km 44,77) bis zur Einmündung in den Dortmund-Ems-Kanal bei Gleesen (Em-km 82,65/DEK-km 138,25) und von der Abzweigung aus dem Dortmund-Ems-Kanal bei Hanekenfähr (Em-km 84,41/DEK-km 139,97) bis zur Einmündung in den Dortmund-Ems-Kanal bei Meppen (Em-km124,10/DEK-km 166,59);
7. die **Hase** (Ha) von oberhalb der Einmündung des Ems-Hase-Kanals (Ha-km 165,02) bis zur Einmündung in den Dortmund-Ems-Kanal (Ha-km 165,94);
8. der **Küstenkanal** (KüK) von 140,00 m unterhalb der Amalienbrücke in Oldenburg (KüK-km 0,00), einschließlich **Hunte** von der Einmündung des Landesgewässers Hunte bis 140,00 m unterhalb der Amalienbrücke in Oldenburg, bis zur Einmündung in den Dortmund-Ems-Kanal (Ems) bei Dörpen (KüK-km 69,63/

DEK-km 202,55) mit Stichkanal Dörpen von km 64,47 bis km 65,36 (Abzweigung aus dem Küstenkanal bei KüK-km 64,16);

9. der **Elisabethfehnkanal** (EFK) von der Abzweigung aus dem Küstenkanal bei Kampe (EFK-km 0,04/KüK-km 29,30) bis zur Einmündung in die Sagter Ems (EFK-km 14,83);
10. die **Leda** (Ld) von der Einmündung der Sagter Ems (Ld-km 0,56) bis zur Einfahrt in den Vorhafen der Seeschleuse Leer (Ld-km 22,94) und die **Sagter Ems** (SEm) von der Einmündung des Elisabethfehnkanals (SEm-km 0,00) bis zur Leda (Ld-km 0,56);
11. der **Ems-Seitenkanal** (EmK) von der Abzweigung aus der Ems in Oldersum (UEm-km 30,34/EmK-km 256,28) bis zum Unterhaupt der Borßumer Schleuse in Emden (EmK-km 265,34);
12. der **Mittellandkanal** (MLK) von der Abzweigung aus dem Dortmund-Ems-Kanal bei Bergeshövede (MLK-km 0,01/DEK-km 108,36) bis zur Einmündung in den Elbe-Havel-Kanal bei Hohenwarthe (MLK/EHK-km 325,70) mit Erste Fahrten, Stichkanal Ibbenbüren bis km 1,11, Stichkanal Osnabrück bis km 13,01, Verbindungskanal Nord zur Weser, Verbindungskanal Süd zur Weser, Stichkanal Hannover-Linden bis km 10,75 nebst Verbindungskanal zur Leine, Stichkanal Misburg bis km 0,92, Stichkanal Hildesheim bis km 14,40, Stichkanal Salzgitter bis km 17,96, Rothenseer Verbindungskanal (zur Elbe);
13. der **Elbe-Seitenkanal** (ESK) von der Abzweigung aus dem Mittellandkanal bei Edesbüttel (ESK-km 0,04/MLK-km 233,65) bis zur Einmündung in die Elbe (El) bei Artlenburg (ESK-km 115,18/El-km 572,97) und
14. der **Elbe-Havel-Kanal** (EHK) von dem Übergang aus dem Mittellandkanal bei Hohenwarthe (MLK/EHK-km 325,70) bis zum Abzweig aus der Unteren Havel-Wasserstraße (EHK-km 380,90) einschließlich Großer Wendsee mit Niegripper Verbindungskanal (zur Elbe), Niegripper Altkanal bis km 0,45, Pareyer Verbindungskanal (zur Elbe) nebst Baggerelbe, Bergzower Altkanal (BAK) von BAK-km 28,62 bis zur Einmündung in den Elbe-Havel-Kanal (BAK-km 30,04/EHK-km 355,16), Altenplathower Altkanal, Roßdorfer Altkanal, Woltersdorfer Altkanal, Wasserstraße Kleiner Wendsee-Wusterwitzer See (WWW) von der Einmündung in den Elbe-Havel-Kanal (WWW-km 0,50/EHK-km 378,99) bis Wusterwitz (WWW-km 3,93).

§ 15.02 Abmessungen der Fahrzeuge und Verbände, Abladetiefe

1. Ein Fahrzeug oder ein Verband darf folgende Abmessungen und Abladetiefen nicht überschreiten:

Binnenschifffahrtsstraße		Länge m	Breite m	Abladetiefe m
1.1	**Ruhr**			
1.1.1	km 0,00 (Ruhrmündung) bis km 12,21 (oberhalb der Schlossbrücke in Mülheim)			
	Fahrzeug/Verband	38,00	5,20	1,70
	soweit nachfolgend nicht etwas anderes festgelegt ist			
1.1.2	km 0,00 (Ruhrmündung) bis km 0,80			
	a) Fahrzeug	135,00	12,00	3,00
	b) Verband	193,00	22,90	3,00
	- die zulässige Abladetiefe darf überschritten werden, wenn der Wasserstand des Rheins eine größere Abladetiefe gestattet, die Vorschrift des § 1.07 Nummer 1 bleibt unberührt; die zulässige Abladetiefe verringert sich, wenn der Wasserstand des Rheins am Pegel Ruhrort unter die Marke 290 sinkt, um das Maß des jeweiligen Absinkens des Wasserstandes -			
1.1.3	km 0,80 bis km 1,90			
	a) Fahrzeug	135,00	12,00	3,00
	b) Verband	186,50	12,00	3,00
	- die zulässige Abladetiefe darf überschritten werden, wenn der Wasserstand des Rheins eine größere Abladetiefe gestattet, die Vorschrift des § 1.07 Nummer 1 bleibt unberührt; die zulässige Abladetiefe verringert sich, wenn der Wasserstand des Rheins am Pegel Ruhrort unter die Marke 290 sinkt, um das Maß des jeweiligen Absinkens des Wasserstandes -			
1.1.4	km 1,90 bis km 2,80 (Ruhrschleuse Duisburg)			
	a) Fahrzeug	135,00	12,00	3,00
	b) Verband	186,50	12,00	3,00
	- die zulässige Abladetiefe verringert sich, wenn der Wasserstand des Rheins am Pegel Ruhrort unter die Marke 290 sinkt, um das Maß des jeweiligen Absinkens des Wasserstandes -			
1.1.5	km 2,80 bis km 4,52			
	a) Fahrzeug	135,00	12,00	3,00
	b) Verband	186,50	12,00	3,00
1.1.6	km 4,52 bis km 11,65			
	Fahrzeug/Verband	135,00	12,00	3,00

Binnenschifffahrtsstraße		Länge m	Breite m	Abladetiefe m

Ein Fahrzeug oder ein Schubverband mit jeweils einer Länge von mehr als 90,00 m oder einer Breite von mehr als 9,65 m oder mit einer Abladetiefe von mehr als 2,50 m darf nur fahren, wenn es oder er mit einer aktiven Bugsteuereinrichtung oder einem Zweischraubenantrieb und einer Sprechverbindung zwischen Steuerstand und Spitze des Fahrzeugs oder Verbandes ausgerüstet ist.

1.2 **Rhein-Herne-Kanal**

1.2.1 km 0,16 (Ruhrorter Hafen) bis km 45,60 (Dortmund-Ems-Kanal) mit **Verbindungskanal zur Ruhr**

		Länge m	Breite m	Abladetiefe m
	a) Fahrzeug	110,00	9,65	2,60
		135,00	11,45	2,50
	b) Verband	165,00	9,65	2,60
		186,50	11,45	2,50

- von km 0,16 (Ruhrorter Hafen) bis km 0,65 (Schleuse Duisburg-Meiderich) verringert sich

a) die zulässige Abladetiefe von 2,60 m, wenn der Wasserstand des Rheins am Pegel Ruhrort unter die Marke 220 sinkt, und

b) die zulässige Abladetiefe von 2,50 m, wenn der Wasserstand des Rheins am Pegel Ruhrort unter die Marke 210 sinkt,

um das Maß des jeweiligen Absinkens des Wasserstandes, zwischen km 39,97 (Hafen Victor) und km 45,60 (Dortmund-Ems-Kanal) darf ein Fahrzeug mit einer Breite über 9,65 m oder ein Verband mit einer Länge über 165,00 m oder einer Breite über 9,65 m nur in der in § 15.06 Nummer 6 Buchstabe b festgelegten Zeit und Richtung fahren -

soweit nachfolgend nicht etwas anderes festgelegt ist

1.2.2 km 0,16 bis km 0,65 (Schleuse Duisburg-Meiderich)

		Länge m	Breite m	Abladetiefe m
	a) Fahrzeug	135,00	11,45	3,00
	b) Verband	186,50	11,45	3,00

- die zulässigen Abaldetiefen verringern sich, wenn der Wasserstand des Rheins am Pegel Ruhrort

a) bei einer Abladetiefe von 3,00 m unter die Marke 260,

b) bei einer Abladetiefe von 2,80 m unter die Marke 240,

c) bei einer Abladetiefe von 2,60 m unter die Marke 220 und

d) bei einer Abladetiefe von 2,50 m unter die Marke 210 sinkt,

um das Maß des jeweiligen Absinkens des Wasserstandes -

1.2.3 km 0,65 bis km 1,07

		Länge m	Breite m	Abladetiefe m
	a) Fahrzeug	135,00	11,45	3,00
	b) Verband	186,50	11,45	3,00

Binnenschifffahrtsstraße		Länge m	Breite m	Abladetiefe m
1.2.4	km 1,07 bis km 24,53 mit **Verbindungskanal zur Ruhr**			
	a) Fahrzeug	135,00	11,45	2,80
	b) Verband	186,50	11,45	2,80

Ein Fahrzeug oder ein Schubverband mit jeweils einer Länge von mehr als 90,00 m oder einer Breite von mehr als 9,65 m oder mit einer Abladetiefe von mehr als 2,50 m darf nur fahren, wenn es oder er mit einer aktiven Bugsteuereinrichtung oder einem Zweischraubenantrieb und einer Sprechverbindung zwischen Steuerstand und Spitze des Fahrzeugs oder Schubverbandes ausgerüstet ist.

1.3	**Wesel-Datteln-Kanal**			
1.3.1	km 0,24 (Rhein) bis km 60,23 (Dortmund-Ems-Kanal)			
	a) Fahrzeug	135,00	11,45	2,80
	b) Verband	186,50	11,45	2,80

- von km 0,24 (Rhein) bis km 0,90 (Rhein-Lippe-Hafen) darf die zulässige Abladetiefe überschritten werden, wenn der Wasserstand des Rheins eine größere Abladetiefe gestattet; die Vorschrift des § 1.07 Nummer 1 bleibt unberührt, von km 0,24 bis km 1,85 (Schleuse Friedrichsfeld) verringert sich die zulässige Abladetiefe, wenn der Wasserstand des Rheins am Pegel Wesel unter die Marke 200 sinkt, um das Maß des jeweiligen Absinkens des Wasserstandes - soweit nachfolgend nicht etwas anderes festgelegt ist

1.3.2	km 0,24 bis km 0,90 (Rhein-Lippe-Hafen)			
	Verband	193,00	22,90	2,80

- die zulässige Abladetiefe darf überschritten werden, wenn der Wasserstand des Rheins eine größere Abladetiefe gestattet, die Vorschrift des § 1.07 Nummer 1 bleibt unberührt; die zulässige Abladetiefe verringert sich, wenn der Wasserstand des Rheins am Pegel Wesel unter die Marke 200 sinkt, um das Maß des jeweiligen Absinkens des Wasserstandes -

Ein Fahrzeug oder ein Schubverband mit jeweils einer Länge von mehr als 90,00 m oder einer Breite von mehr als 9,65 m oder mit einer Abladetiefe von mehr als 2,50 m darf nur fahren, wenn es oder er mit einer aktiven Bugsteuereinrichtung oder einem Zweischraubenantrieb und einer Sprechverbindung zwischen Steuerstand und Spitze des Fahrzeugs oder Schubverbandes ausgerüstet ist.

1.4	**Datteln-Hamm-Kanal**			
1.4.1	km 0,06 (Dortmund-Ems-Kanal) bis km 47,20			
	Fahrzeug/Verband	86,00	9,65	2,50

soweit nachfolgend nicht etwas anderes festgelegt ist

Binnenschifffahrtsstraße		Länge m	Breite m	Abladetiefe m
1.4.2	km 0,06 bis km 8,60 (Stumm-Hafen)			
	a) Fahrzeug	135,00	11,45	2,80
	b) Verband	186,50	11,45	2,80
1.4.3	km 8,60 bis km 11,30 (Hafen Lünen)			
	a) Fahrzeug	135,00	11,45	2,80
	b) Verband	186,00	11,45	2,80
1.4.4	km 11,30 bis km 35,87 (Schleuse Hamm)			
	a) Fahrzeug	135,00	11,45	2,70
	b) Verband	186,00	11,45	2,70

Ein Fahrzeug oder ein Schubverband mit jeweils einer Länge von mehr als 90,00 m oder einer Breite von mehr als 9,65 m oder mit einer Abladetiefe von mehr als 2,50 m darf nur fahren, wenn es oder er mit einer aktiven Bugsteuereinrichtung oder einem Zweischraubenantrieb und einer Sprechverbindung zwischen Steuerstand und Spitze des Fahrzeugs oder Verbandes ausgerüstet ist.

1.5	**Dortmund-Ems-Kanal**			
1.5.1	km 1,44 (Hafen Dortmund) bis km 225,82 (Papenburg) einschließlich Hase und Ems			
	Fahrzeug/Verband	90,00	9,65	2,50
	soweit nachfolgend nicht etwas anderes festgelegt ist			
1.5.2	km 1,44 bis km 21,50 und km 15,45 (Rhein-Herne-Kanal) bis km 15,96)			
	a) Fahrzeug	135,00	11,45	2,80
	b) Verband	186,50	11,45	2,80
1.5.3	km 21,50 bis km 81,90 (Bockholt)			
	a) Fahrzeug	110,00	10,60	2,50
	b) Verband	110,00	10,60	2,50
		165,00	9,65	2,50
1.5.4	km 81,90 bis km 108,50			
	a) Fahrzeug	110,00	11,45	2,80
	b) Verband	186,00	11,45	2,80
1.5.5	km 108,50 bis km 138,00 (Gleesen)			
	Fahrzeug/Verband	100,00	9,65	2,70
1.5.6	km 138,00 bis km 225,82 (Papenburg) einschließlich Hase und Ems			
	Fahrzeug/Verband	100,00	9,65	2,70
		90,00	10,60	2,60

Ein Fahrzeug oder ein Schubverband mit jeweils einer Länge von mehr als 90,00 m oder einer Breite von mehr als 9,65 m oder mit einer Abladetiefe von mehr als 2,50 m darf nur fahren, wenn es oder er mit einer aktiven Bugsteuereinrichtung oder einem Zweischraubenantrieb und einer Sprechverbindung zwischen Steuerstand und Spitze des Fahrzeugs oder Verbandes ausgerüstet ist.

Binnenschifffahrtsstraße		Länge m	Breite m	Abladetiefe m
1.6	**Ems oberhalb Gleesen** (km 82,65)			
	Fahrzeug	26,00	5,20	je nach Wasserstand
1.8	**Küstenkanal**			
1.8.1	km 0,00 (140,00 m unterhalb der Amalienbrücke in Oldenburg) bis km 69,63 (Dortmund-Ems-Kanal, Ems) einschließlich Hunte			
	Fahrzeug/Verband	100,00	9,65	je nach Wasserstand bis 2,50
		90,00	10,60	je nach Wasserstand bis 2,30
	soweit nachfolgend nicht etwas anderes festgelegt ist			
1.8.2	km 1,71 (Schleuse Oldenburg) bis km 64,00 (Dörpen)			
	Fahrzeug/Verband	100,00	9,65	2,50
		90,00	10,60	2,30
1.8.3	km 64,00 bis km 69,63 (Dortmund-Ems-Kanal) mit Stichkanal Dörpen			
	Fahrzeug/Verband	100,00	9,65	2,70
		90,00	10,60	2,60
	Ein Fahrzeug oder ein Schubverband mit jeweils einer Länge von mehr als 90,00 m oder mit einer Abladetiefe von mehr als 2,50 m darf nur fahren, wenn es oder er mit einer aktiven Bugsteuereinrichtung oder einem Zweischraubenantrieb und einer Sprechverbindung zwischen Steuerstand und Spitze des Fahrzeugs oder Verbandes ausgerüstet ist			
1.9	**Elisabethfehnkanal**			
	Fahrzeug	20,00	4,50	0,90
1.10	**Leda** und **Sagter Ems**			
	Fahrzeug	20,00	4,50	1,20 bezogen auf MThw
1.11	**Ems-Seitenkanal**			
	Fahrzeug/Schubverband	67,00	8,20	je nach Wasserstand 1,55 bis 2,00
1.12	**Mittellandkanal**			
1.12.1	ausgebaute Strecken des Mittellandkanals			
	a) Fahrzeug	110,00	11,45	2,80
	b) Schubverband	185,00	11,45	2,80

Binnenschifffahrtsstraße		Länge m	Breite m	Abladetiefe m
1.12.2	nicht ausgebaute Strecken des Mittellandkanals			
1.12.2.1	westlich km 318,50 mit **Stichkanal Ibbenbüren**			
	Fahrzeug/Verband	91,00	8,25	2,20
		85,00	9,00	2,20
		85,00	9,60	2,00
	soweit nachfolgend nicht etwas anderes festgelegt ist			
1.12.2.2	km 235,89 bis km 318,50			
	Schubverband	147,00	9,00	2,10
	- ein Schubverband mit einer Länge von mehr als 125,00 m darf nur fahren, wenn er mit einer aktiven Bugsteuereinrichtung oder einem Zweischraubenantrieb ausgerüstet ist -			
1.12.3	**Stichkanäle Osnabrück, Hannover-Linden, Misburg und Hildesheim**			
1.12.3.1.1	**Stichkanal Osnabrück**			
	km 0,00 bis km 13,01			
	Fahrzeug/Schubverband	82,00	9,60	2,30
	soweit nachfolgend nicht etwas anderes festgelegt ist			
1.12.3.1.2	km 0,00 bis km 12,25 (Einfahrt in den Ölhafen)			
	Fahrzeug/Schubverband	82,00	9,60	2,80
1.12.3.2	**Stichkanal Hannover-Linden**			
1.12.3.2.1	km 0,00 bis km 10,75			
	Fahrzeug/Schubverband	82,00	9,60	2,30
	soweit nachfolgend nicht etwas anderes festgelegt ist			
1.12.3.2.2	km 0,00 bis km 9,50 (Unterwasser Hafenschleuse Hannover-Linden)			
	Fahrzeug/Schubverband	85,00	9,60	2,30
1.12.3.3	Stichkanal Misburg			
	a) Fahrzeug	110,00	11,45	2,80
	b) Schubverband	185,00	11,45	2,80
1.12.3.4	**Stichkanal Hildesheim**			
	Fahrzeug/Schubverband	82,00	9,60	2,30
1.12.4	**Verbindungskanal Nord zur Weser**			
	Fahrzeug/Schubverband	85,00	9,60	2,50
1.12.5	**Verbindungskanal Süd zur Weser**			
	Fahrzeug/Schubverband	82,00	9,60	2,50
1.12.6	**Stichkanal Salzgitter**			
1.12.6.1	bei Benutzung der am Ostufer gelegenen Schleusen			
	a) Fahrzeug	110,00	9,60	2,80
		110,00	10,60	2,65

	Binnenschifffahrtsstraße	Länge m	Breite m	Abladetiefe m
	b) Schubverband	110,00	11,45	2,50
		185,00	9,60	2,80
		185,00	10,60	2,65
		185,00	11,45	2,50
1.12.6.2	bei Benutzung der am Westufer gelegenen Schleusen			
	a) Fahrzeug	110,00	9,60	2,50
		110,00	11,45	2,20
	b) Schubverband	185,00	9,60	2,50
		185,00	11,45	2,20
1.12.7	**Rothenseer Verbindungskanal**			
1.12.7.1	Rothenseer Verbindungskanal Altstrecke mit Schiffshebewerk Rothensee km 0,12 bis km 1,00			
	Fahrzeug/Verband	82,00	9,50	1,90
		82,00	9,00	2,10
1.12.7.2	Rothenseer Verbindungskanal mit Schiffsschleuse km 0,19 bis km 4,76 (Niedrigwasserschleuse Magdeburg)			
1.12.7.2.1	bei in Betrieb befindlicher Niedrigwasserschleuse Magdeburg			
	a) Fahrzeug	110,00	11,45	2,80
	b) Verband	185,00	11,45	2,80
1.12.7.2.2	bei nicht in Betrieb befindlicher Niedrigwasserschleuse Magdeburg			
	a) Fahrzeug	110,00	11,45	je nach Fahrrinnentiefe
	b) Verband	185,00	11,45	je nach Fahrrinnentiefe
	- die Fahrrinnentiefe richtet sich vom unteren Vorhafen der Schleuse Rothensee und vom unteren Vorhafen des Schiffshebewerkes Rothensee bis zur Niedrigwasserschleuse Magdeburg nach dem Wasserstand; die geringste Fahrrinnentiefe wird von der zuständigen Behörde täglich bekannt gemacht; bei der Wahl der Abladetiefe sind die bekannt gemachten Fahrrinnentiefen und die aktuelle Wasserstandsentwicklung zu berücksichtigen -			
1.12.7.3	km 4,76 (Niedrigwasserschleuse Magdeburg) bis km 5,53 (Elbe)			
	a) Fahrzeug	110,00	11,45	je nach Fahrrinnentiefe
	b) Verband	100,00	19,20	je nach Fahrrinnentiefe
		185,00	11,45	je nach Fahrrinnentiefe

Binnenschifffahrtsstraße		Länge m	Breite m	Abladetiefe m
	– die Fahrrinnentiefe richtet sich von der Niedrigwasserschleuse Magdeburg bis zur Einmündung in die Elbe nach dem Wasserstand; die geringste Fahrrinnentiefe wird von der zuständigen Behörde täglich bekannt gemacht; bei der Wahl der Abladetiefe sind die bekannt gemachten Fahrrinnentiefen und die aktuelle Wasserstandsentwicklung zu berücksichtigen –			
1.13	**Elbe-Seitenkanal**			
1.13.1	von km 0,00 bis km 115,18 (Einmündung in die Elbe)			
	a) Fahrzeug	100,00	11,45	2,80
	b) Schubverband	185,00	11,45	2,80
	soweit nachfolgend nicht etwas anderes festgelegt ist			
1.13.2	von km 0,00 bis km 100,23 (Hafen Lüneburg)			
	Fahrzeug	110,00	11,45	2,80
1.14	**Elbe-Havel-Kanal**			
1.14.1	km 325,70 (Unterwasser Schleuse Hohenwarthe) bis km 380,90 (Untere Havel-Wasserstraße) mit Großem Wendsee ohne Schleuse Niegripp und Schleuse Parey			
	a) Fahrzeug	80,00	9,00	2,00
		86,00	8,25	2,00
	b) Schubverband	80,00	9,00	2,00
		125,00	8,25	2,00
	soweit nachfolgend nicht etwas anderes festgelegt ist			
1.14.2	**Niegripper Verbindungskanal**			
1.14.2.1	km 0,10 (Elbe-Havel-Kanal) bis Schleuse Niegripp			
	a) Fahrzeug	110,00	11,45	2,80
	b) Verband	185,00	11,45	2,80
1.14.2.2	Schleuse Niegripp bis km 1,55 (Elbe)			
	a) Fahrzeug	110,00	11,45	je nach Fahrrinnentiefe der Elbstrecke 6
	b) Verband	145,00	22,90	je nach Fahrrinnentiefe der Elbstrecke 6
		185,00	11,45	je nach Fahrrinnentiefe der Elbstrecke 6
	– die Fahrrinnentiefe richtet sich vom unteren Vorhafen der Schleuse Niegripp bis zur Einmündung in die Elbe nach dem Wasserstand; die geringste Fahrrinnentiefe wird von der zuständigen Behörde täglich bekannt gemacht; bei der Wahl der Abladetiefe sind die			

	Binnenschifffahrtsstraße	Länge m	Breite m	Abladetiefe m
	bekannt gemachten Fahrrinnentiefen und die aktuelle Wasserstandsentwicklung zu berücksichtigen –			
1.14.3	**Pareyer Verbindungskanal**			
1.14.3.1	km 0,01 (Elbe) bis km 0,70 (bei Schleuse Parey)			
	a) Fahrzeug	86,00	9,60	je nach Fahrrinnentiefe der Elbstrecke 7
	b) Verband	86,00	9,60	je nach Fahrrinnentiefe der Elbstrecke 7
		125,00	8,25	je nach Fahrrinnentiefe der Elbstrecke 7
	– die Fahrrinnentiefe richtet sich von der Einmündung in die Elbe bis zum unteren Vorhafen der Schleuse Parey nach dem Wasserstand; die geringste Fahrrinnentiefe wird von der zuständigen Behörde täglich bekannt gemacht; bei der Wahl der Abladetiefe sind die bekannt gemachten Fahrrinnentiefen und die aktuelle Wasserstandsentwicklung zu berücksichtigen –			
1.14.3.2	km 0,70 bis km 0,90 (bei Schleuse Parey)			
	Fahrzeug/Verband	70,00	8,20	1,85
	Bei einem Stand des Elbpegels der Schleuse Parey kleiner als 3,70 m			
	a) Fahrzeug	86,00	8,20	1,85
	b) Verband	91,00	8,20	1,85
1.14.3.3	km 0,90 (bei Schleuse Parey) bis km 1,80 (Kiesladestelle) mit **Baggerelbe** bis km 0,31			
	a) Fahrzeug	80,00	9,00	2,00
		86,00	8,25	2,00
	b) Verband	80,00	9,00	2,00
		125,00	8,25	2,00
1.14.3.4	km 1,80 (Kiesladestelle) bis km 3,34 (Elbe-Havel-Kanal)			
	a) Fahrzeug	80,00	9,00	2,50
		86,00	8,25	2,50
	b) Verband	80,00	9,00	2,50
		125,00	8,25	2,50
1.14.4	**Roßdorfer Altkanal**			
	km 0,12 (westliche Abzweigung aus dem Elbe-Havel-Kanal) bis km 0,90			

Binnenschifffahrtsstraße		Länge m	Breite m	Abladetiefe m
	a) Fahrzeug	80,00	8,25	1,75
	b) Schubverband	82,00	8,25	1,75
1.14.5	**Wasserstraße Kleiner Wendsee-Wusterwitzer See**			
	Fahrzeug/Schubverband	46,00	6,60	je nach Wasserstand

2. Die Abmessungen und Abladetiefen für Verbände nach Nummer 1, ausgenommen Nummer 1.5.3, 1.8 und 1.12.2, gelten auch für Gelenkverbände. Die Abmessungen und Abladetiefen für Fahrzeuge nach Nummer 1.5.3, 1.8 und 1.12.2 gelten auch für die in einen Gelenkverband eingestellten Fahrzeuge, wobei die Gesamtlänge des Gelenkverbandes auf dem **Dortmund-Ems-Kanal** die Nutzlänge der vorhandenen Schleusen nicht überschreiten darf.
3. Die Abmessungen und Abladetiefen nach Nummer 1.14 gelten nicht auf den Stich- und Altkanälen, Nebenarmen und sonstigen Nebenwasserstraßen des **Elbe-Havel-Kanals**, soweit diese nicht gesondert aufgeführt sind.

§ 15.03 Zusammenstellung der Verbände

1. Auf dem **Dortmund-Ems-Kanal** nördlich Bergeshövede einschließlich der Hase unterhalb der Einmündung des Dortmund-Ems-Kanals und der Ems von Meppen bis Herbrum dürfen in einen Schleppverband nur so viele Anhänge eingestellt werden, dass er in einer Schleusenkammer von 161,00 m Nutzlänge und 10,00 m Breite Platz findet.
2. Auf der **Leda** und **Sagter Ems** darf nur ein Fahrzeug im Anhang geschleppt werden.
3. Auf dem **Rothenseer Verbindungskanal**, dem **Elbe-Havel-Kanal**, dem **Niegripper Verbindungskanal** und dem **Pareyer Verbindungskanal** dürfen in einen Schleppverband höchstens zwei Anhänge eingestellt werden, wenn das schleppende Fahrzeug oder der schleppende Schubverband jeweils eine Länge von 80,00 m nicht überschreitet.
4. Die Schlepptrossen zum ersten Anhang dürfen nicht länger als 100,00 m sein; die übrigen Schlepptrossen sollen jeweils nicht länger als das Fahrzeug sein.
5. Fahrzeuge, ausgenommen Kleinfahrzeuge, dürfen nur zum Abschleppen eines beschädigten Fahrzeugs, zu einem kurzen Verholen oder mit Erlaubnis der zuständigen Behörde gekuppelt fahren.
   Satz 1 gilt nicht
   a) auf dem **Rhein-Herne-Kanal**, wenn die Gesamtbreite der gekuppelten Fahrzeuge die nach § 15.02 Nummer 1.2 zulässige Fahrzeugbreite nicht überschreitet,
   b) in den Mündungsstrecken der **Ruhr** von km 0,00 bis km 0,80 und des **Wesel-Datteln-Kanals** von km 0,24 bis km 0,90 bis zu einer Breite von 22,90 m,

c) auf dem **Rothenseer Verbindungskanal** von der Einfahrt in den Hafen (km 3,96) bis zur Elbe (km 5,53),
d) auf dem **Niegripper Verbindungskanal** von der Elbe (km 1,50) bis zur Schleuse Niegripp.

§ 15.04 Fahrgeschwindigkeit

1. Die zulässige Höchstgeschwindigkeit gegenüber dem Ufer beträgt für ein Fahrzeug oder einen Verband

a) auf	mit einer Abladetiefe von nicht mehr als 1,30 m km/h	mit einer Abladetiefe von mehr als 1,30 m km/h
dem **Rhein-Herne-Kanal**, der **Ruhr**, dem **Wesel-Datteln-Kanal**, dem **Dortmund-Ems-Kanal** einschließlich Schleusenkanälen der **Ems** unterhalb von Meppen, dem **Niegripper Verbindungskanal**, den ausgebauten Strecken des **Mittellandkanals**, des **Elbe-Havel-Kanals** – ausgenommen Großer Wendsee –, den ausgebauten Strecken des **Datteln-Hamm-Kanals**, dem **Stichkanal Salzgitter** und dem **Elbe-Seitenkanal**	12	10
den nicht ausgebauten Strecken des **Datteln-Hamm-Kanals**, dem **Küstenkanal** einschließlich **Hunte** mit **Stichkanal Dörpen**, den nicht ausgebauten Strecken des **Mittellandkanals** und dessen Stichkanälen und Verbindungskanälen, ausgenommen **Rothenseer Verbindungskanal**, den nicht ausgebauten Strecken des **Elbe-Havel-Kanals**, ausgenommen Großer Wendsee	10	8
der **Ems** oberhalb Gleesen, dem **Elisabethfehnkanal** und **Ems-Seitenkanal**	7	5

aa) für ein Fahrzeug ohne Anhang, das seiner Bauart nach ausschließlich zum Schleppen bestimmt ist, gilt die für ein Fahrzeug mit einer Abladetiefe von nicht mehr als 1,30 m festgesetzte zulässige Höchstgeschwindigkeit, bb) für ein Fahrzeug oder einen Schubverband von jeweils mehr als 90,00 m Länge oder von mehr als 9,60 m Breite oder mit einer Abladetiefe von mehr als 2,50 m gilt

aaa) auf dem **Wesel-Datteln-Kanal**, auf der **Ruhr** von der Ruhrschleuse bis km 11,65, auf dem **Rhein-Herne-Kanal** von der Schleusengruppe Gelsenkirchen bis zum Hafen Victor (km 39,97) und auf dem **Dortmund-Ems-Kanal** vom Hafen Dortmund (km 1,44) bis Datteln (km 21,50) 8 km/h,

bbb) auf dem **Rhein-Herne-Kanal** vom Hafen Victor (km 39,97) bis zum Dortmund-Ems-Kanal (km 45,60) 6 km/h,

ccc) auf dem **Verbindungskanal zur Ruhr** 5 km/h,

cc) für ein Fahrzeug oder einen Verband von jeweils mehr als 86,00 m Länge gilt bei einem Wasserstand der Hase von 120 cm und mehr am Pegel Hase-Hubbrücke in Meppen auf dem Dortmund-Ems-Kanal zwischen den Schleusen Meppen und Hüntel 12 km/h,

dd) für ein Fahrzeug oder einen Schubverband mit jeweils einer Abladetiefe von mehr als 2,50 m gilt auf dem Dortmund-Ems-Kanal zwischen Bergeshövede (km 108,50) und Papenburg (km 225,82) 8 km/h,

b) auf der **Leda** und **Sagter Ems** für ein Fahrzeug mit nicht mehr als 1,20 m Abladetiefe

aa) bei der Fahrt gegen den Strom 7 km/h,

bb) bei der Fahrt mit dem Strom 10 km/h,

c) auf dem **Rothenseer Verbindungskanal** 9 km/h,

d) auf dem **Pareyer Verbindungskanal** und dem **Roßdorfer Altkanal** 6 km/h,

e) auf den Seen: **Großer** und **Kleiner Wendsee**, **Wusterwitzer See** 12 km/h.

2. Abweichend von Nummer 1 Buchstabe a beträgt die zulässige Höchstgeschwindigkeit gegenüber dem Ufer auf den dort genannten Binnenschifffahrtsstraßen für ein Kleinfahrzeug 12 km/h.
   Satz 1 gilt nicht für den Elisabethfehnkanal und den Ems-Seitenkanal.
3. Abweichend von Nummer 1 Buchstabe a und Nummer 2 Satz 1 beträgt die zulässige Höchstgeschwindigkeit gegenüber dem Ufer auf den ausgebauten Strecken des **Mittellandkanals**, dem **Stichkanal Salzgitter** und auf dem **Elbe-Seitenkanal** für ein Kleinfahrzeug 15 km/h.

4. Abweichend von Nummer 1 Buchstabe e beträgt die zulässige Höchstgeschwindigkeit gegenüber dem Ufer für ein Sportfahrzeug mit Maschinenantrieb außerhalb des ufernahen Schutzstreifens 25 km/h.
   Als ufernaher Schutzstreifen gilt eine 100 m breite parallel zur Uferlinie (Land-Wasser-Übergang) verlaufende Wasserfläche.
5. Die zuständige Behörde kann für einzelne Strecken und aus einem besonderen Anlass abweichend von Nummer 2, 3 und 4 für ein Kleinfahrzeug höhere Geschwindigkeiten zulassen, wenn dadurch der Zustand und die Benutzung der Wasserstraße sowie der übrige Schiffsverkehr nicht beeinträchtigt werden.
6. Die Mindestgeschwindigkeit gegenüber dem Ufer beträgt für ein Fahrzeug oder einen Verband, ausgenommen Kleinfahrzeuge ohne Antriebsmaschine,
   a) auf den ausgebauten Strecken des **Mittellandkanals** und auf dem **Elbe-Seitenkanal** 6 km/h,
   b) auf den übrigen in Nummer 1 Buchstabe a und c genannten Binnenschifffahrtsstraßen, ausgenommen auf der Ems oberhalb Gleesen, dem Elisabethfehnkanal, dem Ems-Seitenkanal und auf den Flussstrecken 5 km/h.

   Die zuständige Behörde kann im Einzelfall die Mindestgeschwindigkeit herabsetzen, wenn dadurch die Sicherheit und Leichtigkeit des Verkehrs nicht beeinträchtigt wird.

§ 15.05 Bergfahrt

Als Bergfahrt gilt

auf dem, den oder der	die Fahrt in Richtung
Rhein-Herne-Kanal	Henrichenburg
Wesel-Datteln-Kanal	Datteln
Datteln-Hamm-Kanal	Schmehausen
Dortmund-Ems-Kanal	Dortmund
Küstenkanal	Dortmund-Ems-Kanal (Ems)
Stichkanal Dörpen	Endhafen
Elisabethfehnkanal	Küstenkanal
Ems-Seitenkanal	Oldersum
Mittellandkanal	Elbe-Havel-Kanal
Stichkanälen des Mittellandkanals	Endhäfen
Verbindungskanälen Nord und Süd zur Weser	Mittellandkanal
Rothenseer Verbindungskanal	Elbe
Elbe-Seitenkanal	Mittellandkanal
Elbe-Havel-Kanal	Untere Havel-Wasserstraße
Niegripper Verbindungskanal	Elbe-Havel-Kanal Pareyer

Verbindungskanal	Elbe-Havel-Kanal
Roßdorfer Altkanal (westliche Abzweigung)	Roßdorfer Altkanal (km 0,90)
Wasserstraße Kleiner Wendsee-Wusterwitzer See	Wusterwitz

§ 15.06 Begegnen

1. Beim Begegnen müssen Fahrzeuge und Verbände abweichend von den §§ 6.04 und 6.05 Backbord an Backbord vorbeifahren. Die Vorschriften des § 6.07 über das Begegnen im engen Fahrwasser bleiben unberührt.
2. Nummer 1 gilt nicht auf den Flussstrecken der **Ems** unterhalb Meppen. Für das Begegnen auf diesen Flussstrecken gelten die §§ 6.04 und 6.05, jedoch muss ein Bergfahrer einem Talfahrer auf Verlangen die tiefe Seite des Fahrwassers (Grube) überlassen und seine Fahrt zu diesem Zweck erforderlichenfalls verlangsamen oder einstellen.
3. Abweichend von Nummer 1 kann aus wichtigem Grund die Vorbeifahrt Steuerbord an Steuerbord verlangt werden, wenn dies ohne Gefahr möglich ist. In diesem Falle hat, unbeschadet des § 6.04 Nummer 3, die vorherige gegenseitige Verständigung mittels Sprechfunk zu erfolgen.
4. Auf den Binnenschifffahrtsstraßen

   a) **Ruhr** von km 5,60 bis km 7,45,
   Verbindungskanal zur Ruhr, von km 1,44 bis km 2,40,
   Dortmund-Ems-Kanal von km 9,50 bis km 12,30 und von km 13,00 bis km 13,90
   dürfen Fahrzeuge oder Verbände von jeweils mehr als 90,00 m Länge oder mehr als 9,65 m Breite oder mit einer Abladetiefe von mehr als 2,50 m und
   Ruhr von km 0,40 bis km 2,00
   dürfen Fahrzeuge oder Verbände von jeweils mehr als 100,00 m Länge einander nicht begegnen.
   Zu diesem Zweck sind folgende Bestimmungen zu beachten:
   aa) bei Annäherung an diese Strecken und beim Durchfahren dieser Strecken muss ein Fahrzeug oder ein Verband sich mehrmals auf Kanal 10 über Sprechfunk melden;
   bb) ist vorauszusehen, dass eine Begegnung mit einem zu Tal fahrenden Fahrzeug oder einem zu Tal fahrenden Verband stattfinden würde, muss das zu Berg fahrende Fahrzeug oder der zu Berg fahrende Verband unterhalb der Strecken anhalten, bis das zu Tal fahrende Fahrzeug oder der zu Tal fahrende Verband diese durchfahren hat;
   cc) ist ein zu Berg fahrendes Fahrzeug oder ein zu Berg fahrender Verband bereits vorher in die Strecken hineingefahren, so muss das zu Tal fahrende Fahrzeug oder der zu Tal fahrende Verband oberhalb der Strecken anhalten, bis das zu Berg fahrende Fahrzeug oder der zu Berg fahrende Verband diese durchfahren hat.

b) **Dortmund-Ems-Kanal** von km 3,00 bis km 6,90
darf ein Fahrzeug oder ein Verband von jeweils mehr als 90,00 m Länge oder mehr als 9,65 m Breite oder mit einer Abladetiefe von mehr als 2,50 m einem anderen Fahrzeug oder Verband, ausgenommen einem Kleinfahrzeug, nicht begegnen. Zu diesem Zweck muss dieses Fahrzeug oder dieser Verband sich bei Annäherung an diese Strecken mehrmals auf Kanal 10 über Sprechfunk melden. Es oder er darf in diese Strecken erst einfahren, wenn es oder er sich vergewissert hat, dass eine Begegnung mit einem anderen Fahrzeug und Verband ausgeschlossen ist.

5. Auf dem **Datteln-Hamm-Kanal**
   a) von km 11,40 bis km 15,00
      aa) darf ein Fahrzeug oder ein Verband, ausgenommen Kleinfahrzeuge oder ein Bilgenentölungsboot, ein Bunkerboot oder ein Fahrgastschiff mit jeweils einer Länge von nicht mehr als 42,00 m und einer Breite von nicht mehr als 6,50 m von km 13,00 bis km 15,00 die genannte Kanalstrecke jeweils nur in einer Richtung befahren, und zwar:
      in der **Bergfahrt** (von Datteln in Richtung Hamm)
      in der Zeit von 02:00 Uhr bis 03:00 Uhr,
      04:00 Uhr bis 05:00 Uhr,
      06:00 Uhr bis 07:00 Uhr,
      08:00 Uhr bis 09:00 Uhr,
      10:00 Uhr bis 11:00 Uhr,
      12:00 Uhr bis 13:00 Uhr,
      14:00 Uhr bis 15:00 Uhr,
      16:00 Uhr bis 17:00 Uhr,
      18:00 Uhr bis 19:00 Uhr,
      20:00 Uhr bis 21:00 Uhr,
      22:00 Uhr bis 23:00 Uhr,
      24:00 Uhr bis 01:00 Uhr;
      in der **Talfahrt** (von Hamm in Richtung Datteln)
      in der Zeit von 03:00 Uhr bis 04:00 Uhr,
      05:00 Uhr bis 06:00 Uhr,
      07:00 Uhr bis 08:00 Uhr,
      09:00 Uhr bis 10:00 Uhr,
      11:00 Uhr bis 12:00 Uhr,
      13:00 Uhr bis 14:00 Uhr,
      15:00 Uhr bis 16:00 Uhr,
      17:00 Uhr bis 18:00 Uhr,
      19:00 Uhr bis 20:00 Uhr,
      21:00 Uhr bis 22:00 Uhr,
      23:00 Uhr bis 24:00 Uhr,
      01:00 Uhr bis 02:00 Uhr;

bb) ein Fahrzeug oder ein Verband, das oder der sein Fahrtziel bis zum Ablauf des für ihre Fahrtrichtung festgesetzten Zeitraumes nicht erreichen kann, muss die Fahrt an einem geeigneten Liegeplatz rechtzeitig einstellen, bis die Weiterfahrt nach Doppelbuchstabe aa gestattet ist;

cc) zur Abwehr von Gefahren für die Sicherheit und Leichtigkeit des Verkehrs kann die Fahrt auf der genannten Kanalstrecke abweichend von Doppelbuchstabe aa geregelt werden;

b) von km 35,87 bis Schmehausen (km 47,20)

aa) darf ein Fahrzeug oder ein Verband, ausgenommen Kleinfahrzeuge, auf der Kanalstrecke westlich der Schleuse Werries jeweils nur in einer Richtung fahren. Es oder er darf die Strecke nur befahren, wenn es oder er sich vor Fahrtbeginn bei den Schleusenaufsichten in Hamm und Werries gemeldet hat und diese die Fahrt freigegeben haben;

bb) darf ein Fahrzeug oder ein Verband, ausgenommen Kleinfahrzeuge, auf der Kanalstrecke östlich der Schleuse Werries jeweils nur in einer Richtung fahren. Während der Schleusenbetriebszeiten darf es oder er die Strecke nur befahren, wenn es oder er sich vor Fahrtbeginn bei der Schleusenaufsicht Werries gemeldet hat und diese die Fahrt freigegeben hat. Außerhalb der Schleusenbetriebszeiten ist bis zwei Stunden nach Ende der Schleusenbetriebszeit nur die Bergfahrt (von der Schleuse Werries in Richtung Schmehausen) und anschließend bis zum Beginn der Schleusenbetriebszeit nur die Talfahrt (von Schmehausen in Richtung Schleuse Werries) erlaubt. Dabei muss die Talfahrt spätestens eine Stunde vor Beginn der Schleusenbetriebszeit angetreten sein.

6. Auf dem **Rhein-Herne-Kanal**

a) von km 24,70 bis km 26,03 und von km 33,00 bis km 34,70
darf ein Fahrzeug mit einer Breite von mehr als 9,65 m oder ein Verband mit einer Länge von mehr als 165,00 m oder einer Breite von mehr als 9,65 m einem anderen Fahrzeug oder Verband, ausgenommen Kleinfahrzeugen, nicht begegnen. Zu diesem Zweck muss dieses Fahrzeug oder dieser Verband sich bei Annäherung an diese Strecken mehrmals auf Kanal 10 über Sprechfunk melden. Es oder er darf in diese Strecken erst einfahren, wenn es oder er sich vergewissert hat, dass eine Begegnung mit anderen Fahrzeugen und Verbänden ausgeschlossen ist;

b) vom Hafen Victor (km 39,97) bis zum Dortmund-Ems-Kanal (km 45,60) darf ein Fahrzeug oder ein Verband, ausgenommen Kleinfahrzeuge, die genannte Kanalstrecke in der Zeit von 22:00 Uhr bis 05:00 Uhr jeweils nur in einer Richtung befahren, und zwar:
in der **Talfahrt** (vom Dortmund-Ems-Kanal in Richtung Hafen Victor)
in der Zeit von 22:00 Uhr bis 00:30 Uhr,
02:00 Uhr bis 03:30 Uhr,

in der **Bergfahrt** (vom Hafen Victor in Richtung Dortmund-Ems-Kanal)
in der Zeit von 00:30 Uhr bis 02:00 Uhr,
03:30 Uhr bis 05:00 Uhr.

Ein Fahrzeug oder ein Verband, das oder der sein Fahrtziel bis zum Ablauf des für seine Fahrtrichtung festgesetzten Zeitraumes nicht erreichen kann, muss die Fahrt an einem geeigneten Liegeplatz rechtzeitig einstellen, bis die Weiterfahrt gestattet ist.

7. Auf dem **Dortmund-Ems-Kanal**
   a) von Höltingmühle (km 165,83) bis Roheide (km 168,45) dürfen Fahrzeuge oder Verbände mit einer Länge von mehr als 70,00 m bei einem Wasserstand der Hase unter 200 cm am Pegel der Hase-Hubbrücke in Meppen einander nicht begegnen. Zu diesem Zweck sind folgende Bestimmungen zu beachten:
      aa) bei Annäherung an diese Strecke und beim Durchfahren der Strecke muss ein solches Fahrzeug oder ein solcher Verband sich mehrmals auf Kanal 10 über Sprechfunk melden;
      bb) ist vorauszusehen, dass eine Begegnung mit einem zu Tal fahrenden Fahrzeug oder einem zu Tal fahrenden Verband stattfinden würde, muss das zu Berg fahrende Fahrzeug oder der zu Berg fahrende Verband unterhalb der Strecke anhalten, bis das zu Tal fahrende Fahrzeug oder der zu Tal fahrende Verband diese durchfahren hat;
      cc) ist ein zu Berg fahrendes Fahrzeug oder ein zu Berg fahrender Verband bereits vorher in die Strecke eingefahren, so muss das zu Tal fahrende Fahrzeug oder der zu Tal fahrende Verband oberhalb der Strecke anhalten, bis das zu Berg fahrende Fahrzeug oder der zu Berg fahrende Verband diese durchfahren hat;
   b) Zwischen den Schleusen Meppen und Hüntel
      aa) darf bei einem Wasserstand der Hase von 130 cm und mehr am Pegel der Hase-Hubbrücke in Meppen ein Fahrzeug oder ein Schubverband von jeweils mehr als 86,00 m Länge jeweils nur in einer Richtung fahren. Es oder er darf in diese Strecke erst einfahren, wenn die Schleusenaufsichten in Meppen und Hüntel die Fahrt freigegeben haben;
      bb) dürfen bei einem Wasserstand der Hase von 200 cm und mehr am Pegel der Hase-Hubbrücke in Meppen alle Fahrzeuge und Verbände, ausgenommen Kleinfahrzeuge, jeweils nur in einer Richtung fahren. Sie dürfen in diese Strecke erst einfahren, wenn die Schleusenaufsichten in Meppen und Hüntel die Fahrt freigegeben haben.
8. Auf dem **Küstenkanal** von der Liegestelle Hundsmühlen (km 5,37) bis zur Liegestelle Kampe (km 27,36)
   a) muss ein Fahrzeug oder ein Verband beim Begegnen die Geschwindigkeit rechtzeitig so vermindern, dass schädlicher Wellenschlag oder schädliche Sogwirkung vermieden wird; es oder er muss sich während des Begegnens möglichst am Rande des Fahrwassers halten;

b) dürfen Fahrzeuge oder Verbände mit jeweils einer Breite von mehr als 8,70 m und einer Abladetiefe von mehr als 2,15 m einander nicht begegnen. Zu diesem Zweck sind folgende Bestimmungen zu beachten:
   aa) bei Annäherung an diese Strecke und beim Durchfahren der Teilstrecken zwischen den Ausweichstellen
   Hundsmühlen (km 5,37 bis km 5,56, Südufer)
   Wardenburg (km 9,17 bis km 9,27, Nordufer)
   Jeddeloh (km 13,95 bis km 14,29, Südufer)
   Edewechterdamm (km 19,59 bis km 19,69, Nordufer)
   Ahrensdorf (km 23,25 bis km 23,35, Südufer)
   Kampe (km 27,26 bis km 27,36, Südufer)
   muss ein Fahrzeug oder ein Verband sich mehrmals auf Kanal 10 über Sprechfunk melden;
   bb) ist vorauszusehen, dass eine Begegnung mit einem zu Tal fahrenden Fahrzeug oder einem zu Tal fahrenden Verband stattfinden würde, muss das zu Berg fahrende Fahrzeug oder der zu Berg fahrende Verband in der nächsten Ausweichstelle festmachen, bis das zu Tal fahrende Fahrzeug oder der zu Tal fahrende Verband diese durchfahren hat;
   cc) ist ein zu Berg fahrendes Fahrzeug oder ein zu Berg fahrender Verband bereits vorher in die zwischen zwei Ausweichstellen liegende Strecke hineingefahren, muss das zu Tal fahrende Fahrzeug oder der zu Tal fahrende Verband in der nächsten Ausweichstelle festmachen, bis das zu Berg fahrende Fahrzeug oder der zu Berg fahrende Verband diese durchfahren hat.

9. Auf der **Kanalbrücke des Mittellandkanals (km 321,25 bis km 322,40)** ist das Begegnen verboten. Sie darf nur im Richtungsverkehr befahren werden. Der Richtungsverkehr wird in Funkselbstwahrschau über Sprechfunkkanal 10 (Verkehrskreis Schiff-Schiff) durchgeführt.
10. Auf dem **Pareyer Verbindungskanal** von der Kiesladestelle (km 1,80) bis zum Elbe-Havel-Kanal (km 3,29) darf ein Fahrzeug oder ein Verband mit jeweils einer Abladetiefe von mehr als 2,00 m einem anderen Fahrzeug oder Verband, ausgenommen Kleinfahrzeugen, nicht begegnen. Die er-forderlichen Absprachen sind in Funkselbstwahrschau über den ersten zugewiesenen Sprechfunkkanal Schiff-Schiff vor Antritt der Fahrt zu treffen.

§ 15.07 Überholen

1. Das Überholen ist verboten.
2. Abweichend von Nummer 1 ist das Überholen auf den ausgebauten Strecken des **Mittellandkanals**, ausgenommen der **Kanalbrücke des Mittellandkanals** (km 321,25 bis km 322,40), des **Datteln-Hamm-Kanals**, des **Rhein-Herne-Kanals**, des **Dortmund-Ems-Kanals** und des **Elbe-Havel-Kanals** sowie auf dem **Elbe-Seitenkanal** erlaubt.

3. Abweichend von Nummer 1 ist das Überholen bei Tag erlaubt:
   a) einem einzeln fahrenden Fahrzeug mit Maschinenantrieb, das ausschließlich zum Schleppen oder Schieben gebaut oder eingerichtet ist, ausgenommen auf der **Kanalbrücke des Mittellandkanals** (km 321,25 bis km 322,40);
   b) auf der **Ruhr** unterhalb des Verbindungskanals, auf dem **Rhein-Herne-Kanal** von der Schleusengruppe Gelsenkirchen bis zur Schleusengruppe Herne Ost, auf der **Leda** und **Sagter Ems**;
   c) auf dem **Rhein-Herne-Kanal** von der Schleusengruppe Herne Ost bis zum Dortmund-Ems-Kanal, den nicht ausgebauten Strecken des **Dortmund-Ems-Kanals** einschließlich der **Hase** unterhalb der Einmündung des Dortmund-Ems-Kanals und auf den unteren Schleusenkanälen der **Ems** zwischen Meppen und Herbrum, wenn ein Fahrzeug oder ein Verband jeweils die Abladetiefe von 1,70 m nicht überschreitet;
   d) auf der **Ems** unterhalb von Meppen:
      einem Bergfahrer auf den Flussstrecken allgemein, jedoch nicht bei einem Wasserstand der Hase von 200 cm und mehr am Pegel Hase-Hubbrücke in Meppen zwischen den Schleusen Meppen und Hüntel; einem Talfahrer auf den oberen Schleusenkanälen zwischen Meppen und Herbrum;
   e) auf dem **Wesel-Datteln-Kanal**, dem **Küstenkanal** mit dem **Stichkanal Dörpen** und auf den nicht ausgebauten Strecken des **Mittellandkanals** mit den **Stichkanälen** und den **Verbindungskanälen** zur Weser, wenn ein Fahrzeug oder ein Verband jeweils folgende Breiten und Abladetiefen nicht überschreitet:
      1,70 m bei einer Breite von 6,25 m,
      1,40 m bei einer Breite bis 8,20 m,
      1,30 m bei einer Breite bis 9,50 m;
   f) auf dem **Rothenseer Verbindungskanal** und dem **Elbe-Havel-Kanal**, wenn ein Fahrzeug oder ein Verband jeweils folgende Abmessungen und Abladetiefen nicht überschreitet:
      1,70 m bei einer Breite bis 6,20 m und einer Länge bis 42,00 m,
      1,60 m bei einer Breite bis 6,25 m und einer Länge bis 53,00 m,
      1,40 m bei einer Breite bis 8,25 m und einer Länge bis 80,00 m,
      1,30 m bei einer Breite bis 8,25 m und einer Länge bis 82,00 m.
4. Nummer 3 gilt nicht für ein Fahrzeug oder einen Verband von jeweils mehr als 90,00 m Länge oder von mehr als 9,60 m Breite oder mit einer Abladetiefe von mehr als 2,50 m auf der **Ruhr** von der Ruhrmündung bis oberhalb der Nordwbrücke Mülheim (km 11,65), auf dem **Rhein-Herne-Kanal**, auf dem **Wesel-Datteln-Kanal** und auf den nicht ausgebauten Strecken des **Dortmund-Ems-Kanals**.
5. Ein Kleinfahrzeug darf abweichend von Nummer 1 überholen und überholt werden, ausgenommen auf der **Kanalbrücke des Mittellandkanals** (km 321,25 bis km 322,40).

§ 15.08 Wenden
Ein Fahrzeug darf nur wenden, wenn das Manöver ohne Berührung der Ufer und Bauwerke ausgeführt werden kann.

§ 15.09 Ankern
(Keine besonderen Vorschriften)

§ 15.10 Stillliegen
1. Einem Kleinfahrzeug ist das Stillliegen an einer Liegestelle ohne Erlaubnis der zuständigen Behörde nur bis zu drei Tagen gestattet.
2. Ein Kleinfahrzeug soll möglichst nur an den Enden einer Liegestelle stillliegen.
3. Die nach § 3.20 vorgeschriebene Bezeichnung braucht nicht geführt zu werden, wenn das Fahrzeug an einer Liege- oder Umschlagstelle außerhalb des durchgehenden Kanalprofils stillliegt.
4. Auf dem **Datteln-Hamm-Kanal** von der Hammer Eisenbahnbrücke (km 35,87) bis Schmehausen (km 47,20) ist das Laufenlassen der Schiffsschrauben während des Stillliegens verboten.
5. Ein Wohnboot darf auf der **Leda** und **Sagter Ems** sowie auf dem **Ems-Seitenkanal** nur an einer von der zuständigen Behörde dafür freigegebenen Stelle stillliegen.

§ 15.11 Schifffahrt bei Hochwasser
(Keine besonderen Vorschriften)

§ 15.12 Schifffahrt bei Eis
(Keine besonderen Vorschriften)

§ 15.13 Nachtschifffahrt
(Keine besonderen Vorschriften)

§ 15.14 Einsatz von Trägerschiffsleichtern
(Keine besonderen Vorschriften)

§ 15.15 Meldepflicht
1. Der Schiffsführer eines Fahrzeugs oder Verbandes, das oder der dem ADN unterliegt, sowie der Schiffsführer eines Tankschiffs, eines Kabinenschiffs, eines Seeschiffs, eines Verbandes mit einer Länge von mehr als 140,00 m oder eines Sondertransportes nach § 1.21 muss sich vor Einfahrt in die **Ruhr**, den **Rhein-Herne-Kanal**, den **Wesel-Datteln-Kanal**, den **Datteln-Hamm-Kanal**, den **Küstenkanal** und den **Dortmund-Ems-Kanal** von Papenburg (km 225,82) bis zum Hafen Dortmund (km 1,44) auf dem im Handbuch Binnenschifffahrtsfunk (§ 1.10 Nummer 1 Buchstabe l) bekannt gegebenen Kanal des Verkehrskreises

Nautische Information bei der Funkstelle »Duisburg Revierzentrale« melden und folgende Angaben machen:

a) Schiffsgattung;
b) Schiffsname;
c) Standort, Fahrtrichtung;
d) Einheitliche europäische Schiffsnummer oder amtliche Schiffsnummer, bei Seeschiffen IMO-Schiffsidentifikationsnummer und Unterscheidungssignal;
e) Tragfähigkeit;
f) Länge und Breite des Fahrzeuges;
g) Art, Länge und Breite des Verbandes;
h) Fahrtroute;
i) Beladehafen;
j) Entladehafen;
k) bei gefährlichen Gütern nach ADN:
    aa) die UN-Nummer oder Stoffnummer,
    bb) die offizielle Benennung für die Beförderung, sofern zutreffend ergänzt durch die technische Bezeichnung,
    cc) die Klasse, den Klassifizierungscode und gegebenenfalls die Verpackungsgruppe,
    dd) die Gesamtmenge der gefährlichen Güter, für die diese Angaben gelten;
k[1]) bei anderen Gütern als Gefahrgütern: die Art der Ladung (Stoffname, Stoffmenge);
l) Anzahl der geführten blauen Lichter/blauen Kegel;
m) Anzahl der an Bord befindlichen Personen.

Abweichend von Satz 1 muss die Meldung auf dem **Küstenkanal** in der Bergfahrt beim Verlassen der Schleuse Oldenburg erfolgen. Auf besondere Anforderung der Funkstelle »Duisburg Revierzentrale« hat der Schiffsführer Angaben zum Tiefgang des von ihm geführten Fahrzeugs, Verbandes oder Sondertransportes nach § 1.21 zu machen. Die Begrenzungen der meldepflichtigen Strecken werden durch die Tafelzeichen B.11 (Anlage 7) mit einem Zusatzschild »Meldepflicht« kenntlich gemacht.

2. Die unter Nummer 1 Satz 1, ausgenommen Buchstabe c und m, genannten Angaben können auch von einer anderen Stelle oder Person rechtzeitig vor der Einfahrt des Fahrzeugs, Verbandes oder Sondertransportes nach § 1.21 in eine meldepflichtige Strecke schriftlich, telefonisch oder auf elektronischem Wege der Funkstelle »Duisburg Revierzentrale« mitgeteilt werden. Für einen Transport mit einer Ladung von mehr als zwei Gefahrgütern muss die Meldung schriftlich oder elektronisch abgegeben werden. In jedem Fall muss der Schiffsführer der Funkstelle »Duisburg Revierzentrale« melden, wenn er mit dem von ihm geführten Fahrzeug, Verband oder Sondertransport nach § 1.21 in eine meldepflichtige Strecke einfährt und diese wieder verlässt.
3. Unterbricht ein Fahrzeug, Verband oder Sondertransport nach § 1.21 die Fahrt innerhalb einer meldepflichtigen Strecke für mehr als zwei Stunden, muss der

Schiffsführer Beginn und Ende der Unterbrechung der Funkstelle »Duisburg Revierzentrale« melden.

4. Ändern sich die Angaben nach Nummer 1 während der Fahrt in einer meldepflichtigen Strecke, muss der Schiffsführer dies der Funkstelle »Duisburg Revierzentrale« unverzüglich mitteilen.
5. Ein Fahrzeug, ein Verband oder ein Sondertransport nach § 1.21, das oder der auf dem Rhein bereits eine Meldung nach § 12.01 Nummer 1 Rheinschifffahrtspolizeiverordnung abgegeben hat und in die meldepflichtige Strecke einfährt, muss der Funkstelle »Duisburg Revierzentrale« beim Vorbeifahren an den mit den Tafelzeichen B.11 (Anlage 7) gekennzeichneten Meldepunkten nur noch die unter Nummer 1 Satz 1 Buchstabe a bis d genannten Angaben mitteilen.

§ 15.16 Höhe der Brücken, sonstigen festen Überbauten und Freileitungen

1. Die Durchfahrtshöhe unter einer festen Brücke oder einem sonstigen festen Überbau beträgt bei normalem Kanalwasserstand
   a) auf der **Ruhr** (bei Normalstau)
      aa) unterhalb km 11,65 — 6,50 m
      bb) oberhalb km 11,65 — 4,75 m
   b) auf dem **Rhein-Herne-Kanal** — 4,50 m
   c) auf dem **Wesel-Datteln-Kanal** — 4,50 m
   d) auf dem **Dortmund-Ems-Kanal**
      aa) vom Hafen Dortmund (km 1,44) bis Datteln (km 21,50) — 4,50 m
      bb) von km 21,50 bis Papenburg (km 225,82), jedoch unter der Hase-Hubbrücke in Meppen nur, wenn die Durchfahrtshöhe am Brückenpegel von 4,25 m nicht unterschritten wird — 4,25 m
   e) auf dem **Küstenkanal** — 4,50 m
   f) auf den durch Tafeln mit der Aufschrift »Ausgebaute Strecke« bezeichneten Abschnitten des **Mittellandkanals** — 5,25 m
   g) auf dem **Stichkanal Salzgitter**
      aa) bei Benutzung der am Ostufer gelegenen Schleusen — 5,25 m
      bb) bei Benutzung der Westschleuse der Schleusengruppe Wedtlenstedt — 4,10 m
      cc) bei Benutzung der Westschleuse der Schleusengruppe Üfingen — 3,80 m
   h) auf dem **Rothenseer Verbindungskanal** (bei HSW der Elbe) — 5,00 m
   i) auf den nicht ausgebauten Strecken des **Mittellandkanals**, mit Ausnahme des Untertors der Nordkammer der Schleuse Sülfeld — 5,25 m
   j) auf den Stichkanälen, ausgenommen Stichkanal Salzgitter, und Verbindungskanälen des Mittellandkanals — 4,00 m
   k) auf dem **Elbe-Seitenkanal** — 5,25 m
   l) auf dem **Elbe-Havel-Kanal** — 4,80 m
   m) auf den anderen **Norddeutschen Kanälen** — 4,00 m

2. Die Durchfahrtshöhe unter einer Freileitung beträgt bei normalem Wasserstand 8,00 m.
3. Die in Nummer 1 und 2 genannten Höhen können sich durch Wasserstandsschwankungen infolge wechselnder Wassereinspeisung, Schleusungswellen, Windstau und Hochwasser verringern.
4. Die Durchfahrtshöhe der Eisenbahnbrücke über dem Verbindungskanal zwischen dem Kleinen Wendsee und dem Wusterwitzer See ist bei einem Wasserstand von 286 cm am Unterpegel Wusterwitz auf 3,75 m beschränkt.

§ 15.17 Kennzeichnung der Brücken- und Wehrdurchfahrten

(Keine besonderen Vorschriften)

§ 15.18 Durchfahren der Brücken, Sperrwerke, Wehre, Schleusen und einzelner Stromstrecken

1. An der Hase-Hubbrücke in Meppen werden die Signallichter nach § 6.26 Nummer 4 und 5 nur gezeigt, wenn die Durchfahrtshöhe von 4,25 m durch steigende Wasserstände unterschritten wird. Die Durchfahrtshöhe wird an den Brückenpegeln angezeigt.
2. Das Öffnen der Hase-Hubbrücke ist über den durch das Tafelzeichen B.11 (Anlage 7) angegebenen Verkehrskreis Nautische Information bei der Brückenaufsicht anzufordern.
3. An der Fahrwasserseite der etwa 600,00 m oberhalb und etwa 400,00 m unterhalb des Sperrwerks Leda stehenden Dalben darf nur ein Fahrzeug, ein Verband oder ein Schwimmkörper, das oder der auf Durchfahrt wartet, festmachen.
4. Wird die Durchfahrt durch das Sperrwerk Leda nicht mit Schifffahrtszeichen nach § 6.08 Nummer 2 geregelt, sind das Begegnen und das Überholen innerhalb einer Durchfahrtsöffnung verboten. Vorfahrt hat das mit dem Strom fahrende Fahrzeug, bei Tidehochwasser der Talfahrer, bei Tideniedrigwasser der Bergfahrer.
5. Für die Niedrigwasserschleuse Magdeburg bei km 4,76 des Rothenseer Verbindungskanals (RVK) gelten nachfolgende Regelungen:
   a) Bei einem Wasserstand von weniger als 260 cm am Pegel Rothensee/Elbe findet Schleusenbetrieb statt. Der Beginn und das Ende des Schleusenbetriebs werden von der zuständigen Behörde festgesetzt und bekannt gemacht. Die Schleuse wird während des Schleusenbetriebs fernbedient. Die im Rahmen des Schleusenbetriebs erforderlichen Funkabsprachen sind unter Verwendung des Funkrufnamens »Niedrigwasserschleuse Magdeburg« auf dem Kanal des Verkehrskreises Nautische Information durchzuführen, der im Handbuch Binnenschifffahrtsfunk (§ 1.10 Nummer 1 Buchstabe l) bekannt gegeben ist.
   b) Bei einem Wasserstand von 260 cm oder mehr am Pegel Rothensee/Elbe findet Durchfahrtsbetrieb statt. Der Beginn und das Ende des Durchfahrtsbetriebs werden von der zuständigen Behörde festgesetzt und bekannt gemacht. In diesem Betriebszustand ist die Niedrigwasserschleuse Magdeburg eine Fahrwasserenge im Sinne des § 6.07 und mit dem Tafelzeichen A.4 gekennzeichnet.

Die Fahrwasserenge ist in Funkselbstwahrschau zu passieren. Die Lichtsignalanlagen sind während des Durchfahrtsbetriebs ausgeschaltet. Für die Dauer des Durchfahrtsbetriebs sind die §§ 6.28, 6.28a und 6.29 nicht anzuwenden.

§ 15.19 Benutzung der Schleusen, Bootsschleusen und Bootsumsetzanlagen

Bei Wasserständen von mehr als 500 cm am Elbpegel der Schleuse Parey wird der Schleusenbetrieb eingestellt.

§ 15.20 Segeln

Das Segeln, ausgenommen auf den Wasserstraßen **Großer Wendsee** und **Kleiner Wendsee-Wusterwitzer See**, ist verboten. Die zuständige Behörde kann im Einzelfall Ausnahmen zulassen, wenn die Sicherheit und Leichtigkeit des Verkehrs dadurch nicht beeinträchtigt wird.

§ 15.21 Bezeichnung der Fahrzeuge

1. Die Abstände zwischen dem Topplicht des Fahrzeugs an der Spitze eines Schleppverbandes und dem zweiten sowie zwischen dem zweiten und dem dritten weißen starken Licht dürfen bis auf 50 cm verringert werden.
2. Alle Anhänge eines Schleppverbandes müssen das Hecklicht führen. Dieses ist, ausgenommen beim letzten Anhang, durch eine Mattglasscheibe abzublenden.

§ 15.22 Regelungen über den Verkehr

1. Ein motorgetriebenes Kleinfahrzeug darf die **Kanalbrücke des Mittellandkanals** (km 321,25 bis km 322,40) nur zusammen und hinter einem Fahrzeug der Berufsschifffahrt befahren, unabhängig von seiner Ausstattung mit Funk. Satz 1 gilt nicht für ein in § 1.24 genanntes Fahrzeug.
2. Abweichend von Nummer 1 Satz 1 kann von der Schleusenaufsicht der Schleuse Hohenwarthe das Befahren der **Kanalbrücke des Mittellandkanals** (km 321,25 bis km 322,40) auch einem einzeln fahrenden Fahrzeug genehmigt werden.
3. Das Befahren der **Kanalbrücke des Mittellandkanals** von km 320,58 bis km 322,84 mit einem muskelkraftbetriebenen Fahrzeug ist verboten.

§ 15.23 Regelungen zum Sprechfunk

Auf dem **Dortmund-Ems-Kanal** vom Hafen Dortmund (km 1,44) bis Papenburg (km 225,82) einschließlich **Hase** und **Ems** gilt § 4.05 Nummer 3 auch für eine Seilfähre. Die zuständige Behörde kann für einzelne Seilfähren Ausnahmen von Satz 1 zulassen, soweit auf Grund der Verhältnisse an der Fährstelle die Sicherheit und Leichtigkeit des Verkehrs nicht beeinträchtigt wird.

§ 15.24 Sonderbestimmungen für Kleinfahrzeuge

(Keine besonderen Vorschriften)

§ 15.25 Befahren der Altwässer, Kanäle und einzelner Wasserstraßen

Ein Fahrzeug, ausgenommen ein Kleinfahrzeug, darf

1. den **Stichkanal Osnabrück** (SKO) von SKO-km 0,00 bis zur Schleuse Haste (SKO-km 12,69),
2. den **Stichkanal Salzgitter** (SKS) von der Schleusengruppe Wedtlenstedt (SKS-km 4,56) bis zum Hafen Beddingen (SKS-km 13,50)

nur nach Freigabe durch die Schleusenaufsicht befahren.

§ 15.26 Schutz der Kanäle und Anlagen

1. Ein Schubleichter darf an der Spitze eines Verbandes nur eingesetzt werden, wenn seine Bugform im Grundriss auf beiden Seiten abgerundet und so verjüngt ist, dass die Breite der Bugwand die Gesamtbreite des Schubleichters auf mindestens 1,50 m unterschreitet; die Länge der Verjüngung muss mindestens das Dreifache der halben Breitenverminderung der Bugwand betragen. Das Gleiche gilt für den Bug eines einzeln fahrenden oder schleppenden Fahrzeugs mit Pontonform.
2. Die zuständige Behörde kann ein Fahrzeug oder einen Verband mit einer von Nummer 1 abweichenden Bugform zulassen, wenn dadurch der Zustand oder die Benutzung der Wasserstraßen sowie die Sicherheit und Leichtigkeit des Schiffsverkehrs nicht über Gebühr beeinträchtigt werden. Die Zulassung nach Satz 1 kann zeitlich und örtlich beschränkt werden.

§ 15.27 Verkehrsbeschränkungen der Schifffahrt

Das Befahren der Altkanäle **Ems-Hase-Kanal**, **Hanekenfähr und Meppen**, der **Ems** von Hanekehnfähr bis Meppen, der **Hase** oberhalb der Einmündung in den Dortmund-Ems-Kanal, der Altkanäle des **Elbe-Havel-Kanals**, ausgenommen Roßdorfer Altkanal von km 0,12 bis km 0,90, und der **Baggerelbe** oberhalb km 0,31 ist verboten. Satz 1 gilt nicht für ein Kleinfahrzeug.

§ 15.28 Benutzung der Wasserstraßen

(Keine besonderen Vorschriften)

§ 15.29 Verhaltenspflichten des Schiffsführers, der Besatzung an Bord, des Eigentümers und des Ausrüsters

1. Der Schiffsführer und die nach § 1.03 Nummer 3 für Kurs und Geschwindigkeit verantwortliche Person haben jeweils
   a) sicherzustellen, dass
      aa) das Fahrzeug oder der Verband die zugelassene Höchstgeschwindigkeit nach § 15.04 Nummer 1 bis 3 und 4 Satz 1, jeweils auch in Verbindung mit Nummer 5, nicht überschreitet und
      bb) sein Fahrzeug oder Verband die geforderte Mindestgeschwindigkeit nach

§ 15.04 Nummer 6 Satz 1, auch in Verbindung mit Satz 2, nicht unterschreitet,

b) die Vorschriften über
   aa) das Verhalten beim Begegnen nach § 15.06 Nummer 1 Satz 1 und Nummer 2 bis 10,
   bb) das Verbot zu überholen nach § 15.07 Nummer 1, auch in Verbindung mit Nummer 3 und 4,
   cc) das Wenden nach § 15.08,
   dd) die Durchfahrt und das Verhalten beim Durchfahren des Sperrwerks Leda nach § 15.18 Nummer 4,
   ee) das Verhalten beim Durchfahren der Niedrigwasserschleuse Magdeburg nach § 15.18 Nummer 5 Buchstabe a Satz 4 und Buchstabe b Satz 4 und
   ff) den Sprechfunk auf einer Seilfähre nach § 15.23 Satz 1 in Verbindung mit § 4.05 Nummer 3 einzuhalten oder sicherzustellen, dass diese eingehalten werden, und

c) auf dem in einen Schleppverband eingestellten Anhang während der Fahrt bei Nacht die Bezeichnung nach § 15.21 Nummer 2 geführt wird.

2. Der Schiffsführer hat
   a) sicherzustellen, dass
      aa) das von ihm geführte Fahrzeug oder der von ihm geführte Verband
         aaa) die zugelassenen Höchstabmessungen und Abladetiefen nach § 15.02 Nummer 1.1.1 bis 1.5.2, 1.5.4 bis 1.5.6, 1.9, 1.10, 1.12.1, 1.12.3 bis 1.12.7.2.1, 1.13.1 bis 1.14.2.1 und 1.14.3.2 bis 1.14.4, jeweils auch in Verbindung mit Nummer 2 Satz 1, die zugelassenen Höchstabmessungen und Abladetiefen nach § 15.02 Nummer 1.5.3, 1.8.2, 1.8.3 und 1.12.2, jeweils auch in Verbindung mit Nummer 2 Satz 2, die zugelassenen Höchstabmessungen nach § 15.02 Nummer 1.6, 1.11, 1.12.7.2.2, 1.12.7.3, 1.14.2.2, 1.14.3.1 und 1.14.5, jeweils auch in Verbindung mit Nummer 2 Satz 1, und die zugelassenen Höchstabmessungen nach § 15.02 Nummer 1.8.1, auch in Verbindung mit Nummer 2 Satz 2, und
         bbb) die zugelassenen Abladetiefen nach § 15.02 Nummer 1.6, 1.8.1, 1.11, 1.12.7.2.2, 1.12.7.3, 1.14.2.2, 1.14.3.1 und 1.14.5

         nicht überschreitet,
      bb) auf dem von ihm geführten Fahrzeug oder Verband in dem in § 15.02 Nummer 1.1, 1.2, 1.3, 1.4, 1.5, 1.8.3 und 1.12.2.2 jeweils genannten Fall die dort jeweils angegebene Ausrüstung vorhanden ist,
      cc) der Stichkanal Osnabrück von SKO-km 0,00 bis zur Schleuse Haste (SKO-km 12,69) gemäß § 15.25 Nummer 1 erst nach Freigabe durch die Schleusenaufsicht an der Schleuse Haste befahren wird,
      dd) der Stichkanal Salzgitter von der Schleusengruppe Wedtlenstedt (SKS-km 4,56) bis zum Hafen Beddingen (SKS-km 13,50) gemäß § 15.25 Nummer 2 erst nach Freigabe durch die Schleusenaufsicht an der Schleusen-

gruppe Wedtlenstedt befahren wird und

ee) der Bug eines von ihm geführten einzeln fahrenden oder schleppenden Fahrzeugs mit Pontonform der Form nach § 15.26 Nummer 1 Satz 1 entspricht,

b) die Vorschriften über

aa) die Zusammenstellung der Verbände nach § 15.03 Nummer 1 bis 5 Satz 1,

bb) das Stillliegen nach § 15.10 Nummer 1, 4 und 5,

cc) die Meldepflicht nach § 15.15 Nummer 1 Satz 1 bis 3, Nummer 2 Satz 2, 3 und Nummer 3 bis 5 und

dd) das Führen eines Schubleichters nach § 15.26 Nummer 1 Satz 1

einzuhalten oder sicherzustellen, dass diese eingehalten werden,

c) das in § 15.20 Satz 1 vorgesehene Verbot, zu segeln, zu beachten oder sicherzustellen, dass dieses beachtet wird,

d) das in § 15.22 Nummer 3 vorgesehene Verbot, die Kanalbrücke des Mittellandkanals von km 320,58 bis km 322,84 mit einem muskelkraftbetriebenen Kleinfahrzeug zu befahren, zu beachten oder sicherzustellen, dass dieses beachtet wird, und

e) das in § 15.27 Satz 1 vorgesehene Verbot, die dort angegebenen Binnenschifffahrtsstraßen zu befahren, zu beachten oder sicherzustellen, dass dieses beachtet wird.

3. Der Eigentümer und der Ausrüster dürfen jeweils die Inbetriebnahme eines Fahrzeugs oder Verbandes nur anordnen oder zulassen, wenn

a) das Fahrzeug oder der Verband

aa) die zugelassenen Höchstabmessungen und Abladetiefen nach § 15.02 Nummer 1.1.1 bis 1.5.2, 1.5.4 bis 1.5.6, 1.9, 1.10, 1.12.1, 1.12.3 bis 1.12.7.2.1, 1.13.1 bis 1.14.2.1 und 1.14.3.2 bis 1.14.4, jeweils auch in Verbindung mit Nummer 2 Satz 1, die zugelassenen Höchstabmessungen und Abladetiefen nach § 15.02 Nummer 1.5.3, 1.8.2, 1.8.3 und 1.12.2, jeweils auch in Verbindung mit Nummer 2 Satz 2, die zugelassenen Höchstabmessungen nach § 15.02 Nummer 1.6, 1.11, 1.12.7.2.2, 1.12.7.3, 1.14.2.2, 1.14.3.1 und 1.14.5, jeweils auch in Verbindung mit Nummer 2 Satz 1, und die zugelassenen Höchstabmessungen nach § 15.02 Nummer 1.8.1, auch in Verbindung mit Nummer 2 Satz 2, und

bb) die zugelassenen Abladetiefen nach § 15.02 Nummer 1.6, 1.8.1, 1.11, 1.12.7.2.2, 1.12.7.3, 1.14.2.2, 1.14.3.1 und 1.14.5

nicht überschreitet und

b) auf dem Fahrzeug oder Verband in dem in § 15.02 Nummer 1.1, 1.2, 1.3, 1.4, 1.5, 1.8.3 und 1.12.2.2 jeweils genannten Fall die dort jeweils angegebene Ausrüstung vorhanden ist.

§ 15.30 Schließung des Sperrtors bei Artlenburg (Elbe-Seitenkanal)

Das Sperrtor bei Artlenburg wird geschlossen, wenn der Wasserstand der Elbe am Pegel Hohnstorf 840 cm erreicht oder überschritten hat.

Kapitel 16
Wesergebiet

§ 16.01 Anwendungsbereich

Die Vorschriften dieses Kapitels gelten auf folgenden Wasserstraßen:

1. der **Weser** (We) von Hann. Münden (We-km 0,00) bis zur Nordwestkante der Eisenbahnbrücke in Bremen (UWe-km 1,375) mit **Kleiner Weser** in Bremen bis zur unterstromigen Kante der Wehranlage am Teerhof;
2. der **Werra** (Wr) von Falken (Wr-km 0,78) bis zum Anfang der Weser (Wr-km 89,00);
3. der **Fulda** (Fu) von Mecklar (Fu-km 0,00) bis zum Anfang der Weser (Fu-km 108,78);
4. der **Aller** (Al) vom Mühlenwehr in Celle (Al-km 0,25) bis zur Mündung in die Weser (Al-km 117,17/We-km 326,40);
5. dem **Verbindungskanal zur Leine** (VKL) von VKL-km 0,16 bis zur Mündung in die Leine (VKL-km 1,77/Le-km 22,29),
6. der **Leine** (Le) von km 20,89 (Ihmemündung) bis zum Wehr Herrenhausen (km 22,79) und von km 110,00 (bei Einmündung Schleusenkanal Hademstorf) bis zur Mündung in die Aller (Le-km 112,08/Al-km 52,26);
7. der **Ihme** vom Schnellen Graben (SGr-km 17,31) bis zur Ihmemündung (Ihme-km 20,89) und
8. dem **Schnellen Graben** (SGr) vom Unterwasser des Wehres (SGr-km 16,76) bis zur Einmündung in die Ihme (SGr-km 17,31).

§ 16.02 Abmessungen der Fahrzeuge und Verbände, Fahrrinnentiefe und Abladetiefe

Ein Fahrzeug oder ein Schubverband darf folgende Abmessungen und Abladetiefen nicht überschreiten:

	Binnenschifffahrtsstraße	Länge m	Breite m	Fahrrinnen-tiefe/ Abladetiefe m
1.	**Weser**			
1.1	km 0,00 (Hann. Münden) bis UWe-km 1,38 (Eisenbahn-brücke in Bremen) Fahrzeug/Schubverband soweit nachfolgend nicht etwas anderes festgelegt ist	85,00	11,00	je nach Wasserstand
1.2	km 204,47 (Abzweigung Ver-			

	Binnenschifffahrtsstraße	Länge m	Breite m	Fahrrinnentiefe/ Abladetiefe m
	bindungskanal Süd des Mittellandkanals zur Weser) (Oberweser) bis km 360,70 (Fuldahafen Bremen)			
	Fahrzeug/Schubverband	85,00 91,00	11,45 8,25	Fahrrinnentiefe mindestens 2,80 m, jedoch in den Flussstrecken unterhalb der Wehre (untere Wehrarme) bis zur Einmündung des zugehörigen Schleusenkanals je nach Wasserstand
1.3	km 360,70 bis UWe-km 1,38 (Eisenbahnbrücke in Bremen) mit **Kleiner Weser** in Bremen			
	a) Fahrzeug b) Schubverband	135,00 172,00	11,45 11,45	Fahrrinnentiefe zwischen Fuldahafen Bremen und Schleuse Bremen mindestens 2,80 m Solltiefe im unteren Schleusenkanal der Schleuse Bremen bis zur Eisenbahnbrücke in Bremen (ohne Kleine Weser) 2,50 m, bezogen auf Seekartennull Solltiefe im unteren Schleusenkanal

	Binnenschifffahrtsstraße	Länge m	Breite m	Fahrrinnentiefe/ Abladetiefe m
				der Kleinschifffahrtsschleuse 2,00 m, bezogen auf Seekartennull
2.	(ohne Inhalt)			
3.	**Fulda**			
	km 76,78 (Waldauer Kiesteich bei Kassel) bis km 108,78 (Weser)			
	Fahrzeug	35,00	6,50	Abladetiefe 1,20 m, mit besonderer Erlaubnis 1,40 m
4.	**Aller**			
4.1	km 0,25 (Celle) bis km 117,16 (Allermündung)			
	Fahrzeug/Schubverband	58,00	9,50	je nach Wasserstand
	soweit nachfolgend nicht etwas anderes festgelegt ist			
4.2	km 110,74 (Eisenbahnbrücke in Verden) bis km 117,16			
	Fahrzeug/Schubverband	67,00	9,50	je nach Wasserstand
5.	**Leine**			
5.1	km 20,89 bis km 22,78 (Verbindungskanal zur Leine oberhalb des Wehrs Herrenhausen)			
	Fahrzeug/Schubverband	73,00	9,50	je nach Wasserstand
5.2	Leine von km 110,00 (Einmündung Schleusenkanal Hademstorf der Aller) bis km 112,08 (Leinemündung)			
	Fahrzeug/Schubverband	58,00	9,50	je nach Wasserstand

Binnenschifffahrtsstraße	Länge m	Breite m	Fahrrinnen-tiefe/ Abladetiefe m
6. **Ihme**			
6.1 km 20,50 bis km 20,89 (Ihmemündung)			
Fahrzeug/Schubverband	73,00	9,50	je nach Wasserstand
6.2 **Verbindungskanal zur Leine bis zur Leineabstiegsschleuse**			
Fahrzeug/Schubverband	73,00	9,00	Abladetiefe 2,20
	73,00	9,50	Abladetiefe 2,00

§ 16.03 Zusammenstellung der Verbände

Fahrzeuge, ausgenommen Kleinfahrzeuge, dürfen nur zum Abschleppen eines beschädigten Fahrzeugs, zu einem kurzen Verholen oder mit Erlaubnis der zuständigen Behörde gekuppelt fahren. Satz 1 gilt nicht auf der **Weser** unterhalb Horstedt (km 347,00), wenn die Gesamtbreite der gekuppelten Fahrzeuge 20,00 m nicht überschreitet.

§ 16.04 Fahrgeschwindigkeit

1. Die zulässige Höchstgeschwindigkeit gegenüber dem Ufer beträgt in den Schleusenkanälen der **Mittelweser** und auf dem **Verbindungskanal zur Leine** für ein Fahrzeug oder einen Verband, ausgenommen Kleinfahrzeuge, mit jeweils
   a) einer Abladetiefe von nicht mehr als 1,30 m — 10 km/h,
   b) einer Abladetiefe von mehr als 1,30 m — 8 km/h.
2. Die zulässige Höchstgeschwindigkeit gegenüber dem Ufer beträgt für ein Kleinfahrzeug mit Maschinenantrieb — 35 km/h.
3. Abweichend von Nummer 2 beträgt die zulässige Höchstgeschwindigkeit gegenüber dem Ufer für ein Kleinfahrzeug mit Maschinenantrieb
   a) auf der **Mittelweser** in den Schleusenkanälen und von km 360,60 bis UWe-km 1,375 (Bereich der Bremer Weserschleuse bis Eisenbahnbrücke in Bremen) sowie auf dem **Verbindungskanal zur Leine** — 12 km/h,
   b) auf der **Werra, Fulda, Aller, Leine, Ihme** und dem **Schnellen Graben** sowie auf den nachfolgenden Flussstrecken der **Weser**
      von km 0,00 bis km 1,40 (Stadtgebiet Hann. Münden),
      von km 110,81 bis km 111,73 (Stadtgebiet Bodenwerder),
      von km 130,40 bis km 135,65 (unterhalb des Ortes Ohr bis einschließlich Stadtgebiet Hameln),
      von km 202,50 bis km 207,00 (Stadtgebiet Minden),

auf der **Mittelweser** oberhalb und unterhalb der Wehre (Wehrarme) von den Abzweigungen bis zu den Einmündungen der zugehörigen Schleusenkanäle
aa) zu Berg 12 km/h,
bb) zu Tal 18 km/h.

4. Die zuständige Behörde kann für einzelne Strecken oder aus einem besonderen Anlass abweichend von den Nummern 2 und 3 für ein Kleinfahrzeug höhere Geschwindigkeiten zulassen, wenn dadurch der Zustand und die Benutzung der Wasserstraße sowie der übrige Schiffsverkehr nicht beeinträchtigt werden.

§ 16.05 Bergfahrt

Als Bergfahrt gilt auf dem **Verbindungskanal zur Leine** die Fahrt in Richtung Stichkanal Hannover-Linden.

§ 16.06 Begegnen

Auf dem Verbindungskanal zur Leine müssen beim Begegnen Fahrzeuge oder Verbände abweichend von den §§ 6.04 und 6.05 Backbord an Backbord vorbeifahren. Die Vorschriften des § 6.07 über das Begegnen im engen Fahrwasser bleiben unberührt.

§ 16.07 Überholen

1. Das Überholen auf dem **Verbindungskanal zur Leine** ist verboten.
2. Abweichend von Nummer 1 ist bei Tag einem Fahrzeug oder einem Verband das Überholen gestattet, wenn folgende Breiten und Abladetiefen jeweils nicht überschritten werden:
   a) 1,70 m bei einer Breite von bis zu 6,25 m;
   b) 1,40 m bei einer Breite von bis zu 8,20 m;
   c) 1,30 m bei einer Breite von bis zu 9,50 m.
3. Ein Kleinfahrzeug darf abweichend von Nummer 1 überholen und überholt werden.

§ 16.08 Wenden

(Keine besonderen Vorschriften)

§ 16.09 Ankern

(Keine besonderen Vorschriften)

§ 16.10 Stillliegen

Die nach § 3.23 vorgeschriebene Bezeichnung braucht von einer Landungsbrücke der Fahrgastschifffahrt nicht geführt zu werden, wenn sich diese außerhalb der Fahrrinne befindet.

§ 16.11 Schifffahrt bei Hochwasser

1. Erreicht oder überschreitet der Wasserstand die Hochwassermarke I an dem Richtpegel für den unter Nummer 4 jeweils aufgeführten Streckenabschnitt,
   a) muss ein Fahrzeug oder ein Verband bei der Fahrt möglichst weit vom Ufer entfernt bleiben,
   b) darf ein Transport einer schwimmenden Anlage oder eines Schwimmkörpers nicht ausgeführt werden,
   c) darf die Geschwindigkeit eines Talfahrers nicht größer sein, als zur sicheren Steuerung notwendig ist,
   d) darf ein Verband mit einer Länge von mehr als 91,00 m zwischen Minden und Bremen-Hemelingen nicht fahren.
2. Erreicht oder überschreitet der Wasserstand den Höchsten Schifffahrtswasserstand (HSW) - Hochwassermarke II - an dem Richtpegel für den unter Nummer 4 jeweils aufgeführten Streckenabschnitt, ist die Schifffahrt mit Ausnahme des Übersetzverkehrs innerhalb des jeweiligen Streckenabschnitts verboten.
3. Die zuständige Behörde kann abweichend von den Nummern 1 und 2 Ausnahmen zulassen.
4. Die in den Nummern 1 und 2 genannten Hochwassermarken werden durch folgende Wasserstände bestimmt, und die Richtpegel gelten für den nachstehend aufgeführten Streckenabschnitt:

a) Oberweser

Strecke	Richtpegel	Hochwassermarke	
		I	II
Hann. Münden-Bodenfelde	Hann. Münden		410 cm
Bodenfelde-Bad Karlshafen	Wahmbeck		435 cm
Bad Karlshafen-Nethemündung	Karlshafen		410 cm
Nethemündung-Forst	Höxter		450 cm
Forst-Emmermündung	Bodenwerder		450 cm
Emmermündung-Rinteln	Hameln-Wehrbergen		465 cm
Rinteln-Minden-Südabstieg We-km 204,47	Hameln-Wehrbergen		465 cm

b) Mittelweser

Strecke	Richtpegel	Hochwassermarke I	Hochwassermarke II
Minden-Südabstieg We-km 204,47-Schleuse Petershagen	Porta	430 cm	480 cm
Schleuse Petershagen-Schleuse Schlüsselburg	Petershagen	600 cm	645 cm
Schleuse Schlüsselburg-Schleuse Landesbergen	Stolzenau	500 cm	550 cm
Schleuse Landesbergen-Schleuse Drakenburg	Liebenau	490 cm	535 cm
Schleuse Drakenburg-Schleuse Dörverden	Drakenburg	650 cm	695 cm
Schleuse Dörverden-Schleuse Langwedel	Dörverden	675 cm	720 cm
Schleuse Langwedel-Schleuse Bremen-Hemelingen	Intschede	580 cm	625 cm

§ 16.12 Schifffahrt bei Eis

Bei anhaltendem Treibeis muss ein Fahrzeug einen Schutzhafen aufsuchen. Auf der **Weser** und auf der **Aller** darf auch der untere Schleusenbereich der Schleusen, ausgenommen bei der Schleuse Langwedel, aufgesucht werden. Die Überwinterung im oberen Schleusenbereich der Schleusen ist nur mit besonderer Erlaubnis der zuständigen Behörde gestattet.

§ 16.13 Nachtschifffahrt

(Keine besonderen Vorschriften)

§ 16.14 Einsatz von Trägerschiffsleichtern

(Keine besonderen Vorschriften)

§ 16.15 Meldepflicht

1. Der Schiffsführer eines Fahrzeugs oder eines Verbandes, das oder der dem ADN unterliegt, sowie der Schiffsführer eines Tankschiffs, eines Kabinenschiffs, eines Seeschiffs, eines Fahrzeugs oder eines Verbandes mit jeweils einer Länge von mehr als 85,00 m oder eines Sondertransportes nach § 1.21 muss sich vor Einfahrt in die **Weserstrecke zwischen unterhalb der Schleuse Bremen (km 362,50) und der Eisenbahnbrücke in Bremen (UWe-km 1,38)** (obere Grenze des Geltungsbereichs der Seeschifffahrtsstraßen-Ordnung/untere Grenze des Geltungsbereichs der Binnenschifffahrtsstraßen-Ordnung) auf dem im

Handbuch Binnenschifffahrtsfunk (§ 1.10 Nummer 1 Buchstabe l) bekannt gegebenen Kanal bei der Funkstelle »Verkehrszentrale Bremen (Ruf Bremen Weser Traffic)« melden und folgende Angaben machen:

a) Schiffsgattung;
b) Schiffsname und Funkrufzeichen;
c) Standort, Fahrtrichtung;
d) Einheitliche europäische Schiffsnummer oder amtliche Schiffsnummer, bei Seeschiffen IMO-Schiffsidentifikationsnummer und Unterscheidungssignal;
e) Tragfähigkeit;
f) Länge und Breite des Fahrzeugs;
g) Art, Länge und Breite des Verbandes;
h) Tiefgang;
i) Fahrtroute;
j) Beladehafen;
k) Entladehafen;
l) bei gefährlichen Gütern nach ADN:
   aa) die UN-Nummer oder Stoffnummer,
   bb) die offizielle Benennung für die Beförderung, sofern zutreffend ergänzt durch die technische Bezeichnung,
   cc) die Klasse, den Klassifizierungscode und gegebenenfalls die Verpackungsgruppe,
   dd) die Gesamtmenge der gefährlichen Güter, für die diese Angaben gelten;
l1) bei anderen Gütern als Gefahrgütern: die Art der Ladung (Stoffname, Stoffmenge);
m) Anzahl der geführten blauen Lichter/blauen Kegel;
n) Anzahl der an Bord befindlichen Personen.

Die Begrenzung der meldepflichtigen Strecke wird durch die Tafelzeichen B.11 (Anlage 7) mit einem Zusatzschild »Meldepflicht« kenntlich gemacht.

2. Die unter Nummer 1 Satz 1, ausgenommen Buchstabe c, h und n, genannten Angaben können auch von einer anderen Stelle oder Person rechtzeitig vor der Einfahrt des Fahrzeugs, Verbandes oder Sondertransportes nach § 1.21 in die meldepflichtige Strecke schriftlich, telefonisch oder auf elektronischem Wege der Funkstelle »Bremen Verkehrszentrale« mitgeteilt werden. Für einen Transport mit einer Ladung von mehr als zwei Gefahrgütern muss die Meldung schriftlich oder elektronisch abgegeben werden. In jedem Fall muss der Schiffsführer der Funkstelle »Bremen Verkehrszentrale« melden, wenn er mit dem von ihm geführten Fahrzeug, Verband oder Sondertransport nach § 1.21 in die meldepflichtige Strecke einfährt und diese wieder verlässt.
3. Unterbricht ein Fahrzeug, Verband oder Sondertransport nach § 1.21 die Fahrt innerhalb der meldepflichtigen Strecke für mehr als zwei Stunden, muss der Schiffsführer Beginn und Ende der Unterbrechung der Funkstelle »Bremen Verkehrszentrale« melden.

4. Ändern sich die Angaben nach Nummer 1 während der Fahrt in der meldepflichtigen Strecke, muss der Schiffsführer dies der Funkstelle »Bremen Verkehrszentrale« unverzüglich mitteilen.

§ 16.16 Höhe der Brücken, sonstigen festen Überbauten und Freileitungen

Die Durchfahrtshöhe einer Brücke auf der **Mittelweser** und den dazugehörigen Schleusenkanälen in den Stauhaltungen Petershagen, Schlüsselburg, Landesbergen, Drakenburg, Dörverden, Langwedel und Hemelingen beträgt ab Minden – Südabstieg (We-km 204,47) bis zum Oberwasser der Schleuse Bremen-Hemeligen beim Höchsten Schifffahrtswasserstand (HSW) an den Richtpegeln für die einzelnen Stauhaltungen 4,50 m.

§ 16.17 Kennzeichnung der Brücken- und Wehrdurchfahrten

(Keine besonderen Vorschriften)

§ 16.18 Durchfahren der Brücken, Sperrwerke, Wehre, Schleusen und einzelner Stromstrecken

(Keine besonderen Vorschriften)

§ 16.19 Benutzung der Schleusen, Bootsschleusen und Bootsumsetzanlagen

(Keine besonderen Vorschriften)

§ 16.20 Segeln

(Keine besonderen Vorschriften)

§ 16.21 Bezeichnung der Fahrzeuge

1. Auf der **Weser** und auf der **Aller** muss ein einzeln fahrendes Fahrzeug oder ein einzeln fahrender Verband, ausgenommen Kleinfahrzeuge, führen:
   a) bei Tag mindestens 6,00 m über den Einsenkungsmarken eine mehrfarbige Flagge oder einen mehrfarbigen Wimpel, bei denen keine der Seiten kürzer als 1,00 m ist (z.B. Reedereiflagge oder Reedereiwimpel), wobei die Höhe auf 4,00 m verringert werden darf, wenn das Fahrzeug nicht länger als 30,00 m ist;
   b) bei Nacht das Topplicht mindestens 6,00 m über den Einsenkungsmarken, wobei die Höhe auf 4,00 m verringert werden darf, wenn das Fahrzeug nicht länger als 30,00 m ist.
2. Auf einem Schubverband ist die Flagge oder der Wimpel nach Nummer 1 Buchstabe a auf dem vorderen Fahrzeug zu führen.

§ 16.22 Regelungen über den Verkehr

Abweichend von § 6.16 Nummer 1 Satz 2 hat ein von der Weser kommender Talfahrer zur Einfahrt zum **Verbindungskanal Süd** zur Weser sowie zur Einfahrt zum **Verbindungskanal Nord** zur Weser Vorfahrt vor einem anderen Fahrzeug. Satz 1 gilt nicht für ein Kleinfahrzeug.

§ 16.23 Regelungen zum Sprechfunk

§ 4.05 Nummer 3 gilt nicht für eine Fähre mit Maschinenantrieb auf der **Aller** von Celle (km 0,25) bis zur Allermündung (km 117,17) und auf der **Weser** von Hann. Münden (km 0,00) bis zur Abzweigung Verbindungskanal Süd zur Weser (km 204,47).

§ 16.24 Sonderbestimmungen für Kleinfahrzeuge

(Keine besonderen Vorschriften)

§ 16.25 Befahren der Altwässer, Kanäle und einzelner Wasserstraßen

(Keine besonderen Vorschriften)

§ 16.26 Schutz der Kanäle und Anlagen

(Keine besonderen Vorschriften)

§ 16.27 Verkehrsbeschränkungen der Schifffahrt

Das Befahren der **Werra**, der **Fulda** oberhalb des Waldauer Kiesteichs bei Kassel (km 76,78), der **Leine** oberhalb der Einmündung des Hademstorfer Schleusenkanals bis zum Wehr Herrenhausen (km 22,78), der **Ihme** oberhalb km 20,50 und des **Schnellen Grabens** bis km 16,75 ist verboten. Satz 1 gilt nicht für ein Kleinfahrzeug.

§ 16.28 Benutzung der Wasserstraßen

(Keine besonderen Vorschriften)

§ 16.29 Verhaltenspflichten des Schiffsführers, der Besatzung an Bord, des Eigentümers und des Ausrüsters

1. Der Schiffsführer und die nach § 1.03 Nummer 3 für Kurs und Geschwindigkeit verantwortliche Person haben jeweils
   a) sicherzustellen, dass
      aa) das Fahrzeug oder der Verband die zugelassene Höchstgeschwindigkeit nach § 16.04 Nummer 1, 2 und 3, jeweils auch in Verbindung mit Nummer 4, nicht überschreitet und
      bb) auf dem Fahrzeug oder Verband
         aaa) bei Nacht während der Fahrt die Bezeichnung nach § 16.21 Nummer 1 Buchstabe b und

bbb) bei Tag während der Fahrt die Bezeichnung nach § 16.21 Nummer 1 Buchstabe a, auch in Verbindung mit Nummer 2,

geführt wird und

b) die Vorschriften über
   - aa) das Verhalten beim Begegnen nach § 16.06 Satz 1,
   - bb) das Verbot zu überholen nach § 16.07 Nummer 1, auch in Verbindung mit Nummer 2,
   - cc) die Schifffahrt bei Hochwasser nach § 16.11 Nummer 1 und 2,
   - dd) das Verhalten bei Eis nach § 16.12 und
   - ee) die Vorfahrt bei der Einfahrt in den Verbindungskanal Süd zur Weser und bei der Einfahrt in den Verbindungskanal Nord zur Weser nach § 16.22 Satz 1

   einzuhalten oder sicherzustellen, dass diese eingehalten werden.

2. Der Schiffsführer hat
   a) sicherzustellen, dass das von ihm geführte Fahrzeug oder der von ihm geführte Verband
      - aa) die zugelassenen Höchstabmessungen nach § 16.02 und die zugelassenen Abladetiefen nach § 16.02 Nummer 3 und 5 und
      - bb) die zugelassenen Abladetiefen nach § 16.02 Nummer 1, 4, 6 und 7

      nicht überschreitet,
   b) die Vorschriften über
      - aa) die Zusammenstellung der Verbände nach § 16.03 und
      - bb) die Meldepflicht nach § 16.15 Nummer 1 Satz 1, Nummer 2 Satz 2, 3 und Nummer 3 und 4

      einzuhalten oder sicherzustellen, dass diese eingehalten werden, und
   c) das in § 16.27 Satz 1 vorgesehene Verbot, die dort angegebenen Binnenschifffahrtsstraßen zu befahren, zu beachten oder sicherzustellen, dass dieses beachtet wird.
3. Der Eigentümer und der Ausrüster dürfen jeweils die Inbetriebnahme eines Fahrzeugs oder Verbandes nur anordnen oder zulassen, wenn das Fahrzeug oder der Verband
   a) die zugelassenen Höchstabmessungen nach § 16.02 und die zugelassenen Abladetiefen nach § 16.02 Nummer 3 und 5 und
   b) die zugelassenen Abladetiefen nach § 16.02 Nummer 1, 4, 6 und 7

   nicht überschreitet.

Kapitel 17
Elbe

§ 17.01 Anwendungsbereich

Die Vorschriften dieses Kapitels gelten auf der **Elbe** von der deutsch-tschechischen Grenze bei Schöna (km 0,00) bis zur oberen Grenze des Hamburger Hafens bei Oortkaten (km 607,50).

§ 17.02 Abmessungen der Fahrzeuge und Verbände, Fahrrinnentiefe und Abladetiefe

1. Ein Fahrzeug, ein Fahrzeug mit Seitenradantrieb oder ein schleppendes Fahrzeug darf folgende Abmessungen nicht überschreiten:

Binnenschifffahrtsstraße		Länge m	Breite m
1.1	**Elbe (Talfahrt)**		
1.1.1	km 0,00 bis km 607,50 (Oortkaten – Grenze zum Hamburger Hafen)		
	a) Fahrzeug	110,00	11,45
	b) Fahrzeug mit Seitenradantrieb	110,00	14,00
	c) schleppendes Fahrzeug	86,00	11,45
	soweit nachfolgend nicht etwas anderes festgelegt ist		
1.1.2	km 56,80 bis km 607,50 (Oortkaten – Grenze zum Hamburger Hafen)		
	schleppendes Fahrzeug	110,00	11,45
1.1.3	km 559,50 (Hafen Boizenburg) bis km 607,50 (Oortkaten – Grenze zum Hamburger Hafen)		
	Fahrzeug	110,00	22,90
1.2	**Elbe (Bergfahrt)**		
1.2.1	km 0,00 bis km 607,50 (Oortkaten – Grenze zum Hamburger Hafen)		
	Fahrzeug/schleppendes Fahrzeug	110,00	11,45
	Fahrzeug mit Seitenradantrieb	110,00	14,00
	soweit nachfolgend nicht etwas anderes festgelegt ist		

Binnenschifffahrtsstraße		Länge m	Breite m
1.2.2	km 559,00 (Hafen Boizenburg) bis km 607,50 (Oortkaten - Grenze zum Hamburger Hafen) Fahrzeug	110,00	22,90

2. Ein Verband darf folgende Abmessungen in Verbindung mit der Fahrrinnentiefe nicht überschreiten:

Binnenschifffahrtsstraße		Länge m	Breite m	Fahrrinnen-tiefe m
2.1	**Elbe (Talfahrt)**			
2.1.1	km 0,00 bis km 607,50 (Oortkaten - Grenze zum Hamburger Hafen)	137,00	11,45	
	soweit nachfolgend nicht etwas anderes festgelegt ist			
2.1.2	km 56,80 bis km 154,00 (Hafen Torgau)	110,00	18,00	
2.1.3	km 154,00 bis km 264,10	110,00	18,00	
	(Hafen Rosslau)	145,00	11,45	
	- ein Verband mit einer Länge von mehr als 137,00 m und einer Breite von nicht mehr als 11,45 m darf nur fahren, wenn der Wasserstand am Pegel Lutherstadt Wittenberg mindestens 280 cm beträgt und der Verband mit einer aktiven Bugsteuereinrichtung ausgerüstet ist oder der Verband mit einem Vorspann verkehrt -			
2.1.4	km 264,10 bis km 332,50	145,00	22,90	gilt nur bei bekannt gemachter Fahrrinnen tiefe von > 2,20
2.1.5	km 332,50 bis km 454,80	145,00	22,90	
		165,00	18,00	
2.1.6	km 454,80 bis km 569,20	190,00	24,00	
2.1.7	km 569,20 bis km 573,00	190,00	24,00	2,30; gilt nur bei einem Wasserstand von ≥ 4,30 m am Pegel Hohnstorf

Binnenschifffahrtsstraße		Länge m	Breite m	Fahrrinnen-tiefe m
2.1.8	km 573,00 bis km 585,86	190,00	24,00	3,20; gilt nur bei einem Wasserstand von ≥ 4,30 m am Pegel Hohnstorf
2.1.9	km 585,86 bis km 607,500 (Oortkaten - Grenze zum Hamburger Hafen)	190,00	24,00	
2.2	**Elbe (Bergfahrt)**			
2.2.1	km 607,50 (Oortkaten - Grenze zum Hamburger Hafen) bis km 0,00 soweit nachfolgend nicht etwas anderes festgelegt ist	137,00	11,45	
2.2.2	km 607,50 (Oortkaten - Grenze zum Hamburger Hafen) bis km 585,86	190,00	24,00	
2.2.3	km 585,86 bis km 573,00	190,00	24,00	3,20; gilt nur bei einem Wasserstand von ≥ 4,30 m am Pegel Hohnstorf
2.2.4	km 573,00 bis km 569,20	190,00	24,00	2,30; gilt nur bei einem Wasserstand von ≥ 4,30 m am Pegel Hohnstorf
2.2.5	km 569,20 bis km 454,80	190,00	24,00	
2.2.6	km 454,80 bis km 264,10 (Hafen Rosslau)	110,00 137,00 172,00 172,00	22,90 19,70 11,45 19,70	gilt nur bei bekannt gemachter Fahrrinnen-tiefe von › 2,00

Binnenschifffahrtsstraße		Länge m	Breite m	Fahrrinnentiefe m
		190,00	11,45	gilt nur bei bekannt gemachter Fahrrinnentiefe von > 2,00
2.2.7	km 264,10 bis km 56,80	170,00	11,45	
	- ein Verband mit einer Länge von mehr als 137,00 m und einer Breite von nicht mehr als 11,45 m darf nur fahren, wenn der Wasserstand am Pegel Lutherstadt Wittenberg mindestens 320 cm beträgt und der Verband mit einer aktiven Bugsteuereinrichtung ausgerüstet ist oder der Verband mit einem Vorspann verkehrt -			

3. Als Verband im Sinne der Nummer 2 gelten nur ein Schubverband und gekuppelte Fahrzeuge.
4. Die Fahrrinnentiefe auf der **Elbe** richtet sich nach dem Wasserstand. Die geringste Fahrrinnentiefe wird von der zuständigen Behörde täglich bekannt gemacht. Abweichend von Satz 2 beträgt die Fahrrinnentiefe
   a) von km 569,20 bis km 573,00 2,30 m und
   b) von km 573,00 bis km 585,86 3,20 m
   bei einem Wasserstand von mindestens 4,30 m am Pegel Hohnstorf. Bei der Wahl der Abladetiefe sind die Fahrrinnentiefen nach Satz 2 und 3 sowie die aktuelle Wasserstandsentwicklung zu berücksichtigen. Im Tidebereich unterhalb der Doppelschleuse Geesthacht kann die vorhandene Fahrrinnentiefe an den Schifffahrtspegeln bei km 586,30, 594,70 und 601,70 in Verbindung mit der Peiltiefe auf den weißen Tafeln am Schleusensteuerstand in Geesthacht bzw. am Pegelhaus Over bei km 605,30 abgelesen werden. An den Schifffahrtspegeln ist in Metern und Dezimetern ablesbar, um wie viel der Wasserstand zurzeit des Passierens über (schwarze Meterzahlen in weiß/roten Feldern) oder unter (rote Meterzahl in schwarz/weißen Feldern) dem Nullpunkt des Schifffahrtspegels liegt. Die weißen Tafeln mit schwarzem Rand zeigen eine rote Zahl, die in Dezimetern die Peiltiefe, bezogen auf den Nullpunkt des Schifffahrtspegels, angibt.

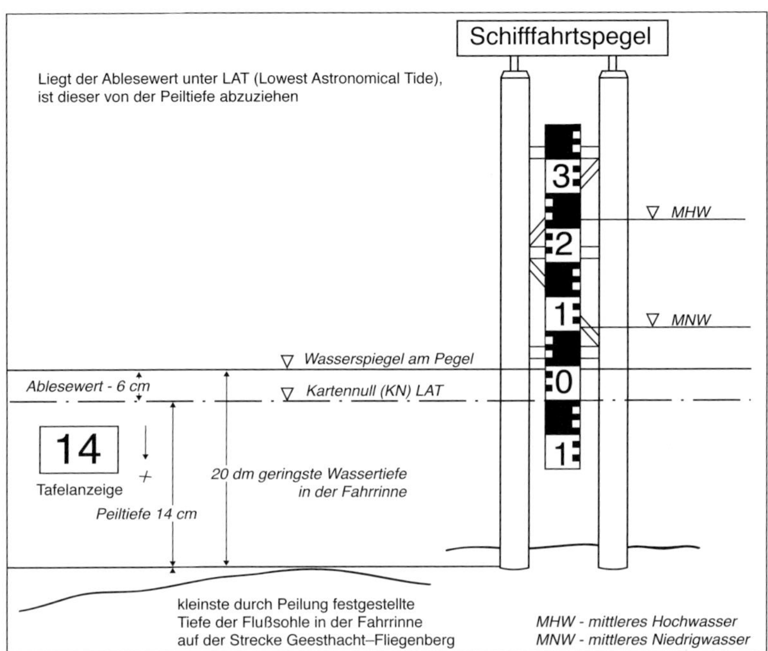

5. Die Abmessungen, Fahrrinnentiefen und Abladetiefen nach den Nummern 1, 2 und 4 gelten nicht auf den Stich- und Altkanälen, Nebenarmen und sonstigen Nebenwasserstraßen der Hauptwasserstraßen, soweit diese nicht gesondert aufgeführt sind.

§ 17.03 Zusammenstellung der Verbände

1. In einen Schleppverband dürfen
   a) in der Talfahrt höchstens zwei Anhänge und
   b) in der Bergfahrt höchstens drei Anhänge

   eingestellt werden. Abweichend von Satz 1 Buchstabe a darf in einen Schleppverband in der Talfahrt von km 56,80 bis km 607,50 höchstens ein Anhang eingestellt werden, wenn das schleppende Fahrzeug eine Länge von 80,00 m überschreitet. Ein Schleppverband darf von Wittenberge (km 455,00) bis Oortkaten – Grenze zum Hamburger Hafen (km 607,50) eine Gesamtlänge von 600,00 m nicht überschreiten.
2. Werden in einem Schleppverband schwimmende Geräte unmittelbar hintereinander geschleppt, werden sie als Fahrzeug angesehen, wenn die Gesamtlänge des Schleppverbandes 80,00 m nicht überschreitet. Das an letzter Stelle eines Schleppverbandes nach Satz 1 eingestellte Fahrzeug muss mit einem Ruder versehen sein.

3. Abweichend von § 1.02 Nummer 2 benötigt bei gekuppelten Fahrzeugen ein Fahrzeug, das nicht mehr als 80,00 m lang und nicht mit einer Antriebsmaschine ausgerüstet ist, keinen Schiffsführer, sondern untersteht dem Schiffsführer des Fahrzeugs, das mit einer Antriebsmaschine ausgerüstet ist.
4. Abweichend von § 1.09 Nummer 1 braucht bei gekuppelten Fahrzeugen das Ruder eines nicht mit einer Antriebsmaschine ausgerüsteten Fahrzeugs nicht besetzt zu sein. In diesem Falle muss das Ruder festgestellt sein.

§ 17.04 Fahrgeschwindigkeit

Auf der Elbe beträgt die Mindestgeschwindigkeit gegenüber dem Ufer für ein Fahrzeug oder einen Verband, ausgenommen Kleinfahrzeuge, in der Bergfahrt 4 km/h.

§ 17.05 Bergfahrt

(Keine besonderen Vorschriften)

§ 17.06 Begegnen

(Keine besonderen Vorschriften)

§ 17.07 Überholen

(Keine besonderen Vorschriften)

§ 17.08 Wenden

(Keine besonderen Vorschriften)

§ 17.09 Ankern

(siehe § 17.18 Nummer 6 Satz 3)

§ 17.10 Stillliegen

(Keine besonderen Vorschriften)

§ 17.11 Schifffahrt bei Hochwasser

1. Erreicht oder überschreitet der Wasserstand den Höchsten Schifffahrtswasserstand (HSW) – Hochwassermarke – an dem Richtpegel für den unter Nummer 2 jeweils aufgeführten Streckenabschnitt, ist mit der Einstellung der Schifffahrt zu rechnen und die zuständige Behörde kann die Schifffahrt innerhalb des Streckenabschnitts ganz oder teilweise verbieten.
2. Die in Nummer 1 genannte Hochwassermarke wird durch folgende Wasserstände bestimmt, und die Richtpegel gelten für den nachstehend aufgeführten Streckenabschnitt:

Strecke	Richtpegel	Hochwasser-marke
deutsch-tschechische Grenze (km 0,00) - Hafen Riesa (km 109,40)	Dresden	500 cm
Hafen Riesa (km 109,40) - Elstermündung (km 198,60)	Torgau	620 cm
Elstermündung (km 198,60) - Saalemündung (km 290,70)	Lutherstadt Wittenberg	550 cm
Saalemündung (km 290,70) - Einfahrt Hafen Frohse (km 314,50)	Barby	570 cm
Einfahrt Hafen Frohse (km 314,50) - Einfahrt Industriehafen Magdeburg (km 332,80)	Magdeburg-Strombrücke	550 cm
Einfahrt Industriehafen Magdeburg (km 332,80) - Einmündung Niegripper Verbindungskanal (km 343,80)	Rothensee	745 cm
Einmündung Niegripper Verbindungskanal (km 343,80) - Einmündung Untere Havel-Wasserstraße (km 422,80)	Tangermünde	620 cm
Einmündung Untere Havel-Wasserstraße (km 422,80) - Mündung Alte Löcknitz (km 502,25)	Wittenberge	610 cm
Mündung Alte Löcknitz (km 502,25) - Einfahrt Hafen Bleckede (km 550,00)	Dömitz	580 cm
Einfahrt Hafen Bleckede (km 550,00) - Einmündung Elbe-Lübeck-Kanal (km 569,20)	Hohnsdorf	820 cm

§ 17.12 Schifffahrt bei Eis

Droht infolge zunehmender Eisbildung die Einstellung der Schifffahrt, muss ein Fahrzeug oder ein Verband nach Hinweis der zuständigen Behörde rechtzeitig einen Schutzhafen oder eine geeignete Liegestelle aufsuchen.

§ 17.13 Nachtschifffahrt

(Keine besonderen Vorschriften)

§ 17.14 Einsatz von Trägerschiffsleichtern

(Keine besonderen Vorschriften)

§ 17.15 Meldepflicht

(Keine besonderen Vorschriften)

§ 17.16 Höhe der Brücken, sonstigen festen Überbauten und Freileitungen

(Keine besonderen Vorschriften)

§ 17.17 Kennzeichnung der Brücken- und Wehrdurchfahrten

Abweichend von der Kennzeichnung nach den §§ 6.24 und 6.25 kann eine Brückendurchfahrt bei Nacht wie folgt gekennzeichnet sein:

1. an den Seiten der Durchfahrt:
   grüne Lichter;
2. über der Mitte der Durchfahrt:
   gelbe Lichter,
   a) bei Verkehr in Berg- und Talfahrt:
      ein gelbes Licht,
   b) bei Verkehr in nur eine Richtung:
      zwei gelbe Lichter übereinander.

§ 17.18 Durchfahren der Brücken, Sperrwerke, Wehre, Schleusen und einzelner Stromstrecken

1. Die **Magdeburger Stromstrecke** von km 324,50 bis km 327,20 ist bei Wasserständen unter 400 cm am Pegel Magdeburg eine Fahrwasserenge.
2. Die Einfahrt in die Fahrwasserenge nach Nummer 1 wird durch Signallichter geregelt. Sie bedeuten:
   a) ein festes rotes Licht:
      Verbot des Einfahrens. Ein Fahrzeug hat nach Möglichkeit außerhalb der Fahrrinne so anzuhalten, dass der Gegenverkehr sicher passieren kann;
   b) ein festes grünes Licht:
      Erlaubnis zum Einfahren.

   Das Verbot der Einfahrt ist zu beachten. Bei außer Betrieb genommenen Lichtern finden die Bestimmungen des § 6.07 Anwendung.
3. Die Lichter nach Nummer 2 befinden sich für
   a) die Talfahrer
      am westlichen Widerlager der Sternbrücke bei km 325,10 und
   b) die Bergfahrer
      an der Mündung Zollelbe bei km 327,10.
4. Bei Wasserständen von 400 cm und mehr am Pegel Magdeburg-Strombrücke findet die Regelung nach Nummer 2 keine Anwendung.
5. Einzeln fahrende Schub- oder Schleppfahrzeuge mit jeweils einer Länge von nicht mehr als 33,00 m oder Kleinfahrzeuge können abweichend von Nummer 2 Buchstabe a auch dann in die Fahrwasserenge nach Nummer 1 einfahren,

wenn die Einfahrt durch ein rotes Licht gesperrt ist. Sie haben jedoch einem entgegenkommenden Fahrzeug die ungehinderte Vorbeifahrt zu gewähren.

6. Bei der Einfahrt in den oberen Schleusenkanal der **Doppelschleuse Geesthacht** hat ein Talfahrer Vorfahrt. Ein Schleppverband muss spätestens nach der Einfahrt in den oberen Schleusenkanal die Länge der Schleppverbindungen auf 50,00 m oder weniger kürzen. Abweichend von den §§ 7.02 und 7.03 ist das Liegen und die Benutzung der Anker im oberen Schleusenkanal gestattet.

§ 17.19 Benutzung der Schleusen, Bootsschleusen und Bootsumsetzanlagen

(Keine besonderen Vorschriften)

§ 17.20 Segeln

(Keine besonderen Vorschriften)

§ 17.21 Bezeichnung der Fahrzeuge

(Keine besonderen Vorschriften)

§ 17.22 Regelungen über den Verkehr

1. Bei Annäherung an eine Seilfähre hat ein Fahrzeug, ausgenommen ein Kleinfahrzeug, in Höhe des Zeichens E.4a (Anlage 7) das Signal »Achtung« gemäß Anlage 6 zu geben, das so oft wie notwendig zu wiederholen ist. Das Geben des Signals kann entfallen, wenn eine Funkabsprache mit dem Fährführer erfolgt ist.
2. Die Vorbeifahrt an einer Seilfähre darf erst erfolgen, wenn sie an ihrem ständigen Liegeplatz stillliegt.
3. Abweichend von Nummer 2 kann die Vorbeifahrt an einer Seilfähre auf der Seite erfolgen, auf der von der Seilfähre bei Tag eine weiße Flagge und bei Nacht ein gelbes gewöhnliches, von allen Seiten sichtbares Licht gezeigt wird.
4. Die Einfahrt in den **Rothenseer Verbindungskanal** von der **Elbe** und die Ausfahrt aus dem **Rothenseer Verbindungskanal** in die **Elbe** darf nur über die gekennzeichnete Wendestelle bei km 333,25 erfolgen. Satz 1 gilt nicht für ein muskelbetriebenes Kleinfahrzeug.

§ 17.23 Regelungen zum Sprechfunk

§ 4.05 Nummer 3 gilt auch für eine Seilfähre.

§ 17.24 Sonderbestimmungen für Kleinfahrzeuge

(Keine besonderen Vorschriften)

§ 17.25 Befahren der Altwässer, Kanäle und einzelner Wasserstraßen

(Keine besonderen Vorschriften)

§ 17.26 Schutz der Kanäle und Anlagen

(Keine besonderen Vorschriften)

§ 17.27 Verkehrsbeschränkungen der Schifffahrt

(Keine besonderen Vorschriften)

§ 17.28 Benutzung der Wasserstraßen

(Keine besonderen Vorschriften)

§ 17.29 Verhaltenspflichten des Schiffsführers, der Besatzung an Bord, des Eigentümers und des Ausrüsters

1. Der Schiffsführer und die nach § 1.03 Nummer 3 für Kurs und Geschwindigkeit verantwortliche Person haben jeweils
   a) sicherzustellen, dass das Fahrzeug oder der Verband die geforderte Mindestgeschwindigkeit nach § 17.04 nicht unterschreitet und
   b) die Vorschriften über
      aa) die Schifffahrt bei Hochwasser nach § 17.11 Nummer 1 und ein nach dieser Vorschrift angeordnetes Verbot der Schifffahrt,
      bb) das Verhalten bei Eis nach § 17.12,
      cc) das Verhalten beim Durchfahren der Schleusengruppe Geesthacht nach § 17.18 Nummer 6 Satz 1 und 2,
      dd) die Vorschrift über die Einfahrt in und die Ausfahrt aus dem Rothenseer Verbindungskanal nach § 17.22 Nummer 4 und
      ee) den Sprechfunk auf einer Seilfähre nach § 17.23 in Verbindung mit § 4.05 Nummer 3

      einzuhalten oder sicherzustellen, dass diese Vorschriften oder ein angeordnetes Verbot der Schifffahrt eingehalten werden.
2. Der Schiffsführer hat
   a) sicherzustellen, dass
      aa) das von ihm geführte Fahrzeug, das von ihm geführte Fahrzeug mit Seitenradantrieb, das von ihm geführte schleppende Fahrzeug oder der von ihm geführte Verband die zugelassenen Höchstabmessungen nach § 17.02 Nummer 1 und 2 und die zugelassene Abladetiefe nach § 17.02 Nummer 4 Satz 4 nicht überschreitet und
      bb) auf dem von ihm geführten Verband in dem in § 17.02 Nummer 2.1.3 und 2.2.7 jeweils genannten Fall die oder der dort jeweils angegebene Ausrüstung oder Vorspann vorhanden ist,
   b) die Vorschriften über
      aa) die Zusammenstellung der Verbände nach § 17.03 Nummer 1, 2 Satz 2 und Nummer 4 Satz 2 und
      bb) das Verhalten gegenüber einer Seilfähre nach § 17.22 Nummer 1 und 2, auch in Verbindung mit Nummer 3,

einzuhalten oder sicherzustellen, dass diese eingehalten werden, und

c) das in § 17.18 Nummer 2 Satz 3 vorgesehene Verbot der Einfahrt in die Stromstrecke Magdeburg zu beachten oder sicherzustellen, dass dieses beachtet wird.

3. Der Eigentümer und der Ausrüster dürfen jeweils die Inbetriebnahme eines Fahrzeugs, eines Fahrzeugs mit Seitenradantrieb, eines schleppenden Fahrzeugs oder eines Verbandes nur anordnen oder zulassen, wenn
   a) das Fahrzeug, das Fahrzeug mit Seitenradantrieb, das schleppende Fahrzeug oder der Verband die zugelassenen Höchstabmessungen nach § 17.02 Nummer 1 und 2 und die zugelassene Abladetiefe nach § 17.02 Nummer 4 Satz 4 nicht überschreitet und
   b) auf dem Verband in dem in § 17.02 Nummer 2.1.3 und 2.2.7 jeweils genannten Fall die oder der dort jeweils angegebene Ausrüstung oder Vorspann vorhanden ist.

Kapitel 18
Ilmenau

§ 18.01 Anwendungsbereich

Die Vorschriften dieses Kapitels gelten auf der **Ilmenau** (Im) von der Nordwestkante der Brausebrücke an der Abtsmühle in Lüneburg (Im-km 0,00) bis zur Mündung in die Elbe (Im-km 28,84/El-km 598,97).

§ 18.02 Abmessungen der Fahrzeuge und Verbände, Abladetiefe

Ein Fahrzeug oder ein Schubverband darf folgende Abmessungen nicht überschreiten:

	Binnenschifffahrtsstraße	Länge m	Breite m	Abladetiefe m
1.	km 0,50 (Wartburg) bis km 28,84 (Ilmenaumündung) Fahrzeug/Schubverband	45,00	6,20	je nach Wasserstand
	soweit nachfolgend nicht etwas anderes festgelegt ist			
2.	bis km 17,75 (Ende unterer Schleusenvorhafen Fahrenholz) bis km 28,32 Fahrzeug/Schubverband	67,00	9,00	je nach Wasserstand
3.	km 28,32 (Hafen Hoopte) bis km 28,84 (Ilmenaumündung) Fahrzeug/Schubverband	80,00	9,50	je nach Wasserstand

§ 18.03 Zusammenstellung der Verbände

1. In einen Schleppverband dürfen in der Bergfahrt nur ein Anhang, in der Talfahrt höchstens zwei Anhänge eingestellt werden.
2. Fahrzeuge, ausgenommen Kleinfahrzeuge, dürfen nur zum Abschleppen eines beschädigten Fahrzeugs, zu einem kurzen Verholen oder mit Erlaubnis der zuständigen Behörde gekuppelt fahren.

§ 18.04 Fahrgeschwindigkeit
Die zulässige Höchstgeschwindigkeit gegenüber dem Ufer beträgt für ein Fahrzeug oder einen Verband 7 km/h.

§ 18.05 Bergfahrt
(Keine besonderen Vorschriften)

§ 18.06 Begegnen
(Keine besonderen Vorschriften)

§ 18.07 Überholen
(Keine besonderen Vorschriften)

§ 18.08 Wenden
Ein Fahrzeug von mehr als 15,00 m Länge darf nur an einer durch das Tafelzeichen E.8 (Anlage 7) bezeichneten Stelle wenden.

§ 18.09 Ankern
(Keine besonderen Vorschriften)

§ 18.10 Stillliegen
(Keine besonderen Vorschriften)

§ 18.11 Schifffahrt bei Hochwasser
(Keine besonderen Vorschriften)

§ 18.12 Schifffahrt bei Eis
(Keine besonderen Vorschriften)

§ 18.13 Nachtschifffahrt
(Keine besonderen Vorschriften)

§ 18.14 Einsatz von Trägerschiffsleichtern
(Keine besonderen Vorschriften)

§ 18.15 Meldepflicht
(Keine besonderen Vorschriften)

§ 18.16 Höhe der Brücken, sonstigen festen Überbauten und Freileitungen
(Keine besonderen Vorschriften)

§ 18.17 Kennzeichnung der Brücken- und Wehrdurchfahrten

(Keine besonderen Vorschriften)

§ 18.18 Durchfahren der Brücken, Sperrwerke, Wehre, Schleusen und einzelner Stromstrecken

(Keine besonderen Vorschriften)

§ 18.19 Benutzung der Schleusen, Bootsschleusen und Bootsumsetzanlagen

(Keine besonderen Vorschriften)

§ 18.20 Segeln

(Keine besonderen Vorschriften)

§ 18.21 Bezeichnung der Fahrzeuge

(Keine besonderen Vorschriften)

§ 18.22 Regelungen über den Verkehr

(Keine besonderen Vorschriften)

§ 18.23 Regelungen zum Sprechfunk

(Keine besonderen Vorschriften)

§ 18.24 Sonderbestimmungen für Kleinfahrzeuge

(Keine besonderen Vorschriften)

§ 18.25 Befahren der Altwässer, Kanäle und einzelner Wasserstraßen

(Keine besonderen Vorschriften)

§ 18.26 Schutz der Kanäle und Anlagen

(Keine besonderen Vorschriften)

§ 18.27 Verkehrsbeschränkungen der Schifffahrt

Das Befahren der **Ilmenau** von der Nordwestkante der Brausebrücke an der Abtsmühle in Lüneburg (km 0,00) bis Warburg (km 0,50) ist verboten. Satz 1 gilt nicht für ein Kleinfahrzeug ohne Antriebsmaschine.

§ 18.28 Benutzung der Wasserstraßen

(Keine besonderen Vorschriften)

§ 18.29 Verhaltenspflichten des Schiffsführers, der Besatzung an Bord, des Eigentümers und des Ausrüsters

1. Der Schiffsführer und die nach § 1.03 Nummer 3 für Kurs und Geschwindigkeit verantwortliche Person haben jeweils
   a) sicherzustellen, dass das Fahrzeug oder der Verband die zugelassene Höchstgeschwindigkeit nach § 18.04 nicht überschreitet und
   b) die Vorschrift über das Wenden nach § 18.08 einzuhalten oder sicherzustellen, dass diese eingehalten wird.
2. Der Schiffsführer hat
   a) sicherzustellen, dass das von ihm geführte Fahrzeug oder der von ihm geführte Verband die zugelassenen Höchstabmessungen und Abladetiefen nach § 18.02 nicht überschreitet,
   b) die Vorschriften über die Zusammenstellung der Verbände nach § 18.03 einzuhalten oder sicherzustellen, dass diese eingehalten werden, und
   c) das in § 18.27 Satz 1 vorgesehene Verbot, die dort angegebenen Binnenschifffahrtsstraße zu befahren, zu beachten oder sicherzustellen, dass dieses beachtet wird.
3. Der Eigentümer und der Ausrüster dürfen jeweils die Inbetriebnahme eines Fahrzeugs oder Verbandes nur anordnen oder zulassen, wenn das Fahrzeug oder der Verband die zugelassenen Höchstabmessungen und Abladetiefen nach § 18.02 nicht überschreitet.

Kapitel 19
Elbe-Lübeck-Kanal und Kanaltrave

§ 19.01 Anwendungsbereich

Die Vorschriften dieses Kapitels gelten auf

1. dem **Elbe-Lübeck-Kanal** (ELK) von der Abzweigung aus der Trave, 71,00 m nordöstlich der Achse der Geniner Straßenbrücke (ELK-km 0,00) bis zur Einmündung in die Elbe bei Lauenburg (ELK-km 61,55/El-km 569,23) und
2. der **Kanaltrave** von der Abzweigung des Elbe-Lübeck-Kanals bis zur Nordwestkante der Eisenbahnhubbrücke in Lübeck mit Nebenarm Stadttrave von der Abzweigung aus der Kanaltrave bis zur Südkante der Wipperbrücke.

§ 19.02 Abmessungen der Fahrzeuge und Verbände, Abladetiefe

Ein Fahrzeug oder ein Schubverband darf folgende Abmessungen und Abladetiefen nicht überschreiten:

	Binnenschifffahrtsstraße	Länge m	Breite m	Abladetiefe m
1.	**Elbe-Lübeck-Kanal**			
1.1	km 0,00 bis km 61,55 (Einmündung in die Elbe) Fahrzeug/Schubverband soweit nachfolgend nicht etwas anderes festgelegt ist	80,00	9,50	2,00
1.2	km 0,00 bis km 59,17 (Umschlagstelle Horsterdamm/ Liegestelle Lauenburg Ost) Fahrzeug/Schubverband	80,00	8,30	2,10
	- von km 0,00 bis km 3,43 (Schleuse Büssau) verringert sich die Abladetiefe bei einem Wasserstand unter 500 cm am Pegel Hubbrücken um das Maß des jeweiligen Absinkens des Wasserstandes -			
1.3	km 59,17 (Umschlagstelle Horsterdamm/Liegestelle Lauenburg Ost) bis km 61,55 (Einmündung in die Elbe)			
	a) Fahrzeug	110,00	11,45	2,30
	b) Schubverband	125,00	9,60	2,30
	- von km 60,10 (Schleuse Lauenburg) bis km 61,55 gilt die zulässige Abladetiefe von 2,30 m nur bei einem Wasserstand von ≥ 4,30 m am Pegel Hohnstorf auf der Elbe -			

Binnenschifffahrtsstraße	Länge m	Breite m	Abladetiefe m
2. Kanaltrave km 0,00 bis km 5,57 (Hubbrücken in Lübeck) Fahrzeug/Schubverband	80,00	9,50	2,10
- bei einem Wasserstand am Pegel Hubbrücken unter 500 cm verringert sich die Abladetiefe um das jeweilige Maß des geringeren Wasserstandes; von km 4,26 bis km 5,57 darf die Abladetiefe auf bis zu 2,50 m erhöht werden, wenn der Wasserstand am Pegel Hubbrücken 500 cm (Mittelwasserstand) erreicht hat -			

§ 19.03 Zusammenstellung der Verbände

1. In einen Schleppverband dürfen nur so viele Fahrzeuge eingestellt werden, dass er nicht mehr als zwei Schleusungen benötigt. Der Abstand zwischen dem Fahrzeug mit Maschinenantrieb an der Spitze des Verbandes und dem ersten Anhang darf höchstens 50,00 m, der Abstand der Anhänge untereinander höchstens 25,00 m betragen. Ein Fahrzeug mit Maschinenantrieb, das seiner Bauart nach zur Beförderung von Gütern bestimmt und zum Schleppen zugelassen ist, darf nur einen Anhang schleppen.
2. Fahrzeuge, ausgenommen Kleinfahrzeuge, dürfen, mit Ausnahme im Hafen Lauenburg, nur zum Abschleppen eines beschädigten Fahrzeugs, zu einem kurzen Verholen oder mit Erlaubnis der zuständigen Behörde gekuppelt fahren.

§ 19.04 Fahrgeschwindigkeit

1. Die zulässige Höchstgeschwindigkeit gegenüber dem Ufer beträgt für ein Fahrzeug oder einen Verband, ausgenommen Kleinfahrzeuge, mit jeweils
   a) einer Abladetiefe von nicht mehr als 1,20 m und einer Breite von nicht mehr als 8,30 m 10 km/h,
   b) einer Abladetiefe von mehr als 1,20 m oder einer Breite von mehr als 8,30 m 8 km/h.
2. Die zulässige Höchstgeschwindigkeit gegenüber dem Ufer beträgt für ein Kleinfahrzeug 10 km/h.
3. Die Mindestgeschwindigkeit gegenüber dem Ufer beträgt für ein Fahrzeug oder einen Verband, ausgenommen Kleinfahrzeuge, 5 km/h.

§ 19.05 Bergfahrt

(Keine besonderen Vorschriften)

§ 19.06 Begegnen

(Keine besonderen Vorschriften)

§ 19.07 Überholen

1. Das Überholen bei Nacht ist verboten.
2. Abweichend von Nummer 1 darf ein Kleinfahrzeug überholen und überholt werden.

§ 19.08 Wenden

Ein Fahrzeug darf nur wenden, wenn das Manöver ohne Berührung der Ufer und Bauwerke ausgeführt werden kann.

§ 19.09 Ankern

(Keine besonderen Vorschriften)

§ 19.10 Stillliegen

Die nach § 3.20 vorgeschriebene Bezeichnung braucht nicht geführt zu werden, wenn das Fahrzeug an einer Liege- oder Umschlagstelle außerhalb der durchgehenden Fahrrinne stillliegt.

§ 19.11 Schifffahrt bei Hochwasser

(Keine besonderen Vorschriften)

§ 19.12 Schifffahrt bei Eis

(Keine besonderen Vorschriften)

§ 19.13 Nachtschifffahrt

(Keine besonderen Vorschriften)

§ 19.14 Einsatz von Trägerschiffsleichtern

(Keine besonderen Vorschriften)

§ 19.15 Meldepflicht

(Keine besonderen Vorschriften)

§ 19.16 Höhe der Brücken, sonstigen festen Überbauten und Freileitungen

1. Die Durchfahrtshöhe unter einer Brücke beträgt zwischen den Schleusen Lauenburg und Büssau bei normalem Kanalwasserstand 4,40 m.
2. In oberster Hubstellung beträgt die Durchfahrtshöhe unter der Hubbrücke in Lübeck bei Mittelwasserstand (500 cm am Pegel Hubbrücken) 5,40 m. Zusätzlich zu den Signallichtern nach § 6.26 Nummer 4 Buchstabe b oder c können an den Hubbrücken weiße Lichter gezeigt werden.

Es bedeuten:

a) zwei weiße Lichter über den linken roten Lichtern:
Durchfahrt nur für ein Fahrzeug unter 2,50 m Höhe über dem Mittelwasserstand;

b) ein weißes Licht über dem linken roten Licht:
Durchfahrt nur für ein Fahrzeug unter 1,45 m Höhe über dem Mittelwasserstand.

3. Im Klughafen beträgt die Durchfahrtshöhe bei Mittelwasserstand 5,50 m.
4. Hat der Wasserstand der Elbe am Pegel Hohnstorf 780 cm erreicht, beträgt die Durchfahrtshöhe unter der Lauenburger Straßenbrücke (ELK-km 61,03) 6,04 m.
5. Die Durchfahrtshöhen können sich durch Wasserstandsschwankungen verringern.

§ 19.17 Kennzeichnung der Brücken- und Wehrdurchfahrten

(Keine besonderen Vorschriften)

§ 19.18 Durchfahren der Brücken, Sperrwerke, Wehre, Schleusen und einzelner Stromstrecken

(Keine besonderen Vorschriften)

§ 19.19 Benutzung der Schleusen, Bootsschleusen und Bootsumsetzanlagen

(Keine besonderen Vorschriften)

§ 19.20 Segeln

Das Segeln ist verboten. Die zuständige Behörde kann auf der **Kanaltrave** im Einzelfall Ausnahmen zulassen, soweit die Sicherheit und Leichtigkeit des Verkehrs dadurch nicht beeinträchtigt wird.

§ 19.21 Bezeichnung der Fahrzeuge

(Keine besonderen Vorschriften)

§ 19.22 Regelungen über den Verkehr

(Keine besonderen Vorschriften)

§ 19.23 Regelungen zum Sprechfunk

(Keine besonderen Vorschriften)

§ 19.24 Sonderbestimmungen für Kleinfahrzeuge

(Keine besonderen Vorschriften)

§ 19.25 Befahren der Altwässer, Kanäle und einzelner Wasserstraßen

(Keine besonderen Vorschriften)

§ 19.26 Schutz der Kanäle und Anlagen

(Keine besonderen Vorschriften)

§ 19.27 Verkehrsbeschränkungen der Schifffahrt

(Keine besonderen Vorschriften)

§ 19.28 Benutzung der Wasserstraßen

(Keine besonderen Vorschriften)

§ 19.29 Verhaltenspflichten des Schiffsführers, der Besatzung an Bord, des Eigentümers und des Ausrüsters

1. Der Schiffsführer und die nach § 1.03 Nummer 3 für Kurs und Geschwindigkeit verantwortliche Person haben jeweils
   a) sicherzustellen, dass das Fahrzeug oder der Verband
      aa) die zugelassene Höchstgeschwindigkeit nach § 19.04 Nummer 1 und 2 nicht überschreitet und
      bb) die geforderte Mindestgeschwindigkeit nach § 19.04 Nummer 3 nicht unterschreitet und
   b) die Vorschriften über
      aa) das Verbot zu überholen nach § 19.07 Nummer 1 und
      bb) das Wenden nach § 19.08
      einzuhalten oder sicherzustellen, dass diese eingehalten werden.
2. Der Schiffsführer hat
   a) sicherzustellen, dass das von ihm geführte Fahrzeug oder der von ihm geführte Verband die zugelassenen Höchstabmessungen und Abladetiefen nach § 19.02 nicht überschreitet,
   b) die Vorschriften über die Zusammenstellung der Verbände nach § 19.03 einzuhalten oder sicherzustellen, dass diese eingehalten werden, und
   c) das in § 19.20 Satz 1 vorgesehene Verbot, zu segeln, zu beachten oder sicherzustellen, dass dieses beachtet wird.
3. Der Eigentümer und der Ausrüster dürfen jeweils die Inbetriebnahme eines Fahrzeugs oder Verbandes nur anordnen oder zulassen, wenn das Fahrzeug oder der Verband die zugelassenen Höchstabmessungen und Abladetiefen nach § 19.02 nicht überschreitet.

Kapitel 20
Saar

§ 20.01 Anwendungsbereich

Die Vorschriften dieses Kapitels gelten auf der **Saar** (Sa) von der Mündung in die Mosel (Sa-km 0,00/Mosel-km 200,81) bis zur deutsch-französischen Grenze bei Saargemünd (lothr. km 64,975 re. U.).

§ 20.02 Abmessungen der Fahrzeuge und Verbände, Fahrrinnentiefe

1. Ein Fahrzeug oder ein Verband darf folgende Abmessungen nicht überschreiten:

Binnenschifffahrtsstraße		Länge m	Breite m
1.1	km 0,00 (Saarmündung) bis lothr. km 64,975 re. U. (deutsch-französische Grenze bei Saargemünd)		
	Fahrzeug soweit nachfolgend nicht etwas anderes festgelegt ist	38,50	5,05
1.2	km 0,00 (Saarmündung) bis km 58,87 (Dillingen)		
	a) Fahrzeug (ausgenommen Fahrgastschiffe)	135,00	11,45
	b) Fahrgastschiff	110,00	11,45
	c) Verband	185,00	11,45
1.3	km km 58,87 (Dillingen) bis km 87,20 (Ende der ausgebauten Strecke)		
	a) Fahrzeug	110,00	11,45
	b) Verband	185,00	11,45

Ein Fahrzeug oder ein Verband mit jeweils einer Länge von mehr als 90,00 m darf nur fahren, wenn es oder er mit einer aktiven Bugsteuereinrichtung ausgerüstet ist. Ein Fahrzeug mit einer Länge von mehr als 110,00 m darf nur fahren, wenn es in Bau, Ausrüstung und Antrieb den Anforderungen des Anhangs II Kapitel 22a der Binnenschiffsuntersuchungsordnung, auch in Verbindung mit § 1 Absatz 8 der Binnenschiffsuntersuchungsordnung, entspricht; dieses Fahrzeug muss

a) in der Fahrtauglichkeitsbescheinigung unter der Nummer 52 einen Eintrag haben, dass es den besonderen Anforderungen nach Anhang II § 22a.05

Nummer 2 Buchstabe a bis d der Binnenschiffsuntersuchungsordnung genügt,
b) den Nachweis über die Schwimmfähigkeit, die Trimmlage und die Stabilität (Kentersicherheit) der getrennten Schiffsteile mitführen,
c) bei der Benutzung von Schifffahrtsanlagen besondere Vorsicht walten lassen und eine gesteigerte nautische Sorgfalt beachten und

darf den Maschinenantrieb sowie die Bugstrahlanlage nicht über das nautisch erforderliche Maß hinaus benutzen. Der Nachweis nach Satz 3 Halbsatz 2 Buchstabe b ist auf Verlangen der Wasserschutzpolizei und den Bediensteten der zuständigen Behörde zur Kontrolle auszuhändigen. Eine von der zuständigen Behörde erteilte und am 31. Dezember 2009 gültige Sondererlaubnis für ein Fahrzeug mit einer Länge von mehr als 110,00 m, das nicht den Anforderungen des Anhangs II Kapitel 22a der Binnenschiffsuntersuchungsordnung, auch in Verbindung mit § 1 Absatz 8 der Binnenschiffsuntersuchungsordnung, entspricht, bleibt mit den erteilten Auflagen auf dem jeweiligen Stromabschnitt weiterhin gültig. Diese Sondererlaubnis ist an Bord mitzuführen und auf Verlangen der Wasserschutzpolizei und den Bediensteten der zuständigen Behörde zur Kontrolle auszuhändigen.

2. Als Verband im Sinne der Nummer 1 gelten nur ein Schubverband und gekuppelte Fahrzeuge.
3. Die Fahrrinnentiefe beträgt
   a) von der Saarmündung (km 0,00) bis zum Ende der ausgebauten Strecke (km 87,20) — 3,00 m,
   b) vom Ende der ausgebauten Strecke (km 87,20) bis zur deutsch-französischen Grenze bei Saargemünd (lothr. km 64,975 re. U.) — 2,00 m.

§ 20.03 Zusammenstellung der Verbände

In einen Schleppverband dürfen nur so viele Fahrzeuge eingestellt werden, dass er nicht mehr als eine Schleusung benötigt.

§ 20.04 Fahrgeschwindigkeit

1. Die zulässige Höchstgeschwindigkeit gegenüber dem Ufer beträgt für ein Fahrzeug oder einen Verband
   a) von km 0,00 (Saarmündung) bis km 87,20 (Ende der ausgebauten Strecke) — 16 km/h,
   b) von km 87,20 (Ende der ausgebauten Strecke) bis lothr. km 64,975 re.U. (deutsch-französische Grenze bei Saargemünd) — 8 km/h.
2. Die zuständige Behörde kann für einzelne Strecken oder aus einem besonderen Anlass abweichend von Nummer 1 für ein Kleinfahrzeug, ein Fahrgastschiff oder eine Personenbarkasse höhere Geschwindigkeiten zulassen, wenn dadurch der

Zustand und die Benutzung der Wasserstraße sowie der übrige Schiffsverkehr nicht über Gebühr beeinträchtigt werden.

§ 20.05 Bergfahrt

(Keine besonderen Vorschriften)

§ 20.06 Begegnen

1. Auf folgenden Fahrwasserengen besteht Begegnungsverbot:
   a) für ein Fahrzeug oder einen Verband (ausgenommen Kleinfahrzeuge untereinander):
      Völklingen km 75,20 bis km 76,10;
   b) für ein Fahrzeug oder einen Verband (ausgenommen Kleinfahrzeuge):
      aa) Taben-Roth km 21,20 bis km 23,40,
      bb) Mettlach Oberwasser km 32,40 bis km 33,00;
   c) für einen Verband:
      aa) WSA-Umschlagstelle im Schleusenkanal Kanzem km 5,70 bis km 7,20,
      bb) Saarburg km 11,70 bis km 12,50,
      cc) Serrig km 14,10 bis km 16,20,
      dd) Mettlach Unterwasser km 28,50 bis km 30,50,
      ee) Saarschleife km 33,60 bis km 35,20,
      ff) Fußgängerbrücke Fremersdorf km 47,70 bis km 48,90,
      gg) Lisdorfer Au km 61,00 bis km 64,00.
2. Ein Bergfahrer muss bei Annäherung an eine Fahrwasserenge einen Talfahrer auf Kanal 10 anrufen und auffordern, ihm Art, Namen, Standort und Fahrtrichtung des Fahrzeugs mitzuteilen. Meldet sich kein Talfahrer, darf der Bergfahrer in die Fahrwasserenge einfahren, ausgenommen in die Fahrwasserengen
   a) Taben-Rodt km 21,20 und
   b) Saarschleife km 33,60.
   In die in Satz 2 genannten Fahrwasserengen darf er nur einfahren, wenn er vorher zur Kontrolle des ordnungsgemäßen Funkbetriebes im Bereich dieser Fahrwasserengen auf Kanal 10 zwei tiefe Töne von je einer Sekunde Dauer empfangen hat.
3. Ein Talfahrer muss bei Annäherung an eine Fahrwasserenge auf Kanal 10 mehrmals Art, Namen, Standort und Fahrtrichtung seines Fahrzeugs ansagen. Dieselben Angaben muss er machen, wenn er von einem Bergfahrer angesprochen wird.
4. Die Nummern 2 und 3 gelten nicht für ein Kleinfahrzeug.

§ 20.07 Überholen

(Keine besonderen Vorschriften)

§ 20.08 Wenden

Ein Fahrzeug darf nur wenden, wenn das Manöver ohne Berührung der Ufer und der Bauwerke ausgeführt werden kann. Für ein Fahrzeug bis 110,00 m Länge stehen Wendestellen bei Ensdorf (km 65,34), bei Völklingen (km 77,52) und bei Saarbrücken (km 86,42) zur Verfügung.

§ 20.09 Ankern

Das Ankern ist verboten.

§ 20.10 Stillliegen

Das Stillliegen ist nur an den dafür ausgewiesenen Liegestellen zugelassen.

§ 20.11 Schifffahrt bei Hochwasser

1. Erreicht oder überschreitet der Wasserstand den Höchsten Schifffahrtswasserstand (HSW) - Hochwassermarke - an dem Richtpegel für den unter Nummer 2 jeweils aufgeführten Streckenabschnitt, ist die Schifffahrt innerhalb des jeweiligen Streckenabschnitts verboten.
2. Die in Nummer 1 genannte Hochwassermarke wird durch folgende Wasserstände bestimmt, und die Richtpegel gelten für den nachstehend aufgeführten Streckenabschnitt:

Strecke	Richtpegel	Hochwassermarke
Saargemünd (km 0,00) bis zum Unterwasser der Schleuse Kanzem (km 5,10)	Grevenmacher (Mosel-km 212,50)	520 cm
Schleuse Kanzem (km 5,10) bis zum Unterwasser der Schleuse Lisdorf (km 66,10) einschließlich Wiltinger Bogen	Fremersdorf	390 cm
Schleuse Lisdorf (km 66,10) bis zum Unterwasser der Schleuse Saarbrücken (km 82,50)	Saarbrücken-St. Arnual	290 cm
Schleuse Saarbrücken (km 82,50) bis zum Unterwasser der Schleuse Güdingen (km 92,90)	Saarbrücken-St. Arnual	230 cm

3. In der Stauhaltung Saarbrücken (km 82,50 bis km 92,90) kann die zuständige Behörde abweichend von Nummer 2 Ausnahmen zulassen.

§ 20.12 Schifffahrt bei Eis

(Keine besonderen Vorschriften)

§ 20.13 Nachtschifffahrt

(Keine besonderen Vorschriften)

§ 20.14 Einsatz von Trägerschiffsleichtern

Ein Trägerschiffsleichter darf nicht an die Spitze eines Schubverbandes gesetzt werden. Die zuständige Behörde kann Ausnahmen hiervon zulassen.

§ 20.15 Meldepflicht

1. Der Schiffsführer eines Fahrzeugs oder eines Verbandes, das oder der dem ADN unterliegt, sowie der Schiffsführer eines Tankschiffs, eines Kabinenschiffs, eines Seeschiffs oder eines Sondertransportes nach § 1.21 muss sich vor Einfahrt in die Saarstrecke zwischen der Schleuse Kanzem (km 5,17) und der Mündung in die Mosel auf dem im Handbuch Binnenschifffahrtsfunk (§ 1.10 Nummer 1 Buchstabe l) bekannt gegebenen Kanal des Verkehrskreises Nautische Information bei der Funkstelle »Kanzem Schleuse« melden und folgende Angaben machen:
   a) Schiffsgattung;
   b) Schiffsname;
   c) Standort, Fahrtrichtung;
   d) Einheitliche europäische Schiffsnummer oder amtliche Schiffsnummer, bei Seeschiffen IMO-Schiffsidentifikationsnummer und Unterscheidungssignal;
   e) Tragfähigkeit;
   f) Länge und Breite des Fahrzeugs;
   g) Art, Länge und Breite des Verbandes;
   h) Fahrtroute;
   i) Beladehafen;
   j) Entladehafen;
   k) bei gefährlichen Gütern nach ADN:
      aa) die UN-Nummer oder Stoffnummer,
      bb) die offizielle Benennung für die Beförderung, sofern zutreffend ergänzt durch die technische Bezeichnung,
      cc) die Klasse, den Klassifizierungscode und gegebenenfalls die Verpackungsgruppe,
      dd) die Gesamtmenge der gefährlichen Güter, für die diese Angaben gelten;
   k[1]) bei anderen Gütern als Gefahrgütern: die Art der Ladung (Stoffname, Stoffmenge);
   l) Anzahl der geführten blauen Lichter/blauen Kegel;
   m) Anzahl der an Bord befindlichen Personen.

   Auf besondere Anforderung der Funkstelle »Kanzem Schleuse« hat der Schiffsführer Angaben zum Tiefgang des von ihm geführten Fahrzeugs, Verbandes oder Sondertransportes nach § 1.21 zu machen. Die Begrenzung der meldepflichtigen Strecke wird durch die Tafelzeichen B.11 (Anlage 7) mit einem Zusatzschild »Meldepflicht« kenntlich gemacht.

2. Unbeschadet der Verpflichtung nach Nummer 1 Satz 1 und 2 muss sich der Schiffsführer eines Fahrzeugs, eines Verbandes oder eines Sondertransportes nach § 1.21, ausgenommen der Schiffsführer einer Fähre oder eines Kleinfahrzeugs, vor der Einfahrt in die meldepflichtige Strecke auf dem im Handbuch Binnenschifffahrtsfunk (§ 1.10 Nummer 1 Buchstabe l) bekannt gegebenen Kanal des Verkehrskreises Nautische Information bei der Funkstelle »Kanzem Schleuse« melden und die Angaben nach Nummer 1 Satz 1 Buchstabe a bis g sowie folgende zusätzliche Angaben machen:
   a) Beladungszustand (leer/beladen);
   b) voraussichtliche Ankunft an der Schleuse Kanzem (nur Talfahrer und wenn die Meldung vor Erreichen des Meldepunkts abgegeben wird).

   Auf besondere Anforderung der Funkstelle »Kanzem Schleuse« hat der Schiffsführer Angaben zum Tiefgang des von ihm geführten Fahrzeugs, Verbandes oder Sondertransportes nach § 1.21 zu machen.
3. Die unter Nummer 1 Satz 1, ausgenommen Buchstabe c und m, und unter Nummer 2, ausgenommen Angaben zum Tiefgang des Fahrzeugs, Verbandes oder Sondertransportes nach § 1.21, genannten Angaben können auch von anderen Stellen oder Personen rechtzeitig vor der Einfahrt des Fahrzeugs, Verbandes oder Sondertransportes nach § 1.21 in die meldepflichtige Strecke schriftlich, telefonisch oder auf elektronischem Wege der Funkstelle »Kanzem Schleuse« mitgeteilt werden. Für einen Transport mit einer Ladung von mehr als zwei Gefahrgütern muss die Meldung schriftlich oder elektronisch abgegeben werden. In jedem Fall muss der Schiffsführer der Funkstelle »Kanzem Schleuse« melden, wenn er mit dem von ihm geführten Fahrzeug, Verband oder Sondertransport nach § 1.21 in die meldepflichtige Strecke einfährt und diese wieder verlässt.
4. Unterbricht ein Fahrzeug, Verband oder Sondertransport nach § 1.21 die Fahrt innerhalb der meldepflichtigen Strecke für mehr als zwei Stunden, muss der Schiffsführer Beginn und Ende der Unterbrechung der Funkstelle »Kanzem Schleuse« melden.
5. Ändern sich die Angaben nach Nummer 1 während der Fahrt in der meldepflichtigen Strecke, muss der Schiffsführer dies der Funkstelle »Kanzem Schleuse« unverzüglich mitteilen.
6. Ein Fahrzeug, ein Verband oder ein Sondertransport nach § 1.21, das oder der eine vollständige Meldung nach Nummer 1 Satz 1 und 2 oder Nummer 2 abgegeben hat, sowie ein Fahrzeug, ein Verband oder ein Sondertransport nach § 1.21, das oder der auf der Mosel bereits eine Meldung nach § 9.05 Moselschifffahrtspolizeiverordnung abgegeben hat und in die Saar einfährt, muss an dem in Fahrtrichtung vor der Schleuse Kanzem gelegenen Meldepunkt, der mit den Tafelzeichen B.11 (Anlage 7) und einer Zusatztafel »Meldepflicht« gekennzeichnet ist, der Funkstelle »Kanzem Schleuse« nur noch die Angaben nach Nummer 1 Satz 1 Buchstabe a bis d wiederholen.

§ 20.16 Höhe der Brücken, sonstigen festen Überbauten und Freileitungen

Die Durchfahrtshöhe unter den Brücken beträgt beim Höchsten Schifffahrtswasserstand (HSW) – Hochwassermarke –

1. von der Saarmündung (km 0,00) bis zum Ende der ausgebauten Strecke (km 87,20) mindestens 5,25 m,
2. von der Luisenbrücke (km 87,23) bis zur Straßenbrücke Güdingen (km 93,26) mindestens 4,90 m.

§ 20.17 Kennzeichnung der Brücken- und Wehrdurchfahrten

(Keine besonderen Vorschriften)

§ 20.18 Durchfahren der Brücken, Sperrwerke, Wehre, Schleusen und einzelner Stromstrecken

(Keine besonderen Vorschriften)

§ 20.19 Benutzung der Schleusen, Bootsschleusen und Bootsumsetzanlagen

Ein Fahrzeug von nicht mehr als 40,00 m Länge und von nicht mehr als 6,40 m Breite muss in Kanzem, Serrig, Mettlach und Rehlingen die kleine Schiffsschleuse benutzen. Die Schleusenaufsicht kann eine andere Weisung erteilen.

§ 20.20 Segeln

(Keine besonderen Vorschriften)

§ 20.21 Bezeichnung der Fahrzeuge

(Keine besonderen Vorschriften)

§ 20.22 Regelungen über den Verkehr

(Keine besonderen Vorschriften)

§ 20.23 Regelungen zum Sprechfunk

(Keine besonderen Vorschriften)

§ 20.24 Sonderbestimmungen für Kleinfahrzeuge

(Keine besonderen Vorschriften)

§ 20.25 Befahren der Altwässer, Kanäle und einzelner Wasserstraßen

(Keine besonderen Vorschriften)

§ 20.26 Schutz der Kanäle und Anlagen

(Keine besonderen Vorschriften)

§ 20.27 Verkehrsbeschränkungen der Schifffahrt

(Keine besonderen Vorschriften)

§ 20.28 Benutzung der Wasserstraßen

(Keine besonderen Vorschriften)

§ 20.29 Verhaltenspflichten des Schiffsführers, der Besatzung an Bord, des Eigentümers und des Ausrüsters

1. Der Schiffsführer und die nach § 1.03 Nummer 3 für Kurs und Geschwindigkeit verantwortliche Person haben jeweils
   a) sicherzustellen, dass
      aa) das Fahrzeug oder der Verband die zugelassene Höchstgeschwindigkeit nach § 20.04 Nummer 1, auch in Verbindung mit Nummer 2, nicht überschreitet und
      bb) bei einem Fahrzeug mit einer Länge von mehr als 110,00 m der Maschinenantrieb sowie die Bugstrahlanlage gemäß § 20.02 Nummer 1 Satz 3 Halbsatz 2 nicht über das nautisch erforderliche Maß hinaus benutzt werden und
   b) die Vorschriften über
      aa) das Verhalten oder die Zeichengebung beim Begegnen nach § 20.06 Nummer 1, 2 Satz 1, 3 und Nummer 3,
      bb) das Wenden nach § 20.08 Satz 1,
      cc) die Schifffahrt bei Hochwasser nach § 20.11 Nummer 1 und
      dd) die Benutzung der Schleusen nach § 20.19 Satz 1, auch in Verbindung mit Satz 2,

   einzuhalten oder sicherzustellen, dass diese eingehalten werden.
2. Der Schiffsführer hat
   a) sicherzustellen, dass
      aa) das von ihm geführte Fahrzeug oder der von ihm geführte Verband die zugelassenen Höchstabmessungen nach § 20.02 Nummer 1 Satz 1 nicht überschreitet,
      bb) auf dem von ihm geführten Fahrzeug oder Verband in dem in § 20.02 Nummer 1 Satz 2 genannten Fall die dort angegebene Ausrüstung vorhanden ist,
      cc) das von ihm geführte Fahrzeug mit einer Länge von mehr als 110,00 m den in § 20.02 Nummer 1 Satz 3 Halbsatz 1 genannten Anforderungen entspricht,
      dd) der Nachweis über die Kentersicherheit der getrennten Schiffsteile nach § 20.02 Nummer 1 Satz 3 Halbsatz 2 Buchstabe b an Bord mitgeführt und nach § 20.02 Nummer 1 Satz 4 auf Verlangen der Wasserschutzpolizei oder den Bediensteten der zuständigen Behörde zur Kontrolle ausgehändigt wird und

ee) die Sondererlaubnis nach § 20.02 Nummer 1 Satz 5 an Bord mitgeführt und nach § 20.02 Nummer 1 Satz 6 auf Verlangen der Wasserschutzpolizei oder den Bediensteten der zuständigen Behörde zur Kontrolle ausgehändigt wird und

b) die Vorschriften über

aa) die Zusammenstellung der Verbände nach § 20.03,

bb) das Ankern nach § 20.09,

cc) das Stillliegen nach § 20.10,

dd) den Einsatz von Trägerschiffsleichtern nach § 20.14 Satz 1 und

ee) die Meldepflicht nach § 20.15 Nummer 1 Satz 1, 2, Nummer 2, 3 Satz 2 und 3 und Nummer 4 bis 6

einzuhalten oder sicherzustellen, dass diese eingehalten werden.

3. Der Eigentümer und der Ausrüster

a) dürfen jeweils die Inbetriebnahme eines Fahrzeugs oder Verbandes nur anordnen oder zulassen, wenn

aa) das Fahrzeug oder der Verband die zugelassenen Höchstabmessungen nach § 20.02 Nummer 1 Satz 1 nicht überschreitet,

bb) auf dem Fahrzeug oder Verband in dem in § 20.02 Nummer 1 Satz 2 genannten Fall die dort angegebene Ausrüstung vorhanden ist und

cc) das Fahrzeug mit einer Länge von mehr als 110,00 m den in § 20.02 Nummer 1 Satz 3 Halbsatz 1 genannten Anforderungen entspricht und

b) müssen jeweils dafür sorgen, dass

aa) der Nachweis über die Kentersicherheit der getrennten Schiffsteile nach § 20.02 Nummer 1 Satz 3 Halbsatz 2 Buchstabe b und

bb) die Sondererlaubnis nach § 20.02 Nummer 1 Satz 5

an Bord mitgeführt werden.

Kapitel 21
Spree-Oder-Wasserstraße, Berliner und Brandenburger Wasserstraßen

§ 21.01 Anwendungsbereich

Die Vorschriften dieses Kapitels gelten auf folgenden Wasserstraßen:

1. der **Spree-Oder-Wasserstraße** (SOW) von der Abzweigung aus der Havel-Oder-Wasserstraße (HOW) bei Spandau (SOW-km 0,15/HOW-km 0,13) bis zur Einmündung in die Oder (SOW-km 130,17/Od-km 553,40) einschließlich Untere Spree, Berliner Spree, Treptower Spree, Dahme (Langer See), Oder-Spree-Kanal und Fürstenwalder Spree mit Ruhlebener Altarm, Landwehrkanal, Spreekanal/Kupfergraben, Rummelsburger See, Müggelspree (MgS) von der Einmündung in die Spree-Oder-Wasserstraße bei Köpenick (SOW-km 32,85) bis MgS-km 11,85 einschließlich Großer Müggelsee, Kleiner Müggelsee, Die Bänke und vom Unterwasser des Wehres Große Tränke (MgS-km 44,85) bis zur Abzweigung aus der Spree-Oder-Wasserstraße (MgS-km 45,10/SOW-km 69,05), Große Krampe, Wasserstraße Seddinsee und Gosener Kanal (WSG), Gosener Graben, Dehmsee-Einfahrt bis km 0,35, Drahendorfer Spree bis km 0,38, Kersdorfer See-Einfahrt bis km 0,12, Neuhauser Speisekanal bis zum Ende des unteren Schleusenvorhafens Neuhaus (km 2,81), Kleiner Müllroser See bis zur Mündung der Schlaube (km 0,40), Brieskower Kanal bis km 0,55,
2. dem **Berlin-Spandauer Schifffahrtskanal** (BSK) von der Abzweigung aus der Havel-Oder-Wasserstraße (Spandauer Havel, BSK-km 0,42/HOW-km 3,37) bis zur Einmündung in die Spree-Oder-Wasserstraße, Humboldthafen (BSK-km 12,20/SOW-km 14,52), mit Westhafen-Verbindungskanal, Westhafenkanal nebst Charlottenburger Verbindungskanal (zur Spree),
3. dem **Teltowkanal** (TeK) von der Abzweigung aus der Unteren Havel-Wasserstraße (Potsdamer Havel-km 28,37) bis zur Einmündung in die Spree-Oder-Wasserstraße (Dahme, TeK-km 37,84/SOW-km 35,12) einschließlich Glienicker Lake, Griebnitzsee und Kleinmachnower See mit Griebnitzkanal (einschließlich Stölpchensee, Pohlesee und Kleiner Wannsee), Zehlendorfer Stichkanal, Britzer Verbindungskanal (zur Spree),
4. den **Rüdersdorfer Gewässern** (RüG) von der Einmündung des Gosener Kanals (RüG-km -0,50/WSG-km 5,73) bis Tasdorf (RüG-km 10,48) einschließlich Dämeritzsee, Flakensee, Kalksee, Stolpgraben, Hohler See und Strausberger Mühlenfließ, Stichkanal Langerhanskanal einschließlich Kriensee mit Löcknitz bis km 10,64 (einschließlich Werlsee, Peetzsee und Möllensee) und

5. der **Dahme-Wasserstraße** (DaW) von der Einmündung in die Spree-Oder-Wasserstraße bei Schmöckwitz (DaW-km 0,06/SOW-km 43,99) bis oberhalb der Einmündung der Teupitzer Gewässer (DaW-km 26,04 bei Prieros) einschließlich Zeuthener See, Sellenzugsee, Krimnicksee, Krüpelsee und Dolgensee mit Wernsdorfer Seenkette bis km 8,20 (einschließlich Großer Zug, Krossinsee und Wernsdorfer See, Möllenzugsee, Notte bis km 0,99, Zernsdorfer Lanke), Storkower Gewässer (Langer See, Wolziger See, Storkower Kanal, Storkower See und Scharmützelsee), Teupitzer Gewässer (Huschtesee, Schmöldesee, Hölzerner See, Klein Köriser See, Kleiner und Großer Moddersee, Schulzensee, Zemminsee, Schweriner See und Teupitzer See).

§ 21.02 Abmessungen der Fahrzeuge und Verbände, Abladetiefe

1. Ein Fahrzeug oder ein Verband darf folgende Abmessungen und Abladetiefen nicht überschreiten:

Binnenschifffahrtsstraße		Länge m	Breite m	Abladetiefe m
1.1	**Spree-Oder-Wasserstraße**			
1.1.1	km 0,15 (Spreemündung) bis km 130,16 (Oder)			
	a) Fahrzeug	67,00	8,25	2,00
	b) Verband	91,00	8,25	2,00
	soweit nachfolgend nicht etwas anderes festgelegt ist			
1.1.2	km 0,15 bis km 6,34			
	a) Fahrzeug	86,00	9,60	2,50
	b) Verband	125,00	9,60	2,50
1.1.3	km 6,34 bis km 20,70			
	a) Fahrzeug	80,00	9,00	2,00
	b) Verband	91,00	9,00	2,00
1.1.4	km 20,70 bis km 24,00			
	a) Fahrzeug	80,00	9,00	2,00
	b) Verband	91,00	9,00	2,10
		125,00	8,25	2,10
1.1.5	km 24,00 bis km 44,00			
	a) Fahrzeug	80,00	9,00	2,00
	b) Verband	125,00	9,00	2,10
		156,00	8,25	2,10
1.1.6	km 44,00 bis km 121,50			
	Verband	125,00	8,25	2,00
		125,00	9,00	1,85

Binnenschifffahrtsstraße		Länge m	Breite m	Abladetiefe m
1.1.7	km 121,50 bis km 127,50			
	a) Fahrzeug	82,00	9,00	2,00
	b) Verband	91,00	9,00	2,00
		125,00	9,00	1,85
		156,00	8,25	2,00
		156,00	9,50	1,80
1.1.8	km 127,50 bis km 130,16			
	a) Fahrzeug	82,00	11,45	2,00
	b) Verband	91,00	19,00	2,00
		125,00	9,00	1,85
		156,00	8,25	2,00
		156,00	9,50	1,80
1.1.9	**Ruhlebener Altarm**			
	a) Fahrzeug	86,00	9,60	2,50
	b) Verband	125,00	8,25	2,50
1.1.10	**Landwehrkanal**			
	km 0,00 (Berliner Spree) bis km 10,73			
	Fahrzeug/Verband	49,00	7,00	1,40
1.1.11	**Spreekanal/Kupfergraben**			
	Fahrzeug/Verband	30,00	5,10	1,60
1.1.12	**Rummelsburger See**			
	a) Fahrzeug	80,00	9,50	2,00
	b) Verband	91,00	9,50	2,00
		156,00	8,25	2,00
1.1.13	**Müggelspree**			
1.1.13.1	km 0,00 (Spree-Oder-Wasserstraße) bis km 11,85 (Dämeritzsee)			
	Fahrzeug/Verband	67,00	8,25	1,70
	soweit nachfolgend nicht etwas anderes festgelegt ist			
1.1.13.2	km 0,00 (Spree-Oder-Wasserstraße) bis km 7,44			
	a) Fahrzeug	67,00	8,25	1,75
	b) Verband	100,00	8,25	1,85
1.1.14	**Große Krampe**			
	Fahrzeug/Verband	67,00	8,25	1,50

Binnenschifffahrtsstraße		Länge m	Breite m	Abladetiefe m
1.1.15	**Wasserstraße Seddinsee und Gosener Kanal**			
	a) Fahrzeug	67,00	8,25	2,00
	b) Verband	125,00	8,25	2,00
1.1.16	**Gosener Graben**			
	Fahrzeug	6,00	3,00	0,50
1.1.17	**Neuhauser Speisekanal**			
	Fahrzeug/Verband	41,60	5,20	1,30
1.1.18	**Kleiner Müllroser See**			
	Fahrzeug/Verband	50,00	8,25	1,60
1.2	**Berlin-Spandauer Schifffahrtskanal**			
1.2.1	km 0,42 (Havel-Oder-Wasserstraße) bis km 12,20 (Spree-Oder-Wasserstraße) einschließlich Westhafen-Verbindungskanal, Westhafenkanal, Charlottenburger Verbindungskanal			
	a) Fahrzeug	67,00	9,00	2,00
	b) Verband	91,00	9,00	2,00
	soweit nachfolgend nicht etwas anderes festgelegt ist			
1.2.2	km 0,42 (Havel-Oder-Wasserstraße) bis km 7,45			
	a) Fahrzeug	80,00	9,00	2,00
	b) Verband	125,00	9,00	2,00
1.2.3	km 8,30 bis km 12,20 (Spree-Oder-Wasserstraße)			
	Fahrzeug	80,00	9,00	2,00
1.2.4	**Westhafenkanal**			
	a) Fahrzeug	86,00	9,60	2,50
	b) Verband	125,00	9,60	2,50
1.2.5	**Charlottenburger Verbindungskanal**			
	Fahrzeug	80,00	9,00	2,00

Binnenschifffahrtsstraße		Länge m	Breite m	Abladetiefe m
1.3	**Teltowkanal**			
1.3.1	km -0,55 (Potsdamer Havel) bis km 37,84 (Spree-Oder-Wasserstraße) einschließlich Britzer Verbindungskanal, ohne Griebnitzkanal			
	a) Fahrzeug	80,00	9,00	1,75
	b) Verband	91,00	9,00	1,75
	- von km 34,10 bis km 37,84 darf ein Fahrzeug oder ein Schubverband mit jeweils einer Länge von mehr als 80,00 m und nicht mehr als 82,00 m und einer Breite von mehr als 9,00 m und nicht mehr als 9,50 m fahren, wenn es oder er eine Abladetiefe von 1,75 m nicht überschreitet und mit einer aktiven Bugsteuereinrichtung ausgerüstet ist - soweit nachfolgend nicht etwas anderes festgelegt ist			
1.3.2	km -0,55 (Potsdamer Havel) bis km 34,10 einschließlich Britzer Verbindungskanal			
	a) Fahrzeug	80,00	9,00	2,00
	b) Verband	91,00	9,00	2,00
	- ein Fahrzeug oder ein Schubverband mit jeweils einer Länge von mehr als 80,00 m und nicht mehr als 82,00 m und einer Breite von mehr als 9,00 m und nicht mehr als 9,50 m darf fahren, wenn es oder er eine Abladetiefe von 1,90 m nicht überschreitet und mit einer aktiven Bugsteuereinrichtung ausgerüstet ist -			
1.3.3	km 36,60 bis km 37,84			
	Verband	125,00	8,25	1,75
1.3.4	**Griebnitzkanal**			
	Fahrzeug/Verband	41,00	6,50	1,30
1.4	**Rüdersdorfer Gewässer**			
1.4.1	km -0,50 (Einfahrt Gosener Kanal) bis km 10,48 (Tasdorf) mit **Stichkanal Langerhanskanal**			
	a) Fahrzeug	46,50	8,25	1,20
		52,00	6,60	1,65
	b) Verband	52,00	6,60	1,65
	soweit nachfolgend nicht etwas anderes festgelegt ist			

Binnenschifffahrtsstraße		Länge m	Breite m	Abladetiefe m
1.4.2	km -0,50 (Einfahrt Gosener Kanal) bis km 3,78			
	a) Fahrzeug	67,00	8,25	1,85
	b) Verband	91,00	8,25	1,85
1.4.3	km 3,78 bis km 9,85 mit **Stichkanal Langerhanskanal**			
	a) Fahrzeug	67,00	8,25	1,85
	b) Verband	91,00	8,25	1,85
1.4.4	**Löcknitz**			
	Fahrzeug/Verband	32,00	5,25	1,25
1.5	**Dahme-Wasserstraße**			
1.5.1	km 0,07 (Spree-Oder-Wasserstraße) bis km 26,04 (oberhalb der Einmündung Teupitzer Gewässer bei Prieros)			
	a) Fahrzeug	40,20	5,10	1,60
	b) Verband	70,00	5,10	1,60
	soweit nachfolgend nicht etwas anderes festgelegt ist			
1.5.2	km 0,00 bis km 8,65			
	a) Fahrzeug	80,00	9,00	2,10
	b) Verband	91,00	9,00	2,20
		156,00	8,25	2,20
	- ein Fahrzeug mit einer Länge von mehr als 80,00 m und nicht mehr als 82,00 m und einer Breite von mehr als 9,00 m und nicht mehr als 9,50 m darf fahren, wenn es eine Abladetiefe von 1,90 m nicht überschreitet und mit einer aktiven Bugsteuereinrichtung ausgerüstet ist -			
1.5.3	Möllenzugsee			
	a) Fahrzeug	80,00	9,00	2,00
	b) Verband	91,00	9,00	2,00
		156,00	8,25	2,00
	- ein Fahrzeug mit einer Länge von mehr als 80,00 m und nicht mehr als 82,00 m und einer Breite von mehr als 9,00 m und nicht mehr als 9,50 m darf fahren, wenn es eine Abladetiefe von 1,90 m nicht überschreitet und mit einer aktiven Bugsteuereinrichtung ausgerüstet ist -			

Binnenschifffahrtsstraße		Länge m	Breite m	Abladetiefe m
1.5.4	km 8,65 bis km 9,50			
	a) Fahrzeug	50,00	8,25	1,60
	b) Verband	50,00	8,25	1,60
		82,00	5,10	1,60
1.5.5	**Wernsdorfer Seenkette**			
	km 0,00 (Dahme-Wasserstraße) bis km 6,27 (Oder-Spree-Kanal)			
	Fahrzeug/Verband	67,00	7,00	1,50
1.5.6	**Notte**			
	a) Fahrzeug	80,00	9,00	2,10
	b) Verband	91,00	9,00	2,20
		156,00	8,25	2,20
1.5.7	**Zernsdorfer Lanke**			
	Fahrzeug/Verband	40,20	5,10	1,40
1.5.8	**Storkower Gewässer**			
	Fahrzeug/Verband	34,25	5,10	1,40
1.5.9	**Teupitzer Gewässer**			
1.5.9.1	km 0,00 (Dahme-Wasserstraße) bis km 18,30 (Ende Teupitzer Gewässer)			
	Fahrzeug/Verband	40,20	5,10	1,40
	soweit nachfolgend nicht etwas anderes festgelegt ist			
1.5.9.2	km 0,00 bis km 6,60			
	Fahrzeug/Verband	40,20	5,10	1,60

2. Die Abmessungen und Abladetiefen nach Nummer 1 gelten nicht auf den Stich- und Altkanälen, Nebenarmen und sonstigen Nebenwasserstraßen der genannten Hauptwasserstraßen, soweit diese nicht gesondert aufgeführt sind.

§ 21.03 Zusammenstellung der Verbände

1. Auf einem Kanal dürfen Fahrzeuge, ausgenommen Kleinfahrzeuge, nur zum Abschleppen eines beschädigten Fahrzeugs, zu einem kurzen Verholen oder mit Erlaubnis der zuständigen Behörde gekuppelt fahren.
2. In einen Schleppverband dürfen höchstens drei Anhänge eingestellt werden. Satz 1 gilt nicht für das Schleppen von Kleinfahrzeugen.
3. Die Schlepptrossen zum ersten Anhang dürfen nicht länger als 60,00 m, die übrigen Schlepptrossen jeweils nicht länger als das geschleppte Fahrzeug sein.

4. Die zuständige Behörde kann abweichend von Nummer 2 Satz 1 und 2 Ausnahmen zulassen.

§ 21.04 Fahrgeschwindigkeit

1. Die zulässige Höchstgeschwindigkeit gegenüber dem Ufer beträgt für ein Fahrzeug oder einen Verband, ausgenommen Kleinfahrzeuge ohne Maschinenantrieb, auf
   a) der **Spree-Oder-Wasserstraße** von der Spreemündung (km 0,15) bis zur Einmündung in die Oder (km 130,16 10 km/h,
   b) der **Müggelspree** von der Einmündung in die Spree-Oder-Wasserstraße (km 0,00) bis zum Westende des Großen Müggelsees (km 4,00) und vom Ostende des Großen Müggelsees (km 7,00) bis zur Abzweigung aus dem Dämeritzsee (km 11,38) 10 km/h,
   c) dem **Berlin-Spandauer Schifffahrtskanal** von der Abzweigung aus der Havel-Oder-Wasserstraße (km 0,42) bis zur Schleusengruppe Plötzensee (km 7,45) 10 km/h,
   d) der **Glienicker Lake** und dem **Griebnitzsee** des Teltowkanals 10 km/h,
   e) den **Rüdersdorfer Gewässern** 10 km/h,
   f) der **Löcknitz** 10 km/h,
   g) der **Dahme-Wasserstraße** 10 km/h,
   h) den **Storkower Gewässern** 10 km/h,
   i) den **Teupitzer Gewässern** 10 km/h,
   j) den übrigen Kanälen 10 km/h,
   k) einem Stichkanal, einem Nebenarm oder einem Altarm 5 km/h,
   l) einem See oder einer seeartigen Erweiterung mit jeweils einer Gewässerbreite von mehr als 250 m 12 km/h.
2. Abweichend von Nummer 1 Buchstabe a beträgt die zulässige Höchstgeschwindigkeit gegenüber dem Ufer für ein Fahrzeug mit einer Breite von mehr als 8,25 m und einer Abladetiefe von mehr als 1,75 m oder für einen Verband mit einer Breite von mehr als 8,25 m und einer Abladetiefe von mehr als 1,85 m von der Schleuse Wernsdorf (km 47,60) bis Spreenhagen (km 62,50), von der Schleuse Kersdorf (km 89,70) bis Abzweig Neuhauser Speisekanal (km 96,00) und von Schlaubehammer (km 108,00) bis Schleuse Eisenhüttenstadt (km 127,30) 6 km/h.
3. Für die **Dehmsee-Einfahrt**, die **Drahendorfer Spree** und die **Kersdorfer See-Einfahrt** gilt die Geschwindigkeit der Hauptstrecke.

4. Abweichend von Nummer 1 Buchstabe m beträgt die zulässige Höchstgeschwindigkeit gegenüber dem Ufer auf einem See oder einer seeartigen Erweiterung mit jeweils einer Gewässerbreite von mehr als 250,00 m für ein Sportfahrzeug mit Maschinenantrieb außerhalb des ufernahen Schutzstreifens 25 km/h.
   Satz 1 gilt nicht auf
   a) der **Spree-Oder-Wasserstraße** von der Langen Brücke in Köpenick (km 33,24) bis Anfang Regattastrecke (km 39,30),
   b) der **Müggelspree** von km 4,00 bis km 7,00 (Großer Müggelsee) außerhalb der gekennzeichneten Fahrrinne,
   c) der **Dahme-Wasserstraße** von Rauchfangswerder (km 3,80) bis Dolgenbrodt (km 25,00) einschließlich Sellenzugsee, Krimnicksee, Krüpelsee, Dolgensee mit Wernsdorfer Seenkette, Möllenzugsee und Zernsdorfer Lanke.

   Als ufernaher Schutzstreifen gilt eine 100 m breite parallel zur Uferlinie (Land-Wasser-Übergang) verlaufende Wasserfläche.
5. Die zuständige Behörde kann abweichend von den Nummern 1 bis 3 im Einzelfall für ein Fahrgastschiff, das nach einem festen Fahrplan nach § 9.01 verkehrt, für einzelne Strecken oder aus einem besonderen Anlass für ein Fahrgastschiff oder ein Aufsichtsboot eines Sportvereins oder -verbandes höhere Geschwindigkeiten zulassen, wenn dadurch der Zustand und die Benutzung der Wasserstraße sowie der übrige Schiffsverkehr nicht über Gebühr beeinträchtigt werden.
6. Die Mindestgeschwindigkeit gegenüber dem Ufer beträgt für ein Fahrzeug oder einen Verband, ausgenommen Kleinfahrzeuge, 4 km/h.

§ 21.05 Bergfahrt

Als Bergfahrt gilt:

auf dem, den oder der	die Fahrt in Richtung
Spree-Oder-Wasserstraße	Oder
Landwehrkanal	Oberschleuse
Spreekanal	Mühlendammschleuse
Müggelspree	Dämeritzsee
Wasserstraße Seddinsee und Gosener Kanal	Dämeritzsee
Gosener Graben	Dämeritzsee
Neuhauser Speisekanal	Obere Spree
Berlin-Spandauer Schifffahrtskanal von Havel-Oder-Wasserstraße bis Schleusengruppe Plötzensee	Havel-Oder-Wasserstraße
Berlin-Spandauer Schifffahrtskanal von Schleusengruppe Plötzensee bis Spree-Oder-Wasserstraße	Spree-Oder-Wasserstraße

auf dem, den oder der	die Fahrt in Richtung
Westhafen-Verbindungskanal	Westhafen
Westhafenkanal	Westhafen
Charlottenburger Verbindungskanal	Spree-Oder-Wasserstraße
Teltowkanal	Spree-Oder-Wasserstraße
Griebnitzkanal	Großer Wannsee
Britzer Verbindungskanal	Spree-Oder-Wasserstraße
Rüdersdorfer Gewässern, ausgenommen Löcknitz	Stienitzsee/Krienhafen
Löcknitz	Möllensee
Dahme-Wasserstraße	Prieros
Wernsdorfer Seenkette	Wernsdorf
Notte	Schleuse Königswusterhausen
Storkower Gewässern	Bad Saarow-Pieskow
Teupitzer Gewässern	Teupitz
übrigen in § 21.01 genannten Nebenstrecken sowie Stichkanälen und Altarmen	Gewässerende

§ 21.06 Begegnen

1. Auf dem **Teltowkanal** ist es in der Fahrwasserenge vom Britzer Kreuz (km 28,30) bis zur Spree-Oder-Wasserstraße (km 37,83) verboten, einem anderen Fahrzeug oder Verband zu begegnen. Zu diesem Zweck sind folgende Bestimmungen zu beachten:
   a) bei Annäherung an diesen Wasserstraßenabschnitt und beim Durchfahren der Strecke muss ein Fahrzeug oder ein Verband sich mehrmals auf UKW-Sprechfunk-Kanal 10 melden;
   b) ist vorauszusehen, dass eine Begegnung mit einem zu Tal fahrenden Fahrzeug oder einem zu Tal fahrenden Verband stattfindet, muss das zu Berg fahrende Fahrzeug oder der zu Berg fahrende Verband an einer Wartestelle nach Buchstabe d anhalten, bis das zu Tal fahrende Fahrzeug oder der zu Tal fahrende Verband die Wartestelle passiert hat;
   c) ist ein zu Berg fahrendes Fahrzeug oder ein zu Berg fahrender Verband bereits vorher in diesen Wasserstraßenabschnitt eingefahren, so muss das zu Tal fahrende Fahrzeug oder der zu Tal fahrende Verband an einer Wartestelle nach Buchstabe d anhalten, bis das zu Berg fahrende Fahrzeug oder der zu Berg fahrende Verband die Wartestelle passiert hat;
   d) die Wartestellen befinden sich:
      aa) Spree-Oder-Wasserstraße km 35,25 bis km 35,35 (linkes Ufer),
      bb) Teltowkanal km 35,60 bis km 35,70 (rechtes Ufer),
      cc) Teltowkanal km 33,12 bis km 33,22 (linkes Ufer),
      dd) Teltowkanal km 30,52 bis km 30,62 (rechtes Ufer) und
      ee) Teltowkanal km 28,09 bis km 28,19 (rechtes Ufer).

2. Auf der **Spree-Oder-Wasserstraße** ist es von km 36,80 bis Roseneck (km 37,60) verboten, einem anderen Fahrzeug oder Verband zu begegnen.
3. Auf der **Spree-Oder-Wasserstraße** von km 44,00 bis km 127,30 ist es einem Fahrzeug mit einer Abladetiefe von mehr als 1,75 m oder einem Schubverband mit einer Abladetiefe von mehr als 1,85 m verboten, einem anderen Fahrzeug oder Schubverband mit gleicher Abladetiefe zu begegnen. Satz 1 gilt nicht in folgenden Streckenabschnitten:
   a) km 62,00 bis km 68,00;
   b) km 92,40 bis km 97,70;
   c) km 100,20 bis km 101,80;
   d) km 104,35 bis km 105,10;
   e) km 106,70 bis km 108,10;
   f) km 121,50 bis km 127,30.
4. Die Nummern 1 und 2 gelten nicht für das Begegnen mit einem Kleinfahrzeug und für das Begegnen von Kleinfahrzeugen untereinander.

§ 21.07 Überholen

1. Das Überholen auf der **Spree-Oder-Wasserstraße**, einem Kanal, einem Stichkanal, einem Nebenarm oder einem Altarm ist verboten.
2. Abweichend von Nummer 1 ist das Überholen auf der **Spree-Oder-Wasserstraße**
   a) einem Fahrzeug oder einem Verband gestattet, wenn jeweils dessen Abladetiefe 1,30 m und dessen Länge 82,00 m oder dessen Breite 8,25 m nicht überschreiten;
   b) einem Fahrzeug gestattet, wenn dessen Länge 43,00 m oder dessen Breite 8,25 m nicht überschreitet;
   c) einem Fahrzeug oder einem Verband gestattet auf einem See oder einer seeartigen Erweiterung mit jeweils einer Gewässerbreite von mehr als 250,00 m sowie auf folgenden Strecken der **Spree-Oder-Wasserstraße**:
      aa) km 62,00 bis km 68,00,
      bb) km 92,40 bis km 94,70,
      cc) km 100,20 bis km 101,80,
      dd) km 104,35 bis km 105,10,
      ee) km 106,70 bis km 108,10.
3. Abweichend von Nummer 1 ist das Überholen auf einem Kanal bei Tag einem Fahrzeug oder einem Verband gestattet, wenn jeweils dessen Abladetiefe 1,75 m und dessen Länge 70,00 m oder dessen Breite 8,20 m nicht überschreiten. Satz 1 gilt nicht auf dem **Teltowkanal** vom Britzer Kreuz (km 28,30) bis zur Spree-Oder-Wasserstraße (km 37,83).
4. Ein Kleinfahrzeug darf abweichend von Nummer 1 überholen und überholt werden.

§ 21.08 Wenden

Ein Fahrgastschiff, das auf der **Spree-Oder-Wasserstraße** im Bereich des unteren Vorhafens der Schleuse Mühlendamm (km 17,80) wenden will, muss das geplante Wendemanöver der Funkstelle »Mühlendamm Schleuse« über UKW-Sprechfunkkanal 20 vor Einfahrt in den Schleusenvorhafenbereich anzeigen.

§ 21.09 Ankern

Auf der **Müggelspree** zwischen km 0,00 und km 11,40 und auf der **Spree-Oder-Wasserstraße** zwischen km 26,50 und km 45,11 ist das Ankern verboten. Satz 1 gilt nicht für ein Sportfahrzeug, das ein Kleinfahrzeug ist.

§ 21.10 Stillliegen

1. Das Stillliegen an den mit Tafelzeichen E.5, E.6 oder E.7 (Anlage 7) gekennzeichneten Liegestellen in Kanälen ist nur in einer Schiffsbreite gestattet.
2. Auf den innerstädtischen Wasserstraßen in Berlin, die durch die Schleusengruppe Plötzensee, die Schleusengruppe Charlottenburg, die Schleusengruppe Mühlendamm und die Oberschleuse begrenzt werden, darf ein Fahrzeug nur mit Erlaubnis der zuständigen Behörde länger als zwei Wochen stillliegen. Das gilt nicht für ein Fahrgastschiff an seinem genehmigten Liegeplatz.
3. Abweichend von Nummer 2 ist auf der Spree-Oder-Wasserstraße von der Mündung in die Untere Havel-Wasserstraße (km 0,00) bis zur Stralauer Spitze (km 23,65) das Stillliegen außerhalb der durch die Tafelzeichen E.5 bis E.5.15 gekennzeichneten Liegestellen verboten.
4. Auf einem See oder einer seeartigen Erweiterung ist § 7.01 Nummer 1 Satz 1 unter der Voraussetzung, dass die durchgehende Schifffahrt nicht behindert wird, nicht anzuwenden.
5. Besondere Regelungen über das Stillliegen von Kleinfahrzeugen sind in § 21.24 enthalten.

§ 21.11 Schifffahrt bei Hochwasser

(Keine besonderen Vorschriften)

§ 21.12 Schifffahrt bei Eis

(Keine besonderen Vorschriften)

§ 21.13 Nachtschifffahrt

(Keine besonderen Vorschriften)

§ 21.14 Einsatz von Trägerschiffsleichtern

(Keine besonderen Vorschriften)

§ 21.15 Meldepflicht

(Keine besonderen Vorschriften)

§ 21.16 Höhe der Brücken, sonstigen festen Überbauten und Freileitungen

(Keine besonderen Vorschriften)

§ 21.17 Kennzeichnung der Brücken- und Wehrdurchfahrten

Abweichend von der Kennzeichnung nach den §§ 6.24 und 6.25 kann eine Brückendurchfahrt bei Nacht wie folgt gekennzeichnet sein:

1. an den Seiten der Durchfahrt:
   grüne Lichter;
2. über der Mitte der Durchfahrt:
   gelbe Lichter,
   aa) bei Verkehr in Berg- und Talfahrt:
       ein gelbes Licht,
   bb) bei Verkehr in nur einer Richtung:
       zwei gelbe Lichter übereinander.

§ 21.18 Durchfahren der Brücken, Sperrwerke, Wehre, Schleusen und einzelner Stromstrecken

1. Ein Fahrzeug mit einer Breite von mehr als 5,05 m darf die Schleuse Neue Mühle (**Dahme-Wasserstraße**) bei einem Wasserstand am Oberpegel unter 270 cm nur mit einer Abladetiefe von nicht mehr als 1,50 m befahren.
2. Auf der **Spree-Oder-Wasserstraße** ist von einem Fahrzeug oder einem Verband mit jeweils einer Breite von mehr als 8,25 m für das Durchfahren der Schleusenanlagen Wernsdorf (km 47,60) und Kersdorf (km 89,70) die jeweilige Nordkammer und für das Durchfahren der Schleusenanlage Fürstenwalde (km 74,70) die Südkammer zu nutzen.

§ 21.19 Benutzung der Schleusen, Bootsschleusen und Bootsumsetzanlagen

(Keine besonderen Vorschriften)

§ 21.20 Segeln

Das Segeln auf einem Kanal und den nachfolgend bezeichneten Strecken

1. **Spree-Oder-Wasserstraße** von der Spreemündung (km 0,15) bis zur Stralauer Kirche (km 23,50),
2. **Müggelspree** vom Ostende des Großen Müggelsees (km 7,00) bis zum Westende des Dämeritzsees (km 11,38), ausgenommen Kleiner Müggelsee,
3. **Dahme-Wasserstraße** vom Südende des Möllenzugsees (km 7,00) bis zum Nordende des Krimnicksees (km 10,30),

4. **Notte**
ist verboten.

§ 21.21 Bezeichnung der Fahrzeuge

Ein Sportfahrzeug, von dem aus Sporttauchen betrieben wird, muss neben der nach dieser Verordnung allgemein vorgeschriebenen Bezeichnung die Bezeichnung nach § 8.12 führen.

§ 21.22 Regelungen über den Verkehr

1. Auf der **Spree-Oder-Wasserstraße** von oberhalb des Spreekreuzes (km 9,20) bis zur Oberbaumbrücke (km 20,70) ist der Verkehr eines Fahrzeugs, das aufgrund der Beförderung bestimmter gefährlicher Güter nach § 3.14 kennzeichnungspflichtig ist, nur mit Erlaubnis der zuständigen Behörde gestattet.
2. Auf der **Spree-Oder-Wasserstraße** von km 9,08 (Spreekreuz) bis km 17,80 (Schleuse Mühlendamm) und dem Landwehrkanal von km 0,00 bis km 10,74 ist es dem Schiffsführer verboten, während der Fahrt Tätigkeiten auszuführen, die nicht unmittelbar zur Führung des Fahrzeugs gehören; dies gilt insbesondere für Stadtbilderklärungen, Fahrtrouten-beschreibungen und die Unterhaltung von Fahrgästen.
3. Auf dem **Griebnitzkanal** (GrK) zwischen dem Teltowkanal (GrK-km 0,29/TeK-km 3,27) und dem Stölpchensee (GrK-km 0,95) ist
   a) die Fahrt zu Tal nur zu jeder vollen Stunde bis längstens 20 Minuten nach jeder vollen Stunde,
   b) die Fahrt zu Berg nur zu jeder halben Stunde bis längstens 20 Minuten nach jeder halben Stunde

   erlaubt; dies gilt nicht für ein Kleinfahrzeug mit einer Breite von nicht mehr als 2,00 m.

§ 21.23 Regelungen zum Sprechfunk

1. Abweichend von § 4.05 Nummer 2 darf ein Fahrgastschiff auf
   a) der **Löcknitz**,
   b) der **Dahme-Wasserstraße** von km 9,50 bis km 26,04 (oberhalb der Einmündung der Teupitzer Gewässer bei Prieros) und
   c) den **Storkower** und **Teupitzer Gewässern**

   auch fahren, wenn es nur mit einer betriebssicheren Sprechfunkanlage ausgerüstet ist.
2. Während der Fahrt muss die Sprechfunkanlage nach Nummer 1 im Verkehrskreis Schiff-Schiff ständig sende- und empfangsbereit sein. Dieser Verkehrskreis darf nur zur Übermittlung oder zum Empfang von Nachrichten auf anderen Kanälen kurzfristig verlassen werden.

3. Auf der **Spree-Oder-Wasserstraße** von km 12,01 (Lessingbrücke) bis km 17,80 gilt § 4.05 Nummer 3 Satz 1 bis 3 in der Zeit vom 1. April bis zum 31. Oktober täglich von 10:30 Uhr bis 19:00 Uhr auch für ein Kleinfahrzeug.

§ 21.24 Sonderbestimmungen für Kleinfahrzeuge

1. Auf der **Spree-Oder-Wasserstraße** vom Kanzleramtssteg (km 14,10) bis zur Oberbaumbrücke (km 20,70) - einschließlich Spreekanal - ist
   a) der Verkehr von Kleinfahrzeugen, die ohne Maschinenantrieb fahren oder die mit einer Antriebsmaschine ausgestattet sind, deren größte Nutzleistung weniger als 11,04 kW beträgt,
      aa) die ohne Maschinenantrieb fahren oder mit einer Antriebsmaschine, deren größte Nutzleistung weniger als 3,69 kW beträgt, ausgestattet sind,
      bb) die Sportfahrzeuge sind und nach der Sportbootführerscheinverordnung-Binnen vom 22. März 1989 (BGBl. I S. 536), die zuletzt durch Artikel 1 der Verordnung vom 2. Oktober 2012 (BGBl. I S. 2102) geändert worden ist, in der jeweils geltenden Fassung ohne Fahrerlaubnis geführt werden dürfen,
   b) das Schleppen oder gekuppelte Mitführen von Kleinfahrzeugen, die Sportfahrzeuge sind, durch andere Kleinfahrzeuge, die Sportfahrzeuge sind,

   verboten. Satz 1 Buchstabe b gilt auch auf dem Landwehrkanal. Die zuständige Behörde kann abweichend von Satz 1 Buchstabe b, auch in Verbindung mit Satz 2, Ausnahmen zulassen.
2. Auf dem **Gosener Graben** ist der Verkehr eines Kleinfahrzeugs mit Maschinenantrieb verboten.
3. Ein Kleinfahrzeug muss auf einem Kanal, in einem engen Fahrwasser und auf einem unübersichtlichen Gewässerabschnitt grundsätzlich rechts fahren.
4. Ein schleppendes Kleinfahrzeug darf höchstens neun Kleinfahrzeuge im Anhang führen. Es dürfen höchstens drei Kleinfahrzeuge gekuppelt fahren.
5. Abweichend von § 3.20 braucht ein Kleinfahrzeug bei Nacht kein weißes Licht zu führen, wenn es an einer genehmigten Liegestelle stillliegt.
6. Ein unbemanntes Kleinfahrzeug darf nur an einer genehmigten Liegestelle stillliegen. Abweichend von Satz 1 darf ein unbemanntes Kleinfahrzeug an einer ungenehmigten Liegestelle bis zu einem Tag stillliegen. Satz 2 gilt nicht auf einem Kanal und nicht auf der **Spree-Oder-Wasserstraße** von km 0,00 bis zur Stralauer Spitze (km 25,65).

§ 21.25 Befahren der Altwässer, Kanäle und einzelner Wasserstraßen

(Keine besonderen Vorschriften)

§ 21.26 Schutz der Kanäle und Anlagen

1. Ein Schubleichter darf an der Spitze eines Verbandes nur eingesetzt werden, wenn seine Bugform im Grundriss auf beiden Seiten abgerundet und so ver-

jüngt ist, dass die Breite der Bugwand die Gesamtbreite des Schubleichters auf mindestens 1,50 m unterschreitet; die Länge der Verjüngung muss mindestens das Dreifache der halben Breitenverminderung der Bugwand betragen. Das Gleiche gilt für den Bug eines einzeln fahrenden oder schleppenden Fahrzeugs mit Pontonform.

2. Die zuständige Behörde kann ein Fahrzeug oder einen Verband mit einer von Nummer 1 abweichenden Bugform zulassen, wenn dadurch der Zustand oder die Benutzung der Wasserstraßen sowie die Sicherheit und Leichtigkeit des Schiffsverkehrs nicht über Gebühr beeinträchtigt werden. Die Zulassung nach Satz 1 kann zeitlich und örtlich beschränkt werden.

§ 21.27 Verkehrsbeschränkungen der Schifffahrt

1. Das Befahren der **Müggelspree** (MgS) vom Unterwasser des Wehres Große Tränke (km 44,85) bis zur Abzweigung aus der Spree-Oder-Wasserstraße (MgS-km 45,10), der Dehmsee-Einfahrt bis km 0,35, der Drahendorfer Spree bis km 0,38, der Kersdorfer See-Einfahrt bis km 0,12, des Brieskower Kanals bis km 0,55, des Zehlendorfer Stichkanals und der Wernsdorfer Seenkette von km 6,30 bis km 8,60 ist verboten. Satz 1 gilt nicht für ein Kleinfahrzeug.
2. Das Befahren des Landwehrkanals in der Bergfahrt ist verboten. Satz 1 gilt nicht für ein Fahrzeug ohne Antriebsmaschine und für ein Fahrzeug mit einer in Tätigkeit gesetzten Antriebsmaschine, deren größte nichtüberschreitbare Nutzleistung weniger als 3,69 kW beträgt.
3. Auf dem **Berlin-Spandauer Schifffahrtskanal** vom Westhafen (km 8,35) bis zur Mündung in die Spree-Oder-Wasserstraße (km 12,20) darf ein Sportfahrzeug nicht fahren.
4. Auf folgenden Seen und seenartigen Erweiterungen:
   a) **Kleiner Müggelsee** (Spree-Oder-Wasserstraße, Müggelspree),
   b) **Die Bänke** (Spree-Oder-Wasserstraße, Müggelspree),
   c) **Große Krampe** (Spree-Oder-Wasserstraße),
   d) **Kalksee** (Rüdersdorfer Gewässer),
   e) **Zernsdorfer Lanke** (Dahme-Wasserstraße),
   darf ein Sportfahrzeug mit in Betrieb gesetztem Verbrennungsmotor während der Zeit von 22:00 Uhr bis 05:00 Uhr nicht fahren. Ein Sportfahrzeug, das seinen ständigen Liegeplatz am Ufer eines der Seen oder am Ufer einer der seenartigen Erweiterungen hat, darf diesen auf kürzestem Weg aufsuchen.
5. Das Befahren der **Müggelspree** von Müggelhort (km 7,44) bis Dämeritzsee (km 11,38) sowie der **Wernsdorfer Seenkette** ist nur einem Fahrgastschiff, einem einzeln fahrenden Schlepper oder Schubschiff oder einem Kleinfahrzeug gestattet.
6. Auf dem **Großen Müggelsee** darf ein Sportfahrzeug mit in Betrieb gesetztem Verbrennungsmotor die gekennzeichnete Fahrrinne nicht verlassen. Ein Sportfahrzeug, das seinen ständigen Liegeplatz am Ufer des Sees hat, darf diesen auf kürzestem Weg zur bezeichneten Fahrrinne verlassen oder aufsuchen.

7. Die zuständige Behörde kann im Einzelfall von den Verboten und Einschränkungen nach Nummer 1 Satz 1, Nummer 2 Satz 1 und Nummer 3 bis 6 ganz oder teilweise befreien. Der Bescheid über die Befreiung von einem Fahrverbot oder einer Einschränkung ist an Bord mitzuführen und auf Verlangen den zur Kontrolle befugten Personen auszuhändigen.

§ 21.28 Benutzung der Wasserstraßen

(Keine besonderen Vorschriften)

§ 21.29 Verhaltenspflichten des Schiffsführers, der Besatzung an Bord, des Eigentümers und des Ausrüsters

1. Der Schiffsführer und die nach § 1.03 Nummer 3 für Kurs und Geschwindigkeit verantwortliche Person haben jeweils
   a) sicherzustellen, dass das Fahrzeug oder der Verband
      aa) die zugelassene Höchstgeschwindigkeit nach § 21.04 Nummer 1 bis 3 und Nummer 4 Satz 1, jeweils auch in Verbindung mit Nummer 5, nicht überschreitet und
      bb) die geforderte Mindestgeschwindigkeit nach § 21.04 Nummer 6 nicht unterschreitet und
   b) die Vorschriften über
      aa) das Verhalten beim Begegnen nach § 21.06 Nummer 1, 2 und 3 Satz 1,
      bb) das Verbot zu überholen nach § 21.07 Nummer 1, auch in Verbindung mit Nummer 2 und 3 Satz 1,
      cc) das Wenden nach § 21.08,
      dd) das Verhalten beim Durchfahren der Schleusen nach § 21.18 und
      ee) den Sprechfunk nach § 21.23 Nummer 2 und 3, Nummer 3 in Verbindung mit § 4.05 Nummer 3 Satz 1 bis 3,

      einzuhalten oder sicherzustellen, dass diese eingehalten werden.
2. Der Schiffsführer hat
   a) sicherzustellen, dass
      aa) das von ihm geführte Fahrzeug oder der von ihm geführte Verband die zugelassenen Höchstabmessungen und Abladetiefen nach § 21.02 Nummer 1 nicht überschreitet,
      bb) auf dem von ihm geführten Fahrzeug oder Verband in dem in § 21.02 Nummer 1.3.1 und 1.3.2 jeweils genannten Fall die dort jeweils angegebene Ausrüstung vorhanden ist,
      cc) auf dem von ihm geführten Fahrzeug in dem in § 21.02 Nummer 1.5.2 und 1.5.3 jeweils genannten Fall die dort jeweils angegebene Ausrüstung vorhanden ist,
      dd) auf dem von ihm geführten Sportfahrzeug, von dem aus Sporttauchen betrieben wird, die Bezeichnung nach § 21.21 geführt wird,

ee) der Bug eines von ihm geführten einzeln fahrenden oder schleppenden Fahrzeugs mit Pontonform der Form nach § 21.26 Nummer 1 Satz 1 entspricht und

ff) der Bescheid über die Befreiung von einem Fahrverbot oder einer Einschränkung nach § 21.27 Nummer 7 Satz 2 an Bord mitgeführt und auf Verlangen den zur Kontrolle befugten Personen ausgehändigt wird,

b) die Vorschriften über

aa) die Zusammenstellung der Verbände nach § 21.03 Nummer 1, 2 Satz 1 und Nummer 3,

bb) das Ankern nach § 21.09 Satz 1,

cc) das Stillliegen nach § 21.10 Nummer 1, 2 Satz 1 und Nummer 3 und

dd) das Führen eines Schubleichters nach § 21.26 Nummer 1 Satz 1

einzuhalten oder sicherzustellen, dass diese eingehalten werden,

c) das in § 21.20 vorgesehene Verbot, zu segeln, zu beachten oder sicherzustellen, dass dieses beachtet wird,

d) die Verkehrsregelungen nach § 21.22 Nummer 1, 2 und 3 Halbsatz 1 zu beachten oder sicherzustellen, dass diese beachtet werden,

e) die Sonderbestimmungen für Kleinfahrzeuge nach § 21.24 Nummer 1 bis 4 und 6 Satz 1 zu beachten oder sicherzustellen, dass diese beachtet werden,

f) das in § 21.27 Nummer 1 Satz 1, Nummer 2 Satz 1 und Nummer 3 je-weils vorgesehene Verbot, die dort jeweils angegebenen Binnenschifffahrtsstraßen zu befahren, zu beachten oder sicherzustellen, dass dieses jeweils beachtet wird, und

g) die Verkehrsbeschränkungen nach § 21.27 Nummer 4 Satz 1, Nummer 5 und 6 Satz 1 zu beachten oder sicherzustellen, dass diese beachtet werden.

3. Der Eigentümer und der Ausrüster

a) dürfen jeweils die Inbetriebnahme eines Fahrzeugs oder Verbandes nur anordnen oder zulassen, wenn

aa) das Fahrzeug oder der Verband die zugelassenen Höchstabmessungen und Abladetiefen nach § 21.02 Nummer 1 nicht überschreitet,

bb) auf dem Fahrzeug oder Verband in dem in § 21.02 Nummer 1.3.1 und 1.3.2 jeweils genannten Fall die dort jeweils angegebene Ausrüstung vorhanden ist und

cc) auf dem Fahrzeug in dem in § 21.02 Nummer 1.1.3, 1.1.4, 1.1.5, 1.2.3, 1.5.2 und 1.5.3 jeweils genannten Fall die dort jeweils angegebene Ausrüstung vorhanden ist und

b) müssen jeweils dafür sorgen, dass der Bescheid über die Befreiung von einem Fahrverbot oder einer Einschränkung nach § 21.27 Nummer 7 Satz 2 an Bord mitgeführt wird.

Kapitel 22
Untere Havel-Wasserstraße und Havelkanal

§ 22.01 Anwendungsbereich

Die Vorschriften dieses Kapitels gelten auf folgenden Wasserstraßen:

1. der **Unteren Havel-Wasserstraße** (UHW) von der Spreemündung bei Spandau (UHW-km 0,00) bis zur Einmündung des Havelberger Schleusenkanals in die Elbe (UHW-km 148,43/El-km 422,79) einschließlich Pichelsdorfer Havel (Pichelsee), Kladower Seestrecke einschließlich Havelnebenarm, Scharfe Lanke und Sacrower Lanke, Jungfernsee, Sacrow-Paretzer Kanal (Weißer See), Brandenburger Oberhavel (Trebelsee), Silokanal, Quenzsee und Plauer See mit Großer Wannsee, Potsdamer Havel (einschließlich Tiefer See, Templiner See, Großer und Kleiner Zernsee nebst Petziensee, Schwielowsee, Glindowsee und Wublitz (Schlänitzsee) bis km 8,65, Nedlitzer Alte Fahrt nebst Lehnitzsee und Krampnitzsee, Ketziner Havel, Brandenburger Stadtkanal, Beetzsee-Riewendsee-Wasserstraße bis km 21,80, Brandenburger Niederhavel, Breitlingsee und Möserscher See, Rathenower Havel (einschließlich Rathenower Stadtkanal), Hohennauener Wasserstraße bis km 10,40 (einschließlich Hohennauener Kanal, Hohennauener See und Ferchesarer See), Mündungsstrecke Untere Havel bis Gnevsdorfer Vorfluter (km 156,75) und
2. dem **Havelkanal**.

§ 22.02 Abmessungen der Fahrzeuge und Verbände, Fahrrinnentiefe und Abladetiefe

1. Ein Fahrzeug oder ein Verband darf folgende Abmessungen und Abladetiefen nicht überschreiten:

Binnenschifffahrtsstraße	Länge m	Breite m	Abladetiefe m
1.1 **Untere Havel-Wasserstraße**			
1.1.1 km 0,00 (Spreemündung) bis km 104,20 (Einmündung Rathenower Havel) und km 145,06 (Abzweigung Stadtgraben Havelberg) bis km 148,48 (Elbe) mit **Mündungsstrecke Untere Havel** km 146,03 bis km 156,75			
Fahrzeug/Verband	41,50	5,10	
- die Abladetiefe richtet sich nach der Fahrrinnentiefe; die geringste Fahrrinnentiefe wird von der zuständigen Behörde bekannt gemacht -			
soweit nachfolgend nicht etwas anderes festgelegt ist			

Binnenschifffahrtsstraße		Länge m	Breite m	Abladetiefe m
1.1.2	km 0,00 (Spreemündung) bis km 104,20 (Einmündung Rathenower Havel) und km 145,06 (Abzweigung Stadtgraben Havelberg) bis km 148,48 (Elbe) ohne Großer Wannsee, Potsdamer Havel mit Schwielowsee, Ketziner Havel, Brandenburger Stadtkanal, Beetzsee-Riewendsee-Wasserstraße, Brandenburger Niederhavel, Breitlingsee und Möserscher See, Rathenower Havel einschließlich Rathenower Stadtkanal			
	a) Fahrzeug	82,00	9,00	
		86,00	8,25	
	b) Verband	82,00	9,00	
		100,00	8,25	
	- die Abladetiefe richtet sich nach der Fahrrinnentiefe; die Fahrrinnentiefe wird von der zuständigen Behörde bekannt gemacht; ein Fahrzeug mit einer Länge von mehr als 80,00 m und nicht mehr als 86,00 m und einer Breite von nicht mehr als 9,00 m darf fahren, wenn es mit einer aktiven Bugsteuereinrichtung ausgerüstet ist; die Abladetiefe richtet sich bei einem solchen Fahrzeug nach dem Wasserstand -			
	soweit nachfolgend nicht etwas anderes festgelegt ist			
1.1.2.1	km 0,00 (Spreemündung) bis km 2,00			
	Verband	91,00	9,00	
		115,00	8,25	
	- die Abladetiefe richtet sich nach der Fahrrinnentiefe; die geringste Fahrrinnentiefe wird von der zuständigen Behörde bekannt gemacht -			
1.1.2.2	km 2,00 bis km 20,00			
	Verband	125,00	9,00	
		147,00	8,25	
	- die Abladetiefe richtet sich nach der Fahrrinnentiefe; die geringste Fahrrinnentiefe wird von der zuständigen Behörde bekannt gemacht -			
1.1.2.3	km 20,00 bis km 69,00			
	Verband	125,00	9,00	
		156,00	8,25	
	- die Abladetiefe richtet sich nach der Fahrrinnentiefe; die geringste Fahrrinnentiefe wird von der zuständigen Behörde bekannt gemacht -			
1.1.2.4	km 145,60 (Havelberger Umschlagstellen) bis km 147,40 (Schleuse Havelberg einschließlich)			

Binnenschifffahrtsstraße		Länge m	Breite m	Abladetiefe m
	a) Fahrzeug	86,00	11,45	
	b) Verband	82,00	9,00	
		100,00	8,25	
	c) Schubverband	91,00	11,45	
	- die Abladetiefe richtet sich nach der Fahrrinnentiefe; die geringste Fahrrinnentiefe wird von der zuständigen Behörde bekannt gemacht; ein Fahrzeug mit einer Länge von mehr als 80,00 m und nicht mehr als 86,00 m und einer Breite von nicht mehr als 9,00 m darf fahren, wenn es mit einer aktiven Bugsteuereinrichtung ausgerüstet ist; die Abladetiefe richtet sich bei einem solchen Fahrzeug nach dem Wasserstand -			
1.1.2.5	km 147,40 bis km 148,48			
	a) Fahrzeug	110,00	11,45	
	b) Verband	147,00	22,90	
	- die Abladetiefe richtet sich nach der Fahrrinnentiefe; die geringste Fahrrinnentiefe wird von der zuständigen Behörde bekannt gemacht; ein Fahrzeug mit einer Länge von mehr als 80,00 m und nicht mehr als 86,00 m und einer Breite von nicht mehr als 9,00 m darf fahren, wenn es mit einer aktiven Bugsteuereinrichtung ausgerüstet ist; die Abladetiefe richtet sich bei einem solchen Fahrzeug nach dem Wasserstand -			
1.1.3	**Großer Wannsee**			
	a) Fahrzeug	82,00	9,50	2,00
		86,00	8,25	2,00
	b) Verband	125,00	9,50	2,00
1.1.4	**Potsdamer Havel mit Schwielowsee**			
1.1.4.1	**Potsdamer Havel**			
	a) Fahrzeug	82,00	9,00	
	b) Verband	91,00	9,00	
	- die Abladetiefe richtet sich nach der Fahrrinnentiefe; die geringste Fahrrinnentiefe wird von der zuständigen Behörde bekannt gemacht; bei der Wahl der Abladetiefe sind die bekannt gemachte Fahrrinnentiefe sowie die aktuelle Wasserstandsentwicklung zu berücksichtigen, ein Fahrzeug mit einer Länge von mehr als 80,00 m und nicht mehr als 86,00 m und einer Breite von mehr als 9,00 m und nicht mehr als 9,60 m darf fahren, wenn es mit einer aktiven Bugsteuereinrichtung ausgerüstet ist -			

Binnenschifffahrtsstraße		Länge m	Breite m	Abladetiefe m
1.1.4.2	**Schwielowsee**			
	a) Fahrzeug	82,00	9,00	
	b) Verband	91,00	9,00	
	- die Abladetiefe richtet sich nach der Fahrrinnentiefe und wird von der zuständigen Behörde bekannt gemacht -			
1.1.5	**Ketziner Havel**			
1.1.5.1	km 0,05 bis km 3,21			
	Fahrzeug/Verband	41,50	5,10	
	- die Abladetiefe richtet sich nach der Fahrrinnentiefe und wird von der zuständigen Behörde bekannt gemacht - soweit nachfolgend nicht etwas anderes festgelegt ist			
1.1.5.2	km 0,05 bis km 1,10			
	Fahrzeug/Verband	67,00	8,25	2,50
	- ein Fahrzeug mit einer Länge von mehr als 67,00 m und nicht mehr als 86,00 m und einer Breite von mehr als 8,25 m und nicht mehr als 9,60 m darf nur am Tag und bei guter Sicht und nur dann fahren, wenn es mit einer aktiven Bugsteuereinrichtung ausgerüstet ist -			
1.1.5.3	km 1,10 bis km 1,30			
	Fahrzeug/Verband	67,00	8,25	
	- die Abladetiefe richtet sich nach der Fahrrinnentiefe und wird von der zuständigen Behörde bekannt gemacht -			
1.1.6	**Brandenburger Stadtkanal**			
1.1.6.1	km 54,38 (Untere Havel-Wasserstraße) bis km 58,48 (Brandenburger Niederhavel) einschließlich Stadtschleuse			
	Fahrzeug	22,00	4,50	
	soweit nachfolgend nicht etwas anderes festgelegt ist			
1.1.6.2	km 54,38 (Untere Havel-Wasserstraße) bis km 58,48 (Brandenburger Niederhavel) ausschließlich Stadtschleuse			
	Fahrzeug/Verband	41,50	5,10	
	soweit nachfolgend nicht etwas anderes festgelegt ist			
1.1.6.2.1	km 54,38 (Untere Havel-Wasserstraße) bis km 56,50			
	Fahrzeug/Verband	67,00	8,25	
1.1.6.2.2	km 56,50 bis km 58,48 (Brandenburger Niederhavel) ausschließlich Stadtschleuse			
	Verband	58,00	8,25	
	Die Abladetiefe richtet sich in Nummer 1.1.6 nach der Fahrrinnentiefe und wird von der zuständigen Behörde bekannt gemacht.			

Binnenschifffahrtsstraße		Länge m	Breite m	Abladetiefe m
1.1.7	**Beetzsee-Riewendsee-Wasserstraße**			
1.1.7.1	km 0,26 (Untere Havel-Wasserstraße) bis km 17,80 (Päwesiner Streng)			
	Fahrzeug/Verband	46,00	6,60	
	soweit nachfolgend nicht etwas anderes festgelegt ist			
1.1.7.2	km 0,26 (Untere Havel-Wasserstraße) bis km 7,44			
	a) Fahrzeug	82,00	9,50	
		86,00	8,25	
	b) Verband	82,00	9,50	
		100,00	8,25	
	Die Abladetiefe richtet sich in Nummer 1.1.7 nach der Fahrrinnentiefe und wird von der zuständigen Behörde bekannt gemacht.			
1.1.8	**Brandenburger Niederhavel**			
1.1.8.1	km 56,24 bis km 64,83 (Plauer See)			
	Fahrzeug/Verband	67,00	8,25	
	soweit nachfolgend nicht etwas anderes festgelegt ist			
1.1.8.2	km 56,24 (Untere Havel-Wasserstraße) bis km 56,86			
	a) Fahrzeug	83,00	9,50	
		86,00	8,25	
	b) Verband	82,00	9,50	
		100,00	8,25	
	Die Abladetiefe richtet sich in Nummer 1.1.8 nach der Fahrrinnentiefe und wird von der zuständigen Behörde bekannt gemacht.			
1.1.9	**Breitlingsee und Möserscher See**			
	km 0,15 (Brandenburger Niederhavel) bis km 8,60 (Kirchmöser Ost)			
	Fahrzeug/Verband	67,00	8,25	
	– die Abladetiefe richtet sich nach der Fahrrinnentiefe und wird von der zuständigen Behörde bekannt gemacht –			
1.1.10	**Rathenower Havel**			
1.1.10.1	km 102,75 (Untere Havel-Wasserstraße) bis km 106,50 (Untere Havel-Wasserstraße) einschließlich **Rathenower Stadtkanal**			
	Fahrzeug/Verband	41,50	5,10	
	soweit nachfolgend nicht etwas anderes festgelegt ist			

Binnenschifffahrtsstraße		Länge m	Breite m	Abladetiefe m
1.1.10.2	von km 102,75 (Untere Havel-Wasserstraße) bis km 104,55 (Stadtschleuse Rathenow) und von km 105,50 bis km 106,50 (Untere Havel-Wasserstraße) Fahrzeug/Verband	67,00	8,25	

Die Abladetiefe richtet sich in Nummer 1.1.10 nach der Fahrrinnentiefe und wird von der zuständigen Behörde bekannt gemacht.

		Länge m	Breite m	Abladetiefe m
1.2	**Havelkanal**			
	a) Fahrzeug	82,00	9,00	2,00
	b) Verband	82,00	9,00	2,00
		125,00	8,25	2,00

Ein Fahrzeug mit einer Länge von mehr als 82,00 m und nicht mehr als 86,00 m und einer Breite von mehr als 9,00 m und nicht mehr als 9,60 m darf fahren, wenn es mit einer aktiven Bugsteuereinrichtung ausgerüstet ist und eine Abladetiefe von 1,90 m nicht überschreitet; dies gilt nicht für den Bereich der Schleuse Schönwalde.

2. Die Abmessungen, Fahrrinnentiefen und Abladetiefen nach Nummer 1 gelten nicht auf den Stich- und Altkanälen, Nebenarmen und sonstigen Nebenwasserstraßen der genannten Hauptwasserstraßen, soweit diese nicht gesondert aufgeführt sind.

§ 22.03 Zusammenstellung der Verbände

1. Auf einem Kanal dürfen Fahrzeuge, ausgenommen Kleinfahrzeuge, nur zum Abschleppen eines beschädigten Fahrzeugs, zu einem kurzen Verholen oder mit Erlaubnis der zuständigen Behörde gekuppelt fahren.
2. In einen Schleppverband dürfen höchstens zwei Anhänge eingestellt werden. Dies gilt nicht für das Schleppen von Kleinfahrzeugen.
3. Die zuständige Behörde kann abweichend von Nummer 2 Satz 1 Ausnahmen zulassen.

§ 22.04 Fahrgeschwindigkeit

1. Die zulässige Höchstgeschwindigkeit gegenüber dem Ufer beträgt für ein Fahrzeug oder einen Verband, ausgenommen Kleinfahrzeuge ohne Maschinenantrieb, auf
   a) der **Unteren Havel-Wasserstraße**
      aa) von der Spreemündung (km 0,00) bis zum Leuchtfeuer Quapphorn (km 17,80) 12 km/h
      bb) von km 17,80 bis km 32,60 9 km/h
      cc) von km 32,60 bis km 55,00 12 km/h

dd) von km 55,00 bis zum **Silokanal** (km 61,48) bei jeweils
aaa) einer Abladetiefe von mehr als 1,30 m 10 km/h
bbb) einer Abladetiefe von nicht mehr als 1,30 m 12 km/h
ee) von km 61,48 bis zur Einmündung in die Elbe (km 148,48) und auf der **Mündungsstrecke Untere Havel** von der Abzweigung aus der Unteren Havel-Wasserstraße (km 146,03) bis zum Gnevsdorfer Vorfluter (km 156,75) 9 km/h

b) der **Potsdamer Havel** 12 km/h
c) der **Ketziner Havel** 9 km/h
d) der **Brandenburger Niederhavel**, der **Rathenower Havel** 8 km/h
e) den übrigen Kanälen 8 km/h
f) einem Stichkanal, einem Nebenarm oder einem Altarm 5 km/h
g) einem See oder einer seeartigen Erweiterung mit jeweils einer Gewässerbreite von mehr als 250,00 m 12 km/h

2. Abweichend von Nummer 1 Buchstabe a Doppelbuchstabe bb und ee und Buchstabe c beträgt die zulässige Höchstgeschwindigkeit gegenüber dem Ufer für ein Fahrzeug oder einen Verband, ausgenommen Kleinfahrzeuge,
a) auf der **Unteren Havel-Wasserstraße** in der Talfahrt
aa) vom Leuchtfeuer Quapphorn (km 17,80) bis km 32,60 bei einer Abladetiefe von nicht mehr als 1,30 m 12 km/h,
bb) von der Schleuse Bahnitz (km 81,95) bis zur Schleuse Havelberg (km 147,09) bei einem Wasserstand > 130 cm am Unterpegel der Schleuse Rathenow 12 km/h,
b) auf der **Ketziner Havel** vom Abzweig aus der Unteren Havel-Wasserstraße (km 0,00) bis zum Hafenbecken 1 (km 1,10) bei einer Abladetiefe von mehr als 2,00 m 6 km/h.

3. Abweichend von Nummer 1 Buchstabe a Doppelbuchstabe bb, dd und ee beträgt die zulässige Höchstgeschwindigkeit gegenüber dem Ufer für ein Kleinfahrzeug, ausgenommen ein Kleinfahrzeug ohne Maschinenantrieb, auf der **Unteren Havel-Wasserstraße**
a) vom Leuchtfeuer Quapphorn (km 17,80) bis km 32,60,
b) von km 55,00 bis zur Einmündung in die Elbe (km 148,48) und auf der **Mündungsstrecke Untere Havel** von der Abzweigung aus der Unteren Havel-Wasserstraße (km 146,03) bis zum Gnevsdorfer Vorfluter (km 156,75) 12 km/h.

4. Abweichend von Nummer 1 Buchstabe g beträgt die zulässige Höchstgeschwindigkeit gegenüber dem Ufer für ein Sportfahrzeug mit Maschinenantrieb auf einem See oder einer seeartigen Erweiterung mit jeweils einer Gewässerbreite von mehr als

250,00 m außerhalb des ufernahen Schutzstreifens 25 km/h.
Satz 1 gilt nicht auf der **Kladower Seestrecke** der Unteren Havel-Wasserstraße von Schwemmhorn (km 13,00) bis zum Leuchtfeuer Meedehorn (km 15,50) einschließlich **Havelnebenarm** südlich der Pfaueninsel und **Sacrower Lanke**.
Als ufernaher Schutzstreifen gilt eine 100,00 m breite parallel zur Uferlinie (Land-Wasser-Übergang) verlaufende Wasserfläche.

5. Die zuständige Behörde kann abweichend von Nummer 1 bis 4 im Einzelfall für ein Fahrgastschiff, das nach einem festen Fahrplan nach § 9.01 verkehrt, für einzelne Strecken oder aus einem besonderen Anlass für ein Fahrgastschiff oder ein Aufsichtsboot eines Sportvereins oder -verbandes höhere Geschwindigkeiten zulassen, wenn dadurch der Zustand und die Benutzung der Wasserstraße sowie der übrige Schiffsverkehr nicht über Gebühr beeinträchtigt werden.
6. Die Mindestgeschwindigkeit gegenüber dem Ufer beträgt für ein Fahrzeug oder einen Verband, ausgenommen Kleinfahrzeuge, 4 km/h.

§ 22.05 Bergfahrt

Als Bergfahrt gilt

auf der, dem oder den	die Fahrt in Richtung
Unteren Havel-Wasserstraße mit Großer Wannsee und allen parallelen Nebenstrecken	Spreemündung
Potsdamer Havel	Jungfernsee
Havelkanal	Havel-Oder-Wasserstraße
übrigen in § 22.01 genannten Nebenstrecken sowie Stichkanälen und Altarmen	Gewässerende

§ 22.06 Begegnen

1. Auf der **Unteren Havel-Wasserstraße** auf den Strecken
   a) von km 68,50 bis zur Schleuse Bahnitz (km 81,95),
   b) von km 81,95 bis zur Hauptschleuse Rathenow (km 103,30),
   c) von km 103,30 bis zur Schleuse Grütz (km 118,98),
   d) von km 118,98 bis zur Schleuse Garz (km 129,02),
   e) von km 129,02 bis zur Schleuse Havelberg (km 147,09),
   f) von km 147,09 bis zur Elbe (km 148,48) und
   g) auf der **Mündungsstrecke Untere Havel** km 145,80 bis km 156,75

dürfen Fahrzeuge und Verbände einander nicht begegnen. Zu diesem Zweck sind folgende Bestimmungen zu beachten:

a) bei der Annäherung an die und beim Durchfahren der Strecken nach Satz 1 muss ein Fahrzeug oder Verband sich mehrmals auf dem ersten zugewiesenen Sprechfunkkanal Schiff-Schiff melden;
b) ist vorauszusehen, dass eine Begegnung mit einem zu Tal fahrenden Fahrzeug oder einem zu Tal fahrenden Verband stattfinden würde, muss das zu Berg fahrende Fahrzeug oder der zu Berg fahrende Verband unterhalb der Strecken anhalten, bis das zu Tal fahrende Fahrzeug oder der zu Tal fahrende Verband diese durchfahren hat;
c) ist ein zu Berg fahrendes Fahrzeug oder ein zu Berg fahrender Verband bereits vorher in die Strecke hineingefahren, so muss das zu Tal fahrende Fahrzeug oder der zu Tal fahrende Verband oberhalb der Strecken anhalten, bis das zu Berg fahrende Fahrzeug oder der zu Berg fahrende Verband diese durchfahren hat.

Satz 1 gilt nicht für
a) Kleinfahrzeuge,
b) Sportfahrzeuge,
c) Fahrzeuge der Überwachungsbehörden nach § 1.20,
d) Feuerlöschboote,
e) Zollboote,
f) Wasserrettungsfahrzeuge nach § 1.24 Nummer 2 im Rettungseinsatz oder bei einer Kontrollfahrt,
g) Fahrzeuge der Bundespolizei oder
h) Fahrzeuge der Bundeswehr,

auch wenn sie einem anderen Fahrzeug oder Verband begegnen.

2. Auf der **Ketziner Havel** vom Abzweig aus der Unteren Havel-Wasserstraße (km 0,00) bis zum Hafenbecken 1 (km 1,10) darf ein Fahrzeug oder ein Verband mit jeweils einer Abladetiefe von mehr als 2,00 m einem anderen Fahrzeug oder Verband nicht begegnen. Die erforderlichen Absprachen sind in Funkselbstwahrschau über den ersten zugewiesenen Sprechfunkkanal Schiff-Schiff vor Antritt der Fahrt zu treffen. Satz 1 gilt nicht für das Begegnen mit einem Kleinfahrzeug oder das Begegnen von Kleinfahrzeugen untereinander.

§ 22.07 Überholen

1. Das Überholen auf einem Stichkanal, einem Nebenarm und einem Altarm ist verboten.
2. Einem Verband ist das Überholen auf der **Unteren Havel-Wasserstraße**, der **Potsdamer Havel** und dem **Havelkanal** verboten.
3. Abweichend von Nummer 2 ist einem Verband das Überholen
   a) auf der Unteren Havel-Wasserstraße von der Spreemündung (km 0,00) bis Pritzerbe (km 78,75), wenn dessen Abmessungen die zugelassenen Abmessungen für ein einzeln fahrendes Fahrzeug nicht überschreiten,

b) auf einem See und einer seeartigen Erweiterung mit einer Gewässerbreite von mehr als 250 m

gestattet.

§ 22.08 Wenden
(Keine besonderen Vorschriften)

§ 22.09 Ankern
(Keine besonderen Vorschriften)

§ 22.10 Stillliegen
1. Auf einem See oder einer seeartigen Erweiterung ist § 7.01 Nummer 1 Satz 1 unter der Voraussetzung, dass die durchgehende Schifffahrt nicht behindert wird, nicht anzuwenden.
2. Besondere Regelungen über das Stillliegen von Kleinfahrzeugen sind in § 22.24 enthalten.

§ 22.11 Schifffahrt bei Hochwasser
Bei einem Wasserstand von mehr als 200 cm am Unterpegel Rathenow ist das Befahren der **Unteren Havel-Wasserstraße** vom Oberwasser der Hauptschleuse Rathenow (km 103,00) bis zur Abzweigung der Mündungsstrecke (km 145,80) bei Nacht verboten.

§ 22.12 Schifffahrt bei Eis
(Keine besonderen Vorschriften)

§ 22.13 Nachtschifffahrt
(Keine besonderen Vorschriften)

§ 22.14 Einsatz von Trägerschiffsleichtern
(Keine besonderen Vorschriften)

§ 22.15 Meldepflicht
1. Der Schiffsführer eines Fahrzeugs oder Verbandes muss sich vor der Einfahrt in die Strecke der **Unteren Havel-Wasserstraße** zwischen km 69,00 und der Einmündung der Rathenower Havel (km 104,20) auf dem im Handbuch Binnenschifffahrtsfunk (§ 1.10 Nummer 1 Buchstabe l) bekannt gegebenen Kanal des Verkehrskreises Nautische Information bei der Funkstelle »Fernbedienzentrale Rathenow« melden. Diese Meldung kann auch schriftlich, telefonisch oder auf elektronischem Weg erfolgen. Satz 1 gilt nicht für den Schiffsführer eines Klein- oder Sportfahrzeugs.

2. Unterbricht ein Fahrzeug oder Verband die Fahrt innerhalb der meldepflichtigen Strecke nach Nummer 1 für mehr als zwei Stunden, muss der Schiffsführer Beginn und Ende der Unterbrechung der Funkstelle »Fernbedienzentrale Rathenow« melden.
3. Der Schiffsführer eines Fahrzeugs oder Verbandes muss sich vor Einfahrt in die Strecke der **Unteren Havel-Wasserstraße** zwischen der Abzweigung des Stadtgrabens Havelberg (km 145,06) bis zur Elbe (km 148,48) mit Mündungsstrecke **Untere Havel** km 145,80 bis km 156,75 auf dem im Handbuch Binnenschifffahrtsfunk (§ 1.10 Nummer 1 Buchstabe l) bekannt gegebenen Kanal des Verkehrskreises Nautische Information bei der Funkstelle »Fernbedienzentrale Rathenow« melden. Diese Meldung kann auch schriftlich, telefonisch oder auf elektronischem Weg erfolgen. Satz 1 gilt nicht für den Schiffsführer eines Klein- oder Sportfahrzeugs.
4. Unterbricht ein Fahrzeug oder Verband die Fahrt innerhalb der meldepflichtigen Strecke nach Nummer 3 für mehr als zwei Stunden, muss der Schiffsführer Beginn und Ende der Unterbrechung der Funkstelle »Fernbedienzentrale Rathenow« melden.

§ 22.16 Höhe der Brücken, sonstigen festen Überbauten und Freileitungen

(Keine besonderen Vorschriften)

§ 22.17 Kennzeichnung der Brücken- und Wehrdurchfahrten

Abweichend von der Kennzeichnung nach den §§ 6.24 und 6.25 kann eine Brückendurchfahrt bei Nacht wie folgt gekennzeichnet sein:

1. an den Seiten der Durchfahrt:
   grüne Lichter;
2. über der Mitte der Durchfahrt:
   gelbe Lichter,
   a) bei Verkehr in Berg- und Talfahrt: ein gelbes Licht,
   b) bei Verkehr in nur einer Richtung: zwei gelbe Lichter übereinander.

§ 22.18 Durchfahren der Brücken, Sperrwerke, Wehre, Schleusen und einzelner Stromstrecken

Bei erhöhter Wasserführung wird die Schifffahrt an den Staustufen Grütz und Garz über die Nadelwehre geführt.

§ 22.19 Benutzung der Schleusen, Bootsschleusen und Bootsumsetzanlagen

(Keine besonderen Vorschriften)

§ 22.20 Segeln

Das Segeln auf einem Kanal und auf der Strecke **Untere Havel-Wasserstraße** von der Spreemündung (km 0,00) bis zum Pichelsdorfer Gemünd (km 4,00) ist verboten.

§ 22.21 Bezeichnung der Fahrzeuge

Ein Sportfahrzeug, von dem aus Sporttauchen betrieben wird, muss neben der nach dieser Verordnung allgemein vorgeschriebenen Bezeichnung die Bezeichnung nach § 8.12 führen.

§ 22.22 Regelungen über den Verkehr

1. Abweichend von § 22.27 Nummer 1 darf ein Fahrzeug oder ein Verband mit jeweils einer Länge von nicht mehr als 41,50 m und einer Breite von nicht mehr als 5,10 m für die Zeit einer Verkehrsstörung auf dem Elbe-Havel-Kanal auf der **Unteren Havel-Wasserstraße** von der Einmündung der Rathenower Havel (km 104,20) bis zur Abzweigung des Stadtgrabens Havelberg (km 145,06) nach Maßgabe der Sätze 2 und 3 fahren. Der Beginn und das Ende des Zeitraums nach Satz 1 wird von der zuständigen Behörde öffentlich im Verkehrsblatt oder im Bundesanzeiger (amtlicher Hinweis: www.bundesanzeiger.de) bekannt gemacht. Die zuständige Behörde kann das Befahren nach Satz 1 einschränken oder unter Auflagen stellen, wenn der Zustand der in Satz 1 genannten Strecke oder deren Benutzung dies erfordern.
2. Abweichend von § 22.27 Nummer 1 darf
   a) ein Fahrgastschiff mit einer Länge von nicht mehr als 41,50 m und einer Breite von nicht mehr als 5,10 m,
   b) ein Sportfahrzeug,
   c) ein Fahrzeug der Überwachungsbehörden nach § 1.20,
   d) ein Feuerlöschboot,
   e) ein Zollboot,
   f) ein Wasserrettungsfahrzeug nach § 1.24 Nummer 2 im Rettungseinsatz oder bei einer Kontrollfahrt,
   g) ein Fahrzeug der Bundespolizei,
   h) ein Fahrzeug der Bundeswehr,
   i) ein Fahrzeug, das wasserbauliche Arbeiten durchführt,
   j) ein Fahrzeug, das Transporte im Zusammenhang mit wasserbaulichen Arbeiten durchführt oder
   k) ein Fischereifahrzeug

   auf der **Unteren Havel-Wasserstraße** von der Einmündung der Rathenower Havel (km 104,20) bis zur Abzweigung des Stadtgrabens Havelberg (km 145,06) und der **Hohennauener Wasserstraße** nach Maßgabe der Sätze 2 bis 7 fahren. Die zuständige Behörde kann das Befahren nach Satz 1 einschränken oder unter Auflagen stellen, wenn der Zustand der in Satz 1 genannten Strecken oder deren Benutzung dies erfordern. Bei der Talfahrt hat die Einfahrt in die Hohennauener

Wasserstraße durch ein Aufdreh-manöver über Backbord unterhalb der Einfahrt mit Abgabe eines Schallsignals (lang, kurz, kurz) zu erfolgen. Die Ausfahrt hat mit Kurs über Steuerbord zu erfolgen. Nach einem Aufdrehmanöver über Backbord unter Abgabe des entsprechenden Schallsignals kann die Bergfahrt aufgenommen werden.
Begegnungen an Brücken über die Hohennauener Wasserstraße haben nach den Regeln über das Begegnen in engen Fahrwassern nach § 6.07 zu erfolgen. Die Sätze 3 bis 6 gelten nur für Sportfahrzeuge mit Maschinenantrieb, die führerscheinfrei oder mit einer Charterbescheinigung nach der Binnenschifffahrt-Sportbootvermietungsverordnung geführt werden dürfen.

3. Die Abladetiefe auf der **Unteren Havel-Wasserstraße** von der Einmündung der Rathenower Havel (km 104,20) bis zur Abzweigung des Stadtgrabens Havelberg (km 145.06) richtet sich nach der Fahrrinnentiefe. Die geringste Fahrrinnentiefe für die Strecke nach Satz 1 wird von der zuständigen Behörde täglich bekannt gemacht. Die höchstzulässige Abladetiefe auf der Strecke nach Satz 1 beträgt in Abhängigkeit von der Fahrrinnentiefe 1,40 m; dies gilt nicht für die Fahrzeuge nach Nummer 2 Satz 1 Buchstabe a bis k.
4. Die Abladetiefe auf der **Hohennauener Wasserstraße** richtet sich nach der Fahrrinnentiefe. Die geringste Fahrrinnentiefe wird von der zuständigen Behörde in Abhängigkeit vom Pegelstand festgesetzt und bekannt gemacht. Die höchstzulässige Abladetiefe beträgt 1,40 m; dies gilt nicht für die Fahrzeuge nach Nummer 2 Satz 1 Buchstabe a bis k.
5. Nummer 1 Satz 1 gilt nur bis zur Fertigstellung einer jeweils zweiten Kammer an den Schleusen Wusterwitz und Zerben. Der Zeitpunkt der Fertigstellung der zuletzt errichteten zweiten Kammer nach Satz 1 wird von der zuständigen Behörde öffentlich im Verkehrsblatt bekannt gemacht.
6. Nummer 1 Satz 1, Nummer 2 Satz 1, Nummer 3 Satz 1, 2, 3 Halbsatz 1 und Nummer 4 Satz 1, 2, 3 Halbsatz 1 gilt auch für ein anderes Fahrzeug, für das die zuständige Behörde das Befahren der **Unteren Havel-Wasserstraße** von der Einmündung der Rathenower Havel (km 104,20) bis zur Abzweigung des Stadtgrabens Havelberg (km 145,06) und der **Hohennauener Wasserstraße** im Einzelfall oder mit Allgemeinverfügung zugelassen hat. Sie kann das Befahren nach Satz 1 insbesondere hinsichtlich der zulässigen Abmessungen und Abladetiefen einschränken oder unter Auflagen zulassen, wenn der Zustand der in Satz 1 genannten Strecken oder deren Benutzung dies erfordern.

§ 22.23 Regelungen zum Sprechfunk

(Keine besonderen Vorschriften)

§ 22.24 Sonderbestimmungen für Kleinfahrzeuge

1. Ein Kleinfahrzeug muss auf einem Kanal, in einem engen Fahrwasser und auf einem unübersichtlichen Gewässerabschnitt grundsätzlich rechts fahren.

2. Ein schleppendes Kleinfahrzeug darf höchstens neun Kleinfahrzeuge im Anhang führen. Es dürfen höchstens drei Kleinfahrzeuge gekuppelt fahren.
3. Abweichend von § 3.20 braucht ein Kleinfahrzeug bei Nacht kein weißes Licht zu führen, wenn es an einer genehmigten Liegestelle stillliegt.
4. Einem Kleinfahrzeug ist das Stillliegen ohne Erlaubnis der zuständigen Behörde nur bis zu drei Tagen gestattet.
5. Ein Kleinfahrzeug soll, sofern möglich, nur an den Enden einer Liegestelle stillliegen.
6. Ein unbemanntes Kleinfahrzeug darf nur an einer genehmigten Liegestelle stillliegen. Abweichend von Satz 1 darf ein unbemanntes Kleinfahrzeug an einer ungenehmigten Liegestelle bis zu einem Tag stillliegen. Satz 2 gilt nicht auf der **Unteren Havel-Wasserstraße** von km 0,00 bis km 4,00.

§ 22.25 Befahren der Altwässer, Kanäle und einzelner Wasserstraßen

(Keine besonderen Vorschriften)

§ 22.26 Schutz der Kanäle und Anlagen

1. Ein Schubleichter darf an der Spitze eines Verbandes nur eingesetzt werden, wenn seine Bugform im Grundriss auf beiden Seiten abgerundet und so verjüngt ist, dass die Breite der Bugwand die Gesamtbreite des Schubleichters auf mindestens 1,50 m unterschreitet; die Länge der Verjüngung muss mindestens das Dreifache der halben Breitenverminderung der Bugwand betragen. Das Gleiche gilt für den Bug eines einzeln fahrenden oder schleppenden Fahrzeugs mit Pontonform.
2. Die zuständige Behörde kann ein Fahrzeug oder einen Verband mit einer von Nummer 1 abweichenden Bugform zulassen, wenn dadurch der Zustand oder die Benutzung der Wasserstraßen sowie die Sicherheit und Leichtigkeit des Schiffsverkehrs nicht über Gebühr beeinträchtigt werden. Die Zulassung nach Satz 1 kann zeitlich und örtlich beschränkt werden.

§ 22.27 Verkehrsbeschränkungen der Schifffahrt

1. Das Befahren der **Unteren Havel-Wasserstraße** zwischen km 104,20 und km 145,06 und der **Hohennauener Wasserstraße** ist verboten.
2. Das Befahren der **Scharfen Lanke**, der **Sacrower Lanke**, des **Petziensees**, des **Glindowsees** (Potsdamer Havel), der **Wublitz** (Schlänitzsee) bis km 8,65, der **Nedlitzer Alten Fahrt** nebst **Lehnitzsee** und **Krampnitz-see**, der **Beetzsee-Riewendsee-Wasserstraße** vom Päwesiner Streng (km 17,80) bis zur Einmündung des Klinkgrabens (km 21,80) und des **Breitlingsees** und **Möserschen Sees** von km 6,80 bis km 9,13 ist verboten. Satz 1 gilt nicht für ein Kleinfahrzeug.
3. Auf folgenden Seen und seeartigen Erweiterungen:
   Scharfe Lanke und **Sacrower Lanke** (Kladower Seestrecke), **Petziensee** und

Glindowsee (Potsdamer Havel) sowie **Lehnitzsee** und **Krampnitzsee** (Nedlitzer Alte Fahrt)
darf ein Kleinfahrzeug, das ein Sportfahrzeug ist, mit in Betrieb gesetztem Verbrennungsmotor während der Zeit von 22:00 Uhr bis 05:00 Uhr nicht fahren. Ein derartiges Kleinfahrzeug, das seinen ständigen Liegeplatz am rechten Ufer der Seen hat, darf diesen auf kürzestem Weg aufsuchen.

4. Abweichend von Nummer 2 Satz 1 ist einem Fahrgastschiff mit einer Länge von nicht mehr als 55,00 m und einer Breite von nicht mehr als 8,00 m das Befahren des **Glindowsees** (Potsdamer Havel), des **Lehnitzsees**, des **Krampnitzsees** und der **Beetzsee-Riewendsee-Wasserstraße** vom Päwesiner Streng (km 17,80) bis zur Einmündung des Klinkgrabens (km 21,80) gestattet.
5. Das Befahren der **Wublitz** (Potsdamer Havel) ist nur Kleinfahrzeugen ohne Verbrennungsmotor gestattet.
6. Die Fahrt durch den **Havelnebenarm** südlich der Pfaueninsel (Kladower Seestrecke) ist nur einem Fahrgastschiff, einer Fähre oder einem Kleinfahrzeug gestattet.
7. Ein Fahrzeug oder Verband mit jeweils einer Breite von mehr als 8,25 m darf die Hauptschleuse Rathenow der Unteren Havel-Wasserstraße mit einer Abladetiefe durchfahren, die gleich oder kleiner als der Wasserstand am Unterpegel Rathenow + 85 cm ist.
8. Die zuständige Behörde kann im Einzelfall von den Verboten und Einschränkungen nach Nummer 2 Satz 1, Nummer 3 und 5 bis 7 befreien. Der Bescheid über die Befreiung von einem Fahrverbot oder einer Einschränkung ist an Bord mitzuführen und auf Verlangen den zur Kontrolle befugten Personen auszuhändigen.

§ 22.28 Benutzung der Wasserstraßen

(Keine besonderen Vorschriften)

§ 22.29 Verhaltenspflichten des Schiffsführers, der Besatzung an Bord, des Eigentümers und des Ausrüsters

1. Der Schiffsführer und die nach § 1.03 Nummer 3 für Kurs und Geschwindigkeit verantwortliche Person haben jeweils
   a) sicherzustellen, dass das Fahrzeug oder der Verband
      aa) die zugelassene Höchstgeschwindigkeit nach § 22.04 Nummer 1 bis 3 und 4 Satz 1, jeweils auch in Verbindung mit Nummer 5, nicht überschreitet und
      bb) die geforderte Mindestgeschwindigkeit nach § 22.04 Nummer 6 nicht unterschreitet und
   b) die Vorschriften über
      aa) das Verhalten beim Begegnen nach § 22.06 Nummer 1 Satz 1 und 2 und Nummer 2 Satz 1 und 2,

bb) das Verbot zu überholen nach § 22.07 Nummer 1 und 2, auch in Verbindung mit Nummer 3 Buchstabe a, und
cc) die Schifffahrt bei Hochwasser nach § 22.11
einzuhalten oder sicherzustellen, dass diese eingehalten werden.

2. Der Schiffsführer hat
   a) sicherzustellen, dass
      aa) das von ihm geführte Fahrzeug oder der von ihm geführte Verband
         aaa) die zugelassenen Höchstabmessungen nach § 22.02 Nummer 1 und § 22.22 Nummer 1 Satz 1 und Nummer 2 Satz 1 Buchstabe a, jeweils auch in Verbindung mit Nummer 6, und die zugelassenen Abladetiefen nach § 22.02 Nummer 1.1.3, 1.1.4.2, 1.1.5 bis 1.1.10 und 1.2 und § 22.22 Nummer 4 Satz 3 Halbsatz 1, auch in Verbindung mit Nummer 6, und
         bbb) die zugelassenen Abladetiefen nach § 22.02 Nummer 1.1.1, 1.1.2 und 1.1.4.1 und § 22.22 Nummer 3 Satz 1 in Verbindung mit Satz 2 und 3 Halbsatz 1 und auch in Verbindung mit Nummer 6

         nicht überschreitet,
      bb) auf dem von ihm geführten Fahrzeug in dem in § 22.02 Nummer 1.1.2, 1.1.2.4, 1.1.2.5, 1.1.4.1, 1.1.5.2 und 1.2 jeweils genannten Fall die dort jeweils angegebene Ausrüstung vorhanden ist,
      cc) auf dem von ihm geführten Sportfahrzeug, von dem aus Sporttauchen betrieben wird, die Bezeichnung nach § 22.21 geführt wird
      dd) der Bug eines von ihm geführten einzeln fahrenden oder schleppenden Fahrzeugs mit Pontonform der Form nach § 22.26 Nummer 1 Satz 1 entspricht und
      ee) der Bescheid über die Befreiung von einem Fahrverbot oder einer Einschränkung nach § 22.27 Nummer 8 Satz 2 an Bord mitgeführt und auf Verlangen den zur Kontrolle befugten Personen ausgehändigt wird,
   b) die Vorschriften über
      aa) die Zusammenstellung der Verbände nach § 22.03 Nummer 1 und 2 Satz 1,
      bb) die Meldepflicht nach § 22.15 Nummer 1 Satz 1, Nummer 2, 3 Satz 1 und Nummer 4 und
      cc) das Führen eines Schubleichters nach § 22.26 Nummer 1 Satz 1

      einzuhalten oder sicherzustellen, dass diese eingehalten werden,
   c) das in § 22.20 vorgesehene Verbot, zu segeln, zu beachten oder sicherzustellen, dass dieses beachtet wird,
   d) die Verkehrsregelungen nach § 22.22 Nummer 2 Satz 3, 4, 5 und 6, jeweils in Verbindung mit Satz 7, zu beachten oder sicherzustellen, dass diese beachtet werden,
   e) die Sonderbestimmungen für Kleinfahrzeuge nach § 22.24 Nummer 1, 2, 4 und 6 zu beachten oder sicherzustellen, dass diese beachtet werden,

f) das in § 22.27 Nummer 1 und 2 Satz 1 jeweils vorgesehene Verbot, die dort jeweils angegebenen Binnenschifffahrtsstraßen zu befahren, zu beachten oder sicherzustellen, dass dieses jeweils beachtet wird, und
g) die Verkehrsbeschränkungen nach § 22.27 Nummer 3 Satz 1 und Nummer 4 bis 7 zu beachten oder sicherzustellen, dass diese beachtet werden.

3. Der Eigentümer und der Ausrüster
   a) dürfen jeweils die Inbetriebnahme eines Fahrzeugs oder Verbandes nur anordnen oder zulassen, wenn
      aa) das Fahrzeug oder der Verband
         aaa) die zugelassenen Höchstabmessungen nach § 22.02 Nummer 1 und § 22.22 Nummer 1 Satz 1 und Nummer 2 Satz 1 Buchstabe a, jeweils auch in Verbindung mit Nummer 6, und die zugelassenen Abladetiefen nach § 22.02 Nummer 1.1.3, 1.1.4.2, 1.1.5 bis 1.1.10 und 1.2 und § 22.22 Nummer 4 Satz 3 Halbsatz 1, auch in Verbindung mit Nummer 6, und
         bbb) die zugelassenen Abladetiefen nach § 22.02 Nummer 1.1.1, 1.1.2 und 1.1.4.1 und § 22.22 Nummer 3 Satz 1 in Verbindung mit Satz 2 und 3 Halbsatz 1 und auch in Verbindung mit Nummer 6

         nicht überschreitet und
      bb) auf dem Fahrzeug in dem in § 22.02 Nummer 1.1.2, 1.1.2.4, 1.1.2.5, 1.1.4.1, 1.1.5.2 und 1.2 jeweils genannten Fall die dort jeweils angegebene Ausrüstung vorhanden ist, und
   b) müssen jeweils dafür sorgen, dass der Bescheid über die Befreiung von einem Fahrverbot oder einer Einschränkung nach § 22.27 Nummer 8 Satz 2 an Bord mitgeführt wird.

Kapitel 23
Havel-Oder-Wasserstraße

§ 23.01 Anwendungsbereich

Die Vorschriften dieses Kapitels gelten auf der **Havel-Oder-Wasserstraße** (HOW) von der Spreemündung bei Spandau (HOW-km 0,00/SOW-km 0,15) bis zur Einmündung in die Westoder (HOW-km 134,96/WOd-km 2,75) einschließlich Spandauer Havel (Spandauer See, Nieder Neuendorfer See), Oder-Havel-Kanal (Lehnitzsee), Oderberger Gewässer (Lieper See, Oderberger See, Alte Oder) und Hohensaaten-Friedrichsthaler Wasserstraße mit Tegeler See, Veltener Stichkanal, Oranienburger Kanal, Friedrichsthaler Havel, Malzer Kanal (bei Malz), Oranienburger Havel (von km 3,91 bis zur HOW) nebst Großer Wehrarm Sachsenhausen, Finowkanal (FiK) nebst Mäckerseekanal (Mäckersee), Werbelliner Gewässer von km 2,73 (Werbellinsee, Werbellinkanal, nördlicher Oder-Havel-Kanal und Pechteichsee), Wriezener Alte Oder bis Bralitz (km 2,53), Verbindungskanal Hohensaaten Ost (zur Oder), Verbindungskanal Schwedter Querfahrt (zur Oder).

§ 23.02 Abmessungen der Fahrzeuge und Verbände, Tauchtiefe, Fahrrinnentiefe und Abladetiefe

1. Ein Fahrzeug oder ein Verband darf folgende Abmessungen und Abladetiefen nicht überschreiten:

Binnenschifffahrtsstraße		Länge m	Breite m	Abladetiefe m
1.1	**Havel-Oder-Wasserstraße**			
1.1.1	km 0,00 (Spreemündung) bis km 134,96 (Westoder)			
	a) Fahrzeug	82,00	9,00	2,00
		82,00	9,50	1,85
	b) Verband	82,00	9,50	1,85
		120,00	9,00	1,85
		125,00	8,25	2,00

- bis km 28,60 darf ein Fahrzeug oder ein Schubverband mit jeweils einer Länge von mehr als 80,00 m und nicht mehr als 82,00 m und einer Breite von mehr als 9,00 m und nicht mehr als 9,50 m fahren, wenn es oder er eine Abladetiefe von 1,90 m nicht überschreitet und mit einer aktiven Bugsteuereinrichtung ausgerüstet ist -

soweit nachfolgend nicht etwas anderes festgelegt ist

Binnenschifffahrtsstraße		Länge m	Breite m	Abladetiefe m
1.1.2	km 0,00 bis km 3,50			
	Verband	125,00	9,00	2,00
1.1.3	km 3,50 bis km 15,20			
	Verband	125,00	9,00	1,85
		135,00	8,25	2,00
	- ein Schubverband mit jeweils einer Länge von mehr als 80,00 m und nicht mehr als 82,00 m und einer Breite von mehr als 9,00 m und nicht mehr als 9,50 m darf fahren, wenn es oder er eine Abladetiefe von 1,90 m nicht überschreitet und mit einer aktiven Bugsteuereinrichtung ausgerüstet ist -			
1.1.4	km 15,20 bis km 77,89			
	a) Fahrzeug	82,00	9,00	2,00
		82,00	9,50	1,85
	b) Verband	126,00	9,00	1,85
		126,00	8,25	2,00
	- von km 15,20 bis km 28,60 verringern sich die zulässigen Abladetiefen, wenn der Wasserstand am Unterpegel Lehnitz unter die Marke 225 sinkt, um das Maß des jeweiligen Absinkens des Wasserstandes; von km 28,60 bis km 77,89 verringern sich die zulässigen Abladetiefen, wenn der Wasserstand am Oberpegel Schiffshebewerk Niederfinow unter die Marke 829 sinkt, um das Maß des jeweiligen Absinkens des Wasserstandes -			
1.1.5	km 77,89 bis km 87,00 (Werft Oderberg)			
	a) Fahrzeug	82,00	9,50	
	b) Verband	147,00	9,50	
	- die Abladetiefe richtet sich nach dem Wasserstand und wird von der zuständigen Behörde als Tauchtiefe gesondert festgesetzt und bekannt gemacht; diese Tauchtiefe darf nicht überschritten werden -			
1.1.6	km 87,00 bis km 92,47			
	a) Fahrzeug	82,00	11,45	1,65
	b) Verband	100,00	10,45	1,65
		147,00	9,50	
	- sofern die Abladetiefe nicht bestimmt ist, richtet sich diese nach dem Wasserstand und wird von der zuständigen Behörde als Tauchtiefe gesondert festgesetzt und bekannt gemacht; diese Tauchtiefe darf nicht überschritten werden -			

Binnenschifffahrtsstraße		Länge m	Breite m	Abladetiefe m
1.1.7	km 92,47 bis km 92,89 (Westschleuse Hohensaaten)			
	a) Fahrzeug	82,00	9,50	
	b) Verband	91,00	9,50	
		120,00	9,00	
		135,00	8,25	
	- die Abladetiefe richtet sich nach dem Wasserstand und wird von der zuständigen Behörde als Tauchtiefe gesondert festgesetzt und bekannt gemacht; diese Tauchtiefe darf nicht überschritten werden -			
1.1.8	km 92,89 bis km 123,50 (Abzweig Schwedter Querfahrt)			
	a) Fahrzeug	82,00	9,50	
	b) Verband	91,00	9,50	
		120,00	9,00	
		135,00	8,25	
	- die Abladetiefe richtet sich nach dem Wasserstand und wird von der zuständigen Behörde als Tauchtiefe gesondert festgesetzt und bekannt gemacht; diese Tauchtiefe darf nicht überschritten werden; ein Verband mit einer Länge von nicht mehr als 156,00 m und einer Breite von nicht mehr als 8,25 m darf fahren, wenn der Wasserstand am Außenpegel der Westschleuse Hohensaaten mehr als 115 cm beträgt -			
1.1.9	km 123,50 bis km 134,96			
	a) Fahrzeug	82,00	9,50	
	b) Verband	156,00	9,50	
	- die Abladetiefe richtet sich nach dem Wasserstand und wird von der zuständigen Behörde als Tauchtiefe gesondert festgesetzt und bekannt gemacht; diese Tauchtiefe darf nicht überschritten werden -			
1.1.10	**Verbindungskanal Hohensaaten Ost**			
	a) Fahrzeug	82,00	11,45	
		100,00	10,45	
	b) Verband	82,00	11,45	
		100,00	10,45	
		147,00	9,50	
	- die Abladetiefe richtet sich nach der Fahrrinnentiefe; die geringste Fahrrinnentiefe wird von der zuständigen Behörde täglich bekannt gemacht -			

Binnenschifffahrtsstraße		Länge m	Breite m	Abladetiefe m
1.1.11	**Tegeler See**			
	a) Fahrzeug	82,00	9,00	2,00
	b) Verband	91,00	9,00	2,00
	- ein Fahrzeug oder ein Schubverband mit jeweils einer Länge von mehr als 80,00 m und nicht mehr als 82,00 m und einer Breite von mehr als 9,00 m und nicht mehr als 9,50 m darf fahren, wenn es oder er eine Abladetiefe von 1,90 m nicht überschreitet und mit einer aktiven Bugsteuereinrichtung ausgerüstet ist -			
1.1.12	**Veltener Stichkanal**			
	a) Fahrzeug	82,00	9,50	1,90
	b) Schubverband	82,00	9,50	1,90
		91,00	8,25	2,00
1.1.13	**Oranienburger Kanal**			
	km 21,01 (Havel-Oder-Wasserstraße) bis km 28,77 (Kanalkreuz)			
	Fahrzeug/Verband	41,50	5,10	1,30
1.1.14	**Oranienburger Havel**			
1.1.14.1	km 0,13 (Havel-Oder-Wasserstraße) bis km 2,81			
	Fahrzeug	20,00	5,10	1,40
	soweit nachfolgend nicht etwas anderes festgelegt ist			
1.1.14.2	km 0,13 bis km 1,83			
	Fahrzeug/Verband	41,50	5,10	1,40
1.1.15	**Malzer Kanal (bei Malz)**			
	km 35,54 (Havel-Oder-Wasserstraße) bis km 35,16 (Oberwasser Schleuse Malz)			
	a) Fahrzeug	80,00	9,50	1,75
	b) Verband	82,00	9,50	1,75
		91,00	8,25	1,85
1.1.16	**Finowkanal**			
	Fahrzeug/Verband	41,50	5,10	
	- die Abladetiefe richtet sich nach dem Wasserstand und wird von der zuständigen Behörde als Tauchtiefe gesondert festgesetzt und bekannt gemacht; diese Tauchtiefe darf nicht überschritten werden -			

Binnenschifffahrtsstraße		Länge m	Breite m	Abladetiefe m
1.1.17	**Werbelliner Gewässer**			
1.1.17.1	km 2,73 bis km 20,00			
	Fahrzeug/Verband	25,00	5,10	
	- von km 3,38 bis km 10,48 darf ein Fahrzeug oder ein Schubverband mit jeweils einer Länge von mehr als 25,00 m und nicht mehr als 32,50 m fahren, wenn es oder er mit einer aktiven Bugsteuereinrichtung ausgerüstet ist - soweit nachfolgend nicht etwas anderes festgelegt ist -			
1.1.17.2	km 2,73 bis km 3,15			
	Fahrzeug/Verband	41,50	5,10	
1.1.17.3	km 10,48 bis km 20,00			
	Fahrzeug/Verband	41,50	5,10	
	Die Abladetiefe richtet sich in Nummer 1.1.17 nach dem Wasserstand auf der Grundlage von Tauchtiefen. Diese betragen - von km 2,73 bis km 3,20 und von km 3,40 bis km 6,10 jeweils 120 cm bei einem Wasserstand von 829 cm am Oberpegel des Schiffshebewerkes Niederfinow; - von km 6,10 bis km 8,70 120 cm bei einem Wasserstand von 400 cm am Oberpegel der Schleuse Rosenbeck; - von km 8,70 bis km 10,48 120 cm bei einem Wasserstand von 400 cm am Oberpegel der Schleuse Eichhorst; - von km 10,48 bis km 20,00 140 cm. Sinkt der Wasserstand an den jeweiligen Bezugspegeln, verringert sich die Tauchtiefe entsprechend. Von km 3,20 bis km 3,40 wird die Tauchtiefe von der zuständigen Behörde festgesetzt und bekannt gemacht. Die Tauchtiefen dürfen nicht überschritten werden.			
1.1.18	**Wriezener Alte Oder**			
	Fahrzeug/Verband	67,00	8,25	1,75
	Die Abladetiefe richtet sich nach dem Wasserstand auf der Grundlage einer Tauchtiefe von 150 cm bei einem Wasserstand von 199 cm am Pegel Hohensaaten West Binnen. Sinkt der Wasserstand am Bezugspegel, verringert sich die Tauchtiefe entsprechend. Die Tauchtiefe darf nicht überschritten werden.			
1.1.19	**Verbindungskanal Schwedter Querfahrt**			
	a) Fahrzeug	67,00	9,00	
	b) Verband	156,00	9,50	
	- die Abladetiefe richtet sich nach der Fahrrinnentiefe; die geringste Fahrrinnentiefe wird von der zuständigen Behörde täglich bekannt gemacht; bei der Wahl der Abladetiefe sind die bekannt			

gemachte Fahrrinnentiefe sowie die aktuelle Wasserstandsentwicklung zu berücksichtigen -.

2. Die Abmessungen, Tauchtiefen, Fahrrinnentiefen und Abladetiefen nach Nummer 1 gelten nicht auf den Stich- und Altkanälen, Nebenarmen und sonstigen Nebenwasserstraßen der genannten Hauptwasserstraßen, soweit diese nicht gesondert aufgeführt sind.

§ 23.03 Zusammenstellung der Verbände

1. Auf einem Kanal dürfen Fahrzeuge, ausgenommen Kleinfahrzeuge, nur zum Abschleppen eines beschädigten Fahrzeugs, zu einem kurzen Verholen oder mit Erlaubnis der zuständigen Behörde gekuppelt fahren.
2. In einen Schleppverband dürfen höchstens zwei Anhänge eingestellt werden. Dies gilt nicht für das Schleppen von Kleinfahrzeugen.
3. Abweichend von Nummer 2 darf auf dem Tegeler See, der Oranienburger Havel und den Werbelliner Gewässern in einen Schleppverband nur ein Anhang eingestellt werden.
4. Die zuständige Behörde kann abweichend von Nummer 2 Satz 1 und Nummer 3 Ausnahmen zulassen.

§ 23.04 Fahrgeschwindigkeit

1. Die zulässige Höchstgeschwindigkeit gegenüber dem Ufer beträgt für ein Fahrzeug oder einen Verband, ausgenommen Kleinfahrzeuge ohne Maschinenantrieb, auf
   a) der **Havel-Oder-Wasserstraße**
      aa) von der Spreemündung (km 0,00) bis zur Abzweigung des Havelkanals (km 10,20) — 10 km/h,
      bb) von der Abzweigung des Havelkanals (km 10,20) bis zur Einmündung in die Westoder (km 134,96) — 9 km/h,
   b) der **Oranienburger Havel**, der **Wriezener Alten Oder** — 6 km/h,
   c) den übrigen Kanälen — 6 km/h,
   d) einem Stichkanal, einem Nebenarm oder einem Altarm — 5 km/h,
   e) einem See oder einer seeartigen Erweiterung mit jeweils einer Gewässerbreite von mehr als 250 m — 12 km/h.
2. Abweichend von Nummer 1 Buchstabe e beträgt die zulässige Höchstgeschwindigkeit gegenüber dem Ufer für ein Sportfahrzeug mit Maschinenantrieb auf einem See oder einer seeartigen Erweiterung mit jeweils einer Gewässerbreite von mehr als 250,00 m außerhalb des ufernahen Schutzstreifens — 25 km/h.
   Satz 1 gilt nicht auf der **Havel-Oder-Wasserstraße** von der Schleuse Spandau bis zur Abzweigung des Havelkanals einschließlich **Nordteil des Nieder Neuendorfer Sees** und auf dem **Tegeler See**. Als ufernaher Schutzstreifen gilt eine

100,00 m breite parallel zur Uferlinie (Land-Wasser-Übergang) verlaufende Wasserfläche.
3. Die zuständige Behörde kann abweichend von Nummer 1 und 2 im Einzelfall für ein Fahrgastschiff, das nach einem festen Fahrplan nach § 9.01 verkehrt, für einzelne Strecken oder aus einem besonderen Anlass für ein Fahrgastschiff oder ein Aufsichtsboot eines Sportvereins oder -verbandes höhere Geschwindigkeiten zulassen, wenn dadurch der Zustand der Wasserstraße sowie der übrige Schiffsverkehr nicht über Gebühr beeinträchtigt werden.
4. Die Mindestgeschwindigkeit gegenüber dem Ufer beträgt für ein Fahrzeug oder einen Verband, ausgenommen Kleinfahrzeuge, 4 km/h.

§ 23.05 Bergfahrt

Als Bergfahrt gilt

auf der, dem oder den	die Fahrt in Richtung
Havel-Oder-Wasserstraße (bis Hohensaaten) mit Verbindungskanal Hohensaaten Ost	Oder
Hohensaaten-Friedrichsthaler Wasserstraße	Schleuse Hohensaaten
Oranienburger Kanal	Sachsenhausen
Finowkanal	Liepe
Werbelliner Gewässern	Joachimsthal
Wriezener Alte Oder	Bralitz
Verbindungskanal Schwedter Querfahrt	Schwedt
übrigen in § 23.01 genannten Nebenstrecken sowie Stichkanälen und Altarmen	Gewässerende

§ 23.06 Begegnen

(Keine besonderen Vorschriften)

§ 23.07 Überholen

1. Das Überholen ist verboten.
2. Abweichend von Nummer 1 ist das Überholen
   a) einem Fahrzeug oder einem Verband gestattet, wenn jeweils dessen Abladetiefe 1,30 m und dessen Länge 82,00 m oder dessen Breite 8,25 m nicht überschreiten,
   b) einem Fahrzeug gestattet, wenn dessen Länge 43,00 m oder dessen Breite 8,25 m nicht überschreitet,
   c) einem Fahrzeug oder einem Verband auf einem See oder einer seeartigen

Erweiterung mit jeweils einer Gewässerbreite von mehr als 250,00 m gestattet.

3. Ein Kleinfahrzeug darf abweichend von Nummer 1 überholen und überholt werden.

§ 23.08 Wenden

(Keine besonderen Vorschriften)

§ 23.09 Ankern

(Keine besonderen Vorschriften)

§ 23.10 Stillliegen

1. Auf einem See oder einer seeartigen Erweiterung ist § 7.01 Nummer 1 Satz 1 unter der Voraussetzung, dass die durchgehende Schifffahrt nicht behindert wird, nicht anzuwenden.
2. Auf der **Havel-Oder-Wasserstraße** von östlich der Eisenbahnbrücke Kreuzbruch (km 41,50) bis zur oberen Trenndammspitze Niederfinow (km 76,50) ist das Stillliegen verboten. Satz 1 gilt nicht für das Stillliegen
   a) auf den von der zuständigen Behörde ausgewiesenen Liegestellen,
   b) auf den ausgewiesenen Warte- und Umschlagstellen, jeweils vorbehaltlich der Genehmigung durch den Betreiber, und
   c) von Baustellenfahrzeugen im genehmigten Baustellenbereich.
3. Auf dem **Werbellinsee** ist das Stillliegen im ufernahen Bereich einem Fahrzeug, einem Schwimmkörper oder einer schwimmenden Anlage verboten. Als ufernaher Bereich gilt eine 10,00 m breite, parallel zur Uferlinie oder Schilfkante verlaufende Wasserfläche. Satz 1 gilt nicht für das Stillliegen an den von der zuständigen Behörde genehmigten Steganlagen und Schiffsanlegestellen.
4. Besondere Regelungen über das Stillliegen von Kleinfahrzeugen sind in § 23.24 enthalten.
5. Die zuständige Behörde kann Ausnahmen von Nummer 2 Satz 1 zulassen, wenn der Zustand der Wasserstraße und der übrige Verkehr nicht über Gebühr beeinträchtigt werden.

§ 23.11 Schifffahrt bei Hochwasser

Erreicht oder überschreitet der Wasserstand den Höchsten Schifffahrtswasserstand (HSW) von 660 cm an dem Richtpegel Friedrichsthal, so ist die Schifffahrt auf der Strecke von der Einfahrt des Binnenhafens Schwedt (km 126,10) bis zur Einmündung in die Westoder (km 134,96) verboten.

§ 23.12 Schifffahrt bei Eis

Droht infolge zunehmender Eisbildung die Einstellung der Schifffahrt, muss ein

Fahrzeug oder ein Verband nach Hinweis der zuständigen Behörde rechtzeitig einen Schutzhafen oder eine geeignete Liegestelle aufsuchen.

§ 23.13 Nachtschifffahrt
(Keine besonderen Vorschriften)

§ 23.14 Einsatz von Trägerschiffsleichtern
(Keine besonderen Vorschriften)

§ 23.15 Meldepflicht
(Keine besonderen Vorschriften)

§ 23.16 Höhe der Brücken, sonstigen festen Überbauten und Freileitungen
(Keine besonderen Vorschriften)

§ 23.17 Kennzeichnung der Brücken- und Wehrdurchfahrten
Abweichend von der Kennzeichnung nach den §§ 6.24 und 6.25 kann eine Brückendurchfahrt bei Nacht wie folgt gekennzeichnet sein:

1. an den Seiten der Durchfahrt:
   grüne Lichter,
2. über der Mitte der Durchfahrt:
   gelbe Lichter,
   a) bei Verkehr in Berg- und Talfahrt:
      ein gelbes Licht,
   b) bei Verkehr in nur einer Richtung:
      zwei gelbe Lichter übereinander.

§ 23.18 Durchfahren der Brücken, Sperrwerke, Wehre, Schleusen und einzelner Stromstrecken
Auf dem **Finowkanal** beträgt die lichte Durchfahrtsbreite der Schleusenbrücke Schöpfurth (FiK-km 67,56) 5,10 m.

§ 23.19 Benutzung der Schleusen, Bootsschleusen und Bootsumsetzanlagen
(Keine besonderen Vorschriften)

§ 23.20 Segeln
Das Segeln auf der **Havel-Oder-Wasserstraße** ist verboten. Dies gilt nicht für

1. die **Havel-Oder-Wasserstraße**
   a) von km 1,00 bis km 10,58 (einschließlich Nordteil des Nieder Neuendorfer Sees und des Tegeler Sees),

   b) von km 25,76 bis zum Lehnitzsee (km 28,00),
   c) von km 87,50 bis zu den Oderberger Gewässern (km 90,50),
   d) von km 120,70 bis Schwedt (km 121,50) und
2. die **Werbelliner Gewässer** von km 10,40 bis km 20,00.

§ 23.21 Bezeichnung der Fahrzeuge

Ein Sportfahrzeug, von dem aus Sporttauchen betrieben wird, muss neben der nach dieser Verordnung allgemein vorgeschriebenen Bezeichnung die Bezeichnung nach § 8.12 führen.

§ 23.22 Regelungen über den Verkehr

(Keine besonderen Vorschriften)

§ 23.23 Regelungen zum Sprechfunk

1. Abweichend von § 4.05 Nummer 2 darf ein Fahrgastschiff auf
   a) dem **Oranienburger Kanal**,
   b) dem **Finowkanal** und
   c) den **Werbelliner Gewässern**

   auch fahren, wenn es nur mit einer betriebssicheren Sprechfunkanlage ausgerüstet ist.
2. Während der Fahrt muss die Sprechfunkanlage nach Nummer 1 im Verkehrskreis Schiff-Schiff ständig sende- und empfangsbereit sein. Dieser Verkehrskreis darf nur zur Übermittlung oder zum Empfang von Nachrichten auf anderen Kanälen kurzfristig verlassen werden.

§ 23.24 Sonderbestimmungen für Kleinfahrzeuge

1. Ein Kleinfahrzeug muss auf einem Kanal, in einem engen Fahrwasser und auf einem unübersichtlichen Gewässerabschnitt grundsätzlich rechts fahren.
2. Ein schleppendes Kleinfahrzeug darf höchstens neun Kleinfahrzeuge im Anhang führen. Es dürfen höchstens drei Kleinfahrzeuge gekuppelt fahren.
3. Abweichend von § 3.20 braucht ein Kleinfahrzeug bei Nacht kein weißes Licht zu führen, wenn es an genehmigten Liegestellen stillliegt.
4. Ein unbemanntes Kleinfahrzeug darf nur an einer genehmigten Liegestelle stillliegen.

§ 23.25 Befahren der Altwässer, Kanäle und einzelner Wasserstraßen

(Keine besonderen Vorschriften)

§ 23.26 Schutz der Kanäle und Anlagen

(Keine besonderen Vorschriften)

§ 23.27 Verkehrsbeschränkungen der Schifffahrt

1. Das Befahren des **Nordteils des Nieder Neuendorfer Sees** ab km 10,00, **Oranienburger Kanals** von km 28,77 bis km 29,99, der **Friedrichsthaler Havel**, des **Malzer Kanals** (bei Malz) von km 35,16 bis km 33,42, der **Oranienburger Havel** von km 2,81 bis km 3,91 und des **Großen Wehrarm Sachsenhausen** ist verboten. Satz 1 gilt nicht für ein Kleinfahrzeug.
2. Das Befahren des **Mäckerseekanals** ist verboten. Satz 1 gilt nicht für ein Kleinfahrzeug ohne Maschinenantrieb.
3. Auf dem Tegeler See darf ein Fahrzeug oder Verband die Wasserflächen nicht befahren zwischen
   a) den Inseln Maienwerder und Valentinswerder,
   b) den Inseln Valentinswerder und Baumwerder,
   c) den Inseln Baumwerder und Scharfenberg und
   d) der Insel Reiswerder und dem Ostufer des Tegeler Sees.
   Satz 1 gilt nicht für ein Fahrzeug des öffentlichen Fährverkehrs sowie für ein Fahrzeug ohne Antriebsmaschine.
4. Auf dem **Tegeler See** und dem **Werbellinsee** darf ein Sportfahrzeug mit in Betrieb gesetztem Verbrennungsmotor während der Zeit von 22:00 Uhr bis 5:00 Uhr nicht fahren (Fahrverbot). Ein derartiges Sportfahrzeug, das seinen ständigen Liegeplatz am Ufer der Seen hat, darf diesen auf kürzestem Weg aufsuchen. Die Sätze 1 und 2 gelten auf dem **Nordteil des Nieder Neuendorfer Sees** ab km 10,00 für ein Kleinfahrzeug, das ein Sportfahrzeug ist, entsprechend.
5. Die zuständige Behörde kann im Einzelfall von den Verboten oder Einschränkungen nach Nummer 1 Satz 1, Nummer 2 Satz 1, Nummer 3 Satz 1 und Nummer 4 befreien. Der Bescheid über die Befreiung von einem Fahrverbot oder einer Einschränkung ist an Bord mitzuführen und auf Verlangen den zur Kontrolle befugten Personen auszuhändigen.

§ 23.28 Benutzung der Wasserstraßen

(Keine besonderen Vorschriften)

§ 23.29 Verhaltenspflichten des Schiffsführers, der Besatzung an Bord, des Eigentümers und des Ausrüsters

1. Der Schiffsführer und die nach § 1.03 Nummer 3 für Kurs und Geschwindigkeit verantwortliche Person haben jeweils
   a) sicherzustellen, dass das Fahrzeug oder der Verband
      aa) die zugelassene Höchstgeschwindigkeit nach § 23.04 Nummer 1 und 2 Satz 1, jeweils auch in Verbindung mit Nummer 3, nicht überschreitet und
      bb) die geforderte Mindestgeschwindigkeit nach § 23.04 Nummer 4 nicht unterschreitet und
   b) die Vorschriften über

aa) das Verbot zu überholen nach § 23.07 Nummer 1, auch in Verbindung mit Nummer 2 Buchstabe a und b,
bb) die Schifffahrt bei Hochwasser nach § 23.11,
cc) das Verhalten bei Eis nach § 23.12 und
dd) den Sprechfunk nach § 23.23 Nummer 2

einzuhalten oder sicherzustellen, dass diese eingehalten werden.

2. Der Schiffsführer hat
   a) sicherzustellen, dass
      aa) das von ihm geführte Fahrzeug oder der von ihm geführte Verband
         aaa) die zugelassenen Höchstabmessungen und Abladetiefen nach § 23.02 Nummer 1.1.1 bis 1.1.7 und Nummer 1.1.11 bis 1.1.15 und die zugelassenen Höchstabmessungen nach § 23.02 Nummer 1.1.8 bis 1.1.10 und 1.1.16 bis 1.1.19
         bbb) die zugelassenen Abladetiefen nach § 23.02 Nummer 1.1.5, 1.1.6 Buchstabe b hinsichtlich der zweiten Verbandsabmessung, Nummer 1.1.7 bis 1.1.10, 1.1.16, 1.1.17 und 1.1.19

         nicht überschreitet,
      bb) auf dem von ihm geführten Fahrzeug oder Verband in dem in § 23.02 Nummer 1.1.1, 1.1.3, 1.1.11 und 1.1.17.1 jeweils genannten Fall die dort jeweils angegebene Ausrüstung vorhanden ist,
      cc) auf dem von ihm geführten Sportfahrzeug, von dem aus Sporttauchen betrieben wird, die Bezeichnung nach § 23.21 geführt wird und
      dd) ein Bescheid über die Befreiung von einem Fahrverbot oder einer Einschränkung nach § 23.27 Nummer 5 Satz 2 an Bord mitgeführt und auf Verlangen den zur Kontrolle befugten Personen ausgehändigt wird,
   b) die Vorschriften über
      aa) die Zusammenstellung der Verbände nach § 23.03 Nummer 1, 2 Satz 1 oder Nummer 3 und
      bb) das Stillliegen nach § 23.10 Nummer 2 Satz 1 und § 23.22 Nummer 3 Satz 1

      einzuhalten oder sicherzustellen, dass diese eingehalten werden,
   c) das in § 23.20 Satz 1 vorgesehene Verbot, zu segeln, zu beachten oder sicherzustellen, dass dieses beachtet wird,
   d) die Sonderbestimmungen für Kleinfahrzeuge nach § 23.24 Nummer 1, 2 und 4 zu beachten oder sicherzustellen, dass diese beachtet werden,
   e) das in § 23.27 Nummer 1 Satz 1 und Nummer 2 Satz 1 jeweils vorgesehene Verbot, die dort jeweils angegebenen Binnenschifffahrtsstraßen zu befahren, zu beachten oder sicherzustellen, dass dieses beachtet wird, und
   f) die Verkehrsbeschränkungen nach § 23.27 Nummer 3 Satz 1 und Nummer 4 Satz 1, auch in Verbindung mit Satz 3, zu beachten oder sicherzustellen, dass diese beachtet werden.

3. Der Eigentümer und der Ausrüster
   a) dürfen jeweils die Inbetriebnahme eines Fahrzeugs oder Verbandes nur anordnen oder zulassen, wenn
      aa) das Fahrzeug oder der Verband
         aaa) die zugelassenen Höchstabmessungen und Abladetiefen nach § 23.02 Nummer 1.1.1 bis 1.1.7 und 1.1.11 bis 1.1.15 und die zugelassenen Höchstabmessungen nach § 23.02 Nummer 1.1.8 bis 1.1.10 und 1.1.16 bis 1.1.19
         bbb) die zugelassenen Abladetiefen nach § 23.02 Nummer 11.1.8 bis 1.1.10 und 1.1.16 bis 1.1.19

         nicht überschreitet und
      bb) auf dem Fahrzeug oder Verband in dem in § 23.02 Nummer 1.1.1, 1.1.3, 1.1.11 und 1.1.17.1 jeweils genannten Fall die dort jeweils angegebene Ausrüstung vorhanden ist, und
   b) müssen jeweils dafür sorgen, dass ein Bescheid über die Befreiung von einem Fahrverbot oder einer Einschränkung nach § 23.27 Nummer 5 Satz 2 an Bord mitgeführt wird.

Kapitel 24
Obere Havel-Wasserstraße, Müritz-Havel-Wasserstraße und Müritz-Elde-Wasserstraße

§ 24.01 Anwendungsbereich

Die Vorschriften dieses Kapitels gelten auf folgenden Wasserstraßen:

1. dem **Malzer Kanal** (MzK) von der Einmündung in die Havel-Oder-Wasserstraße (HOW) bei HOW-km 40,51 (MzK-km 43,95) bis zum Abzweig Langer Trödel (MzK-km 46,90),
2. der **Oberen Havel-Wasserstraße** (OHW) vom Abzweig Langer Trödel (OHW-km 0,00/MzK-km 46,90) bis Neustrelitz (Nordostende Zierker See bei OHW-km 94,41) einschließlich Vosskanal, Obere Havel (Stolpsee, Schwedtsee, Baalensee, Röblinsee, Menowsee, Ziernsee, Ostteil des Ellbogensees, Großer und Kleiner Priepertsee, Westteil des Wangnitzsees, Finowsee, Westteil des Drewensees, Woblitzsee und Zierker See) mit Wentow-Gewässer nebst Fahrt nach Tornow und Tornowfließ (einschließlich Wentowkanal, Großer und Kleiner Wentowsee), Templiner Gewässer (Templiner Wasser, Kuhwallsee, Kleiner Lankensee, Röddelinsee, Templiner Kanal, Templiner See, Bruchsee, Fährsee und Zaarsee nebst Großer Lankensee und Gleuensee (Gleuenfließ), Lychener Gewässer (Haussee, Woblitz, Großer Lychensee und Stadtsee), Quassower Havel von der Einmündung in den Woblitzsee bei km 87,23 bis Unterwasser Schleuse Zwenzow (km 92,09) einschließlich Großer Labussee,
3. der **Müritz-Havel-Wasserstraße** (MHW) von der Einmündung in die Obere Havel-Wasserstraße (MHW-km 0,00/Ellbogensee bei Priepert, OHW-km 72,45) bis zur Abzweigung aus der Müritz-Elde-Wasserstraße (MHW-km 32,02/Kleine Müritz, bei MEW-km 171,68) einschließlich Westteil des Ellbogensees, Nordteil des Großen Pälitzsees, Nordteil des Kleinen Pälitzsees, Canower See, Labussee, Kleiner Peetschsee, Nordteil des Großen Peetschsees, Ostteil des Vilzsees, Mössensee, Zotzensee und Mirower Kanal (Ragunsee, Sumpfsee) mit Südwestteil des Großen Pälitzsees, Rheinsberger Gewässer (Südteil des Kleinen Pälitzsees, Wolfsbrucher Schleusenkanal, Prebelowsee, Prebelowkanal, Tietzowsee, Hüttenkanal, Schlabornsee, Schlabornkanal, Rheinsberger See, Rheinsberger Kanal und Grienericksee) nebst Dollgowkanal und Dollgowsee, Zechliner Gewässer (Zootzenkanal, Zootzensee, Repenter Kanal, Großer Zechliner See, Zechliner Kanal, Schwarzer See), Großer Peetschsee, Westteil des Vilzsees und Mirower Adlersee bis Holmer Kamp (km 3,06), Mirower See, Bolter Kanal von dem Oberwasser der ehemaligen Schleuse Bolt bei km 1,97 bis zur Abzweigung aus der Müritz-Elde-Wasserstraße (Müritz) und
4. der **Müritz-Elde-Wasserstraße** (MEW) von der Einmündung des Elde-Seitenkanals in die Elbe (MEW-km 0,00/El-km 504,08) bis Buchholz (MEW-km 180,00)

einschließlich Elde-Seitenkanal und Mecklenburgische Oberseen (Plauer See, Petersdorfer See, Malchower See, Fleesensee, Kölpinsee, Müritz) mit Verbindungskanal Elde-Dreieck, Stör-Wasserstraße (StW - Störkanal), Stör und Schweriner See (von der Einmündung des Stangengrabens in den Schweriner See (Innensee, bei StW-km 25,29) bis zur Abzweigung des Wickendorfer Kanals/Langen Grabens aus dem Schweriner Außensee bei StW-km 30,34) nebst Ziegelsee).

§ 24.02 Abmessungen der Fahrzeuge und Verbände, Tauchtiefe und Abladetiefe

1. Ein Fahrzeug oder ein Verband darf folgende Abmessungen und Abladetiefen nicht überschreiten:

Binnenschifffahrtsstraße		Länge m	Breite m	Abladetiefe m
1.1	**Malzer Kanal**			
	MzK-km 43,95 (Einmündung in die Havel-Oder-Wasserstraße bei HOW-km 40,51) bis MzK-km 46,90 (Abzweig Langer Trödel, OHW-km 0,00)			
	a) Fahrzeug	41,60	8,25	
	b) Verband	82,00	8,25	
	Die Abladetiefe richtet sich nach dem Wasserstand auf der Grundlage einer Tauchtiefe von 160 cm. Diese Tauchtiefe darf nicht überschritten werden.			
1.2	**Obere Havel-Wasserstraße**			
1.2.1	MzK-km 46,90 (Abzweig Langer Trödel, OHW-km 0,00) bis OHW-km 94,41 (Nordostende Zierker See, Neustrelitz)			
	Fahrzeug/Verband	41,60	5,10	
	soweit nachfolgend nicht etwas anderes festgelegt ist			
1.2.2	km 0,00 bis km 14,60			
	a) Fahrzeug	41,60	8,25	
	b) Verband	82,00	8,25	
1.2.3	km 14,60 bis km 22,00			
	a) Fahrzeug	41,60	8,25	
	b) Verband	82,00	8,25	
	- ein Schubverband darf nur mit nicht mehr als einem geschobenen Fahrzeug verkehren -			
1.2.4	**Wentow-Gewässer**			
	km 0,00 (Obere Havel-Wasserstraße) bis km 11,00			
	Fahrzeug/Verband	41,60	5,20	
	- ein Schubverband darf nur mit nicht mehr als einem geschobenen Fahrzeug verkehren -			

Binnenschifffahrtsstraße		Länge m	Breite m	Abladetiefe m
1.2.5	**Templiner Gewässer**			
1.2.5.1	km 0,00 bis km 22,00			
	Fahrzeug	27,00	4,70	
	soweit nachfolgend nicht etwas anderes festgelegt ist			
1.2.5.2	km 0,00 bis km 9,50			
	Fahrzeug/Verband	41,60	4,70	
1.2.5.3	km 9,50 bis km 22,00			
	Schubverband	41,60	4,70	
	- ein Schubverband darf nur mit nicht mehr als einem geschobenen Fahrzeug verkehren -			
1.2.6	**Lychener Gewässer**			
	Fahrzeug/Verband	41,60	5,10	
1.2.7	**Quassower Havel**			
	Fahrzeug/Verband	41,60	4,60	

Die Abladetiefe richtet sich in Nummer 1.2 nach dem Wasserstand auf der Grundlage von Tauchtiefen. Diese betragen

- von OHW-km 0,00 bis OHW-km 22,00 160 cm;
- von OHW-km 22,00 bis OHW-km 94,41 140 cm;
- auf den Wentow-Gewässern 120 cm bei einem Wasserstand von 275 cm am Oberpegel Schleuse Marienthal;
- auf den Templiner Gewässern und den Lychener Gewässern jeweils 120 cm;
- auf der Quassower Havel von km 87,23 (Woblitzsee) bis km 90,75 (Großer Labussee) 90 cm. Sinkt der Wasserstand am Oberpegel Wesenberg auf 260 cm oder am Unterpegel Voßwinkel auf 174 cm, beträgt die Tauchtiefe 80 cm. Sinkt der Wasserstand an den Bezugspegeln weiter, verringert sich die Tauchtiefe entsprechend.

Soweit die Tauchtiefen nicht in Satz 3 festgelegt sind, werden diese von der zuständigen Behörde festgesetzt und bekannt gemacht. Die Tauchtiefen dürfen nicht überschritten werden.

1.3	**Müritz-Havel-Wasserstraße**			
1.3.1	km 0,00 (Einmündung in die Obere Havel-Wasserstraße) bis km 32,02 (Abzweigung aus der Müritz-Elde-Wasserstraße)			
	Fahrzeug/Verband	41,60	5,10	
	soweit nachfolgend nicht etwas anderes festgelegt ist			
1.3.2	**Rheinsberger Gewässer**			
	Fahrzeug/Verband	41,60	5,10	

Binnenschifffahrtsstraße		Länge m	Breite m	Abladetiefe m
1.3.3	**Zechliner Gewässer**			
	a) Fahrzeug	41,60	5,10	
	b) Verband	41,60	4,60	
1.3.4	**Dollgowkanal**			
	a) Fahrzeug	41,60	5,10	
	b) Verband	41,60	4,60	
	Die Abladetiefe richtet sich in Nummer 1.3 nach dem Wasserstand auf der Grundlage von Tauchtiefen. Diese betragen von MHW-km 0,00 bis MHW-km 32,02 und auf den Rheinsberger Gewässern jeweils 140 cm; auf den Zechliner Gewässern 100 cm; vom Schlabornsee bis zum Dollgowsee 110 cm. Soweit die Tauchtiefen nicht in Satz 3 festgelegt sind, werden diese von der zuständigen Behörde festgesetzt und bekannt gemacht. Die Tauchtiefen dürfen nicht überschritten werden.			
1.4	**Müritz-Elde-Wasserstraße mit Verbindungskanal Elde-Dreieck**			
1.4.1	km 0,00 (Elbe) bis km 180,00			
	Fahrzeug/Verband	41,60	5,20	1,20
	soweit nachfolgend nicht etwas anderes festgelegt ist			
1.4.2	km 120,05 bis km 180,00 (Buchholz)			
	Fahrzeug/Verband	41,60	5,20	1,40
1.4.3	**Stör-Wasserstraße**			
1.4.3.1	km 0,00 (Müritz-Elde-Wasserstraße) bis km 44,90 (bei Hohen Viecheln)			
	Fahrzeug/Verband	41,60	5,20	1,20
	soweit nachfolgend nicht etwas anderes festgelegt ist			
1.4.3.2	km 19,71 bis km 44,70 (bei Hohen Viecheln)			
	Fahrzeug/Verband	41,60	5,20	1,40

2. Die Abmessungen, Tauchtiefen und Abladetiefen nach Nummer 1 gelten nicht auf den Stich- und Altkanälen, Nebenarmen und sonstigen Nebenwasserstraßen der Hauptwasserstraßen, soweit diese nicht gesondert aufgeführt sind.

§ 24.03 Zusammenstellung der Verbände

1. Fahrzeuge, ausgenommen Kleinfahrzeuge, dürfen nur zum Abschleppen eines beschädigten Fahrzeugs, zu einem kurzen Verholen oder mit Erlaubnis der zuständigen Behörde gekuppelt fahren.
2. In einen Schleppverband dürfen höchstens zwei Anhänge eingestellt werden. Dies gilt nicht für das Schleppen von Kleinfahrzeugen.

3. Die zuständige Behörde kann abweichend von Nummer 2 Satz 1 Ausnahmen zulassen.

§ 24.04 Fahrgeschwindigkeit

1. Die zulässige Höchstgeschwindigkeit gegenüber dem Ufer beträgt für ein Fahrzeug oder einen Verband, ausgenommen Kleinfahrzeuge ohne Maschinenantrieb, 6 km/h.
2. Abweichend von Nummer 1 beträgt die zulässige Höchstgeschwindigkeit gegenüber dem Ufer für ein Kleinfahrzeug mit Maschinenantrieb 9 km/h.
   Satz 1 gilt nicht auf den **Wentow-Gewässern** von km 0,00 bis km 2,00 (Wentowkanal), auf den **Templiner Gewässern** von km 0,00 bis km 22,00, auf dem **Dollgowkanal**, auf den Kanälen der **Zechliner Gewässer**, auf dem **Bolter Kanal**, auf der **Müritz-Elde-Wasserstraße** von km 0,00 bis km 121,00 und auf der **Stör-Wasserstraße** von km 0,00 bis km 19,90.
3. Abweichend von Nummer 1 beträgt die zulässige Höchstgeschwindigkeit gegenüber dem Ufer für ein Fahrzeug oder einen Verband, ausgenommen Kleinfahrzeuge ohne Maschinenantrieb, auf dem **Malzer Kanal** und auf der **Oberen Havel-Wasserstraße** von km 0,00 bis km 23,50 9 km/h.
4. Abweichend von Nummer 1, 2 Satz 1 und Nummer 3 beträgt die zulässige Höchstgeschwindigkeit gegenüber dem Ufer für ein Fahrzeug oder einen Verband auf einem See oder einer seeartigen Erweiterung mit jeweils einer Gewässerbreite von mehr als 250,00 m 12 km/h.
5. Abweichend von Nummer 1, 2 Satz 1 und Nummer 3 beträgt die zulässige Höchstgeschwindigkeit gegenüber dem Ufer für ein Sportfahrzeug mit Maschinenantrieb auf einem See oder einer seeartigen Erweiterung mit jeweils einer Gewässerbreite von mehr als 250,00 m außerhalb des ufernahen Schutzstreifens 25 km/h.
   Als ufernaher Schutzstreifen gilt eine 100,00 m breite parallel zur Uferlinie (Land-Wasser-Übergang) verlaufende Wasserfläche.
6. Die zuständige Behörde kann abweichend von den Nummern 1, 4 und 5 im Einzelfall für ein Fahrgastschiff, das nach einem festen Fahrplan nach § 9.01 verkehrt, für einzelne Strecken oder aus einem besonderen Anlass für ein Fahrgastschiff oder ein Aufsichtsboot der Sportvereine oder -verbände höhere Geschwindigkeiten zulassen, wenn dadurch der Zustand der Wasserstraße sowie der übrige Schiffsverkehr nicht über Gebühr beeinträchtigt werden.

7. Die Mindestgeschwindigkeit gegenüber dem Ufer beträgt für ein Fahrzeug oder einen Verband, ausgenommen Kleinfahrzeuge, auf der **Oberen Havel-Wasserstraße** von der Einmündung in die Havel-Oder-Wasserstraße bis km 23,50 4 km/h.

§ 24.05 Bergfahrt

Als Bergfahrt gilt

auf der, dem oder den	die Fahrt in Richtung
Malzer Kanal	Liebenwalde
Oberen Havel-Wasserstraße	Neustrelitz
Wentow-Gewässern	Kleiner Wentowsee
auf der, den oder dem	die Fahrt in Richtung
Templiner Gewässern	Gleuensee/Zaarsee
Lychener Gewässern	Lychen
Quassower Havel	Großer Labussee
Müritz-Havel-Wasserstraße	Müritz
Rheinsberger Gewässern	Kleiner Pälitzsee
Zechliner Gewässern	Flecken Zechlin
Müritz-Elde-Wasserstraße	Buchholz
Stör-Wasserstraße mit Ziegelsee	Hohen Viecheln
übrigen in § 24.01 genannten Nebenstrecken sowie Stichkanälen und Altarmen	Gewässerende

§ 24.06 Begegnen

Auf den **Zechliner Gewässern** und dem **Dollgowkanal** darf ein Fahrzeug mit einer Breite von 5,10 m nur einem Fahrzeug mit einer Breite von bis zu 4,60 m begegnen.

§ 24.07 Überholen

(Keine besonderen Vorschriften)

§ 24.08 Wenden

(Keine besonderen Vorschriften)

§ 24.09 Ankern

(Keine besonderen Vorschriften)

§ 24.10 Stillliegen

1. Auf einem See oder einer seeartigen Erweiterung ist § 7.01 Nummer 1 Satz 1 unter der Voraussetzung, dass die durchgehende Schifffahrt nicht behindert wird, nicht anzuwenden.

2. Auf Abschnitten der **Müritz-Elde-Wasserstraße** und der **Stör-Wasserstraße** mit einer Wasserspiegelbreite unter 40,00 m ist das Stillliegen verboten.

§ 24.11 Schifffahrt bei Hochwasser
(Keine besonderen Vorschriften)

§ 24.12 Schifffahrt bei Eis
Droht infolge zunehmender Eisbildung die Einstellung der Schifffahrt, muss ein Fahrzeug oder ein Verband nach Hinweis der zuständigen Behörde rechtzeitig einen Schutzhafen oder eine geeignete Liegestelle aufsuchen.

§ 24.13 Nachtschifffahrt
(Keine besonderen Vorschriften)

§ 24.14 Einsatz von Trägerschiffsleichtern
(Keine besonderen Vorschriften)

§ 24.15 Meldepflicht
(Keine besonderen Vorschriften)

§ 24.16 Höhe der Brücken, sonstigen festen Überbauten und Freileitungen
(Keine besonderen Vorschriften)

§ 24.17 Kennzeichnung der Brücken- und Wehrdurchfahrten
Abweichend von der Kennzeichnung nach den §§ 6.24 und 6.25 kann eine Brückendurchfahrt bei Nacht wie folgt gekennzeichnet sein:

1. an den Seiten der Durchfahrt:
   grüne Lichter;
2. über der Mitte der Durchfahrt:
   gelbe Lichter,
   a) bei Verkehr in Berg- und Talfahrt:
      ein gelbes Licht,
   b) bei Verkehr in nur einer Richtung:
      zwei gelbe Lichter übereinander.

§ 24.18 Durchfahren der Brücken, Sperrwerke, Wehre, Schleusen und einzelner Stromstrecken
(Keine besonderen Vorschriften)

§ 24.19 Benutzung der Schleusen, Bootsschleusen und Bootsumsetzanlagen

(Keine besonderen Vorschriften)

§ 24.20 Segeln

Das Segeln auf einem Kanal und auf den nachfolgend bezeichneten Strecken

1. **Müritz-Elde-Wasserstraße**
   a) von der Elbe (km 0,00) bis zur Einfahrt in den Plauer See (km 121,40),
   b) von der Ausfahrt des Plauer Sees (km 126,20) bis zur Einfahrt des Petersdorfer Sees (km 126,60),
   c) von der Ausfahrt des Petersdorfer Sees (km 129,50) bis zur Einfahrt des Malchower Sees (km 130,70),
   d) von der Ausfahrt des Fleesensees (km 139,10) bis zur Einfahrt des Kölpinsees (km 139,30),
   e) von der Ausfahrt des Kölpinsees (km 147,00) bis zur Einfahrt der Müritz (km 149,50),
2. **Stör-Wasserstraße** von der Müritz-Elde-Wasserstraße (km 0,00) bis zum Schwedter See (km 19,87) ist verboten.

§ 24.21 Bezeichnung der Fahrzeuge

Ein Sportfahrzeug, von dem aus Sporttauchen betrieben wird, muss neben der nach dieser Verordnung allgemein vorgeschriebenen Bezeichnung die Bezeichnung nach § 8.12 führen.

§ 24.22 Regelungen über den Verkehr

(Keine besonderen Vorschriften)

§ 24.23 Regelungen zum Sprechfunk

1. Abweichend von § 4.05 Nummer 2 darf ein Fahrgastschiff auf
   a) der **Oberen Havel-Wasserstraße** von km 22,00 bis km 94,40 (Neustrelitz),
   b) den **Wentower Gewässern**,
   c) den **Templiner Gewässern**,
   d) den **Lychener Gewässern**,
   e) der **Quassower Havel**,
   f) der **Müritz-Havel-Wasserstraße**,
   g) den **Rheinsberger Gewässern**,
   h) den **Zechliner Gewässern**,
   i) der **Müritz-Elde-Wasserstraße** und
   j) der **Stör-Wasserstraße**

   auch fahren, wenn es nur mit einer betriebssicheren Sprechfunkanlage ausgerüstet ist.
2. Während der Fahrt muss die Sprechfunkanlage nach Nummer 1 im Verkehrskreis

Schiff-Schiff ständig sende- und empfangsbereit sein. Dieser Verkehrskreis darf nur zur Übermittlung oder zum Empfang von Nachrichten auf anderen Kanälen kurzfristig verlassen werden.

§ 24.24 Sonderbestimmungen für Kleinfahrzeuge

(Keine besonderen Vorschriften)

§ 24.25 Befahren der Altwässer, Kanäle und einzelner Wasserstraßen

(Keine besonderen Vorschriften)

§ 24.26 Schutz der Kanäle und Anlagen

(Keine besonderen Vorschriften)

§ 24.27 Verkehrsbeschränkungen der Schifffahrt

1. Das Befahren des **Bolter Kanals** (Alte Müritz-Havel-Wasserstraße) von km 0,06 bis km 1,97 ist verboten. Dies gilt nicht für ein Kleinfahrzeug mit einer Länge von nicht mehr als 10,00 m und einem Tiefgang von nicht mehr als 0,60 m.
2. Das Befahren des **Wehrarmes Wesenberg** ist zwischen der Mündung der Schwaanhavel und dem Wehr Wesenberg verboten.
3. Das Befahren des **Tornowfließes** ist für ein Fahrzeug mit Maschinenantrieb verboten.
4. Das Befahren des **Wickendorfer Kanals/Langen Grabens** vom Ziegelsee bis zum Schweriner Außensee ist verboten. Satz 1 gilt nicht für ein Kleinfahrzeug mit einem Tiefgang von nicht mehr als 0,60 m.

§ 24.28 Benutzung der Wasserstraßen

(Keine besonderen Vorschriften)

§ 24.29 Verhaltenspflichten des Schiffsführers, der Besatzung an Bord, des Eigentümers und des Ausrüsters

1. Der Schiffsführer und die nach § 1.03 Nummer 3 für Kurs und Geschwindigkeit verantwortliche Person haben jeweils
   a) sicherzustellen, dass das Fahrzeug oder der Verband
      aa) die zugelassene Höchstgeschwindigkeit nach § 24.04 Nummer 1, auch in Verbindung mit Nummer 6, und Nummer 2 Satz 1, Nummer 3, 4, 5 Satz 1, Nummer 4 und 5 Satz 1 jeweils auch in Verbindung mit Nummer 6, nicht überschreitet und
      bb) die geforderte Mindestgeschwindigkeit nach § 24.04 Nummer 7 nicht unterschreitet und
   b) die Vorschriften über
      aa) das Verhalten beim Begegnen nach § 24.06,

bb) das Verhalten bei Eis nach § 24.12 und
cc) den Sprechfunk nach § 24.23 Nummer 2
einzuhalten oder sicherzustellen, dass diese eingehalten werden.

2. Der Schiffsführer hat
   a) sicherzustellen, dass
      aa) das von ihm geführte Fahrzeug oder der von ihm geführte Verband aaa) die zugelassenen Höchstabmessungen nach § 24.02 Nummer 1 und die zugelassenen Abladetiefen nach § 24.02 Nummer 1.4 und
      bbb) die zugelassenen Abladetiefen nach § 24.02 Nummer 1.1 bis 1.3
      nicht überschreitet und
      bb) auf dem von ihm geführten Sportfahrzeug, von dem aus Sporttauchen betrieben wird, die Bezeichnung nach § 24.21 geführt wird,
   b) die Vorschriften über
      aa) die Zusammenstellung der Verbände nach § 24.02 Nummer 1.2.3, 1.2.4 und 1.2.5.3 und § 24.03 Nummer 1 und 2 Satz 1 und
      bb) das Stillliegen nach § 24.10 Nummer 2
      einzuhalten oder sicherzustellen, dass diese eingehalten werden,
   c) das in § 24.20 vorgesehene Verbot, zu segeln, zu beachten oder sicherzustellen, dass dieses beachtet wird, und
   d) das in § 24.27 Nummer 1 Satz 1 und Nummer 2, 3 und 4 Satz 1 jeweils vorgesehene Verbot, die dort jeweils angegebene Binnenschifffahrtsstraße zu befahren, zu beachten oder sicherzustellen, dass dieses beachtet wird.
3. Der Eigentümer und der Ausrüster dürfen jeweils die Inbetriebnahme eines Fahrzeugs oder Verbandes nur anordnen oder zulassen, wenn das Fahrzeug oder der Verband
   a) die zugelassenen Höchstabmessungen nach § 24.02 Nummer 1 und die zugelassenen Abladetiefen nach § 24.02 Nummer 1.4 und
   b) die zugelassenen Abladetiefen nach § 24.02 Nummer 1.1 bis 1.3
   nicht überschreitet.

Kapitel 25
Saale und Saale-Leipzig-Kanal

§ 25.01 Anwendungsbereich

Die Vorschriften dieses Kapitels gelten auf folgenden Wasserstraßen:

1. der **Saale** (Sl) von der Mündung in die Elbe (Sl-km 0,00/El-km 290,78) bis Bad Dürrenberg (Sl-km 124,16) und
2. dem **Saale-Leipzig-Kanal** (SLK) vom Sicherheitstor West (SLK-km 7,74) bis zum Hafen Leipzig (SLK-km 18,93).

§ 25.02 Abmessungen der Fahrzeuge und Verbände, Fahrrinnentiefe und Abladetiefe

1. Ein Fahrzeug oder ein Verband darf folgende Abmessungen nicht überschreiten:

Binnenschifffahrtsstraße		Länge m	Breite m
1.1	**Saale**		
1.1.1	km 0,00 (Saalemündung) bis km 124,16 (Bad Dürrenberg) Fahrzeug/Verband soweit nachfolgend nicht etwas anderes festgelegt ist	45,00	5,10
1.1.2	km 0,00 (Saalemündung) bis km 20,00		
	a) Fahrzeug	85,00	9,50
	b) Verband	100,00	9,50
1.1.3	km 20,00 bis km 88,00		
	a) Fahrzeug	85,00	9,50
	b) Verband	100,00	9,50
		125,00	8,25
	- bei einem Wasserstand am Unterpegel Bernburg von mehr als 270 cm darf die Länge eines Verbandes für die Taleinfahrt in die Schleuse Bernburg 100,00 m nicht überschreiten; die zulässige Länge eines Verbandes reduziert sich für die Taleinfahrt in die Schleuse und für die Bergausfahrt aus der Schleuse Bernburg auf nicht mehr als 82,00 m bei einem Wasserstand am Unterpegel Bernburg von mehr als 300 cm -		
1.1.4	km 88,00 bis km 92,80		
	Fahrzeug/Verband	51,00	6,00

2. Die Fahrrinnentiefe richtet sich nach dem Wasserstand. Die geringste Fahrrinnentiefe wird von der zuständigen Behörde bekannt gemacht. Bei der Wahl der Abladetiefe sind die bekannt gemachte Fahrrinnentiefe sowie die aktuelle Wasserstandsentwicklung zu berücksichtigen.
3. Die Abmessungen, Fahrrinnentiefen und Abladetiefen nach Nummer 1 und 2 gelten nicht auf den Stich- und Altkanälen, Nebenarmen und sonstigen Nebenwasserstraßen der Hauptwasserstraße, soweit diese nicht gesondert aufgeführt sind.

§ 25.03 Zusammenstellung der Verbände

1. Fahrzeuge, ausgenommen Kleinfahrzeuge, dürfen nur zum Abschleppen eines beschädigten Fahrzeugs, zu einem kurzen Verholen oder mit Erlaubnis der zuständigen Behörde gekuppelt fahren.
2. In einen Schleppverband dürfen höchstens zwei Anhänge eingestellt werden. Dies gilt nicht für das Schleppen von Kleinfahrzeugen.
3. Die zuständige Behörde kann abweichend von Nummer 2 Satz 1 Ausnahmen zulassen.

§ 25.04 Fahrgeschwindigkeit

1. Die zulässige Höchstgeschwindigkeit gegenüber dem Ufer beträgt für ein Fahrzeug oder einen Verband, ausgenommen Kleinfahrzeuge ohne Maschinenantrieb, 12 km/h.
2. Abweichend von Nummer 1 beträgt die zulässige Höchstgeschwindigkeit gegenüber dem Ufer für ein Kleinfahrzeug mit Maschinenantrieb
   a) auf der **Saale** 16 km/h,
   b) auf dem **Saale-Leipzig-Kanal** 8 km/h.
3. Die Mindestgeschwindigkeit gegenüber dem Ufer beträgt für ein Fahrzeug oder einen Verband, ausgenommen Kleinfahrzeuge, 4 km/h.

§ 25.05 Bergfahrt

(Keine besonderen Vorschriften)

§ 25.06 Begegnen

Ein Fahrzeug oder ein Verband mit jeweils einer Länge von mehr als 67,00 m darf

1. die Strecke von km 20,00 bis km 0,00 nur befahren, wenn durch die Schleusenaufsicht in Calbe die Fahrt hierfür freigegeben wurde,
2. die Strecke von km 0,50 bis km 20,00 nur mit Erlaubnis der Schleusenaufsicht in Calbe befahren.

§ 25.07 Überholen
(Keine besonderen Vorschriften)

§ 25.08 Wenden
(Keine besonderen Vorschriften)

§ 25.09 Ankern
(Keine besonderen Vorschriften)

§ 25.10 Stillliegen
(Keine besonderen Vorschriften)

§ 25.11 Schifffahrt bei Hochwasser
1. Erreicht oder überschreitet der Wasserstand den Höchsten Schifffahrtswasserstand (HSW) - Hochwassermarke - an dem Richtpegel für den unter Nummer 2 jeweils aufgeführten Streckenabschnitt, ist mit der Einstellung der Schifffahrt zu rechnen, und die zuständige Behörde kann die Schifffahrt innerhalb des Streckenabschnitts einschließlich der Wehrsaalen ganz oder teilweise verbieten.
2. Die in Nummer 1 genannte Hochwassermarke wird durch folgende Wasserstände bestimmt, und die Richtpegel gelten für den nachstehend aufgeführten Streckenabschnitt:

Strecke	Richtpegel	Hochwassermarke
Saalemündung (Sl-km 0,00) - Schleuse Calbe (Sl-km 20,00)	Calbe, unterer Pegel	690 cm
Schleuse Calbe (Sl-km 20,00) - Schleuse Gimritz (Sl-km 92,60)	Halle-Trotha, unterer Pegel	440 cm
Schleuse Gimritz (Sl-km 92,60) - Schleuse Planena (Sl-km 104,44)	Halle-Trotha, unterer Pegel	400 cm
Schleuse Planena (Sl-km 104,44) - Bad Dürrenberg (Sl-km 124,16)	Naumburg/ Grochlitz	400 cm

§ 25.12 Schifffahrt bei Eis
(Keine besonderen Vorschriften)

§ 25.13 Nachtschifffahrt
(Keine besonderen Vorschriften)

§ 25.14 Einsatz von Trägerschiffsleichtern
(Keine besonderen Vorschriften)

§ 25.15 Meldepflicht

(Keine besonderen Vorschriften)

§ 25.16 Höhe der Brücken, sonstigen festen Überbauten und Freileitungen

(Keine besonderen Vorschriften)

§ 25.17 Kennzeichnung der Brücken- und Wehrdurchfahrten

Abweichend von der Kennzeichnung nach den §§ 6.24 und 6.25 kann eine Brückendurchfahrt bei Nacht wie folgt gekennzeichnet sein:

1. an den Seiten der Durchfahrt:
   grüne Lichter;
2. über der Mitte der Durchfahrt:
   gelbe Lichter,
   a) bei Verkehr in Berg- und Talfahrt:
      ein gelbes Licht,
   b) bei Verkehr in nur einer Richtung:
      zwei gelbe Lichter übereinander.

§ 25.18 Durchfahren der Brücken, Sperrwerke, Wehre, Schleusen und einzelner Stromstrecken

1. Bei der Fahrt zu Tal müssen bei einem Wasserstand von mehr als
   a) 270 cm und nicht mehr als 300 cm am Unterpegel Bernburg ein unbeladenes Fahrzeug mit Maschinenantrieb, ein unbeladener Schubverband oder ein Fahrgastschiff,
   b) 300 cm am Unterpegel Bernburg ein beladenes Fahrzeug mit Maschinenantrieb oder ein beladener Schubverband

   mit Landleinenführung in die Schleuse Bernburg gefahren werden.
2. Nummer 1 gilt nicht für ein Fahrzeug oder einen Schubverband, das oder der mit einer aktiven Bugsteuereinrichtung ausgerüstet ist.

§ 25.19 Benutzung der Schleusen, Bootsschleusen und Bootsumsetzanlagen

(Keine besonderen Vorschriften)

§ 25.20 Segeln

(Keine besonderen Vorschriften)

§ 25.21 Bezeichnung der Fahrzeuge

(Keine besonderen Vorschriften)

§ 25.22 Regelungen über den Verkehr

1. Bei Annäherung an eine Seilfähre muss ein Fahrzeug, ausgenommen ein Kleinfahrzeug, in Höhe des Zeichens E.4a (Anlage 7) das Signal »Achtung« gemäß Anlage 6 geben, das so oft wie notwendig zu wiederholen ist. Das Geben des Signals kann entfallen, wenn eine Funkabsprache mit dem Fährführer erfolgt ist.
2. Die Vorbeifahrt an einer Seilfähre darf erst erfolgen, wenn diese an ihrem ständigen Liegeplatz stillliegt.
3. Abweichend von Nummer 2 kann die Vorbeifahrt an einer Seilfähre auf der Seite erfolgen, auf der von der Seilfähre bei Tag eine weiße Flagge und bei Nacht ein gelbes gewöhnliches, von allen Seiten sichtbares Licht gezeigt wird.

§ 25.23 Regelungen zum Sprechfunk

1. Abweichend von § 4.05 Nummer 2 darf ein Fahrgastschiff auf der Saale von km 88,00 bis Bad Dürrenberg (km 124,16) auch fahren, wenn es nur mit einer betriebssicheren Sprechfunkanlage ausgerüstet ist.
2. Während der Fahrt muss die Sprechfunkanlage nach Nummer 1 im Verkehrskreis Schiff-Schiff ständig sende- und empfangsbereit sein. Dieser Verkehrskreis darf nur zur Übermittlung oder zum Empfang von Nachrichten auf anderen Kanälen kurzfristig verlassen werden.
3. § 4.05 Nummer 3 gilt auch für eine Seilfähre.

§ 25.24 Sonderbestimmungen für Kleinfahrzeuge

(Keine besonderen Vorschriften)

§ 25.25 Befahren der Altwässer, Kanäle und einzelner Wasserstraßen

(Keine besonderen Vorschriften)

§ 25.26 Schutz der Kanäle und Anlagen

(Keine besonderen Vorschriften)

§ 25.27 Verkehrsbeschränkungen der Schifffahrt

Das Befahren des **Saale-Leipzig-Kanals** ist verboten. Satz 1 gilt nicht für ein Kleinfahrzeug.

§ 25.28 Benutzung der Wasserstraßen

(Keine besonderen Vorschriften)

§ 25.29 Verhaltenspflichten des Schiffsführers, der Besatzung an Bord, des Eigentümers und des Ausrüsters

1. Der Schiffsführer und die nach § 1.03 Nummer 3 für Kurs und Geschwindigkeit verantwortliche Person haben jeweils
   a) sicherzustellen, dass das Fahrzeug oder der Verband
      aa) die zugelassene Höchstgeschwindigkeit nach § 25.04 Nummer 1 und 2 nicht überschreitet und
      bb) die geforderte Mindestgeschwindigkeit nach § 25.04 Nummer 3 nicht unterschreitet und
   b) die Vorschriften über
      aa) das Verhalten beim Begegnen nach § 25.06,
      bb) die Schifffahrt bei Hochwasser nach § 25.11 Nummer 1 und ein nach dieser Vorschrift angeordnetes Verbot der Schifffahrt,
      cc) das Verhalten beim Durchfahren der Schleuse Bernburg nach § 25.18 Nummer 1 und
      dd) den Sprechfunk nach § 25.23 Nummer 2 und 3

      einzuhalten oder sicherzustellen, dass diese Vorschriften oder ein angeordnetes Verbot der Schifffahrt eingehalten werden.
2. Der Schiffsführer hat
   a) sicherzustellen, dass das von ihm geführte Fahrzeug oder der von ihm geführte Verband die zugelassenen Höchstabmessungen nach § 25.02 Nummer 1 und die zugelassene Abladetiefe nach § 25.02 Nummer 2 Satz 3 nicht überschreitet,
   b) die Vorschriften über
      aa) die Zusammenstellung der Verbände nach § 25.03 Nummer 1 und 2 Satz 1 und
      bb) das Verhalten gegenüber einer Seilfähre nach § 25.22 Nummer 1 und 2, auch in Verbindung mit Nummer 3,

      einzuhalten oder sicherzustellen, dass diese eingehalten werden, und
   c) das in § 25.27 Satz 1 vorgesehene Verbot, die dort angegebene Binnenschifffahrtsstraße zu befahren, zu beachten oder sicherzustellen, dass dieses beachtet wird.
3. Der Eigentümer und der Ausrüster dürfen jeweils die Inbetriebnahme eines Fahrzeugs oder Verbandes nur anordnen oder zulassen, wenn das Fahrzeug oder der Verband die zugelassenen Höchstabmessungen nach § 25.02 Nummer 1 und die zugelassene Abladetiefe nach § 25.02 Nummer 2 Satz 3 nicht überschreitet.

Kapitel 26
Grenzgewässer Oder, Westoder und Lausitzer Neiße

§ 26.01 Anwendungsbereich

Die Vorschriften dieses Kapitels gelten auf folgenden Wasserstraßen:

1. der **Oder** (Od) von der deutsch-polnischen Grenze bei Ratzdorf (Od-km 542,40 linkes Ufer) bis zur deutsch-polnischen Grenze an der Abzweigung der Westoder (Od-km 704,10 linkes Ufer),
2. der **Westoder** (WOd) von dem Wehr Mariendorf (WOd-km 0,00 linkes Ufer) bis zur deutsch-polnischen Grenze bei Mescherin (WOd-km 17,10 linkes Ufer) und
3. der **Lausitzer Neiße** (LsN) von der Mündung in die Oder bei Ratzdorf (LsN-km 0,04 linkes Ufer/Od-km 542,40) bis LsN-km 0,45 (von km 0,45 bis Guben gelten ausschließlich Vorschriften des Landes Brandenburg)

sowie auf den Verbindungsstrecken zu den an diesen Wasserstraßen gelegenen Häfen.

§ 26.02 Abmessungen der Fahrzeuge und Verbände, Fahrrinnentiefe und Abladetiefe

1. Ein Fahrzeug darf auf der Oder und Westoder eine Länge von 82,00 m und eine Breite von 11,45 m nicht überschreiten.
2. Ein Verband darf auf den nachfolgend aufgeführten Strecken folgende Abmessungen in Verbindung mit den Fahrrinnentiefen nicht überschreiten:

Binnenschifffahrtsstraße		Länge m	Breite m	Fahrrinnentiefe m
2.1	**Oder**			
2.1.1	**Talfahrt**			
2.1.1.1	km 542,40 bis km 704,10			
	Verband	125,00	11,45	
		94,00	18,00	gilt nur bei bekannt gemachter Fahrrinnentiefe von > 1,60
2.1.1.2	km 542,40 bis km 617,60 unbeladener Schubverband	125,00	22,90	gilt nur bei bekannt gemachter Fahrrinnentiefe von > 1,60

Binnenschifffahrtsstraße		Länge m	Breite m	Fahrrinnen-tiefe m
2.1.1.3	km 617,60 bis km 667,20			
	a) Verband	137,00	11,45	gilt nur bei bekannt gemachter Fahrrinnentiefe von > 1,80
		125,00	18,00	
	b) unbeladener Schubverband	125,00	22,90	
2.1.1.4	km 667,20 bis km 704,10			
	a) Verband	137,00	18,00	gilt nur bei bekannt gemachter Fahrrinnentiefe von > 1,80
		156,00	11,45	
	b) unbeladener Schubverband	125,00	22,90	
2.1.2	**Bergfahrt**			
2.1.2.1	km 704,10 bis km 542,40			
	Verband	125,00	11,45	
		137,00	11,45	gilt nur bei bekannt gemachter Fahrrinnentiefe von > 1,50
		156,00	9,50	
2.1.2.2	km 704,10 bis km 667,20			
	a) Verband	125,00	18,00	
		137,00	11,45	
		156,00	11,45	gilt nur bei bekannt gemachter Fahrrinnentiefe von > 1,70
	b) unbeladener Schubverband	125,00	22,90	
2.1.2.3	km 667,20 bis km 617,60			
	a) Verband	156,00	11,45	gilt nur bei bekannt gemachter Fahrrinnentiefe von > 1,80

Binnenschifffahrtsstraße		Länge m	Breite m	Fahrrinnentiefe m
	b) unbeladener Schubverband	125,00	22,90	gilt nur bei bekannt gemachter Fahrrinnentiefe von > 1,50
2.1.2.4	km 617,60 bis km 542,40 Verband	156,00	11,45	gilt nur bei bekannt gemachter Fahrrinnentiefe von > 1,80
2.2	**Westoder** km 2,70 bis km 17,10 Verband	156,00 125,00	11,45 18,00	

3. Als Verband im Sinne der Nummer 2 gelten nur ein Schubverband und gekuppelte Fahrzeuge.
4. Die Fahrrinnentiefe richtet sich nach dem Wasserstand. Die geringste Fahrrinnentiefe wird von der zuständigen Behörde täglich bekannt gemacht. Bei der Wahl der Abladetiefe sind die bekannt gemachte Fahrrinnentiefe sowie die aktuelle Wasserstandsentwicklung zu berücksichtigen.

§ 26.03 Zusammenstellung der Verbände

1. Ein Schubverband darf andere Fahrzeuge und Schubverbände nur schleppen, wenn der schleppende Schubverband
   a) eine Länge von 100 m nicht überschreitet und
   b) die Schubleichter in Linie vorausgeschoben werden.
   Es dürfen nicht mehr als zwei Anhänge, einschließlich Schubverbände, geschleppt werden.
2. Ein geschleppter Schubverband darf eine Länge von 82,00 m und eine Breite von 11,45 m nicht überschreiten.
3. Auf der Oder
   a) darf ein schleppendes Fahrzeug höchstens zwei Anhänge mitführen,
   b) darf bei schleppenden Fahrzeugen
      aa) die Breite beladener Anhänge 11,45 m und
      bb) die Breite unbeladener Anhänge 22,90 m, im Bereich von km 617,60 bis km 542,40 11,45 m,
      nicht überschreiten.

4. Auf der **Westoder** darf ein schleppendes Fahrzeug höchstens zwei Anhänge mit einer Breite von nicht mehr als 11,45 m mitführen.
5. Abweichend von Nummer 3 und 4 dürfen schwimmende Geräte in einer Länge von nicht mehr als 80,00 m unmittelbar hintereinander geschleppt werden; mindestens das an letzter Stelle eines Schleppverbandes nach Halbsatz 1 eingestellte schwimmende Gerät muss mit einem Ruder ausgerüstet sein.

§ 26.04 Fahrgeschwindigkeit

1. Die zulässige Höchstgeschwindigkeit gegenüber dem Ufer beträgt für ein Fahrzeug oder einen Verband auf der **Westoder** 10 km/h.
2. Die Mindestgeschwindigkeit gegenüber dem Ufer beträgt für ein Fahrzeug oder einen Verband 4 km/h.
   Satz 1 gilt nicht für ein einzeln fahrendes schwimmendes Gerät, ein Kleinfahrzeug oder einen Sondertransport.

§ 26.05 Bergfahrt

(Keine besonderen Vorschriften)

§ 26.06 Begegnen

(Keine besonderen Vorschriften)

§ 26.07 Überholen

(Keine besonderen Vorschriften)

§ 26.08 Wenden

(Keine besonderen Vorschriften)

§ 26.09 Ankern

(Keine besonderen Vorschriften)

§ 26.10 Stillliegen

Das Stillliegen zum Zusammenstellen und Auflösen eines Verbandes darf an der Einmündung des **Verbindungskanals Hohensaaten Ost** nur von km 665,00 bis km 665,80 der **Oder** an der linken Uferseite erfolgen.

§ 26.11 Schifffahrt bei Hochwasser

1. Erreicht oder überschreitet der Wasserstand die Hochwassermarke I an einem der zwei Richtpegel für den unter Nummer 4 jeweils aufgeführten Streckenabschnitt, ist die Schifffahrt für ein Kleinfahrzeug, eine Fähre oder ein schwimmendes Gerät verboten.
2. Erreicht oder überschreitet der Wasserstand die Hochwassermarke I an einem der zwei Richtpegel für den unter Nummer 4 jeweils aufgeführten Streckenabschnitt,

darf ein Fahrzeug nur am Tag und nur dann verkehren, wenn es mit in gutem Betriebszustand befindlichen Sprechfunkanlagen gemäß § 4.05 ausgerüstet ist.

3. Erreicht oder überschreitet der Wasserstand den Höchsten Schifffahrtswasserstand (Hochwassermarke II) an einem der zwei Richtpegel für den unter Nummer 4 jeweils aufgeführten Streckenabschnitt, ist die Schifffahrt verboten. Ein Fahrzeug oder ein Verband muss rechtzeitig vor Überschreiten der Hochwassermarke II einen Schutzhafen aufsuchen.
4. Die in Nummer 1, 2 und 3 genannten Hochwassermarken werden durch folgende Wasserstände bestimmt, und die Richtpegel gelten für den nachstehend aufgeführten Streckenabschnitt:

Strecke	Richtpegel	Hochwassermarke I	Hochwassermarke II
Oder Mündung der Lausitzer Neiße (Od-km 542,40) – Frankfurt (Oder) (Od-km 584,00)	Eisenhüttenstadt	490 cm	535 cm
	Biala Góra	425 cm	465 cm
Oder Frankfurt (Oder) (Od-km 584,00) – Mündung der Warta/Warthe (Od-km 617,60)	Frankfurt 1	435 cm	480 cm
	Slubice	430 cm	475 cm
Oder Mündung der Warta/Warthe (Od-km 617,60) – Hohensaaten (Od-km 667,20)	Kienitz	495 cm	535 cm
	Gozdowice	490 cm	530 cm
Oder Hohensaaten (Od-km 667,20) – Verbindungskanal Schwedter Querfahrt (Od-km 696,94)	Stützkow	860 cm	920 cm
	Bielinek	540 cm	600 cm
Oder Verbindungskanal Schwedter Querfahrt (Od-km 696,94) –	Schwedter Oderbrücke	–	790 cm
Widuchowa (Od-km 704,10)	Widuchowa	–	660 cm
Westoder (WOd-km 0,00 bis WOd-km 17,10)	Gartz	–	630 cm
	Gryfino	–	600 cm

§ 26.12 Schifffahrt bei Eis

Bei Eisbildung werden die Wasserstraßen oder Teilstrecken der Wasserstraßen von der zuständigen Behörde gesperrt. Droht infolge zunehmender Eisbildung die Einstellung der Schifffahrt, muss ein Fahrzeug oder ein Verband nach Hinweis der zuständigen Behörde rechtzeitig einen Schutzhafen oder eine geeignete Liegestelle aufsuchen. Die Schifffahrt darf erst nach Freigabe durch die zuständige Behörde wieder aufgenommen werden.

§ 26.13 Nachtschifffahrt

1. Die Nachtschifffahrt auf der Oder darf nur bei bekannt gemachter vollständiger Bezeichnung der Wasserstraße stattfinden und nur dann, wenn ein Schifffahrtszeichen folgende Bedingungen erfüllt:
   a) ein Schifffahrtszeichen an Land muss mindestens mit reflektierender Folie versehen sein;
   b) ein schwimmendes Schifffahrtszeichen muss mindestens mit reflektierender Folie und zusätzlich mit einem Radarreflektor versehen sein;
   c) ein Schifffahrtszeichen an einer Brücke, ein Schifffahrtszeichen für eine Wasserstraßenkreuzung, eine Gefahrenstelle, ein Schifffahrtshindernis oder eine Fischereianlage sowie die Tafelzeichen B.8 und A.1, mit denen ein komplizierter Streckenabschnitt oder Bereich gekennzeichnet ist, sollen beleuchtet sein.
2. Die Nachtschifffahrt auf der Oder ist verboten, wenn der Wasserstand die Hochwassermarke I mindestens an einem der Richtpegel für den unter § 26.11 Nummer 4 jeweils aufgeführten Streckenabschnitt erreicht oder überschreitet.
3. Auf der Oder ist das Treibenlassen bei Nacht verboten; § 6.19 bleibt unberührt.
4. Die Nachtschifffahrt auf der Oder ist bei unsichtigem Wetter verboten.
5. Ein Fahrzeug muss für die Nachtschifffahrt auf der Oder wie folgt ausgerüstet sein:
   a) mit einem Radargerät und einem Gerät zur Anzeige der Wendegeschwindigkeit nach § 4.06 Nummer 1 Buchstabe a;
   b) mit Sprechfunkanlagen nach § 4.05;
   c) mit Scheinwerfern, die zum Anstrahlen eines Schifffahrtszeichens und Ausleuchten der Ufer geeignet sind.

   Die Geräte nach Satz 1 müssen sich in einem guten technischen und betrieblichen Zustand befinden.
6. Es muss sich eine Person an Bord befinden, die berechtigt ist, das Radargerät und die Sprechfunkanlagen zu bedienen.

§ 26.14 Einsatz von Trägerschiffsleichtern

(Keine besonderen Vorschriften)

§ 26.15 Meldepflicht
(Keine besonderen Vorschriften)

§ 26.16 Höhe der Brücken, sonstigen festen Überbauten und Freileitungen
(Keine besonderen Vorschriften)

§ 26.17 Kennzeichnung der Brücken- und Wehrdurchfahrten
Abweichend von § 6.24 Nummer 2 Buchstabe a können zusätzlich zum Tafelzeichen A.10 zwei grüne Lichter gezeigt werden.

§ 26.18 Durchfahren der Brücken, Sperrwerke, Wehre, Schleusen und einzelner Stromstrecken
(Keine besonderen Vorschriften)

§ 26.19 Benutzung der Schleusen, Bootsschleusen und Bootsumsetzanlagen
(Keine besonderen Vorschriften)

§ 26.20 Segeln
(Keine besonderen Vorschriften)

§ 26.21 Bezeichnung der Fahrzeuge
(Keine besonderen Vorschriften)

§ 26.22 Regelungen über den Verkehr
1. Ein Talfahrer auf der **Oder**, der in die **Spree-Oder-Wasserstraße** (Od-km 553,40) einfahren will, muss Folgendes beachten:
   a) ein Schleppverband mit mehr als einem Anhang muss oberhalb Od-km 552,90 an der linken Uferseite anhalten. Die Anhänge dürfen nur einzeln in die Spree-Oder-Wasserstraße geschleppt werden;
   b) ein einzeln fahrendes Fahrzeug, für das die Einfahrt zeitweilig nicht gestattet ist, muss oberhalb Od-km 552,40 oder unterhalb Od-km 554,20 am linken Ufer bis zur Freigabe der Einfahrt warten.
2. Das Zusammenstellen eines Schleppverbandes darf an der Einmündung der **Spree-Oder-Wasserstraße** nur unterhalb Od-km 554,20 erfolgen.
3. Die Nummern 1 und 2 gelten nicht für ein Kleinfahrzeug oder einen Verband, der ausschließlich aus Kleinfahrzeugen besteht.

§ 26.23 Regelungen zum Sprechfunk

1. Ein Fahrzeug mit Maschinenantrieb, ausgenommen ein Kleinfahrzeug, muss mit in gutem Betriebszustand befindlichen Sprechfunkanlagen nach § 4.05 ausgerüstet sein.
2. Der Funkverkehr für den Verkehrskreis Schiff-Schiff hat auf Kanal 10 zu erfolgen.

§ 26.24 Sonderbestimmungen für Kleinfahrzeuge

(Keine besonderen Vorschriften)

§ 26.25 Befahren der Altwässer, Kanäle und einzelner Wasserstraßen

(Keine besonderen Vorschriften)

§ 26.26 Schutz der Kanäle und Anlagen

(Keine besonderen Vorschriften)

§ 26.27 Verkehrsbeschränkungen der Schifffahrt

1. Das Befahren der **Lausitzer Neiße** ist verboten. Satz 1 gilt nicht für ein Kleinfahrzeug ohne Maschinenantrieb.
2. Das Befahren der **Westoder** von km 0,00 bis km 2,70 ist verboten. Satz 1 gilt nicht für ein Kleinfahrzeug.

§ 26.28 Benutzung der Wasserstraßen

(Keine besonderen Vorschriften)

§ 26.29 Verhaltenspflichten des Schiffsführers, der Besatzung an Bord, des Eigentümers und des Ausrüsters

1. Der Schiffsführer und die nach § 1.03 Nummer 3 für Kurs und Geschwindigkeit verantwortliche Person haben jeweils
   a) sicherzustellen, dass das Fahrzeug oder der Verband
      aa) die zugelassene Höchstgeschwindigkeit nach § 26.04 Nummer 1 nicht überschreitet und
      bb) die geforderte Mindestgeschwindigkeit nach § 26.04 Nummer 2 Satz 1 nicht unterschreitet,
   b) die Vorschriften über
      aa) die Schifffahrt bei Hochwasser nach § 26.11 Nummer 1 bis 3,
      bb) das Verhalten bei Eis nach § 26.12 Satz 1 und 2,
      cc) die Nachtschifffahrt nach § 26.13 Nummer 2, 3 Halbsatz 1 und Nummer 4 und
      dd) den Sprechfunk nach § 26.23 Nummer 2
   einzuhalten oder sicherzustellen, dass diese eingehalten werden und
   c) die Schifffahrt bei Eis erst nach Freigabe nach § 26.12 Satz 3 wieder aufzunehmen oder aufnehmen zu lassen.

2. Der Schiffsführer hat
   a) sicherzustellen, dass das von ihm geführte Fahrzeug oder der von ihm geführte Verband die zugelassenen Höchstabmessungen nach § 26.02 Nummer 1 und 2 und die zugelassene Abladetiefe nach § 26.02 Nummer 4 Satz 3 nicht überschreitet
   b) die Vorschriften über
      aa) die Zusammenstellung der Verbände nach § 26.03 Nummer 1 bis 4 und Nummer 5 Halbsatz 2,
      bb) das Stillliegen nach § 26.10 und
      cc) die Nachtschifffahrt nach § 26.13 Nummer 5 Satz 1 Buchstabe a und c, jeweils auch in Verbindung mit Satz 2,

      einzuhalten oder sicherzustellen, dass diese eingehalten werden,
   c) die Verkehrsregelungen nach § 26.22 Nummer 1 und 2 zu beachten oder sicherzustellen, dass diese beachtet werden, und
   d) das in § 26.27 Nummer 1 Satz 1 und Nummer 2 Satz 1 jeweils vorgesehene Verbot, die dort jeweils angegebene Binnenschifffahrtsstraße zu befahren, zu beachten oder sicherzustellen, dass dieses jeweils beachtet wird.
3. Dem Schiffsführer ist es abweichend von § 1.02 Nummer 7 Satz 2 verboten, bei 0,2 Promille oder mehr Alkohol im Blut oder einer Alkoholmenge im Körper, die zu einer solchen Blutalkoholkonzentration führt, das Fahrzeug zu führen.
4. Den Mitgliedern der diensttuenden Mindestbesatzung nach § 1.03 Nummer 4 Satz 1 ist es abweichend von § 1.03 Nummer 4 Satz 2 verboten, bei 0,2 Promille oder mehr Alkohol im Blut oder einer Alkoholmenge im Körper, die zu einer solchen Blutalkoholkonzentration führt, den Kurs und die Geschwindigkeit des Fahrzeugs zu bestimmen.
5. Der Schiffsführer hat sicherzustellen, dass abweichend von § 1.03 Nummer 4 Satz 2 kein Mitglied der diensttuenden Mindestbesatzung nach § 1.03 Nummer 4 Satz 1 den Kurs und die Geschwindigkeit des Fahrzeugs bestimmt, das 0,2 Promille oder mehr Alkohol im Blut oder eine Alkoholmenge im Körper hat, die zu einer solchen Blutalkoholkonzentration führt.
6. Der Eigentümer und der Ausrüster dürfen jeweils
   a) die Inbetriebnahme eines Fahrzeugs oder Verbandes nur anordnen oder zulassen, wenn das Fahrzeug oder der Verband die zugelassenen Höchstabmessungen nach § 26.02 Nummer 1 und 2 und die zugelassene Abladetiefe nach § 26.02 Nummer 4 Satz 3 nicht überschreitet und
   b) die Nachtschifffahrt eines Fahrzeugs oder Verbandes nur anordnen oder zulassen, wenn das Fahrzeug oder der Verband mit einem Radargerät und einem Gerät zur Anzeige der Wendegeschwindigkeit nach § 26.13 Nummer 5 Satz 1 Buchstabe a, auch in Verbindung mit Satz 2, und mit Scheinwerfern nach § 26.13 Nummer 5 Satz 1 Buchstabe c, auch in Verbindung mit Satz 2, ausgerüstet ist.

Kapitel 27

Peene

§ 27.01 Anwendungsbereich

Die Vorschriften dieses Kapitels gelten auf der **Peene** von der Einmündung des Malchiner Peenekanals in die Westpeene (km 2,50) bis zur Einmündung des Richtgrabens in den Peenestrom an der Verbindungslinie zwischen dem Oberfeuer Jahnkenort und dem Unterfeuer Pinnow (km 98,16) einschließlich Kummerower See.

§ 27.02 Abmessungen der Fahrzeuge und Verbände, Fahrrinnentiefe

1. Ein Fahrzeug oder ein Verband darf folgende Abmessungen nicht überschreiten:

Binnenschifffahrtsstraße		Länge m	Breite m
1.1	**Peene**		
1.1.1	km 2,50 (unterhalb Malchin) bis km 98,16 (Peenestrom)		
	a) Fahrzeug	67,00	8,25
	b) Verband	100,00	8,25
	soweit nachfolgend nicht etwas anderes festgelegt ist		
1.1.2	km 30,02 (Demmin) bis km 89,33 (Koppelstelle Anklam)		
	a) Fahrzeug	82,00	9,50
	b) Verband	156,00	9,50
1.1.3	km 89,33 bis km 98,16		
	a) Fahrzeug	82,00	9,50
	b) unbeladenes Fahrzeug	95,00	19,00
	c) Verband	156,00	16,50

2. Die Fahrrinnentiefe beträgt
   a) von km 2,50 bis zum Nordostende des Kummerower Sees (km 14,75) 2,00 m,
   b) vom Kummerower See bis Hafen Anklam (km 88,63) 2,50 m,
   c) vom Hafen Anklam bis zur Mündung in den Peenestrom (km 98,16) 3,00 m.

§ 27.03 Zusammenstellung der Verbände

In einen Schleppverband dürfen
1. von km 2,50 bis Demmin höchstens zwei Anhänge und
2. von Demmin bis zum Peenestrom höchstens drei Anhänge

eingestellt werden.

§ 27.04 Fahrgeschwindigkeit

1. Die zulässige Höchstgeschwindigkeit gegenüber dem Ufer beträgt für ein Fahrzeug oder einen Verband, ausgenommen ein Kleinfahrzeug ohne Maschinenantrieb, 12 km/h.
2. Abweichend von Nummer 1 beträgt die zulässige Höchstgeschwindigkeit gegenüber dem Ufer für ein Sportfahrzeug mit Maschinenantrieb auf dem Kummerower See außerhalb des ufernahen Schutzstreifens 25 km/h.
   Als ufernaher Schutzstreifen gilt eine 100,00 m breite, parallel zur Uferlinie (Land-Wasser-Übergang) verlaufende Wasserfläche.
3. Die Mindestgeschwindigkeit gegenüber dem Ufer beträgt für ein Fahrzeug oder einen Verband, ausgenommen ein Kleinfahrzeug, 4 km/h.

§ 27.05 Bergfahrt

(Keine besonderen Vorschriften)

§ 27.06 Begegnen

(Keine besonderen Vorschriften)

§ 27.07 Überholen

(Keine besonderen Vorschriften)

§ 27.08 Wenden

(Keine besonderen Vorschriften)

§ 27.09 Ankern

(Keine besonderen Vorschriften)

§ 27.10 Stillliegen

(Keine besonderen Vorschriften)

§ 27.11 Schifffahrt bei Hochwasser

(Keine besonderen Vorschriften)

§ 27.12 Schifffahrt bei Eis

(Keine besonderen Vorschriften)

§ 27.13 Nachtschifffahrt

(Keine besonderen Vorschriften)

§ 27.14 Einsatz von Trägerschiffsleichtern
(Keine besonderen Vorschriften)

§ 27.15 Meldepflicht
(Keine besonderen Vorschriften)

§ 27.16 Höhe der Brücken, sonstigen festen Überbauten und Freileitungen
(Keine besonderen Vorschriften)

§ 27.17 Kennzeichnung der Brücken- und Wehrdurchfahrten
(Keine besonderen Vorschriften)

§ 27.18 Durchfahren der Brücken, Sperrwerke, Wehre, Schleusen und einzelner Stromstrecken
(Keine besonderen Vorschriften)

§ 27.19 Benutzung der Schleusen, Bootsschleusen und Bootsumsetzanlagen
(Keine besonderen Vorschriften)

§ 27.20 Segeln
(Keine besonderen Vorschriften)

§ 27.21 Bezeichnung der Fahrzeuge
(Keine besonderen Vorschriften)

§ 27.22 Regelungen über den Verkehr
(Keine besonderen Vorschriften)

§ 27.23 Regelungen zum Sprechfunk
(Keine besonderen Vorschriften)

§ 27.24 Sonderbestimmungen für Kleinfahrzeuge
(Keine besonderen Vorschriften)

§ 27.25 Befahren der Altwässer, Kanäle und einzelner Wasserstraßen
(Keine besonderen Vorschriften)

§ 27.26 Schutz der Kanäle und Anlagen
(Keine besonderen Vorschriften)

§ 27.27 Verkehrsbeschränkungen der Schifffahrt
(Keine besonderen Vorschriften)

§ 27.28 Benutzung der Wasserstraßen
(Keine besonderen Vorschriften)

§ 27.29 Verhaltenspflichten des Schiffsführers, der Besatzung an Bord, des Eigentümers und des Ausrüsters

1. Der Schiffsführer und die nach § 1.03 Nummer 3 für Kurs und Geschwindigkeit verantwortliche Person haben jeweils sicherzustellen, dass das Fahrzeug oder der Verband
   a) die zugelassene Höchstgeschwindigkeit nach § 27.04 Nummer 1 und 2 Satz 1 nicht überschreitet und
   b) die geforderte Mindestgeschwindigkeit nach § 27.04 Nummer 3 nicht unterschreitet.
2. Der Schiffsführer hat
   a) sicherzustellen, dass das von ihm geführte Fahrzeug oder der von ihm geführte Verband die zugelassenen Höchstabmessungen nach § 27.02 Nummer 1 nicht überschreitet und
   b) die Vorschriften über die Zusammenstellung der Verbände nach § 27.03 einzuhalten oder sicherzustellen, dass diese eingehalten werden.
3. Der Eigentümer und der Ausrüster dürfen jeweils die Inbetriebnahme eines Fahrzeugs oder Verbandes nur anordnen oder zulassen, wenn das Fahrzeug oder der Verband die zugelassenen Höchstabmessungen nach § 27.02 Nummer 1 nicht überschreitet.

Dritter Teil
Umweltbestimmungen

Kapitel 28
Gewässerschutz und Abfallbeseitigung auf Fahrzeugen

§ 28.01 Behandlung von Schiffsabfällen
Für die Behandlung von Schiffsabfällen einschließlich deren Einleitung oder Einbringung in das Wasser gelten die Bestimmungen des Übereinkommens vom 9. September 1996 über die Sammlung, Abgabe und Annahme von Abfällen in der Rhein- und Binnenschifffahrt (BGBl. 2003 II Seite 1799) sowie die zu seiner Ausführung ergangenen Vorschriften.

§ 28.02 Allgemeine Sorgfaltspflicht
Der Schiffsführer, die übrige Besatzung und sonstige Personen an Bord müssen die nach den Umständen gebotene Sorgfalt anwenden, um eine Verschmutzung der Wasserstraße zu vermeiden. Insbesondere der Schiffsführer hat sicherzustellen, dass kein Brenn- oder Schmierstoff in die Wasserstraße gelangt.

§ 28.03 Sorgfaltspflicht beim Bunkern
1. Der Schiffsführer hat beim Bunkern von Brenn- und Schmierstoffen dafür zu sorgen, dass
   a) die zu bunkernde Menge innerhalb des ablesbaren Bereichs der Peileinrichtung liegt,
   b) bei separater Befüllung der Brennstofftanks die Absperrventile innerhalb der Verbindungsrohrleitungen der Brennstofftanks geschlossen sind,
   c) der Bunkervorgang überwacht und
   d) eine der Einrichtungen nach Anhang II § 8.05 Nummer 10 der Binnenschiffsuntersuchungsordnung genutzt wird.
2. Der Schiffsführer hat weiter dafür zu sorgen, dass die für den Bunkervorgang verantwortlichen Personen der Bunkerstelle und des Fahrzeugs vor Beginn des Bunkervorgangs Folgendes festgelegt haben:
   a) die Sicherstellung der Funktionsfähigkeit des Systems nach Anhang II § 8.05 Nummer 10 der Binnenschiffsuntersuchungsordnung und einer Sprechverbindung zwischen Schiff und Bunkerstelle,
   b) die zu bebunkernde Menge je Brennstofftank und die Einfüllleistung, insbesondere im Hinblick auf mögliche Entlüftungsprobleme des Brennstofftanks,

   c) die Reihenfolge der Befüllungen der Brennstofftanks und
   d) die Fahrgeschwindigkeit, wenn während der Fahrt gebunkert wird.
3. Der Schiffsführer des Bunkerbootes darf mit dem Bunkervorgang erst beginnen, wenn die Festlegungen nach Nummer 2 erfolgt sind.
4. Die Nummern 1 bis 3 gelten nicht für ein Kleinfahrzeug.

§ 28.04 Sorgfaltspflicht beim Bunkern von Flüssigerdgas (LNG)

1. Die in § 28.03 Nummer 1 Buchstabe a und b und Nummer 2 Buchstabe a und d genannten Vorschriften gelten nicht beim Bunkern von Flüssigerdgas (LNG).
2. Das Bunkern von Flüssigerdgas (LNG) während der Fahrt, beim Umschlag von Gütern sowie beim Ein- und Aussteigen von Fahrgästen ist nicht gestattet.
3. Das Bunkern von Flüssigerdgas (LNG) darf nur an den von der zuständigen Behörde bekannt gegebenen Stellen erfolgen.
4. Im Bunkerbereich dürfen sich nur Besatzungsmitglieder des zu bebunkernden Fahrzeugs, Mitarbeiter der Bunkerstelle oder Personen aufhalten, die über eine von der zuständigen Behörde erteilte Erlaubnis verfügen.
5. Vor Beginn des Bunkerns von Flüssigerdgas (LNG) ist sicherzustellen, dass
   a) das zu bebunkernde Fahrzeug so festgemacht ist, dass
      aa) Kabel, insbesondere die elektrischen Kabel, die Erdungskabel und die Schlauchleitungen nicht aufgrund von Zug verformt werden und
      bb) das Fahrzeug bei Gefahr rasch losgemacht werden kann,
   b) eine Prüfliste für das Bunkern von Flüssigerdgas (LNG) durch Fahrzeuge, die das Kennzeichen nach § 2.06 tragen, gemäß dem Standard der Zentralkommission für die Rheinschifffahrt, Edition 1.0 (https://www.ccr-zkr.org/files/documents/reglementRP/L_ctrl_avitaillement_GNL_de.pdf), ausgefüllt und unterschrieben wurde und alle Fragen in der Prüfliste mit »Ja« beantwortet sind. Nicht zutreffende Fragen sind zu streichen. Können nicht alle Fragen mit »Ja« beantwortet werden, ist das Bunkern nur mit Genehmigung der zuständigen Behörde gestattet,
   c) alle erforderlichen Genehmigungen vorliegen.
6. Die Prüfliste nach Nummer 5 Buchstabe b muss
   a) in zweifacher Ausfertigung ausgefüllt werden,
   b) in mindestens einer Sprache vorliegen, die den in Nummer 5 Buchstabe b bezeichneten Personen verständlich ist, und
   c) drei Monate an Bord des Fahrzeugs aufbewahrt werden.
7. Während des Bunkerns von Flüssigerdgas (LNG) ist ununterbrochen sicherzustellen, dass
   a) alle Maßnahmen getroffen sind, um das Austreten von Flüssigerdgas (LNG) aus einer Leckage zu verhindern,
   b) Druck und Temperatur des Brennstofftanks für Flüssigerdgas (LNG) im normalen Betriebszustand bleiben,

c) der Füllstand des Brennstofftanks für Flüssigerdgas (LNG) zwischen den zulässigen Niveaus bleibt,
d) Maßnahmen getroffen sind, um das zu bebunkernde Fahrzeug von der Bunkerstelle nach der in der Betriebsanleitung vorgesehenen Methode zu erden.

8. Während des Bunkerns von Flüssigerdgas (LNG)
   a) muss das zu bebunkernde Fahrzeug zusätzlich zur Kennzeichnung nach § 2.06 folgende für andere Fahrzeuge sichtbare Tafeln führen:
      aa) eine Tafel gemäß § 3.33 (Anlage 3 Bild 62), die darauf hinweist, dass das Stillliegen in weniger als 10,00 m Entfernung verboten ist; die Seitenlängen der Tafel müssen mindestens 60 cm betragen,
      bb) eine Tafel A.9 (Anlage 7), die darauf hinweist, dass Wellenschlag zu vermeiden ist; die längste Seite der Tafel muss mindestens 60 cm betragen,
   b) müssen die Tafeln bei Nacht so beleuchtet sein, dass sie auf beiden Seiten des Fahrzeugs deutlich sichtbar sind.
9. Nach dem Bunkern von Flüssigerdgas (LNG) ist sicherzustellen, dass
   a) die Rohrleitungen für das Bunkern von Flüssigerdgas (LNG) bis zum Brennstofftank vollständig entleert sind,
   b) die Ventile geschlossen sowie die Schlauchleitungen und die Verbindung zwischen Fahrzeug und Bunkerstelle für Flüssigerdgas (LNG) getrennt sind,
   c) der zuständigen Behörde gemeldet wird, dass das Bunkern abgeschlossen ist.
10. Der Schiffsführer hat die in den Nummern 2 bis 9 vorgesehenen oder auf Grund dieser Vorschriften angeordneten Gebote und Verbote über die Sorgfaltspflicht beim Bunkern von Flüssigerdgas (LNG) einzuhalten oder sicherzustellen, dass diese eingehalten werden.
11. Die für die Bunkerstelle verantwortliche Person hat die in den Nummern 2 bis 4, Nummer 5 Buchstabe b in Verbindung mit Nummer 6 Buchstabe a und b und den Nummern 7 und 9 vorgesehenen oder auf Grund dieser Vorschriften angeordneten Gebote über die Sorgfaltspflicht beim Bunkern von Flüssigerdgas (LNG) einzuhalten oder sicherzustellen, dass diese eingehalten werden.

§ 28.05 Anstrich und Außenreinigung der Fahrzeuge

Es ist verboten, die Außenhaut eines Fahrzeugs mit Öl anzustreichen oder mit Mitteln zu reinigen, die nicht in das Gewässer gelangen dürfen.

Anlagen

Anlage 1

Unterscheidungsbuchstabe oder -buchstabengruppe des Staates, in dem der Heimat- oder Registerort des Fahrzeugs liegt

(nur Hinweis)

A	Österreich
B	Belgien
BG	Bulgarien
BIH	Bosnien und Herzegowina
BY	Weissrussland
CH	Schweiz
CZ	Tschechische Republik
D	Deutschland
F	Frankreich
FI	Finnland
HR	Kroatien
HU	Ungarn
I	Italien
L	Luxemburg
LT	Litauen
MD	Republik Moldavien
MLT	Malta
N	Niederlande
NO	Norwegen
P	Portugal
PL	Polen
R	Rumänien
RUS	Russische Föderation
SE	Schweden
SLO	Slowenien
SRB	Serbien
SK	Slowakei
UA	Ukraine

Anlage 2

(ohne Inhalt)

Anlage 3

Bezeichnung der Fahrzeuge

I. Allgemeines

1. Die nachstehenden Bilder dienen nur zur Erläuterung. Es ist stets vom Wortlaut der Verordnung auszugehen, der allein Geltung hat.
2. Ein Schubverband, dessen Länge 110,00 m nicht überschreitet, gilt als einzeln fahrendes Fahrzeug von gleicher Länge.
3. Zeichenerklärung:

Ein Licht, das dem Blick des Beschauers tatsächlich entzogen ist, ist mit einem Punkt in der Mitte versehen. Bilder mit schwarzem Hintergrund enthalten die Lichter bei Nacht.

Nachtbezeichnung	Bild	Tagbezeichnung
112° 30' / 135° / 225° / 112° 30'	1	

§ 3.01 Begriffsbestimmungen und Anwendungen
Nr. 1: Der Horizontbogen, über den das Topplicht, die Seitenlichter und das Hecklicht sichtbar sind

Nachtbezeichnung	Bild	Tagbezeichnung
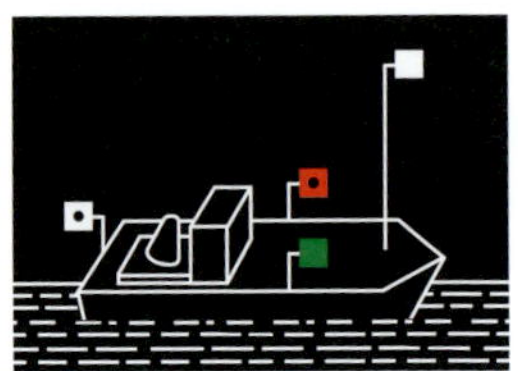	2	

§ 3.08 Einzeln fahrendes Fahrzeug mit Maschinenantrieb
Nr. 1: Länge bis 110 m

Nachtbezeichnung	Bild	Tagbezeichnung
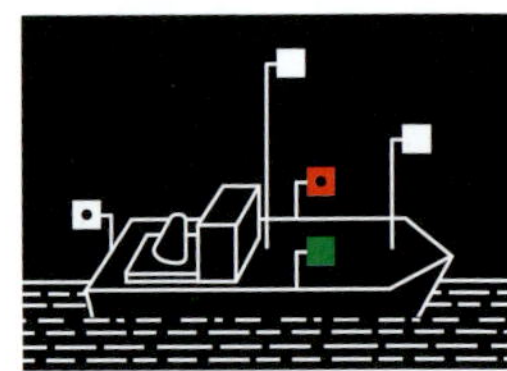	3	

§ 3.08 Einzeln fahrendes Fahrzeug mit Maschinenantrieb
Nr. 1 und 2: Länge mehr als 110 m

Nachtbezeichnung	Bild	Tagbezeichnung
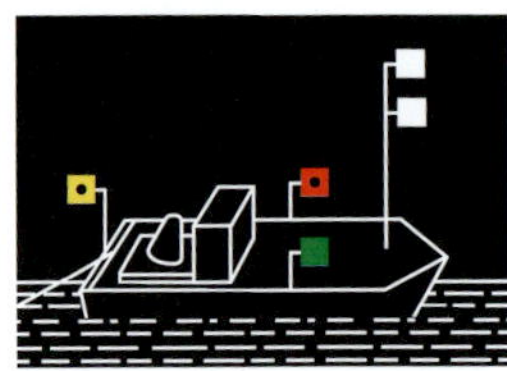	4	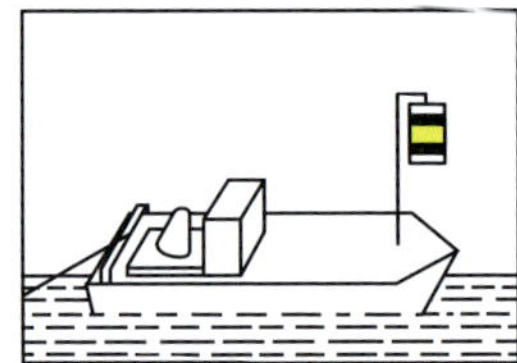

§ 3.09 Schleppverband
Nr. 1: Fahrzeug mit Maschinenantrieb, das allein an der Spitze eines Verbandes fährt

Nachtbezeichnung	Bild	Tagbezeichnung
	5/4	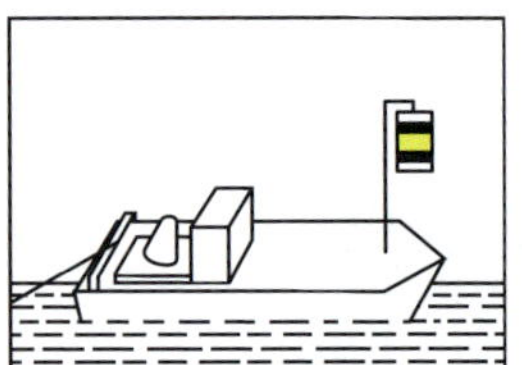

§ 3.09 Schleppverband
Nr. 2: Fahrzeuge mit Maschinenantrieb, die zu mehreren nebeneinander an der Spitze eines Verbandes fahren

Nachtbezeichnung | Bild | Tagbezeichnung

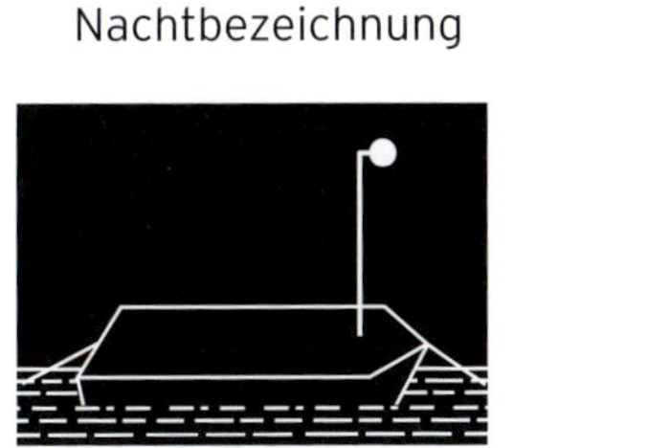

6

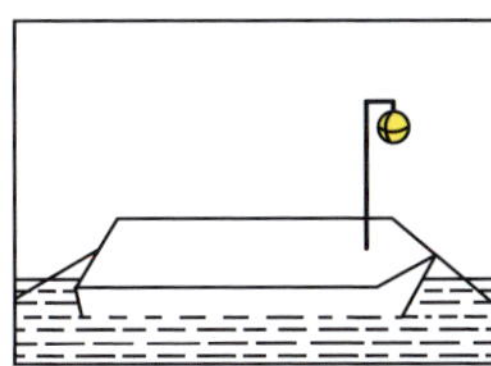

§ 3.09 Schleppen
Nr. 3 Satz 1: Geschlepptes Fahrzeug

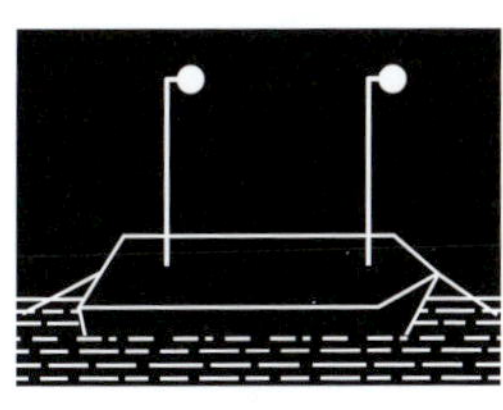

7

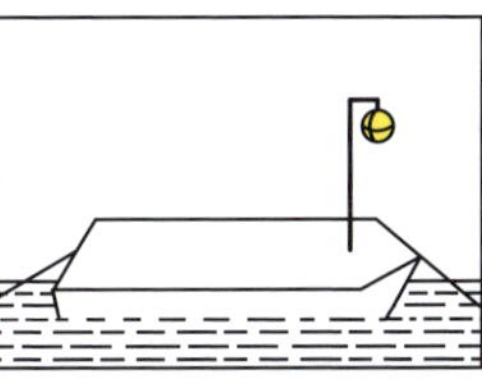

§ 3.09 Schleppen
Nr. 3 Satz 3 Buchstabe a: Anhanglänge des Verbandes über 110 m

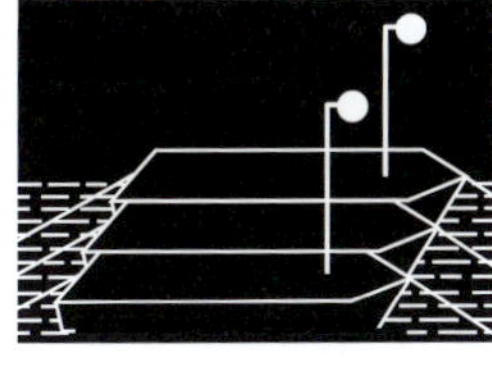

8

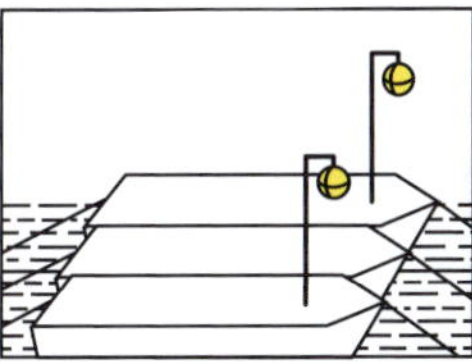

§ 3.09 Schleppen
Nr. 3 Satz 3 Buchstabe b: Anhanglänge des Verbandes mit mehr als zwei längsseits verbundenen Fahrzeugen

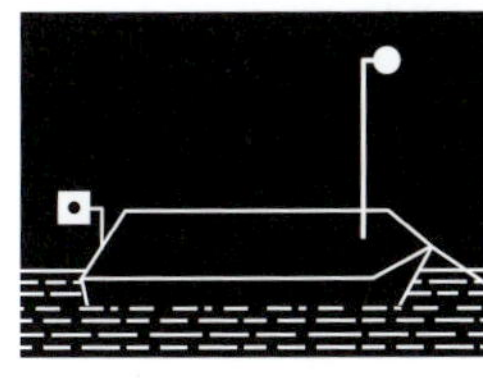

9

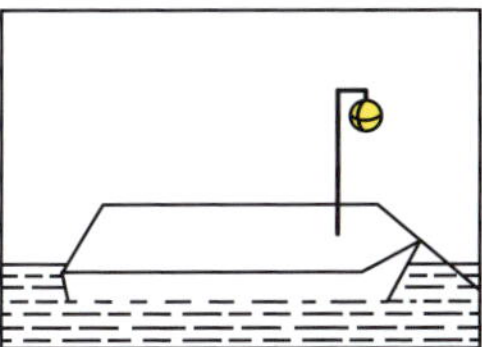

§ 3.09 Schleppen
Nr. 3 und 4: Das Fahrzeug als letzte Anhanglänge eines Schleppverbandes

Nachtbezeichnung Bild Tagbezeichnung

10

§ 3.09 Schleppen
Nr. 3 und 4: Mehrere Fahrzeuge als letzte Anhanglänge eines Schleppverbandes

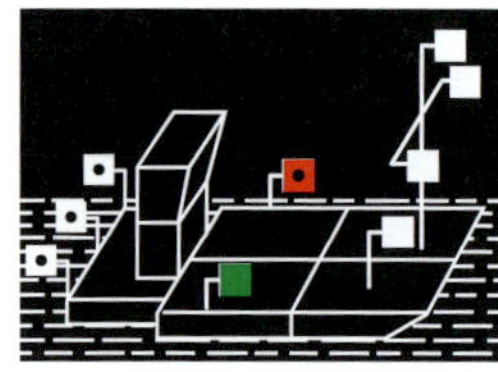

11

§ 3.10 Schubverband
Nr. 1: Schubverband

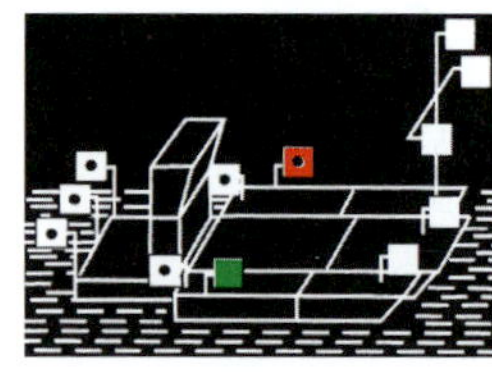

12

§ 3.10 Schubverband
Nummer 1 Buchstabe c: Außer dem schiebenden Fahrzeug zwei oder mehr von hinten in ganzer Breite sichtbare Fahrzeuge

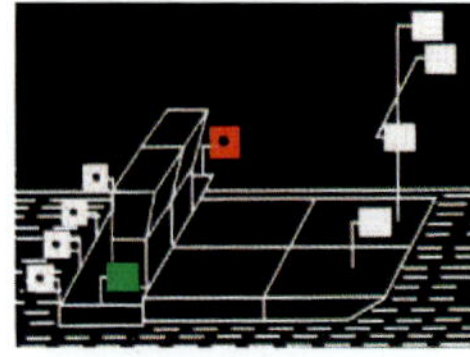

13

§ 3.10 Schubverband
Nr. 2: Zwei schiebende Fahrzeuge

Nachtbezeichnung | Bild | Tagbezeichnung

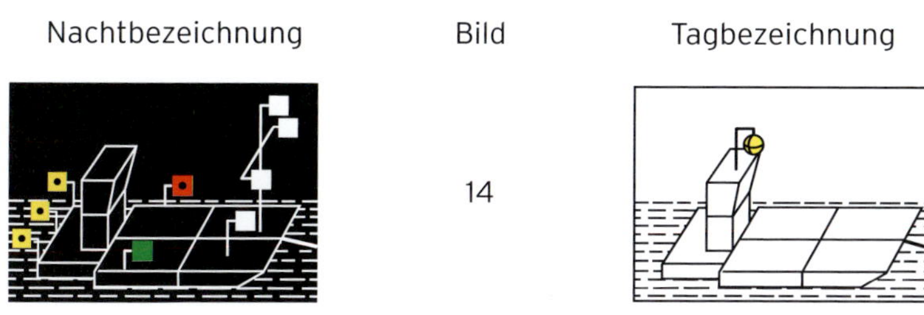

14

§ 3.10 Schubverband
Nr. 3 und 4: Geschleppter Schubverband

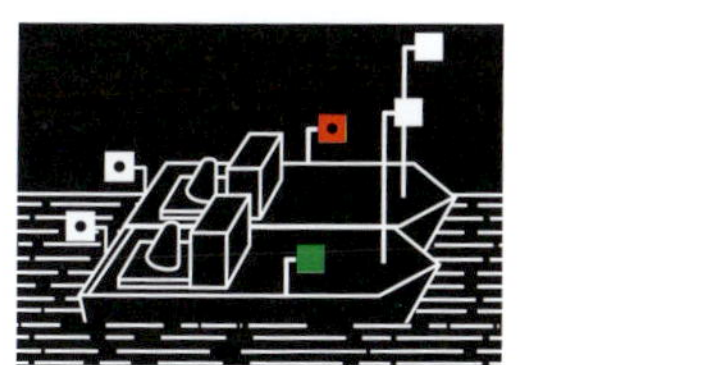

15

§ 3.11 Gekuppelte Fahrzeuge
Nr. 1: Zwei Fahrzeuge mit Maschinenantrieb

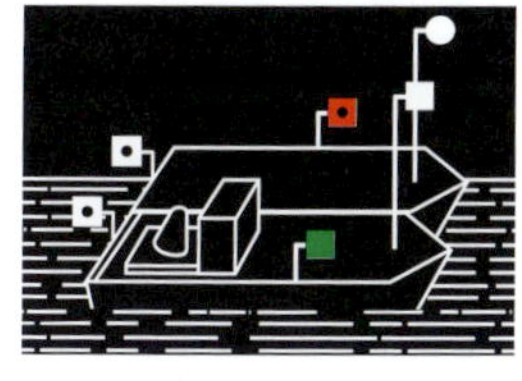

16

§ 3.11 Gekuppelte Fahrzeuge
Nr. 1: Ein Fahrzeug mit Maschinenantrieb und ein Fahrzeug ohne Maschinenantrieb

17

§ 3.12 Fahrzeug unter Segel

Nachtbezeichnung	Bild	Tagbezeichnung
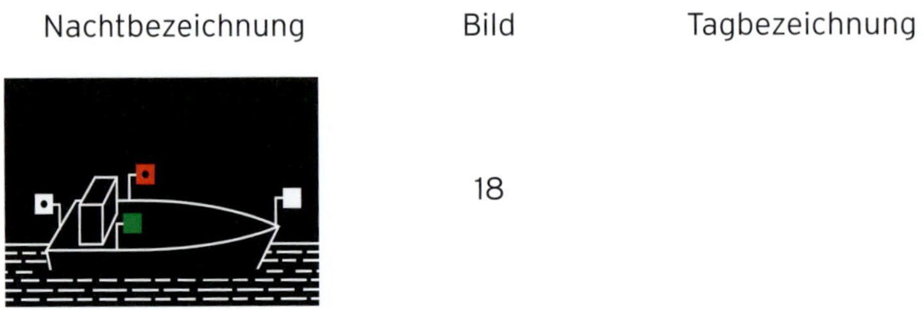	18	

§ 3.13 Kleinfahrzeug
Nr. 1 Buchstabe a, b und c: Kleinfahrzeug mit Maschinenantrieb

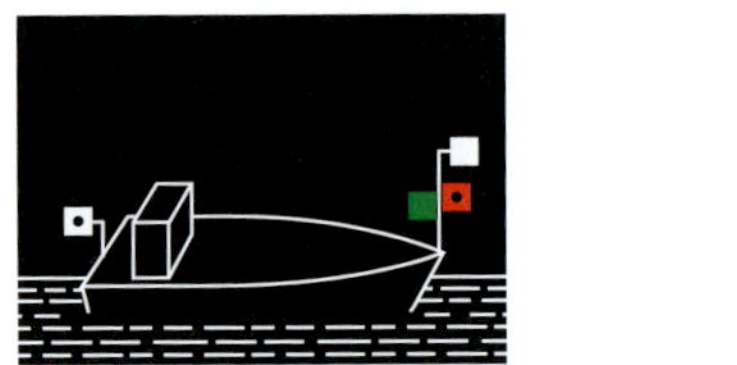	19	

§ 3.13 Kleinfahrzeug
Nr. 1 Buchstabe d, e und f: Kleinfahrzeug mit Maschinenantrieb mit Seitenlichtern unmittelbar nebeneinander oder in einer einzigen Laterne

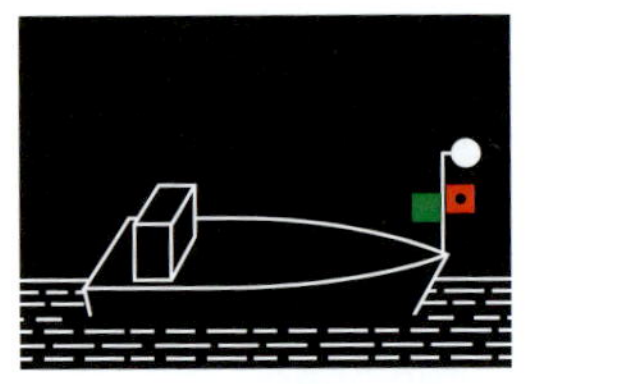	20	

§ 3.13 Kleinfahrzeug
Nr. 1 Buchstabe f: Kleinfahrzeug mit Maschinenantrieb mit einem von allen Seiten sichtbaren Licht

	21	

§ 3.13 Kleinfahrzeug
Nr. 3: Geschleppt oder längsseits gekuppelt

Nachtbezeichnung	Bild	Tagbezeichnung
	22	

§ 3.13 Kleinfahrzeug
Nr. 4: Unter Segel fahrend

Nachtbezeichnung	Bild	Tagbezeichnung
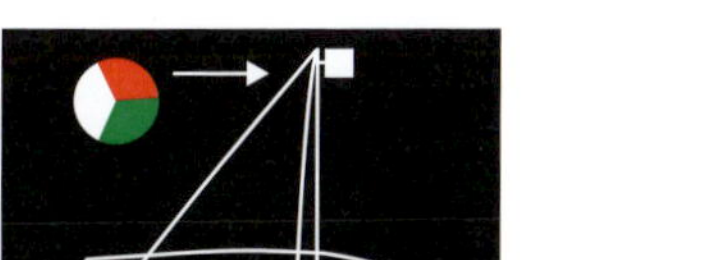	23	

§ 3.13 Kleinfahrzeug
Nr. 4: Unter Segel fahrend mit einer einzigen Laterne am Topp

Nachtbezeichnung	Bild	Tagbezeichnung
	24	

§ 3.13 Kleinfahrzeug
Nr. 4: Unter Segel fahrend mit einem von allen Seiten sichtbaren Licht und bei Annäherung eines anderen Fahrzeugs ein zweites Licht zeigend

Nachtbezeichnung	Bild	Tagbezeichnung
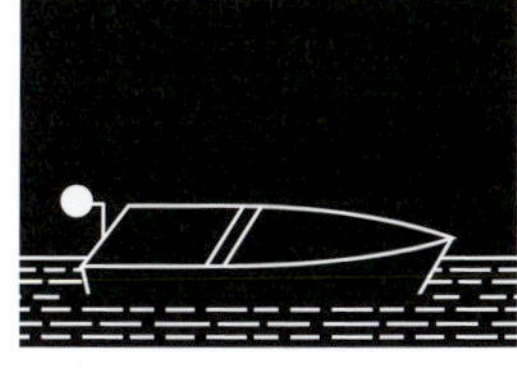	25	

§ 3.13 Kleinfahrzeug
Nr. 5: Einzeln weder mit Antriebsmaschine noch unter Segel fahrend

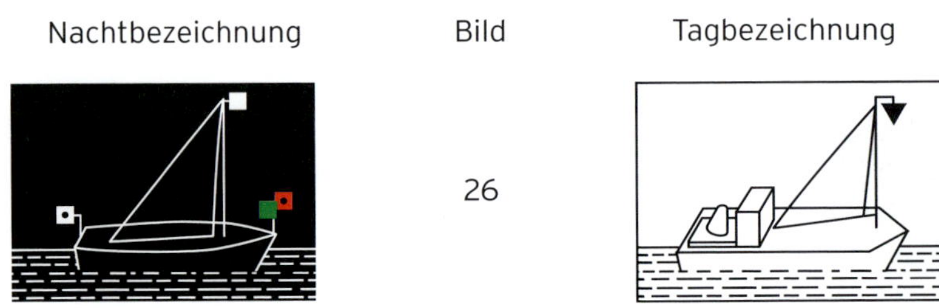

§ 3.13 Kleinfahrzeug

Nr. 1 und 6: Unter Segel und gleichzeitig mit einer Antriebsmaschine fahrend

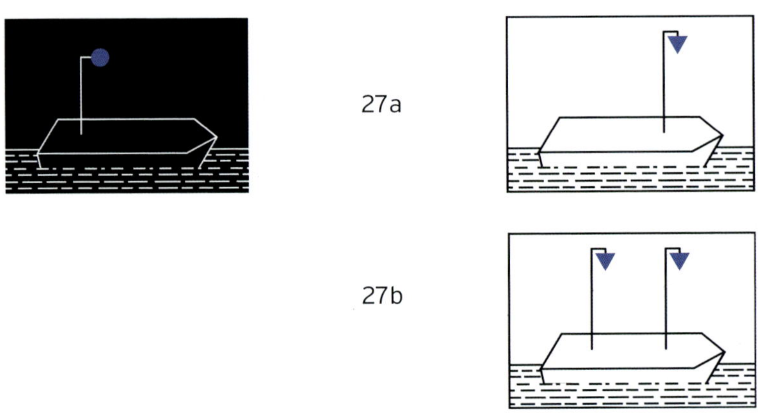

§ 3.14 Fahrzeug bei Beförderung bestimmter gefährlicher Güter

Nr. 1: Bestimmte entzündbare Stoffe nach Kapitel 3.2 Tabelle A ADN

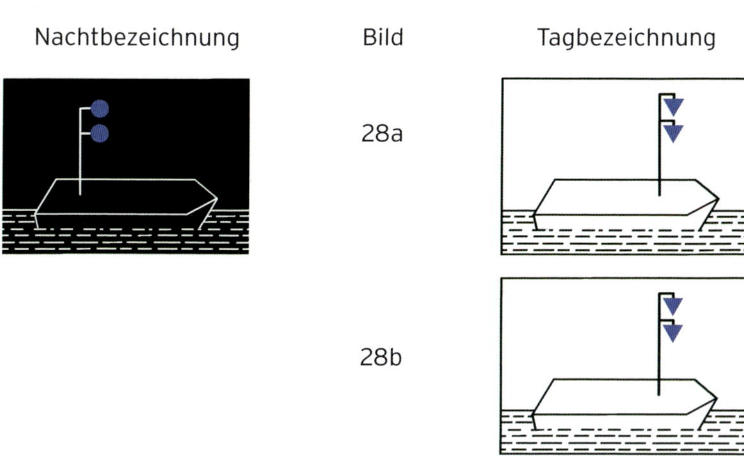

§ 3.14 Fahrzeug bei Beförderung bestimmter gefährlicher Güter
Nr. 2: Bestimmte gesundheitsschädliche Stoffe nach Kapitel 3.2 Tabelle A ADN

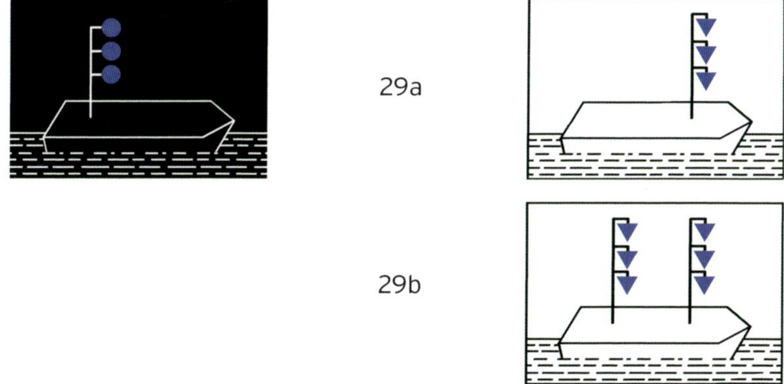

§ 3.14 Fahrzeug bei Beförderung bestimmter gefährlicher Güter
Nr. 3: Bestimmte explosive Stoffe nach Kapitel 3.2 Tabelle A ADN

§ 3.14 Fahrzeug bei Beförderung bestimmter gefährlicher Güter
Nr. 4: Schubverband

Nachtbezeichnung	Bild	Tagbezeichnung
	31	

§ 3.14 Fahrzeug bei Beförderung bestimmter gefährlicher Güter
Nr. 4: Gekuppelte Fahrzeuge

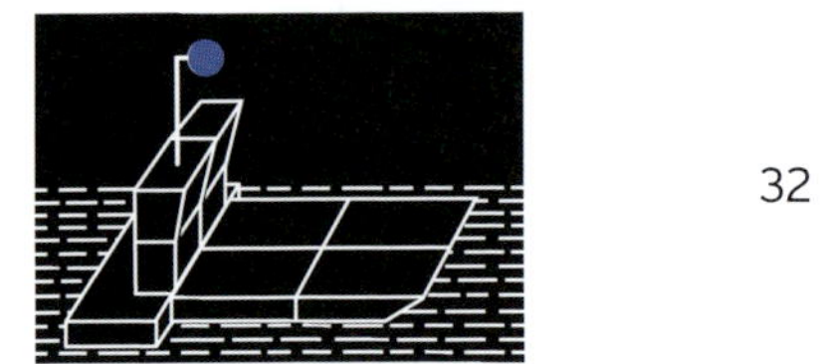

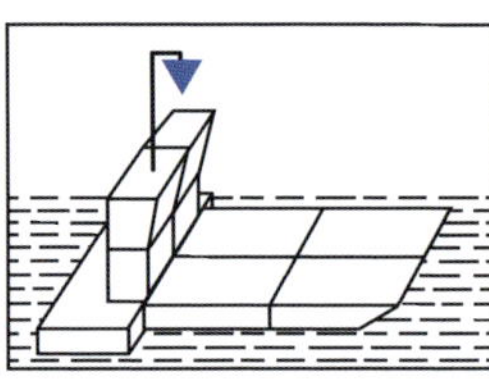

32

§ 3.14 Fahrzeug bei Beförderung bestimmter gefährlicher Güter
Nr. 5: Schubverband mit zwei schiebenden Fahrzeugen

33

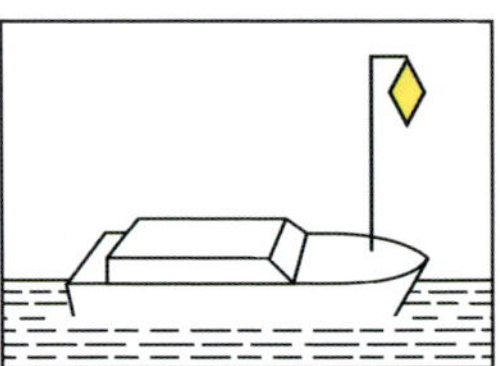

§ 3.15 Fahrzeug, das zur Beförderung von mehr als zwölf Fahrgästen zugelassen ist und dessen Länge unter 20,00 m liegt

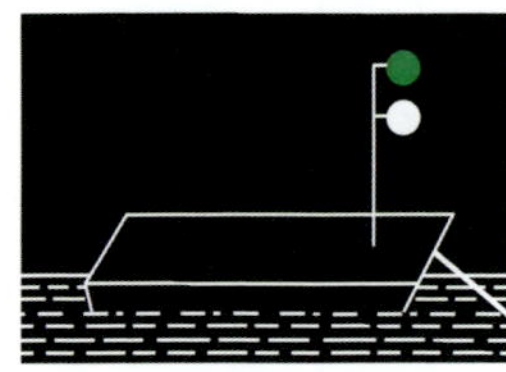

34

§ 3.16 Fähre
Nr. 1: Nicht frei fahrende Fähre

Nachtbezeichnung | Bild | Tagbezeichnung

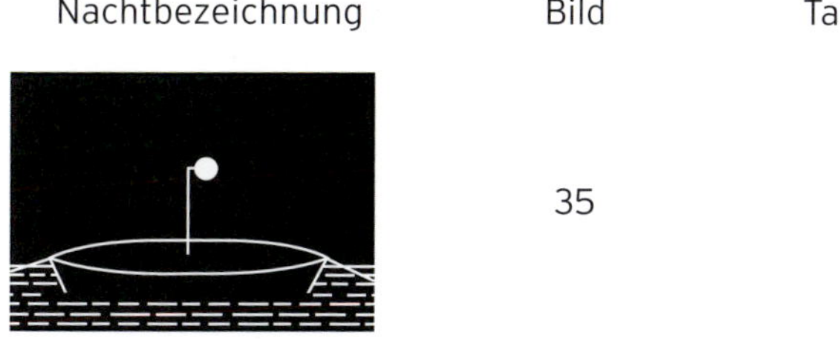

35

§ 3.16 Fähre
Nr. 2: Oberster Buchtnachen oder Döpper bei einer Gierfähre am Längsseil

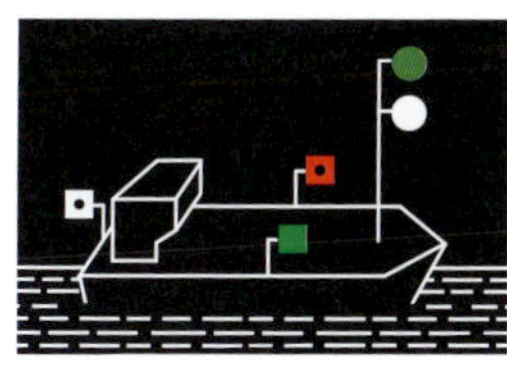

36

§ 3.16 Fähre
Nr. 3: Frei fahrende Fähre

37

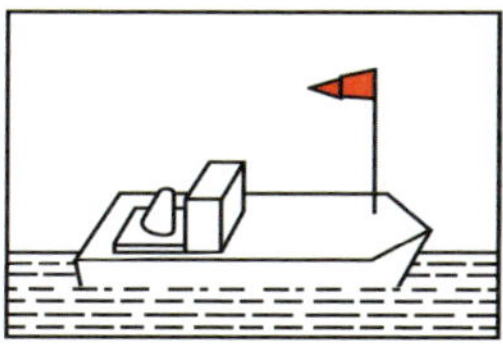

§ 3.17 Fahrzeug, das einen Vorrang besitzt

38

§ 3.18 Manövrierunfähiges Fahrzeug

Nachtbezeichnung	Bild	Tagbezeichnung
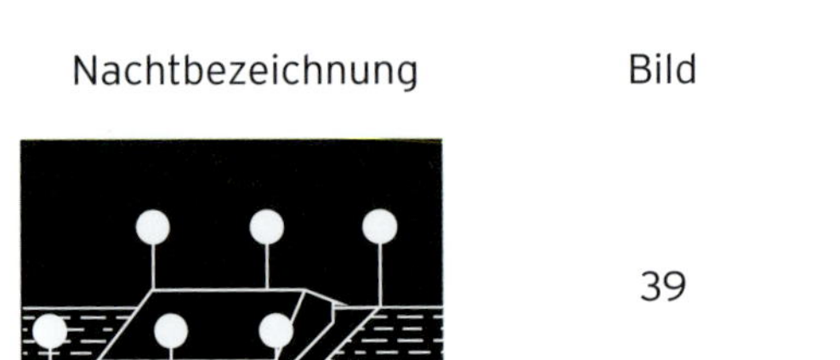	39	

§ 3.19 Schwimmkörper und schwimmende Anlage

Nachtbezeichnung	Bild	Tagbezeichnung
	40	

§ 3.20 Fahrzeug beim Stillliegen
Nr. 1: Fahrzeug mit Ausnahme eines Kleinfahrzeugs, einer Fähre und eines schwimmenden Gerätes bei der Arbeit

Nachtbezeichnung	Bild	Tagbezeichnung
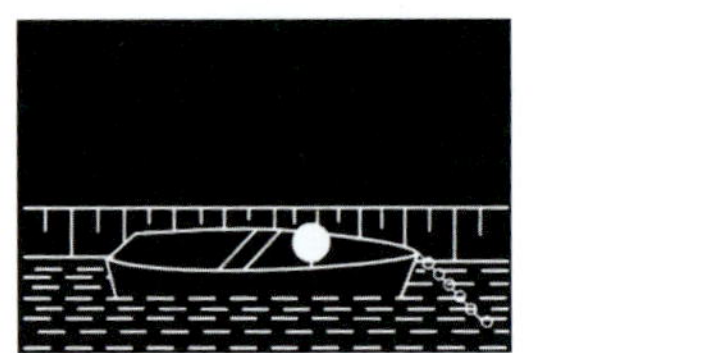	41	

§ 3.20 Fahrzeug beim Stillliegen
Nr. 2: Kleinfahrzeug mit Ausnahme des Beibootes

Nachtbezeichnung	Bild	Tagbezeichnung
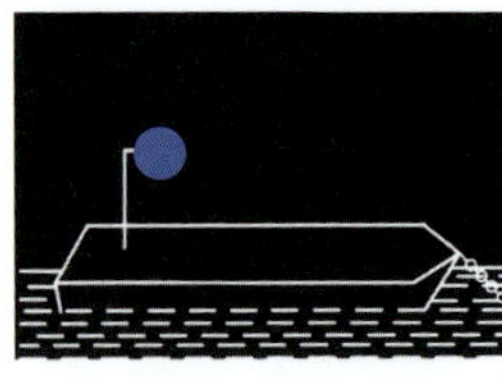	42	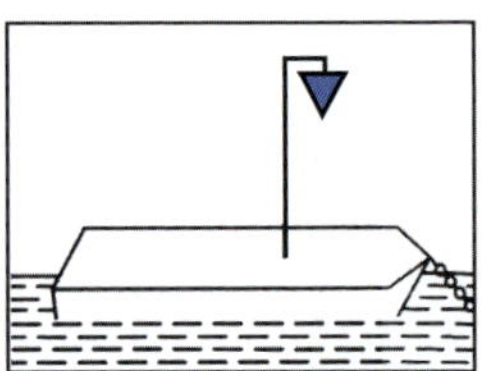

§ 3.21 Stillliegendes Fahrzeug bei Beförderung bestimmter gefährlicher Güter

Nachtbezeichnung Bild Tagbezeichnung

§ 3.21 Stillliegendes Fahrzeug bei Beförderung bestimmter gefährlicher Güter: Schubverband

§ 3.21 Stillliegende Fahrzeuge bei Beförderung bestimmter gefährlicher Güter: Gekuppelte Fahrzeuge

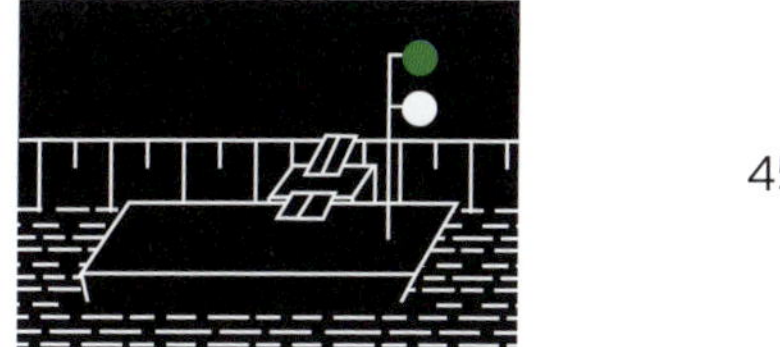

45

§ 3.22 Fähre, die an ihrer Anlegestelle stillliegt
Nr. 1: Nicht frei fahrende Fähre

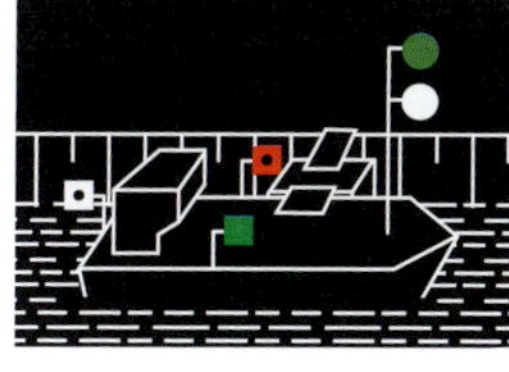

46

§ 3.22 Fähre, die an ihrer Anlegestelle stillliegt
Nr. 2: Frei fahrende Fähre

Nachtbezeichnung	Bild	Tagbezeichnung
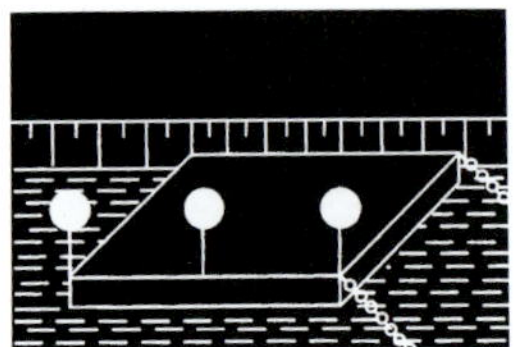	47	

§ 3.23 Schwimmkörper und schwimmende Anlage

Nachtbezeichnung	Bild	Tagbezeichnung
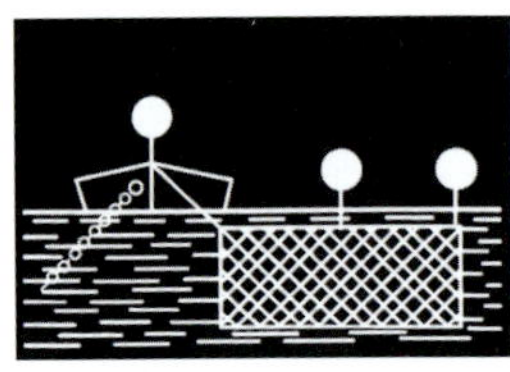	48	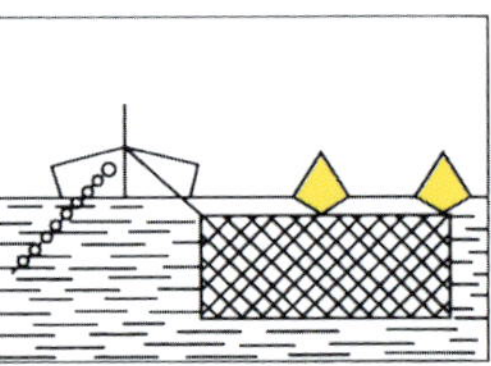

§ 3.24 Fischereifahrzeug mit Netz oder Ausleger

Nachtbezeichnung	Bild	Tagbezeichnung
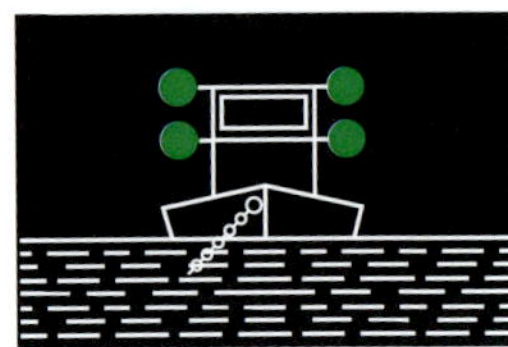	49a	
	49b	

§ 3.25 Schwimmendes Gerät bei der Arbeit sowie festgefahrenes oder gesunkenes Fahrzeug
Nr. 1 Buchstabe a: Durchfahrt frei an beiden Seiten

Nachtbezeichnung | Bild | Tagbezeichnung

50a

50b

§ 3.25 Schwimmendes Gerät bei der Arbeit sowie festgefahrenes oder gesunkenes Fahrzeug
Nr. 1 Buchstabe a und b: Durchfahrt frei an einer Seite

51

§ 3.25 Schwimmendes Gerät bei der Arbeit sowie festgefahrenes oder gesunkenes Fahrzeug
Nr. 1 Buchstabe c: Schutz gegen Wellenschlag; Durchfahrt frei an beiden Seiten

52

§ 3.25 Schwimmendes Gerät bei der Arbeit sowie festgefahrenes oder gesunkenes Fahrzeug
Nr. 2: Festgefahrenes oder gesunkenes Fahrzeug; Durchfahrt frei an einer Seite

Nachtbezeichnung | Bild | Tagbezeichnung

53

§ 3.26 Fahrzeug, Schwimmkörper und schwimmende Anlage, dessen oder deren Anker die Schifffahrt gefährden kann
Nr. 1 und 3: Fahrzeug und Anker

54

§ 3.26 Fahrzeug, Schwimmkörper und schwimmende Anlage, dessen oder deren Anker die Schifffahrt gefährden kann
Nr. 2 und 3: Schwimmkörper, schwimmende Anlage und dessen oder deren Anker

55

§ 3.26 Fahrzeug, Schwimmkörper und schwimmende Anlage, dessen oder deren Anker die Schifffahrt gefährden kann
Nr. 4: Anker eines schwimmenden Gerätes

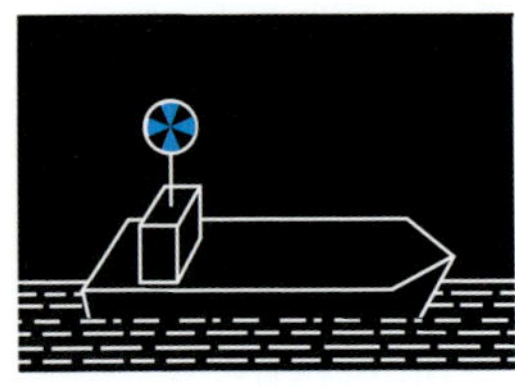

56

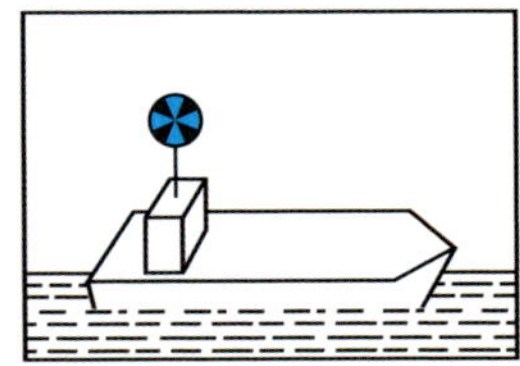

§ 3.27 Fahrzeug der Überwachungsbehörden

Nachtbezeichnung	Bild	Tagbezeichnung

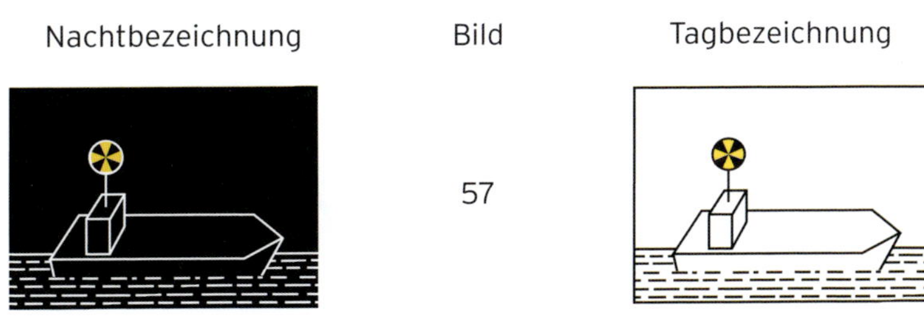

57

§ 3.28 Fahrzeug, das Arbeiten in der Wasserstraße ausführt
§ 3.28a Mehrzweckfahrzeug der Bundeswehr

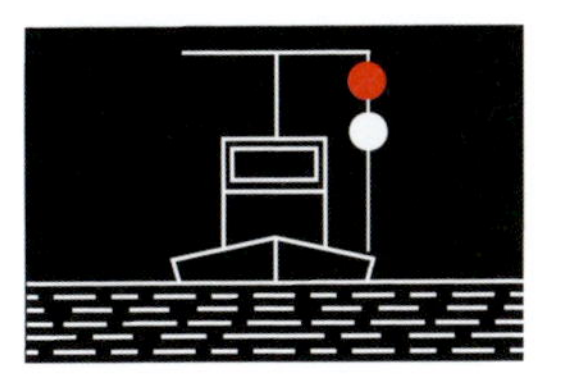

58

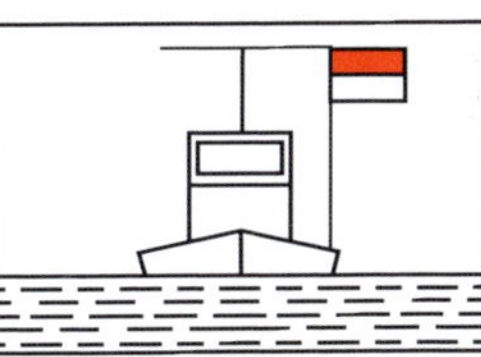

§ 3.29 Schutz gegen Sog und Wellenschlag

59

§ 3.30 Notzeichen

60

§ 3.31 Satz 1 Buchstabe a
Verbot, das Fahrzeug zu betreten

Nachtbezeichnung	Bild	Tagbezeichnung
	 60a	

§ 3.31 Satz 1 Buchstabe b
Verbot, das Fahrzeug zu betreten

Nachtbezeichnung	Bild	Tagbezeichnung
	61	

§ 3.32 Satz 1 Buchstabe a
Verbot, zu rauchen, ungeschütztes Licht oder Feuer zu verwenden

Nachtbezeichnung	Bild	Tagbezeichnung
	61a	

§ 3.32 Satz 1 Buchstabe b
Verbot, zu rauchen, ungeschütztes Licht oder Feuer zu verwenden

62

§ 3.33 Verbot des Stillliegens nebeneinander
§ 28.04 Nummer 8 Buchstabe a
Doppelbuchstabe aa Sorgfaltspflicht beim Bunkern von Flüssigerdgas (LNG)

Nachtbezeichnung	Bild	Tagbezeichnung

63

§ 6.04 Begegnen
Nummer 3: Begegnen an der Steuerbordseite

64

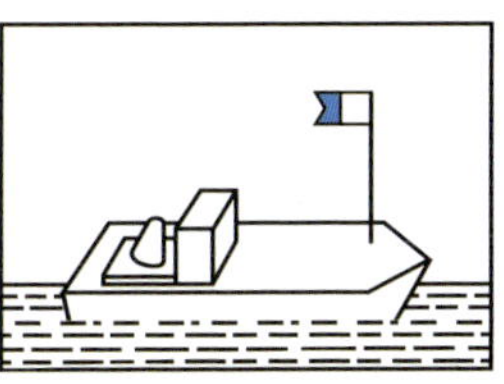

§ 8.12 Bezeichnung beim Einsatz von Tauchern
§§ 21.21, 22.21, 23.21, 24.21 Bezeichnung eines Sportfahrzeugs beim Einsatz von Tauchern

65

§ 2.06 Kennzeichnung der Fahrzeuge, die Flüssigerdgas (LNG) als Brennstoff nutzen

Anlage 4 und Anlage 5
(ohne Inhalt)

Anlage 6
Schallzeichen

Vorbemerkung:
Die Schallzeichen, ausgenommen die Glockenschläge, bestehen in der Abgabe eines Tones oder mehrerer Töne hintereinander mit folgenden Merkmalen:
- kurzer Ton: ein Ton von etwa einer Sekunde Dauer;
- langer Ton: ein Ton von etwa vier Sekunden Dauer.

Die Pause zwischen zwei aufeinanderfolgenden Tönen beträgt etwa eine Sekunde. Jedoch besteht das Zeichen »Folge von sehr kurzen Tönen« aus einer Folge von mindestens sechs Tönen je von etwa einer Viertelsekunde Dauer, wobei die Pause zwischen den Tönen ebenso lang ist.
Eine Gruppe von Glockenschlägen muss etwa vier Sekunden dauern. Sie kann durch Schläge von Metall auf Metall gleicher Dauer ersetzt werden.

A. Allgemeine Zeichen

Zeichen	Bedeutung	
1 langer Ton	»Achtung«	
1 kurzer Ton	»Ich richte meinen Kurs nach Steuerbord«	
2 kurze Töne	»Ich richte meinen Kurs nach Backbord«	
3 kurze Töne	»Meine Maschine geht rückwärts«	
4 kurze Töne	»Ich bin manövrierunfähig«	
Folge sehr kurzer Töne	»Gefahr eines Zusammenstoßes«	
Wiederholte lange Töne	»Notsignal«	§ 4.04 Nr. 1
Gruppe von Glockenschlägen	»Notsignal«	§ 4.04 Nr. 1
Mind. 15 Minuten lang ununterbrochene Wiederholung abwechselnd eines kurzen und eines langen Tones in Verbindung mit dem Lichtzeichen nach § 4.01 Nummer 2	»Bleib-weg-Signal«	§ 8.09 Nr. 2 in Verbindung mit Nr. 1

B. Begegnungszeichen

Vorbeifahrt an Backbord verlangt

Normalfall:	▬ 1 kurzer Ton des Bergfahrers	»Ich will an Backbord vorbeifahren« § 6.04 Nr. 4 Buchstabe a
	▬ 1 kurzer Ton des Talfahrers	»Einverstanden, fahren Sie an Backbord vorbei« § 6.04 Nr. 5
Abweichung:	▬ ▬ 2 kurze Töne des Talfahrers	»Nicht einverstanden, fahren Sie an Steuerbord vorbei« § 6.05 Nr. 2 Buchstabe b
	▬ ▬ 2 kurze Töne des Bergfahrers	»Einverstanden, ich werde an Steuerbord vorbeifahren« § 6.05 Nr. 3 Buchstabe b

Vorbeifahrt an Steuerbord verlangt

Normalfall:	▬ ▬ 2 kurze Töne des Bergfahrers	»Ich will an Steuerbord vorbeifahren« § 6.04 Nr. 4 Buchstabe b
	▬ ▬ 2 kurze Töne des Talfahrers	»Einverstanden, fahren Sie an Steuerbord vorbei« § 6.04 Nr. 5
Abweichung:	▬ 1 kurzer Ton des Talfahrers	»Nicht einverstanden, fahren Sie an Backbord vorbei« § 6.05 Nr. 2 Buchstabe a
	▬ 1 kurzer Ton des Bergfahrers	»Einverstanden, ich werde an Backbord vorbeifahren« § 6.05 Nr. 3 Buchstabe a

C. Überholzeichen

Überholen an Backbord des Vorausfahrenden verlangt

	▬▬ ▬▬ ▬ 2 lange Töne, 1 kurzer Ton des Über-	»Ich will auf Ihrer Steuerbordseite überholen« § 6.10 Nr. 2 Buchstabe b
Normalfall:	Kein Schallzeichen des Vorausfahrenden	»Einverstanden, Sie können auf meiner Steuerbordseite überholen« § 6.10 Nr. 3
Abweichung:	▬ 1 kurzer Ton des Vorausfahrenden	»Nicht einverstanden, überholen Sie auf meiner Backbordseite« § 6.10 Nr. 4 Satz 1 Buchstabe a

	▪▪	2 kurze Töne des Überholenden	»Einverstanden, ich werde auf Ihrer Backbordseite überholen« § 6.10 Nr. 4 Satz 2 Buchstabe a

Überholen an Steuerbord des Vorausfahrenden verlangt

	▬ ▬ ▪	2 lange Töne, 1 kurzer Ton des Überholenden	»Ich will auf Ihrer Steuerbordseite überholen« § 6.10 Nr. 2 Buchstabe b
Normalfall:		Kein Schallzeichen des Vorausfahrenden	»Einverstanden, Sie können auf meiner Steuerbordseite überholen« § 6.10 Nr. 3
Abweichung:	▪	1 kurzer Ton des Vorausfahrenden	»Nicht einverstanden, überholen Sie auf meiner Backbordseite« § 6.10 Nr. 4 Satz 1 Buchstabe a
	▪▪	2 kurze Töne des Überholenden	»Einverstanden, ich werde auf Ihrer Backbordseite überholen« § 6.10 Nr. 4 Satz 2 Buchstabe b

D. Wendezeichen

▬ ▪	1 langer Ton, 1 kurzer Ton	»Ich wende über Steuerbord« § 6.13 Nr. 2 Buchstabe a, § 6.16 Nr. 2 Buchstabe c Doppelbuchstabe aa
▬ ▪ ▪	1 langer Ton, 2 kurze Töne	»Ich wende über Backbord« § 6.13 Nr. 2 Buchstabe b, § 6.16 Nr. 2 Buchstabe c Doppelbuchstabe bb

E. Zeichen bei der Einfahrt in und der Ausfahrt aus Häfen und Nebenwasserstraßen

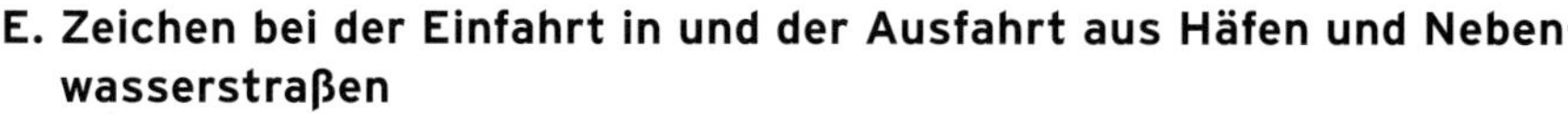

▬ ▬ ▬ ▪	3 lange Töne, 1 kurzer Ton	»Ich will meinen Kurs nach Steuerbord richten« § 6.16 Nr. 2 Satz 1 Buchstabe a
▬ ▬ ▬ ▪ ▪	3 lange Töne, 2 kurze Töne	»Ich will meinen Kurs nach Backbord richten« § 6.16 Nr. 2 Satz 1 Buchstabe b
▬ ▬ ▬	3 lange Töne	»Ich will überqueren« § 6.16 Nr. 2 Satz 1 Buchstabe c

F. (ohne Inhalt)

G. Zeichen bei unsichtigem Wetter

a) Einzeln fahrendes Fahrzeug und Verband, das oder der kein Radar benutzt

▬	1 langer Ton, längstens jede Minute wiederholt	§ 6.33 Nr. 2 Satz 1, § 6.34 Nr. 3, auch in Verbindung mit Nr. 8 Satz 1

b) (ohne Inhalt)

c) Fahrzeug in der Radarfahrt, wenn kein Sprechfunkkontakt zustande kommt

▬	1 langer Ton, wiederholt	§ 6.32 Nr. 2 Buchstabe d Doppelbuchstabe aa

d) Stillliegendes Fahrzeug

🔔…🔔	1 Gruppe von Glockenschlägen, längstens jede Minute wiederholt	§ 6.31 Nr. 2, auch in Verbindung mit Nr. 3 Satz 2

Anlage 7

Schifffahrtszeichen

Vorbemerkung:

1. Die Zeichen in Abschnitt I können, wie in Abschnitt II angegeben, ergänzt oder erläutert werden.
2. Eine Tafel kann, um besser erkennbar zu sein, mit einem schmalen weißen Streifen eingefasst werden.
3. Das Ende eines Verbots, eines Gebots oder einer Einschränkung wird mit dem Hinweisschild E.11 angegeben.

Abschnitt I – Hauptzeichen

A. Verbotszeichen

A.1 Verbot der Durchfahrt und Sperrung der Schifffahrt
- allgemeines Verbotszeichen –
(§ 3.25 Nr. 1 Satz 1 Buchstabe b Doppelbuchstabe bb Dreifachbuchstabe aaa,
§ 6.08 Nr. 2 Satz 1 Buchstabe a, § 6.16
Nr. 4, § 6.22 Nr. 1, § 6.22a Nr. 2, § 6.25 Nr. 1, § 6.27 Nr. 1 und § 6.28a Nr. 4)

entweder Tafel

oder rote Lichter

oder rote Flaggen

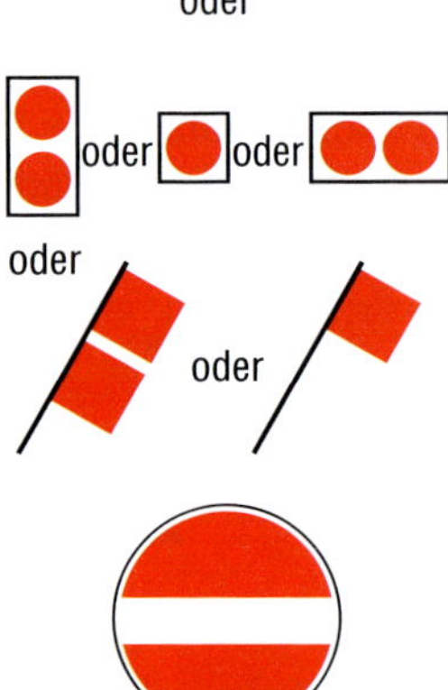

Werden zwei Lichter oder zwei Flaggen übereinander gezeigt, bedeutet dies ein langdauerndes Verbot.

A.1a Gesperrte Wasserflächen; jedoch für ein Kleinfahrzeug ohne Antriebsmaschine befahrbar.
(§ 6.22 Nr. 2)

A.2 Überholverbot, allgemein
(§ 6.11 Nr. 1)

A.3 Überholverbot für Verbände untereinander und zwischen einem Verband und gekuppelten Fahrzeugen. Satz 1 gilt nicht, wenn einer der Verbände ein Schubverband ist, dessen Länge 110,00 m und dessen Breite 12,00 m nicht überschreiten.

(§ 6.11 Nr. 2)

A.4 Verbot des Begegnens und Überholens (§ 6.08 Nr. 1 Satz 1)

A.4.1 Verbot des Begegnens und Überholens für Verbände untereinander (§ 6.08 Nummer 1 Satz 1)

A.5 Stillliegeverbot auf der Seite der Wasserstraße, auf der das Tafelzeichen steht (§ 7.02 Nr. 1 Buchstabe c)

A.5.1 Stillliegeverbot auf der Wasserfläche, deren Breite, gemessen vom Aufstellungsort, auf dem Tafelzeichen in Metern angegeben ist (§ 7.02 Nr. 1 Buchstabe k)

A.6 Ankerverbot und Verbot des Schleifenlassens von Ankern, Trossen oder Ketten auf der Seite der Wasserstraße, auf der das Tafelzeichen steht (§ 6.18 Nr. 2 Satz 2 und § 7.03 Nr. 1 Buchstabe b)

A.7 Festmacheverbot am Ufer auf der Seite der Wasserstraße, auf der das Tafelzeichen steht (§ 7.04 Nr. 1 Buchstabe b)

A.8 Wendeverbot
(§ 6.13 Nr. 4 Satz 1)

A.9 Vermeidung von Wellenschlag oder Sogwirkungen
(§ 6.20 Nr. 1 Satz 2 Buchstabe e)

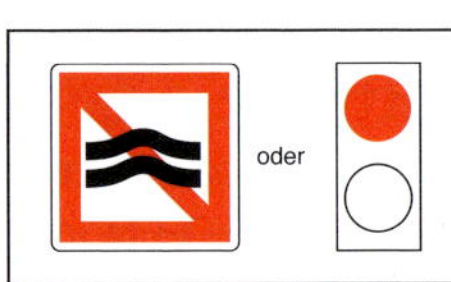

A.10 Verbot, außerhalb der angezeigten Begrenzung zu fahren
(§ 6.24 Nr. 2 Buchstabe a)

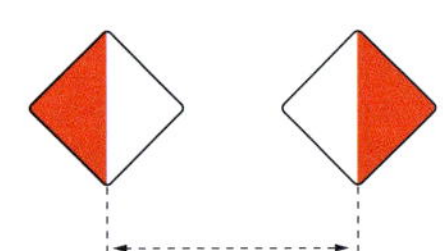

A.11 Verbot der Einfahrt, die Vorbereitungen zur Fortsetzung der Fahrt sind jedoch zu treffen
(§ 6.28a Nr. 2 Satz 2 Buchstabe c)

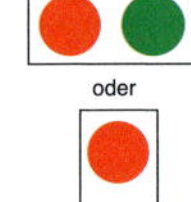

A.12 Fahrverbot für ein Fahrzeug mit Maschinenantrieb

A.13 Fahrverbot für ein Sportboot

A.14 Verbot des Wasserskilaufens

A.15 Fahrverbot für ein Segelfahrzeug

A.16 Fahrverbot für ein Fahrzeug, das weder mit Maschinenantrieb noch unter Segel fährt

A.17 Verbot des Segelsurfens

A.18 Fahrverbot für ein Wassermotorrad ww(Waterscooter, Jetski usw.)

A.19 (ohne Inhalt)

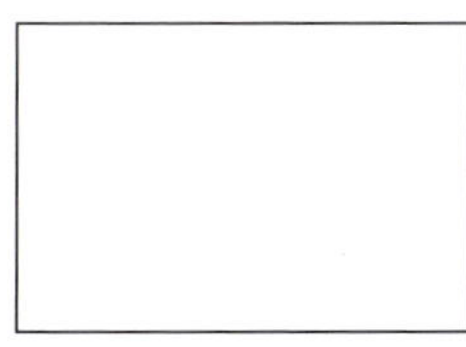

A.20 Bade- und Schwimmverbot (§ 8.10 Nr. 1 Buchstabe d)

B. Gebotszeichen

B.1 Gebot, die durch den Pfeil angezeigte Richtung einzuschlagen (§ 6.12 Nummer 1)

B.2 a) Gebot, auf die Fahrwasserseite hinüberzufahren, die auf der Backbordseite des Fahrzeugs liegt
(§ 6.12 Nummer 1)

b) Gebot, auf die Fahrwasserseite hinüberzufahren, die auf der Steuerbordseite des Fahrzeugs liegt
(§ 6.12 Nummer 1)

B.3 a) Gebot, die Fahrwasserseite zu halten, die auf der Backbordseite des Fahrzeugs liegt
(§ 6.12 Nummer 1)

b) Gebot, die Fahrwasserseite zu halten, die auf der Steuerbordseite des Fahrzeugs liegt
(§ 6.12 Nummer 1)

B.4 a) Gebot, das Fahrwasser nach Backbord zu überqueren
(§ 6.12 Nummer 1)

b) Gebot, das Fahrwasser nach Steuerbord zu überqueren
(§ 6.12 Nummer 1)

B.5 Gebot, unter bestimmten Bedingungen anzuhalten (§ 6.26 Nr. 2 Satz 2, § 6.28 Nr. 2 Satz 2 und § 6.29 Nr. 2 Satz 1)

B.6 Gebot, die angegebene Geschwindigkeit gegenüber dem Ufer (in km/h) nicht zu überschreiten

B.7 Gebot, Schallzeichen zu geben

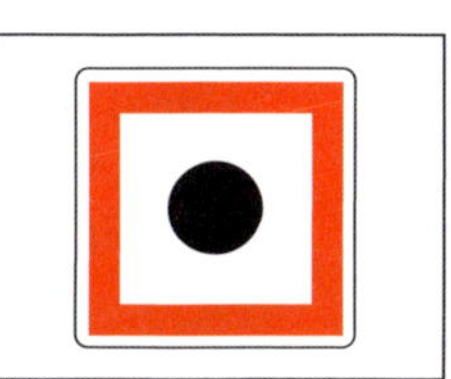

B.8 Gebot, besondere Vorsicht walten zu lassen (§ 6.08 Nr. 2 Satz 2)

B.9 a) Gebot, nur dann in die Hauptwasserstraße einzufahren oder sie zu überqueren, wenn dadurch ein Fahrzeug auf der Hauptwasserstraße nicht gezwungen wird, seinen Kurs oder seine Geschwindigkeit zu ändern (§ 6.16 Nr. 3)

b) wie vor

B.10 Gebot, bei diesem von Land gegebenen »Bleibweg-Signal«, die unter § 8.09 Nr. 3 bis 5, jeweils in Verbindung mit Nr. 6, genannten Maßnahmen zu ergreifen; das Schallzeichen besteht aus einer mindestens 15 Minuten langen ununterbrochenen Wiederholung abwechselnd eines kurzen und eines langen Tons, das Lichtzeichen entspricht dem nach § 4.01 Nummer 2.

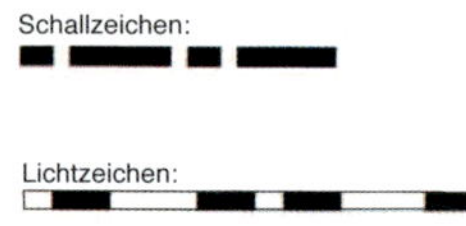

B.11 a) Gebot, Sprechfunk zu benutzen (§ 4.05 Nr. 6)

b) Gebot, Sprechfunk auf dem angegebenen Kanal zu benutzen (§ 4.05 Nr. 6)
Beispiel: Kanal 11

B.12 Gebot zur Nutzung von Landstromanschlüssen (§ 7.06 Nummer 4)

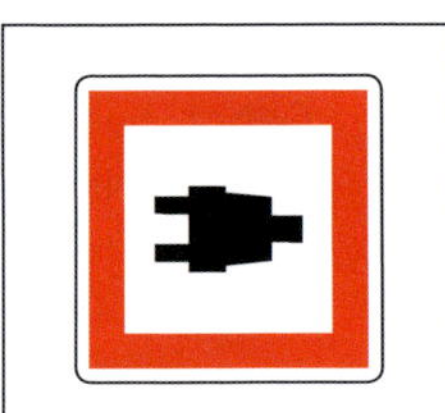

C. Zeichen für Einschränkungen

C.1 Die Fahrwassertiefe ist begrenzt.

C.2 Die lichte Höhe über dem Wasserspiegel ist begrenzt.

C.3 Die Breite der Durchfahrtsöffnung oder des Fahrwassers ist begrenzt.

C.4 Es bestehen Schifffahrtsbeschränkungen; sie sind auf einem zusätzlichen Schild unter dem Schifffahrtszeichen angegeben.

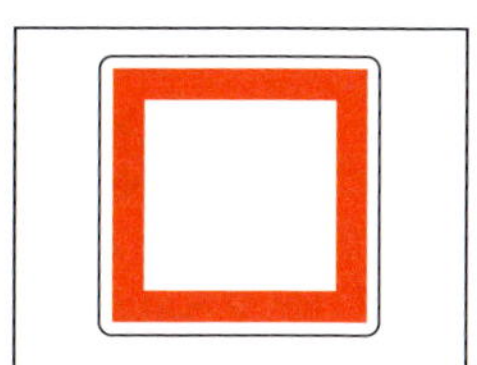

C.5 Das Fahrwasser ist am rechten (linken) Ufer eingeengt; die Zahl auf dem Zeichen gibt den Abstand in Metern an, in dem sich ein Fahrzeug vom Tafelzeichen entfernt halten muss.

D. Empfehlende Zeichen

D.1 Empfohlene Durchfahrtsöffnung

a) für Verkehr in beiden Richtungen;
(§ 6.25 Nr. 2 Satz 1 Buchstabe a und
§ 6.27 Nr. 2 Satz 2)

b) für Verkehr nur in Richtung in der die Zeichen sichtbar sind (in der anderen Richtung untersagt)
(§ 6.25 Nr. 2 Satz 1 Buchstabe b und
§ 6.27 Nr. 2 Satz 2)

oder

oder

oder

D.2 Empfehlung, sich in dem durch die Tafeln begrenzten Raum zu halten
(§ 6.24 Nr. 2 Buchstabe b)

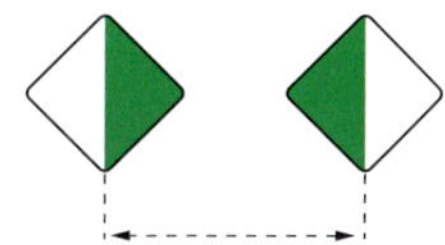

D.3 Empfehlung, in die Richtung des Pfeils zu fahren;

in der Richtung vom festen Signallicht zum Gleichtaktsignallicht zu fahren.

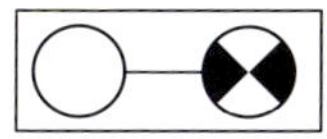

E. Hinweiszeichen

E.1 Erlaubnis zur Durchfahrt (allgemeines Zeichen) (§ 3.25 Nr. 1 Buchstabe a Doppelbuchstabe bb Dreifachbuchstabe aaa, § 6.08 Nr. 2 Satz 1 Buchstabe b, § 6.27 Nr. 2 Satz 1 und § 6.28a Nr. 4)

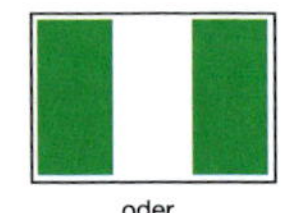

E.2 Kreuzung einer Hochspannungsleitung

E.3 Hinweis auf ein Wehr

E.4a Nicht frei fahrende Fähre

E.4b Frei fahrende Fähre

E.5 Erlaubnis zum Stillliegen auf der Seite der Wasserstraße, auf der das Zeichen steht (§ 7.05 Nr. 1)

E.5.1 Erlaubnis zum Stillliegen auf der Wasserfläche, deren Breite, gemessen vom Aufstellungsort, auf dem Tafelzeichen in Metern angegeben ist (§ 7.05 Nr. 2)

E.5.2 Erlaubnis zum Stillliegen auf der Wasserfläche zwischen den zwei Entfernungen, die, gemessen vom Aufstellungsort, auf dem Tafelzeichen in Metern angegeben sind (§ 7.05 Nr. 3)

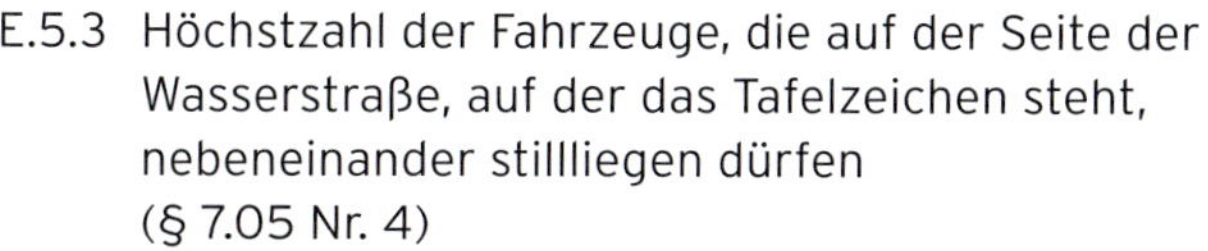

E.5.3 Höchstzahl der Fahrzeuge, die auf der Seite der Wasserstraße, auf der das Tafelzeichen steht, nebeneinander stillliegen dürfen (§ 7.05 Nr. 4)

E.5.4 Liegestelle für ein Fahrzeug der Schubschifffahrt, das nicht die Bezeichnung nach § 3.14 führen muss (§ 7.06 Nr. 1)

E.5.5 Liegestelle für ein Fahrzeug der Schubschifffahrt, das die Bezeichnung nach § 3.14 Nummer 1 führen muss (§ 7.06 Nr. 1)

E.5.6 Liegestelle für ein Fahrzeug der Schubschifffahrt, das die Bezeichnung nach § 3.14 Nummer 2 führen muss (§ 7.06 Nr. 1)

E.5.7 Liegestelle für ein Fahrzeug der Schubschifffahrt, das die Bezeichnung nach § 3.14 Nummer 3 führen muss (§ 7.06 Nr. 1)

E.5.8 Liegestelle für ein anderes Fahrzeug als ein Fahrzeug der Schubschifffahrt, das nicht die Bezeichnung nach § 3.14 führen muss (§ 7.06 Nr. 1)

E.5.9 Liegestelle für ein anderes Fahrzeug als ein Fahrzeug der Schubschifffahrt, das die Bezeichnung nach § 3.14 Nr. 1 führen muss (§ 7.06 Nr. 1)

E.5.10 Liegestelle für ein anderes Fahrzeug als ein Fahrzeug der Schubschifffahrt, das die Bezeichnung nach § 3.14 Nr. 2 führen muss (§ 7.06 Nr. 1)

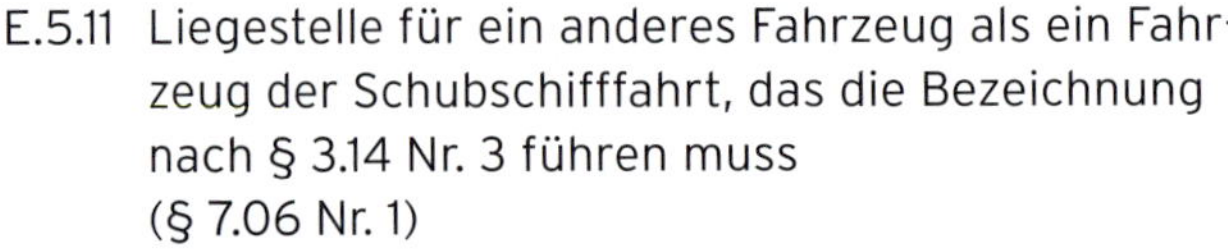

E.5.11 Liegestelle für ein anderes Fahrzeug als ein Fahrzeug der Schubschifffahrt, das die Bezeichnung nach § 3.14 Nr. 3 führen muss
(§ 7.06 Nr. 1)

E.5.12 Liegestelle für ein Fahrzeug, das keine Bezeichnung nach § 3.14 führen muss
(§ 7.06 Nr. 1)

E.5.13 Liegestelle für ein Fahrzeug, das die Bezeichnung nach § 3.14 Nummer 1 führen muss
(§ 7.06 Nr. 1)

E.5.14 Liegestelle für ein Fahrzeug, das die Bezeichnung nach § 3.14 Nummer 2 führen muss
(§ 7.06 Nr. 1)

E.5.15 Liegestelle für ein Fahrzeug, das die Bezeichnung nach § 3.14 Nr. 3 führen muss
(§ 7.06 Nr. 1)

E.6 Erlaubnis zum Ankern auf der Seite der Wasserstraße, auf der das Tafelzeichen steht
(§ 7.03 Nr. 2)

E.7 Erlaubnis zum Festmachen am Ufer auf der Seite der Wasserstraße, auf der das Tafelzeichen steht
(§ 7.04 Nr. 2)

E.7.1 Erlaubnis zum Festmachen am Ufer für das sofortige Ein- oder Ausladen eines Kraftwagens
(§ 7.04 Nr. 2)

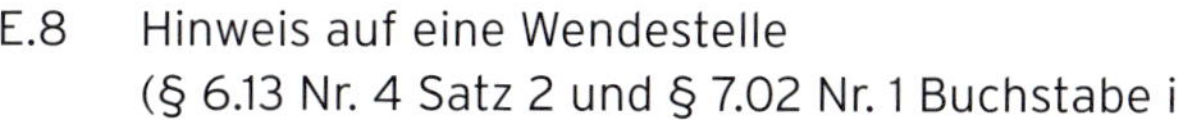

E.8 Hinweis auf eine Wendestelle
(§ 6.13 Nr. 4 Satz 2 und § 7.02 Nr. 1 Buchstabe i)

E.8 mit einer zusätzlichen rechteckigen weißen Tafel — Hinweis auf eine Wendestelle für Fahrzeuge bis zu der auf der zusätzlichen Tafel angegebenen Länge (§ 6.13 Satz 3)

E.9 Die benutzte Hauptwasserstraße trifft auf einer von beiden Seiten einmündende Nebenwasserstraße
(§ 6.16 Nr. 1 Satz 3 und 4)

a) 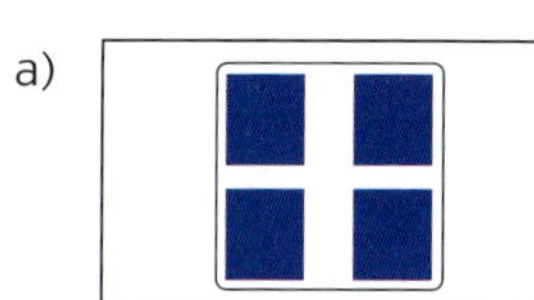

Die benutzte Hauptwasserstraße trifft auf eine von Steuerbord einmündende Nebenwasserstraße
(§ 6.16 Nr. 1 Satz 3 und 5)

b) 

Die benutzte Hauptwasserstraße trifft auf eine von Backbord einmündende Nebenwasserstraße
(§ 6.16 Nr. 1 Satz 3 und 6)

c) 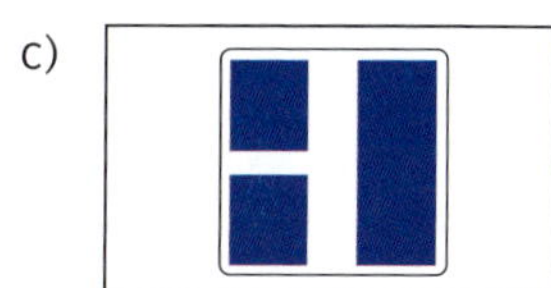

E.10 Die benutzte Nebenwasserstraße trifft auf eine von beiden Seiten einmündende Hauptwasserstraße
(§ 6.16 Nr. 1 Satz 3 und 7)

a) 

Die benutzte Nebenwasserstraße mündet in eine Hauptwasserstraße ein
(§ 6.16 Nr. 1 Satz 3 und 8)

b) 

E.11 Ende eines Verbots oder eines Gebots, das nur in einer Verkehrsrichtung gilt, oder Ende einer Einschränkung.

E.12 (ohne Inhalt)

E.12a Hinweis auf ein ausfahrendes Fahrzeug (§ 6.16 Nr. 5 Satz 1)

E.13 Trinkwasserzapfstelle

E.14 Fernsprechstelle

E.15 Fahrerlaubnis für ein Fahrzeug mit Maschinenantrieb

E.16 Fahrerlaubnis für ein Sportboot

E.17 Wasserskistrecke

E.18 Fahrerlaubnis für ein Segelfahrzeug

E.19 Fahrerlaubnis für ein Fahrzeug, das weder mit Maschinenantrieb noch unter Segel fährt

E.20 Erlaubnis für Segelsurfen

E.21 Nautischer Informationsfunk
Beispiel: Kanal 18

E.22 Fahrerlaubnis für ein Wassermotorrad (Waterscooter, Jetski usw.)

E.23 Hochwassermarken
Die Marken sind in heller Farbe auf dunklem Untergrund oder in dunkler Farbe auf hellem Untergrund angebracht.

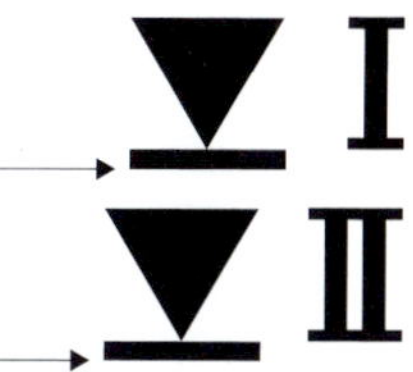

E.24 Erlaubnis für Kitesurfen

E.25 Landstromanschluss vorhanden

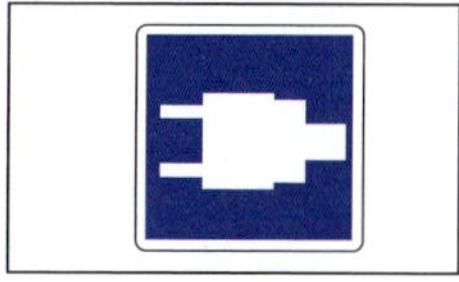

E.26 Hinweis auf ein bestehendes Bade- und/oder Schwimmverbot

Abschnitt II

Zusätzliche Schilder, Pfeile oder Aufschriften

Die Hauptzeichen in Abschnitt I können durch ein zusätzliches Schild, einen zusätzlichen Pfeil oder eine zusätzliche Aufschrift ergänzt werden.

1. Ein Schild, das die Entfernung angibt, in der die durch das Hauptzeichen angezeigte Bestimmung oder Besonderheit zu beachten ist.
   Das Schild wird über dem Hauptzeichen angebracht.

Beispiele:

Gebot nach 1000 m
12 km/h nicht zu überschreiten

Nicht frei fahrende Fähre
in 1500 m

2. Ein Pfeil, der angibt, in welcher Richtung der Strecke das Hauptzeichen gilt.

Beispiele:

a)

Erlaubnis zum Stillliegen

b)

Liegeverbot (auf 1000 m)

c) Verbot der Einfahrt in einen Hafen oder in eine Nebenwasserstraße, die in der angezeigten Richtung liegen:

rotes Licht A.1 und leuchtender Pfeil
(§ 6.16 Nummer 4)

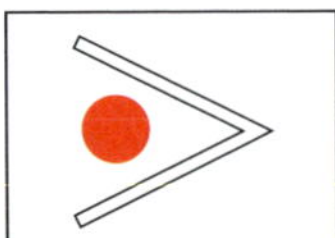

3. Ein Schild, das ergänzende Erklärungen oder Hinweise gibt. Das Schild wird unter dem Hauptzeichen angebracht.

Beispiele:

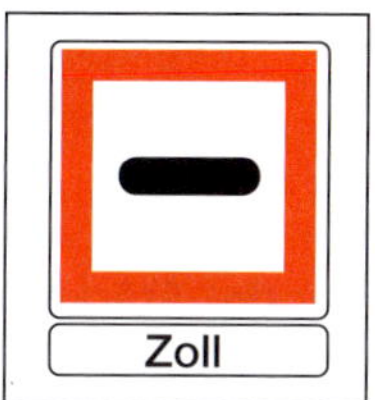

Anhalten: Zoll

Achtung Fähre

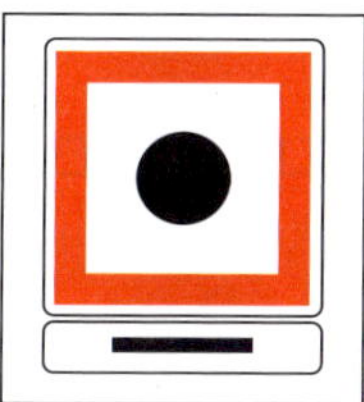

Einen langen Ton geben

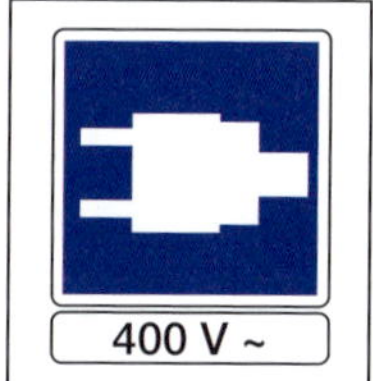

Landstromanschluss für 400 V ~ vorhanden

Anlage 8

Bezeichnung der Wasserstraße

I. Allgemeines

1. Schifffahrtszeichen

Schifffahrtszeichen zur Bezeichnung der Wasserstraße, der Fahrrinne und von gefährlichen Stellen und Hindernissen im und am Fahrwasser werden nicht durchgehend gesetzt.
Ein schwimmendes Schifffahrtszeichen wird etwa 5 m außerhalb der zu bezeichnenden Begrenzungen verankert.
Eine Buhne oder ein Parallelwerk kann durch ein schwimmendes oder festes Schifffahrtszeichen bezeichnet sein. Dieses ist im Allgemeinen vor, zwischen oder auf dem Buhnenkopf und Parallelwerk angebracht.
Von einem Schifffahrtszeichen muss ein ausreichender Abstand gehalten werden, da sonst Gefahr besteht, zu raken oder aufzulaufen.
Ein Schifffahrtszeichen kann mit Taktfeuer ergänzt werden.

Trotz aller Vorsichtsmaßnahmen der zuständigen Behörde kann es zur Beeinträchtigung eines Schifffahrtszeichens kommen; eine Tonne kann versenkt oder abgetrieben werden, ein Feuer kann durch äußere Einwirkungen zum Erlöschen kommen. Bei Hochwasser oder Eisgang kann die Betonnung vorübergehend eingezogen werden. Den Schifffahrttreibenden obliegt es, bei der Benutzung der Schifffahrtszeichen diese Risiken zu beachten.

2. Begriffe

Feuer: Licht mit Kennung, das der Befeuerung dient.

Festfeuer: Ununterbrochene Lichterscheinung von gleichbleibender Stärke und Farbe.

Taktfeuer: Ein in kennzeichnendem Rhythmus aufleuchtendes Feuer mit regelmäßiger Wiederkehr.

Es werden verwendet:

- ununterbrochenes Feuer mit Einzelunterbrechung: Ubr.
  oder
  mit Gruppen von Unterbrechungen
  Beispiel: 2 Unterbrechungen: Ubr. (2)
- Gleichtaktfeuer: Glt.
- Blitzfeuer mit Einzelblitzen: Blz.
  oder
  mit Gruppen von 2 Blitzen: Blz. (2)
  oder
  mit Gruppen von 2 + 1 Blitzen: Blz. (2 + 1)
- Funkelfeuer mit dauerndem Funkel: Fkl.
  oder
  mit Gruppen von Funkeln
  Beispiel: 3 Funkel: Fkl. (3)
  Beispiel: 9 Funkel: Fkl. (9)
  oder
  mit Gruppen von Funkeln und 1 Blink
  Beispiel: 6 Funkel + 1 Blink: Fkl. (6) + Blk.
- Schnelles Funkelfeuer mit dauerndem schnellen Funkel: SFkl.

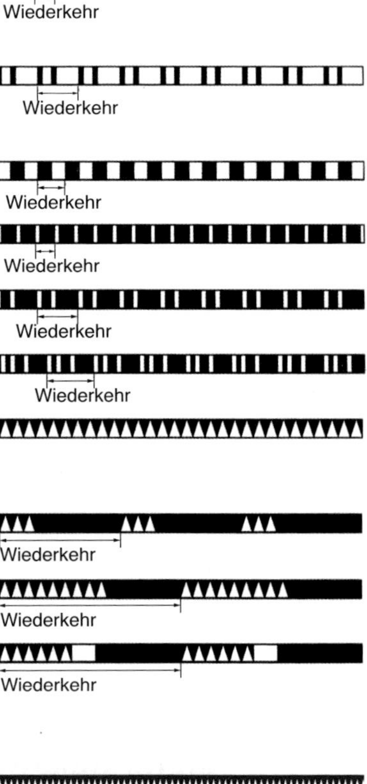

oder
mit Gruppen von schnellen Funkeln
Beispiel: 3 schnelle Funkel: SFkl. (3)
Beispiel: 9 schnelle Funkel: SFkl. (9)
oder
mit Gruppen von schnellen Funkeln
und 1 Blink
Beispiel: 6 schnelle Funkel + 1 Blink:
SFkl. (6) + Blk.

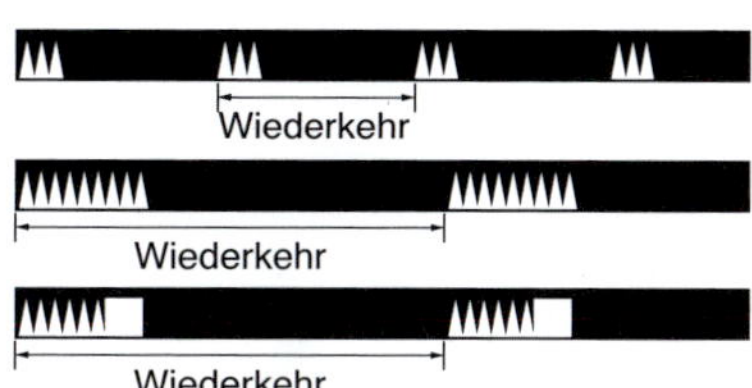

Ein Funkelfeuer wird mit 60 Lichterscheinungen/Minute und ein schnelles Funkelfeuer mit 100 bis 120 Lichterscheinungen/Minute ausgesendet. Ein Blink wird als Lichterscheinung von mehr als zwei Sekunden Dauer sichtbar.
Ein Feuer mit Einzelunterbrechung oder Einzelblitzen und mit Gruppen von drei Unterbrechungen oder drei Blitzen wird als Feuer mit ungerader Kennung bezeichnet. Ein Feuer mit Gruppen von zwei und vier Unterbrechungen oder Blitzen wird als Feuer mit gerader Kennung bezeichnet.

II. Bezeichnung der Fahrrinne

1. Rechte Seite

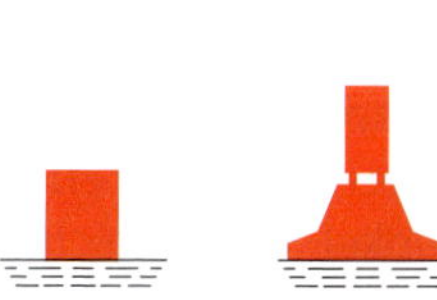

Bild 1

Farbe:	rot
Form:	Stumpftonne, Tonne mit Toppzeichen, Leuchttonne, Schwimmstange (Spiere)
Toppzeichen (wenn vorhanden):	roter Zylinder (in der Regel als Radarreflektor)
Feuer (wenn vorhanden):	rotes Taktfeuer

2. Linke Seite

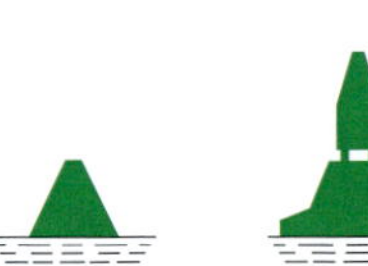 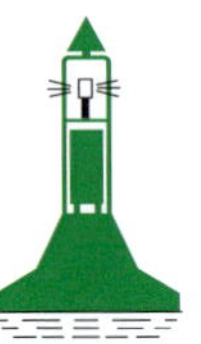 

Bild 2

Farbe:	grün
Form:	Spitztonne, Tonne mit Toppzeichen, Leuchttonne, Schwimmstange (Spiere)
Toppzeichen (wenn vorhanden):	grüner Kegel - Spitze oben - (in der Regel als Radarreflektor)
Feuer (wenn vorhanden):	grünes Taktfeuer

3. Spaltung

 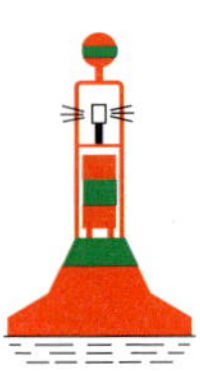

Bild 3

Farbe:	rot-grün waagerecht gestreift
Form:	Tonne mit Toppzeichen, Leuchttonne
Toppzeichen (wenn vorhanden):	rot-grün waagerecht gestreifter Ball (in der Regel als Radarreflektor)
Feuer (wenn vorhanden):	weißes Funkel- oder Gleichtaktfeuer: Fkl. oder Glt.

Erforderlichenfalls zeigt ein rotes zylinderförmiges oder ein grünes kegelförmiges Toppzeichen über dem Zeichen für die Fahrrinnenspaltung an, an welcher Seite die Vorbeifahrt erfolgen soll.

4. Abzweigung, Einmündung, Hafeneinfahrt

4.1 Rechte Seite der durchgehenden Fahrrinne/linke Seite der abzweigenden oder einmündenden Fahrrinne

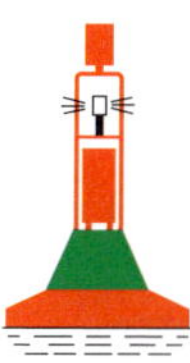

Bild 4a

Farbe:	rot mit einem grünen waagerechten Streifen
Form:	Tonne mit Toppzeichen, Leuchttonne, Schwimmstange (Spiere)
Toppzeichen (wenn vorhanden):	roter Zylinder (in der Regel als Radarreflektor)
Feuer (wenn vorhanden):	rotes Blitzfeuer: Blz. (2 + 1)

4.2 Linke Seite der durchgehenden Fahrrinne/rechte Seite der abzweigenden oder einmündenden Fahrrinne

Bild 4b

Farbe:	grün mit einem roten waagerechten Streifen
Form:	Tonne mit Toppzeichen, Leuchttonne, Schwimmstange (Spiere)
Toppzeichen (wenn vorhanden):	grüner Kegel - Spitze oben - (in der Regel als Radarreflektor)
Feuer (wenn vorhanden):	grünes Blitzfeuer: Blz. (2 + 1)

Die Positionen rechte Seite der durchgehenden Fahrrinne/rechte Seite der abzweigenden oder einmündenden Fahrrinne und linke Seite der durchgehenden Fahrrinne/linke Seite der abzweigenden oder einmündenden Fahrrinne werden mit den Zeichen nach Bild 1 und Bild 2 bezeichnet.

5. Zusammenspiel der Bilder 1 bis 3 (Beispiel):

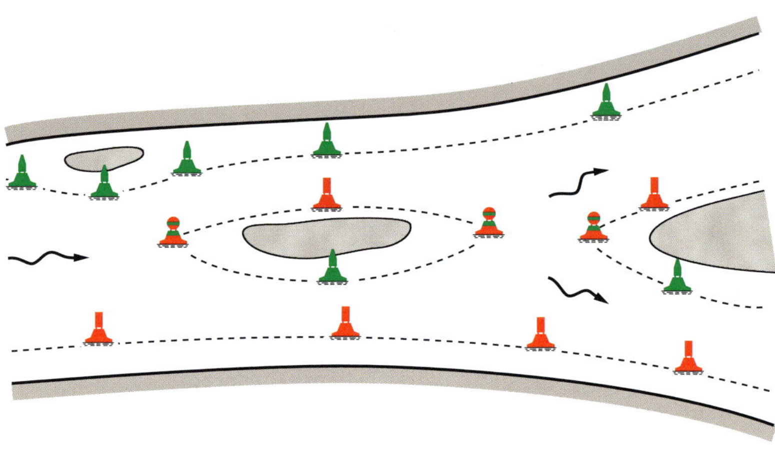

Bild 4c

III. Bezeichnung der Wasserstraße sowie eines Hindernisses in oder an der Wasserstraße

A. Feste Zeichen

1. Rechte Seite

Farbe: rot
Form: Stange mit Toppzeichen
Toppzeichen: roter Kegel – Spitze unten – (in der Regel als Radarreflektor)
Feuer (wenn vorhanden): rotes Taktfeuer

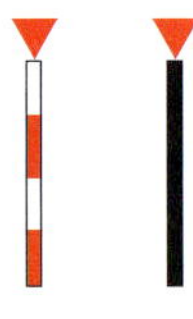

Bild 5

2. Linke Seite

Farbe: grün
Form: Stange mit Toppzeichen
Toppzeichen: grüner Kegel – Spitze oben – (in der Regel als Radarreflektor)
Feuer (wenn vorhanden): grünes Taktfeuer

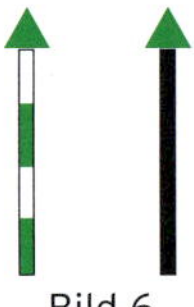

Bild 6

3. Spaltung

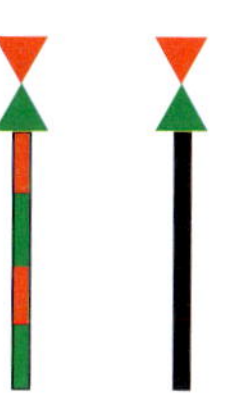
Bild 7

Farbe:	rot-grün
Form:	Stange mit Toppzeichen
Toppzeichen:	roter Kegel - Spitze unten - über grünem Kegel - Spitze oben - (in der Regel als Radarreflektor)
Feuer (wenn vorhanden):	weißes Funkel- oder Gleichtaktfeuer: Fkl. oder Glt.

4. Abzweigung, Einmündung, Hafeneinfahrt

Im Bereich einer Abzweigung, Einmündung und Hafeneinfahrt kann für jede Seite der Wasserstraße die Ufersicherung bis zur Trennspitze durch die unter den Nummern 1 und 2 (Bilder 5 und 6) gezeigten festen Schifffahrtszeichen gekennzeichnet werden. Die Fahrt von der Hafeneinfahrt in den Hafen gilt als Bergfahrt.

B. Schwimmende Zeichen (nur zur Bezeichnung eines Hindernisses)

1. Rechte Seite

Bild 8

Farbe:	rot-weiß waagerecht gestreift
Form:	Spierentonne mit Toppzeichen, Schwimmstange (Spiere), in der Regel jeweils mit Radarreflektor
Toppzeichen (wenn vorhanden):	roter Zylinder
Feuer (wenn vorhanden):	rotes Taktfeuer

2. Linke Seite

Bild 9

Farbe:	grün-weiß waagerecht gestreift
Form:	Spierentonne mit Toppzeichen, Schwimmstange (Spiere), in der Regel jeweils mit Radarreflektor

Toppzeichen (wenn vorhanden):	grüner Kegel - Spitze oben -
Feuer (wenn vorhanden):	grünes Taktfeuer (in der Regel mit Radarreflektor)

C. Zusammenspiel der Bilder 5 bis 9 mit A.4 (Beispiel)

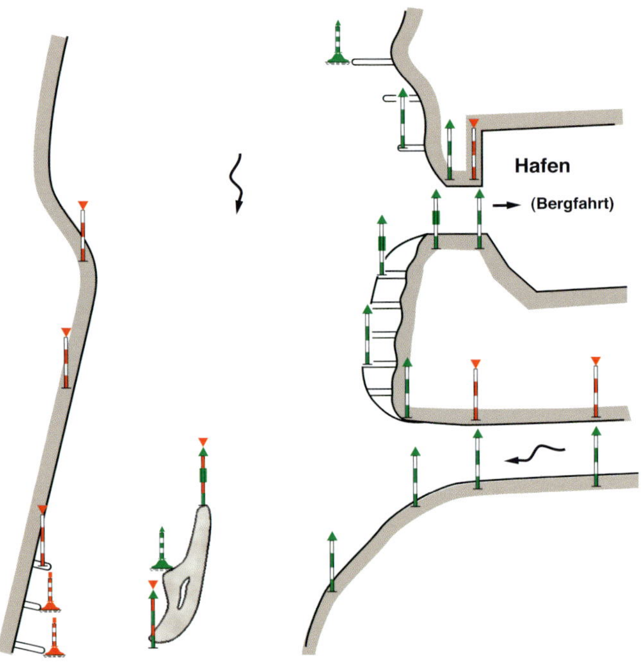

Bild 10

IV. Weitere Möglichkeiten zur Bezeichnung einer gefährlichen Stelle und eines Hindernisses in der Wasserstraße

1. Vorbeifahrt ohne Herabsetzung der Geschwindigkeit auf der freien Seite zugelassen

bei Nacht	bei Tag
gesperrte Seite	gesperrte Seite
 ein rotes Festfeuer	Verbotszeichen A.1  oder ein roter Ball 
freie Seite	freie Seite
 zwei grüne Festfeuer übereinander	Hinweiszeichen E.1  oder zwei grüne Doppelkegel übereinander 

Bild 11

bei Nacht	bei Tag
Beispiele: 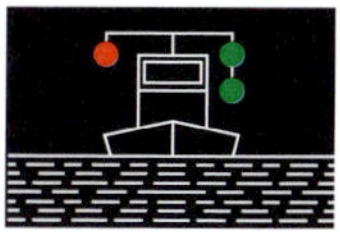	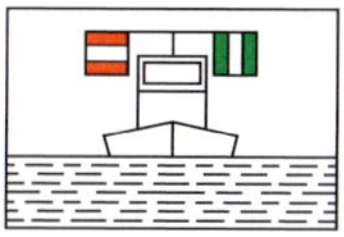 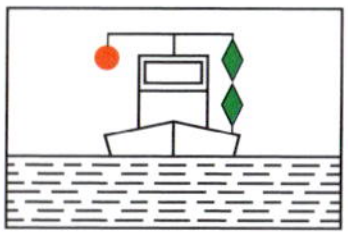

Bild 12

2. Vorbeifahrt nur mit Herabsetzung der Geschwindigkeit auf der freien Seite zugelassen (Wellenschlag vermeiden)

bei Nacht	bei Tag
gesperrte Seite	gesperrte Seite
 ein rotes Festfeuer	 eine rote Flagge oder Tafel
freie Seite	freie Seite
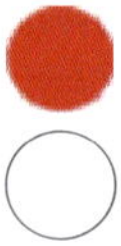 ein rotes Festfeuer über einem weißen Festfeuer	 eine rote Flagge oder Tafel über einer weißen Flagge oder Tafel

Bild 13

bei Nacht	bei Tag
Beispiele: 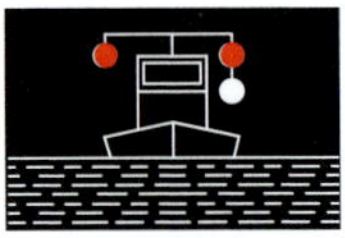	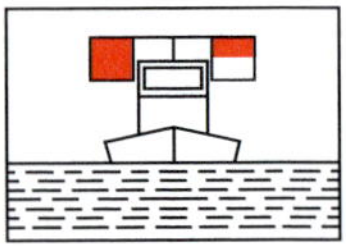

Bild 14

V. Zusätzliche Zeichen für die Radarschifffahrt (falls erforderlich)

A. Bezeichnung eines Radarzieles

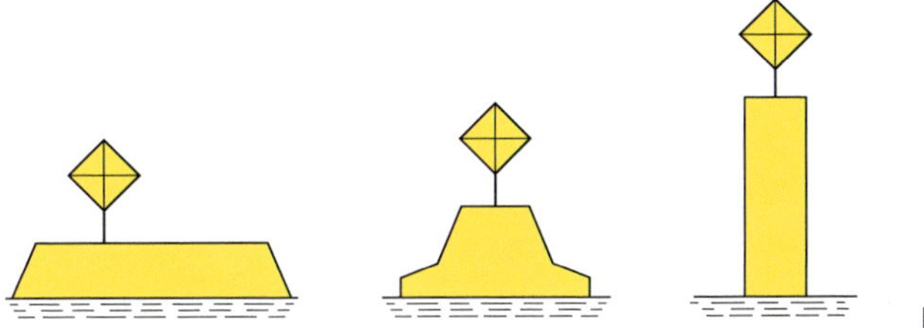

Bild 15

Farbe: gelb
Form: Tonne mit Toppzeichen als Radarreflektor; Schwimmstange (Spiere) mit Toppzeichen als Radarreflektor
jeweils z. B. oberhalb oder unterhalb eines Brückenpfeilers ausgelegt

2. Stange mit Radarreflektor

(oberhalb und unterhalb eines Brückenpfeilers)

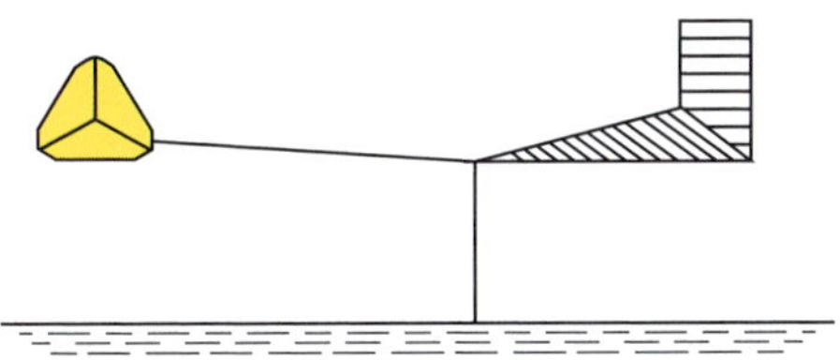

Bild 16

B. Bezeichnung einer Freileitung

1. Radarreflektoren an Freileitung befestigt

(ergeben im Radarbild eine Punktreihe zur Identifizierung der Freileitung)

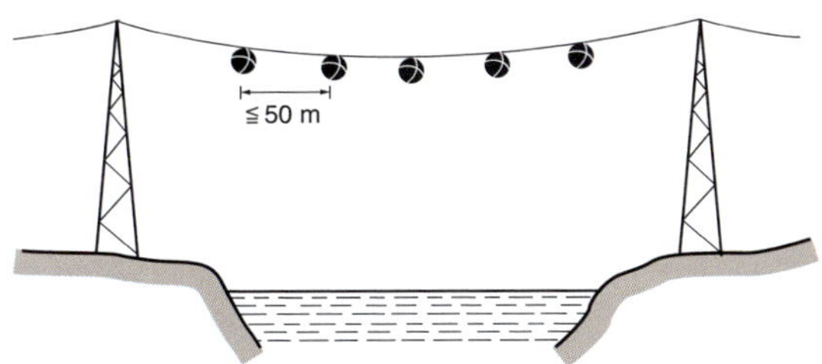

Bild 17

2. Radarreflektoren auf gelben Tonnen an beiden Ufern paarweise ausgelegt
(ergeben im Radarbild je zwei nebeneinander liegende Punkte zur Identifizierung der Freileitung)

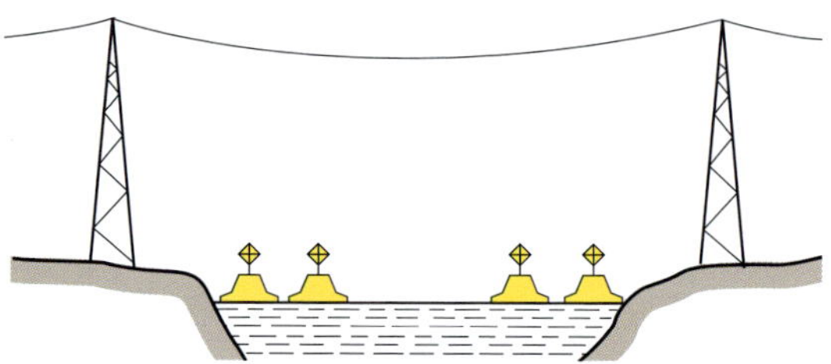

Bild 18

VI. Bezeichnung der Lage der Fahrrinne zum Ufer sowie des Übergangs der Fahrrinne von einem zum anderen Ufer

A. Lage der Fahrrinne zum Ufer

1. Rechte Seite

Farbe: rot/weiß
Form: Stange mit Toppzeichen
Toppzeichen: rote quadratische Tafel mit weißen waagerechten Streifen am oberen und unteren Rand

oder
roter quadratischer Lattenrahmen

Feuer (wenn vorhanden): rotes Taktfeuer

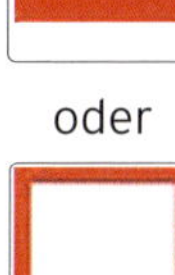

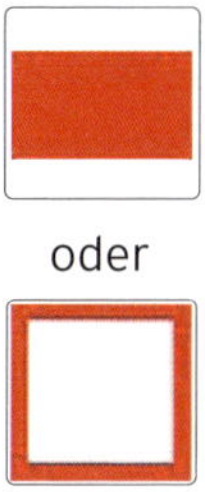

oder

Bild 19

2. Linke Seite

Farbe: grün/weiß
Form: Stange mit Toppzeichen
Toppzeichen: auf der Spitze stehende quadratische Tafel, obere Hälfte grün, untere Hälfte weiß
oder
grüner quadratischer auf der Spitze stehender Lattenrahmen

Feuer (wenn vorhanden): grünes Taktfeuer

oder

Bild 20

3. Zusammenspiel der Bilder 19 und 20 (Beispiel)

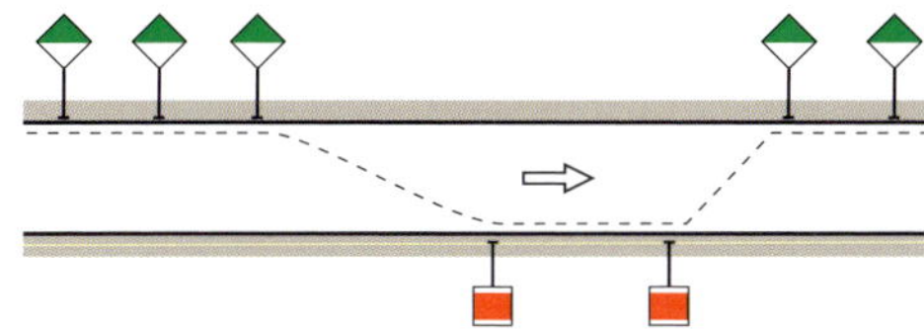

Bild 21

B. Übergang der Fahrrinne von einem zum anderen Ufer

1. Rechte Seite

Farbe: gelb/schwarz
Form: Stange mit Toppzeichen
Toppzeichen: gelbe quadratische Tafel mit einem senkrechten schwarzen Mittelstreifen

oder
gelbes stehendes Lattenkreuz

Bild 22

2. Linke Seite

Farbe: gelb/schwarz
Form: Stange mit Toppzeichen
Toppzeichen: gelbe auf der Spitze stehende quadratische Tafel mit einem senkrechten schwarzen Mittelstreifen
oder
gelbes liegendes Lattenkreuz

Bild 23

3. Zusammenspiel der Bilder 22 und 23 (Beispiele)

3.1 Bezeichnung durch Einzelbaken

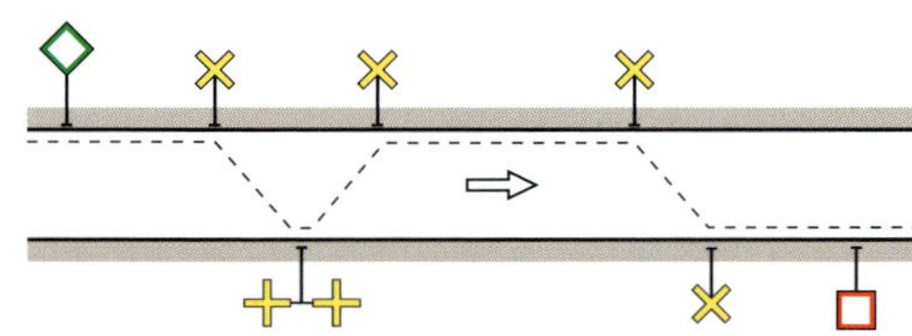
Bild 24

Feuer (wenn vorhanden):
linke Seite: gelbes Taktfeuer mit ungerader Kennung
rechte Seite: gelbes Taktfeuer mit gerader Kennung

3.2 Bezeichnung durch Richtbaken

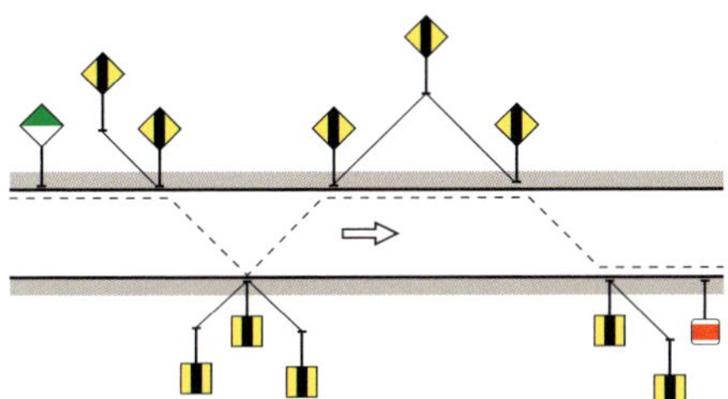

Bild 25

Ein Richtbakenpaar besteht aus Ober- und Unterbake. Sie bezeichnen in Deckpeilung die Richtung des Überganges. Die Oberbake steht vom Schiff aus gesehen hinter der Unterbake und ist höher als diese.

Feuer (wenn vorhanden): beide Seiten	Unterfeuer:	gelbes Gleichtaktfeuer
	Oberfeuer:	gleichgängig mit Unterfeuer oder gelbes Festfeuer

VII. Zusätzliche Bezeichnung für einen See und eine seeartige Erweiterung

A. Bezeichnung einer gefährlichen Stelle und eines Hindernisses

1. Kardinalzeichen

Eine allgemeine Gefahrenstelle (z.B. Untiefe, Wrack, Buhne und sonstiges Schifffahrtshindernis) ist in der Regel mit einem oder mehreren Kardinalzeichen bezeichnet, die für die verschiedenen Quadranten den Bezug zur Lage der Gefahrenstelle angeben.

1.1 Definition der Quadranten und Kardinalzeichen

Die vier Quadranten (Nord, Ost, Süd und West) werden durch die vom Bezugspunkt ausgehenden Richtungen NW-NO, NO-SO, SO-SW und SW-NW begrenzt. Ein Kardinalzeichen wird nach dem Quadranten benannt, in dem es liegt. Der Name des Kardinalzeichens sagt aus, dass an der Seite des Zeichens vorbeigefahren werden soll, nach der es benannt ist.

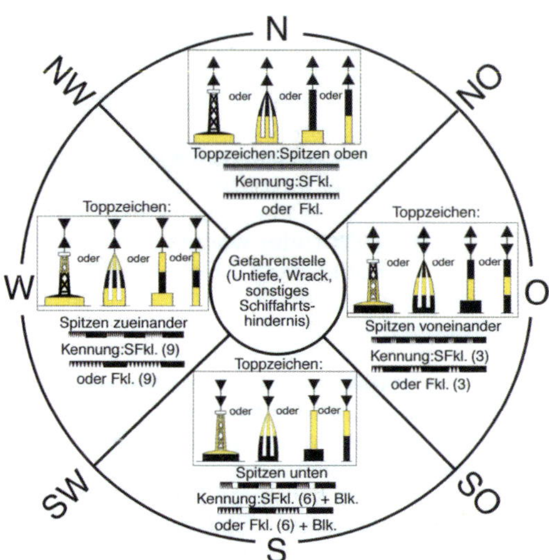

Bild 26

1.2 Beschreibung der Kardinalzeichen

Nord-Kardinalzeichen

Farbe: schwarz über gelb

Form: Spierentonne mit Toppzeichen, Schwimmstange (Spiere) mit Toppzeichen

Toppzeichen: zwei schwarze Kegel übereinander - Spitzen oben -

Feuer (wenn vorhanden): weißes Funkelfeuer Fkl. oder weißes Schnelles Funkelfeuer SFkl.

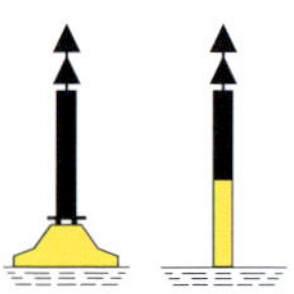

Bild 26a

Ost-Kardinalzeichen

Farbe: schwarz mit einem breiten gelben waagerechten Streifen

Form: Spierentonne mit Toppzeichen, Schwimmstange (Spiere) mit Toppzeichen

Toppzeichen: zwei schwarze Kegel übereinander - Spitzen voneinander -

Feuer (wenn vorhanden): weißes Funkelfeuer Fkl. (3) oder weißes Schnelles Funkelfeuer SFkl. (3)

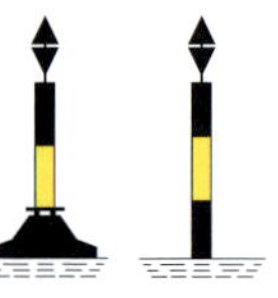

Bild 26b

Süd-Kardinalzeichen

Farbe: gelb über schwarz
Form: Spierentonne mit Toppzeichen, Schwimmstange (Spiere) mit Toppzeichen
Toppzeichen: zwei schwarze Kegel übereinander – Spitzen unten –
Feuer (wenn vorhanden): weißes Funkelfeuer Fkl. (6) + Blk. oder weißes Schnelles Funkelfeuer SFkl. (6) + Blk.

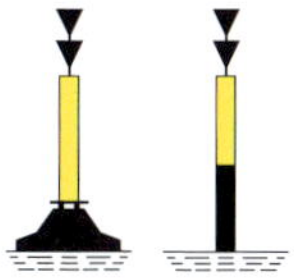

Bild 26c

West-Kardinalzeichen

Farbe: gelb mit einem breiten schwarzen waagerechten Streifen
Form: Spierentonne mit Toppzeichen, Schwimmstange (Spiere) mit Toppzeichen
Toppzeichen: zwei schwarze Kegel übereinander – Spitzen zueinander –
Feuer (wenn vorhanden): weißes Funkelfeuer Fkl. (9) oder weißes Schnelles Funkelfeuer SFkl. (9)

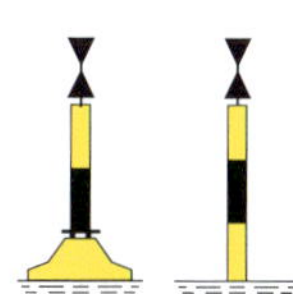

Bild 26d

2. Einzelgefahrzeichen

Ein Einzelgefahrzeichen wird errichtet oder ausgelegt über einer Einzelgefahr. Die Gefahrenstelle kann an allen Seiten passiert werden.

Farbe: schwarz mit einem oder mehreren breiten roten waagerechten Streifen
Form: Spierentonne mit Toppzeichen, Schwimmstange (Spiere) mit Toppzeichen
Toppzeichen: zwei schwarze Bälle übereinander
Feuer (wenn vorhanden): weißes Blitzfeuer Blz. (2)

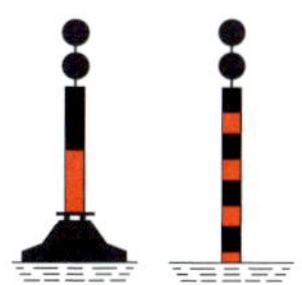

Bild 27

B. Bezeichnung der Mitte eines Fahrwassers, einer Fahrwasserstrecke, einer Ansteuerung sowie einer Fahrwassereinfahrt

1. Mittefahrwasserzeichen

An beiden Seiten des Mittefahrwasserzeichens ist eine der zugelassenen Abladetiefe entsprechende Wassertiefe vorhanden.

Farbe: rot-weiß senkrecht gestreift
Form: Tonne mit Toppzeichen (in der Regel als Radarreflektor)
Toppzeichen: roter Ball
Feuer (wenn vorhanden): weißes Taktfeuer: Ubr., Glt. oder Blz.

Bild 28

2. Zusätzliche Bezeichnung einer Fahrwasserstrecke und einer Ansteuerung

Ein Leitfeuer ist ein Einzelfeuer, das durch Sektoren verschiedener Farbe und Kennung im Allgemeinen ein Fahrwasser, eine Hafeneinfahrt oder einen freien Seeraum zwischen Untiefen bezeichnet. Die Fahrwasserstrecke ist identisch mit dem weißen Sektor des Leitfeuers.

Feuer: weißes Taktfeuer: Ubr. oder Glt. mit Warnsektoren rot und grün

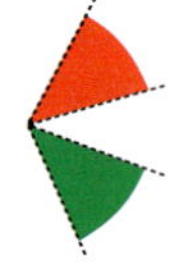
Bild 29

3. Einfahrtzeichen

Das Einfahrtzeichen dient der Kennzeichnung von Einfahrten von einem See oder einer seeartigen Erweiterung in einen verhältnismäßig engeren Wasserstraßenabschnitt.

Farbe: weiß-schwarz gestreift oder schwarz-weiß gestreift
Form: Stange mit Toppzeichen
Toppzeichen: rechtes Ufer: Raute aus senkrechtem Lattenwerk
linkes Ufer: Raute aus waagerechtem Lattenwerk
Feuer (wenn vorhanden): rechtes Ufer: rotes Taktfeuer
linkes Ufer: grünes Taktfeuer

rechtes Ufer
Bild 30

linkes Ufer
Bild 31

4. Zusammenspiel der Bilder 26 bis 31 und Bild 34 (Beispiel)

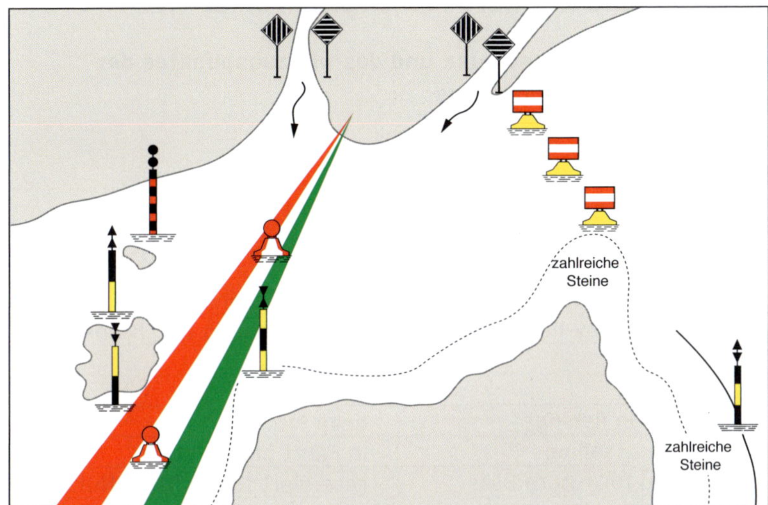

Bild 32

VIII. Bezeichnung einer besonderen Wasserfläche

1. Tonnen für eine gesperrte Wasserfläche

Gelbe Stumpftonnen (Bild 33) oder gelbe Tonnen (Bild 34) mit oder ohne Radarreflektoren oder mit oder ohne Toppzeichen kennzeichnen eine gesperrte Wasserfläche. Als Toppzeichen können insbesondere die Zeichen nach Anlage 7 in Form von Tafeln oder Zylindern verwendet werden.

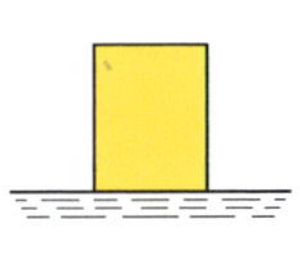

Bild 33

Bild 34

2. Tonnen für sonstige Zwecke

Weiße Tonnen können zu anderen als den vorgenannten Zwecken verwendet werden. Als Toppzeichen können insbesondere die Zeichen nach Anlage 7 in Form von Tafeln oder Zylindern verwendet werden.

Bild 35

Anlage 9

Daten, die in das Inland AIS Gerät einzugeben sind:

Erläuterungen des »Navigationsstatus« und des »Bezugspunktes der Positionsinformation auf dem Fahrzeug«

1. Navigationsstatus

0	under way using engine	in Fahrt mit Motorkraft
1	at anchor	vor Anker
2	not under command	manövrierunfähig
3	restricted manoeuvrability	manövrierbehindert
4	constrained by her draught	durch Tiefgang beschränkt
5	moored	festgemacht
6	aground	auf Grund
7	engaged in fishing	beim Fischfang
8	under way sailing	in Fahrt unter Segel
9 bis 13	reserved for future uses	reserviert für künftige Nutzung
14	AIS-SART (active)	AIS-SART (aktiv)
15	not defined	nicht definiert

2. Bezugspunkt der Positionsinformation auf dem Fahrzeug

Der Schiffsführer muss die Werte für A, B, C, D mit einer Genauigkeit von 1 m eingeben. Das Maß A ist in Richtung des Bugs ausgerichtet.

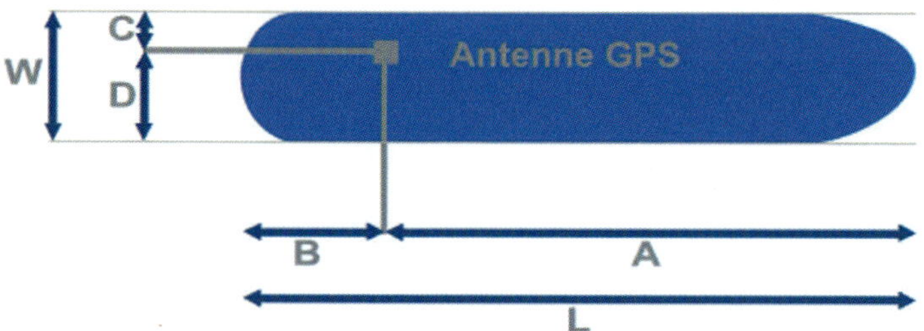

Erläuterungen zu den W, L, A, B, C, D Werten für ein Fahrzeug

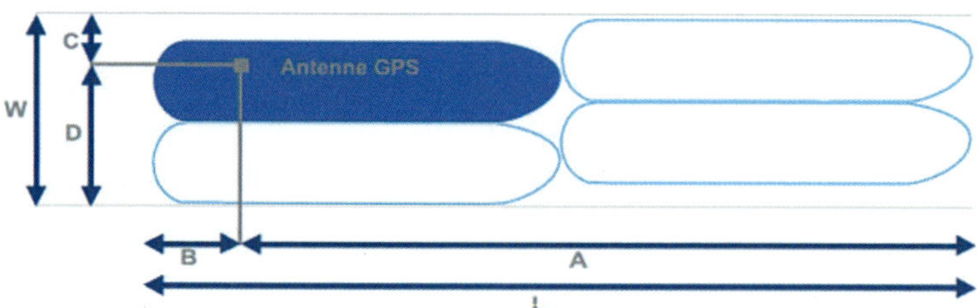

Erläuterungen zu den W, L, A, B, C, D Werten für einen Verband.

Bibliografische Information der Deutschen Nationalbibliothek
Die Deutsche Nationalbibliothek verzeichnet diese Publikation in der Deutschen Nationalbibliografie; detaillierte bibliografische Daten sind im Internet über http://dnb.dnb.de abrufbar.

Dieses Buch wurde zuvor unter der ISBN 978-3-667-11170-8 angeboten.

3. überarbeitete Auflage
ISBN 978-3-667-11954-4

Lektorat: Felix Wagner
Illustrationen: Inch 3, Bielefeld
Umschlaggestaltung und Layout: Gabriele Engel
Lithografie: Mohn Media, Gütersloh
Gesamtherstellung: Print Consult
Printed in Slowakia 2020

Delius Klasing Verlag, Siekerwall 21, D - 33602 Bielefeld
Tel.: 0521/559-0, Fax: 0521/559-115
E-Mail: info@delius-klasing.de
www.delius-klasing.de

EXPERTENTIPPS ...

Andrew Simpson
Dieselmotoren
Funktion - Betrieb - Wartung
ISBN 978-3-667-10397-0

Neu an Bord?
Die richtigen Handgriffe für Segler und Motorbootfahrer
ISBN 978-3-667-10172-3

Jens Feddern
Theorie und Praxis der Bordelektrik
ISBN 978-3-667-11172-2

Segeltrimm
Einfach schneller sein
ISBN 978-3-667-11209-5

... FÜR SKIPPER

Don Casey
Rumpf- und Decksreparaturen
ISBN 978-3-667-10396-3

UKW Funkbetriebszeugnis (SRC)
Sprechfunkzeugnis für die Binnenschifffahrt (UBI)
ISBN 978-3-667-11508-9

Paul Glatzel
Handbuch für Motorbootfahrer
ISBN 978-3-667-11388-7

Michael Sachweh
Wetterkunde für Wassersportler
ISBN 978-3-667-11589-8

FÜR DIE FREIWACHE

Anna Haubrich | Christoph Vougessis
Per Anhalter über den Atlantik
Raus aus der Schule - rein ins Abenteuer
ISBN 978-3-667-11580-5

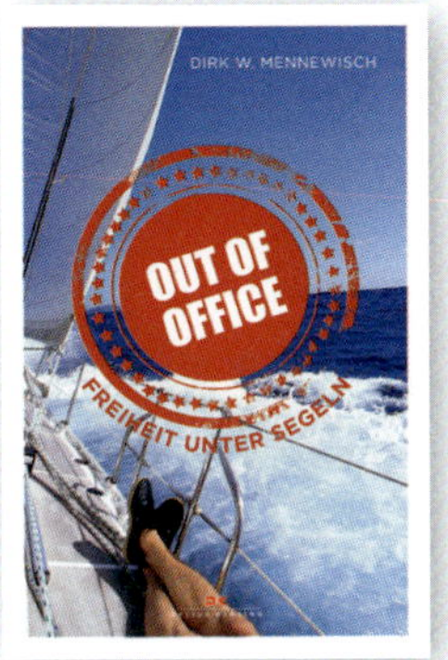

Dirk W. Mennewisch
Out of office
Freiheit unter Segeln
ISBN 978-3-667-11675-8

Corentin de Chatelperron | Nina Fasciaux
Sailing for Future
Mit Low-Tech und Low-Budget um die Welt
ISBN 978-3-667-11580-5

Mareike Guhr
Blau Türkis Grün
Warum ich um die Welt gesegelt bin
ISBN 978-3-667-11424-2